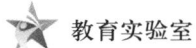 

（第6版）

Educational Laboratory

Literacy Development in the Early Years
Helping Children Read and Write

早期儿童读写能力发展

帮助儿童读和写

[美] 莱斯利·曼德尔·莫罗／著

叶红　王玉洁　毛卓雅／译

南京师范大学出版社
NANJING NORMAL UNIVERSITY PRESS

图书在版编目(CIP)数据

早期儿童读写能力发展:帮助儿童读和写:第6版/(美)莫罗著;叶红等译. —南京:南京师范大学出版社,2013.12(2021.9重印)
(教育实验室)
ISBN 978-7-5651-1082-5

Ⅰ.①早… Ⅱ.①莫… ②叶… Ⅲ.①语文课—教学研究—学前教育 Ⅳ.①G613.2

中国版本图书馆 CIP 数据核字(2012)第 250813 号

Authorized translation from the English language edition, entitled LITERACY DEVELOPMENT IN THE EARLY YEARS: HELPING CHILDREN READ AND WRITE, 6E, 9780205593255 by MORROW, LESLEY, published by Pearson Education, Inc, publishing as Allyn & Bacon, Copyright © 2009,2005,2001,1997,1993,1990 by Pearson Education, Inc.

All rights reserved. No part of this book may be reproduced or transmitted in any form or by any means, electronic or mechanical, including photocopying, recording or by any information storage retrieval system, without permission from Pearson Education, Inc.

CHINESE SIMPLIFIED language edition published by PEARSON EDUCATION ASIA LTD., and NANJING NORMAL UNIVERSITY PRESS Copyright © 2013.

本书简体中文版由南京师范大学出版社在中国大陆地区出版发行。
本书封面贴有 Pearson Education(培生教育出版集团)激光防伪标签。无标签者不得销售。
著作权登记号　图字:10—2010—519 号

丛 书 名	教育实验室
书　　名	早期儿童读写能力发展:帮助儿童读和写(第6版)
作　　者	(美)莱斯利·曼德尔·莫罗
译　　者	叶　红　王玉洁　毛卓雅
丛书策划	张　春
责任编辑	张　春
封面图片	Gettyimages
出版发行	南京师范大学出版社
地　　址	江苏省南京市宁海路 122 号(邮编:210097)
电　　话	(025)83598919(总编办)　83598412(营销部)　83598297(邮购部)
网　　址	http://www.njnup.com
电子信箱	nspzbb@163.com
印　　刷	南通印刷总厂有限公司
开　　本	787 毫米×1092 毫米　1/16
印　　张	29.75
字　　数	583 千
版　　次	2013 年 12 月第 1 版　2021 年 9 月第 2 次印刷
书　　号	ISBN 978-7-5651-1082-5
定　　价	68.50 元
出 版 人	张志刚

南京师大版图书若有印装问题请与销售商调换
版权所有　侵犯必究

总　序

近年来,我国幼儿教育事业经历着持续的变革和发展。在新的时代背景下,面对幼儿教育实践中出现的新问题和新挑战,广泛了解国内外幼儿教育理论与实践的发展,不断提升幼儿教育的质量和水平,就成为广大幼教工作者的迫切需要。有鉴于此,为了更好地引领幼儿教育的实践发展,我们策划并引进了这套《教育实验室》丛书。

《教育实验室》丛书是一套体现国外最新幼教理念和实践成果的书系。丛书的作者都是长期深入教育第一线的专家型研究者,他们立足前沿,在亲身研究、反复实践的基础上系统地阐述了儿童早期学习、发展与教育的广泛内容。他们的研究涵盖了当前幼儿教育领域的理论热点和重要研究问题,如儿童保育与教育、儿童游戏与发展、早期儿童读写能力发展、早期儿童数学教育、儿童双语发展与教育、0—8岁儿童的学习环境创设、家校关系、早期儿童发展与多元文化教育等,并通过丰富的教育案例、活动方案、学习范例、教育反思等,在理论、研究和实践之间架起了桥梁,有效地帮助幼儿教师扩大视野、更新观念,并引领其专业成长和发展。

本套丛书倡导教育科学和教育艺术的融合,既总结了基于研究成果、生成教学策略的理论内容,又根据儿童的特点富有针对性地论述了具体的教育策略和教学方法,指导教师开展多样化的教育教学实践。具体而言,教师既应是一个灵活的决策者,能够批判性地看待儿童教育、课程设计和材料选择,又应是一个自觉的研究者,能够主动反思自己的教学,对教育策略、儿童发展、课程发展、环境创设等进行积极的关注和思考。比如,有关早期儿童读写能力发展的研究,作者站在当今读写研究的最前沿,在简要总结各种语言理论的基础上,结合不同年龄段儿童读写发展的标准,对早期儿童读写能力发展作了具体的分析,并立足于读写教学的综合性视角,将示范式读写教学和经过实践检验的"课堂策略"等有机贯通,详细地阐述了多元的读写策略、组织和管理读写课程、家庭读写的配合、早期读写的评估等重要内容。有关早期儿童数学教育的研究,以全美数学教师协会的课程标准为中心,重点体现了平衡和整合数学知识理解与基本技能的过程,既运用了认知指导教学——一种经过深入调查的、建立在儿童天生解题方法基础上的教学法,又提供了积极的支持性环境和新的儿童学习范例,阐释了儿童如何发展对数学总体内容的理解方法,从而帮助儿童更好地建构对重要数学关系的理解,形成数字意识以及解决难题的能力。有关游戏、发展与早期教育的研究,则将游戏与幼儿课程相结合,把游戏看作一种学习模式,重点论述了游戏作为一种自我表达的手段,一种获得社会意识的交流渠道,对于儿童认知、情绪、社会性和身体等全面发展所具有的重大意义,并以"室内游戏"、"室外游戏"和"有特殊需要儿童的游戏"等为主题,对游戏的特点和方法进行了详细的说明。

  本套丛书将照顾儿童的不同需要和不同背景作为贯穿性的重要理念,强调以儿童的个体需要为导向,通过形式多样的直接指导和大量评估,对儿童的个体发展进行细致的教育和引导。丛书作者紧扣不同年龄段儿童的身心发展特点,通过分析不同儿童在社会性、情感、身体、智力等各方面能力的不同,以及在文化背景、生活经验和教育环境等方面存在的差异,强调教育教学要根据每个儿童的个体需要和不同天性进行调整,注重立足真实的课堂经验进行教育教学。比如,在早期儿童读写能力发展的研究中,作者强调结合不同年龄段儿童读写发展的标准,将涉及问题解决技巧的建设性观点与明确直接的教学方法有机结合,努力通过多样化的教学满足不同儿童的个体需要。有关早期儿童数学教育的研究,针对不同文化背景和特殊需求的儿童的学习需求,从学习特点、教学计划以及富有针对性的评估方法等角度,探讨了针对各种有差异或障碍的儿童所作的课程修订和策略调整。有关儿童学习环境创设的研究,研究者针对0—8岁儿童所涉及的读写区、感觉操作区、科学区、数学区、建构区、戏剧表演区、艺术区、特殊兴趣区等区域游戏和学习内容,阐明了教师在各个活动区的具体角色,全面指导教师在设计环境和课程时,既考虑儿童的个体需要和兴趣,又有机地融入早期学习经验,从而让儿童在游戏中学习,有挑战地发展,体验好奇和喜悦并有新的发现。

  本套丛书体现了理论与实践紧密结合的特点,不仅渗透有效的师幼互动,而且强调给儿童充足的时间和空间,让他们通过玩耍、操作和探索来学习。其中,有关早期儿童读写能力发展的研究,既引导儿童通过读、写、听、想、看的结合来学习阅读,又强调将这些读写技能整合到活动区的学习中,呈现了一个建立在理论和研究基础上的儿童早期读写发展方案:强调丰富的读写环境、社交互动、同伴合作以及指导明确的全班、小组和个别学习,重在实现与实际生活经验相关、对儿童既有意义又有趣味的读写发展教育。有关早期儿童数学教育的研究,不仅提供了有助于新手教师准备激励性环境的内容,还根据儿童学习数学的特点开展了丰富多样的趣味性数学游戏,阐明了发生在数学领域里的正式学习和非正式学习的具体规律,并将儿童如何处理数学关系的新兴研究与早期教育课堂的日常现实有机地联系起来。有关儿童发展与多元文化教育的研究,通过"评估幼儿"、"从研究到实践"、"育儿指导"等内容,帮助专业人士解读儿童在课堂中的行为,总结实用的课堂和家庭育儿方法,并据此制订活动计划,形成促进儿童社会性、情感、认知、语言与身体发展的方法和技巧,从而有效地指导课堂互动。其中,有关各个国家的不同文化的案例,可以帮助读者有效地将理论、研究与实际生活相结合。针对家校关系、家庭教育的研究,重点探讨了如何建立积极的家校合作关系、教师怎样与家长建立良好的关系以及如何进行科学的家庭教育等核心问题,为读者提供了有用的教育地图,为促进家长与教师、家庭与学校之间建立良好关系提供了周全的指南。

此外,本套丛书以0—8岁儿童为论述对象,提供了针对幼儿园、小学初期及特殊教育的教育教学模式,为教师在不同的教育阶段提供了有针对性的指导,特别是为幼儿园和小学的有效衔接提供了全面的指导。同时,本套丛书的案例提供和实践者都是经验丰富的一线教师、家长和教师教育者,他们依据自己的经验提供了大量教育教学的成功案例,让我们看见了教师专业成长的美好前景。

"他山之石,可以攻玉",我们期待《教育实验室》丛书能够有效地帮助教师拓展视野,深入了解国际幼儿教育的理论和实践发展,并有机地运用到自己的教育实践中,从而在理论和实践的互动中提升自身的教育智慧,不断促进专业的成长。

《教育实验室》丛书编委会
2013年9月

前 言

《早期儿童读写能力发展：帮助儿童读和写》于1989年第一次出版。2009年第六版的诞生是对它20岁生日的庆贺。该书每次再版都会添加一些新的内容，最新的这一版也不例外。我们保留了20年前精髓的材料，也根据最新的研究、政策和实践进行了更新。这本教材是关于早期读写的最早著作之一，也是一直以来在此领域使用最广泛的教科书之一。

该书第一版出现在读写萌发(emergent literacy)理论刚刚开始付诸实践的时候。那时普遍的做法是教授完整的语言。我们曾经认为儿童在出生早期学习说和听，然后到五六岁的时候学习读和写。我们以前还认为婴幼儿时期学着读，小学期间则是读着学。现在我们知道儿童语言和读写能力的早期形式是从他们一出生就同时开始发展的。我们已经认识到学着读和读着学是同时发生的。我们也发现好的策略可以用于任何年龄阶段的儿童。在资源丰富的读写环境中，通过读写体验、明确指导、练习和教师示范以及对每项活动的创造性回馈，可以达成精湛的读写教学。

莫罗写这本书的基础是她和其他研究者的研究成果，以及她作为课堂教师、研究者、母亲和现在已为人祖母的实践经验。她回顾了以往有关儿童如何学习的理论观点。随着时间的流逝，阅读教学的政策改革被立法通过，莫罗将这些发展纳入她的研究范围，并与世人分享这些重要信息。英语学习者在儿童中占了很大一部分，因此莫罗在关于多样化的一章里补充了更多的材料，在全书中点明了对于学习英语的儿童而言特别有益的活动。

莫罗阐明了将儿童吸引到多种类型的语言和读写体验中的价值。她论证了为儿童提供无限练习机会的必要性，同时提供了大量具有说服力的儿童早期近似读写的例子。另外，她还说明了成人在年幼的儿童尝试读写时提供示范、明确指导和反馈的方式。莫罗挑选出以精辟的学习理论为基础的最佳技巧，例如建构主义模式或者实现更明确化教学的问题解决途径，呈现出有关读写教学的综合性视角。

儿童文学在莫罗的读写环境中占有重要的地位。文学是语言学习的示范，同时为读写学习提供强烈的动机。它是很多与读写相关的活动的跳板。最重要的是，文学是一种学习的方式。这种学习围绕故事而形成，而故事是人类思想的主要表现。莫罗也意识到在早期儿童读写能力的发展中，针对教学目标而设计的材料对于技能发展以及达到读写学习标准是非常必要的。

莫罗强调父母、兄弟姐妹、祖父母和其他看护者读书给孩子听，并且一起享受阅读的重要性。她阐明了阅读对婴儿掌握语言的影响，以及在儿童学习读写时对他们有利的故事类型；论述了儿童如何在与图书的互动中，了解有关印刷品、图书阅读以及故事传统的概念。莫罗认为，成人在享受与孩子的共同读写时实现了榜样式教学。她说明了教室里设置读写区的作用以及教师大声朗读故事书的效果。她指出，当儿童懂得图书的作者和插图者是真实的人时，会愿意读他们的作品并且以和他们相似的方式去写作。莫罗声明，讲故事在对儿童的影响上与大声朗读类似。她还认识到帮助儿童了解印刷品和图书概念的知识非常必要。例如，儿童需要为成功阅读发展音素、字母规则和语音意识。他们还必须通过学习阅读理解策略来学会建构文本意义。莫罗从她作为教师、研究者、母亲和祖母的经验出发，铺设了一条通向成功读写学习的道路。

莫罗对早期读写发展进行了纵向的回顾，说明了它的历史渊源。同时，她也了解和参考了当今领军者们的研究现状，因为她自己正是其中的一员。她简要总结了语言理论，并利用当下的研究来打造有效的实践。很多的原始研究都是她亲自完成的，这足以证明她在理论、研究和实践之间架起桥梁的能力。她的案例来自于真实的课堂经验——她自己的经验以及与她共事的教师的经验。这些例子十分真实，大大提高了本书的可信度。

她每天还花大量时间整理和完善语言艺术。在案例研究和大纲中，她一步一步引导着读者，让他们了解示范式读写教学的具体方式。她的书中配有大量的照片、图表和插图，将我们带进教室；"课堂策略"部分则提供了可供实践的观点和材料，让我们直接带进教室去使用。

莫罗博士对读写发展的研究处于当今知识的最前沿。她熟知这一领域的情况，对读写学习的各个方面融会贯通。她是一位敏感的观察者和作者，让孩子们和教师们通过工作来为自己说话。

莫罗博士声称很少有孩子会自动学会爱上读书，必须有人来引导他们走进这个奇妙的文字世界。她告诉我们应该怎么做，她的著作丰富了我们和儿童的生活。她对从新生儿到三年级以内儿童读写发展的贡献是经得住时间考验的。

克莱姆森大学教育学杰出教授
琳达·B.甘布瑞尔

作者序

《早期儿童读写能力发展：帮助儿童读和写》第六版面向的读者是幼儿教师、阅读专家、管理人员、专修教师教育课程的学生以及家长。它适用于学前教育和有关早期读写发展的专业课程，可与儿童文学、儿童发展、早期儿童课程和英语教学的教材配套使用。

我写这本书，是出于我对儿童早期读写能力发展的特殊兴趣。我教过幼儿园、学前班和小学；我是一个阅读专家，后来又在大学教授儿童教育和读写课程。我的研究以早期读写的教学策略为核心。多年来，早期读写研究已经产生了新的理论。它包含着新的教学策略，同时也强化了那些没有足够研究来证实其有效性的传统方法。本书描述了儿童从出生到三年级期间的读写能力发展培养方案。

本书中的观点都有其研究基础。它们已经被尝试过并且有效果，但并不是所有观点对所有老师和孩子都合适。好的老师都是用自己觉得最合适的策略来达到最佳效果。教师必须是一个决策者，能批判性地看待自己设计的读写课程和选择的材料。儿童的社会性、情感、身体、智力等各方面能力以及已有的学习程度不尽相同，他们在文化背景、生活经验和读写环境等方面也存在着差异。所有这些因素都要予以恰当的处理。

本书还体现了教学科学和教学艺术的融合。教学科学主要指基于研究成果、生成教学策略的理论。本书以读写教学的现有标准和现有政策为依据，大部分篇幅都包含对策略及其实施步骤的描述。然而科学研究并不一定考虑教师和儿童的个体差异。因此，教学艺术就主要针对不同儿童的差异。本书为早期读写教学提供了既全面又平衡的方法，涉及问题解决技巧的建设性观点，并与明确直接的教学方法相结合，这样教师就可以自己决定哪种方法对所教的孩子最有效。本书强调通过读、写、听、想、看的结合来学习阅读，同时也强调将这些读写技巧整合到活动区的学习中。教学多样化是本书的一个主题，主张教学要根据每个儿童的个体需要进行调整；同时，本书也非常重视儿童的不同天性。

导言是一个新的专题，让读者置身于早教课堂，目的是提供一个读写教学的优秀范例。

第一章对过去和现在影响早期儿童读写能力发展的理论、研究和有关政策进行了梳理。

第二章讨论有关评估的重要话题，向读者介绍真实性评估、档案袋评估和标准化评估的概念。这一章强调评估对教学的重要指导意义以及它们之间的相互联系。在确立这个理念的基础上，后面的所有章节都包含了评估策略的内容。此外还有专门的一章来探讨这个问题。

第三章是关于教室里的个体差异。这一章较上一版有较大程度的扩充，因为儿童具有天性上的较大差异。本章重点讨论英语学习者，同时也重视对特殊学习需求的讨论，比如学习障碍者、身体障碍者、高天分儿童以及其他有特殊需求的儿童。这一章提供了针对多方面呈现差异的儿童的教学策略。当然，满足个体需要在全书都有强调。有关调查表明，一项具体措施不仅对以英语为母语的学生有用，对英语学习者也同样重要。

第四章至第八章讨论口语和词汇的发展、单词分析、阅读理解、写作和如何激发儿童的阅读兴趣。这几章的内容，具体来说就是发展趋势、指导策略和评估方法。本书认为读写技能的发展（读、写和口语）是并存与相互关联的，其中一项的发展会促进其他项的发展。另外，与每一项技能相关的理论、阶段划分、习得和策略都是相似的，很难完全区分开来。但是为了加强本书的可读性，我还是分章讨论读写能力的不同方面。

第九章强调读写各方面之间的相互关联，并描述如何将它们通过活动区整合到一日教学中。本章讨论一日活动的组织方法，比如怎样组织全班、小组和个别教学。对教师来说极其重要的一个内容是，在他们为完成教学目标进行小组指导时，如何让其他儿童在各活动区独立完成任务。这一点可以通过不同的指导来达成。

第十章讨论家庭对读写能力发展的巨大影响，尤其在儿童早期。这一章广泛讨论有关家庭读写的问题，比如整合式家庭/学校项目，两代人项目，以及针对文化差异敏感而提供的强化家庭的影响、不具侵犯性的项目等。

每一章开头提出阅读该章节需关注的问题，并在问题的下面列出本章的重点词汇。问题之后是来自课堂的小插曲，然后是理论和研究、实践和评估。每章的结束是建议的活动、问题以及教师写给所有孩子的教学心得。附录补充提供了教师在实施早期读写能力发展项目时可以使用的材料。书末的"课堂策略"包括活动方法、区域材料，可以为实习、学生教学或者你自己的课堂所用。

第六版的亮点

第六版的亮点包括：

1. 全书从案例分析开始，为早教课堂的读写教学提供示范。这样安排的目的是引出后面对具体问题的分析，让读者一开始就对读写环境的创设有一个全面的了解。

2. 书的结尾新增48页与每章相关的课堂活动，可以复印使用。内容为课堂策略和区域材料，供学生实习或早教课堂使用。

3. 附录部分名为"世界上的动物"的新综合语言艺术单元，包含浓厚的多元文化主题。

4. 继续关注对早期读写能力发展的研究，包括美国国家阅读委员会、美国国家早期阅读委员会、"预防阅读困难"、"阅读优先"、"兰德报告"的研究成果，以及《不让一个孩子掉队》法案。

5. 配有大量新图表和插图。

6. 强化了关于方法的几章内容，增加了与语言发展、语音意识、拼读法、阅读理解、读写动机、写作和拼写发展相关的读写策略与技巧，还提供了帮助教师实施指导的"对话"。

7. 更多针对如何将语言艺术整合到活动区教学、读写和游戏中的讨论。

8. 更多关于如何通过活动和材料准备组织多样化指导的建议。

9. 重点分析如何组织需求相似的儿童进行有针对性的小组指导。

致 谢

我要向那些帮助我准备第六版的人表达衷心的感谢:葆拉·巴兹彦、伊丽莎白·弗莱塔格、莉莎·法希、凯瑟琳·明托和萨拉·斯托菲克。同时也感谢那些曾经对第一、二、三、四、五版提供帮助的人:朱莉·阿纳斯塔西、萝拉·海尔、克里斯汀·瓦尔瓦尼斯、帕特里夏·阿多尼西奥、苏珊·伯克斯、凯瑟琳·坎宁安、凯蒂·法雷尔、唐娜·菲诺·纳吉、玛丽·安·加文、劳拉·巴巴卡、特里西娅·莱恩斯、梅洛迪·默里·奥尔森、米歇尔·普雷欧、玛丽·乔伊斯·桑托罗西、萨莉·施尼帕、卡伦·萨博、帕特里夏·德威特、埃里卡·厄兰格、迈克尔·格拉瓦斯、凯瑟琳·海斯、帕米拉·凯利赫、莉莎·洛扎克、斯泰西·罗格、莫妮卡·萨莉亚、艾米·萨斯和康尼·佐得勒。

我也很感谢那些帮助我完成过去的版本和现在新版本的教师们和管理者们:斯蒂法尼·亚当斯、埃伦·阿伯若、博尼塔·巴塞洛缪、马克西姆·贝儿、卡伦·布达、帕特·伯顿、巴巴拉·卡利斯特、珍妮弗·卡斯蒂欧、麦兹格·科鲁奇、汤姆·德尔卡萨尔、朱迪·德温森佐、弗兰·迪亚门特、塔米-林·艾森、阿琳·霍尔、大卫·哈里斯、罗利·哈里、凯瑟琳·希基、阿德里安·琼-丹尼斯、诺林·约翰逊、特蕾西·卡恩、琳达·基夫、谢里尔·金、佩内洛普·拉蒂莫、盖尔·马丁内斯、南希·梅森、乔伊斯·麦吉、卡纳·米奇姆、丹尼斯·莫纳汉、斯蒂法尼·莫雷蒂、乔伊斯·恩格、苏珊·尼特、埃伦·欧康诺、凯瑟琳·奥格特里、露西·欧曼、巴巴拉·奥克斯菲尔德、玛丽·佩顿、塔米·波罗维兹、辛西娅·彼得斯、约翰·昆塔格里、罗伯特·罗萨多、索尼亚·萨特怀特、乔伊斯·申克曼、琳达·希夫里特、克里斯汀·坦普尔、帕蒂·萨克斯顿和玛格丽特·尤瑟夫。

谢谢你们,安德里亚·尚恩、弥尔顿·曼德尔、霍华德·曼森、谢里尔·迪瓦恩、凯特·布拉克、塔米-林·艾森、丹尼尔·林奇、林·科恩、莉莎·法希、莉莎·罗森菲尔德、珍妮弗·奇亚拉米达、凯利·拉马和艾米·萨斯,本书中的许多照片出自你们之手。谢谢帕米拉·克罗米和迈克尔·格拉瓦斯提供了很多插图。

我要感谢 Allyn & Bacon 出版社的执行编辑奥罗拉·马丁内斯对本书第六版

的支持以及在修改过程中所提供的指导。奥罗拉是一位能提出精辟建议和支持性评论的,非常耐心、用心的编辑。

特别谢谢你们,我教过的孩子们,我的大学生们,还有我观察很久并从他们身上学到很多的优秀教师们。感谢早期读写的研究者们让我得到令人激动的专业信息。我认为这本书是很多人以直接或间接的方式贡献力量的合作结果。我还要感谢那些与奥罗拉合作的人:朱迪思·菲斯克、克里斯蒂娜·莫斯-利本和卡拉·凯克尔,谢谢他们的指导。同样感谢琳达·朱克为创作该书的出力,以及乔尔·吉恩德朗、布伦特·霍巴特和我一起设计封面。

感谢那些审阅第六版书稿、对应该补充的内容提出建议的人,感谢你们细致的分析和富有创见的评论。感谢购买本书、支持本书出版的大学教授、大学生、教师和家长们,第六版因为你们而成为可能。

最后,我要谢谢我的父母玛丽·曼德尔和弥尔顿·曼德尔为我提供了丰富的读写环境,培养了我的职业道德,让我具有完成这项任务的雄心壮志。感谢我的家人,斯蒂法尼·莫罗和道格·布谢尔,谢谢他们的爱和友谊;还有我的孙子詹姆斯、孙女娜塔莉,他们证实了书中表达的许多概念的正确性。

莱斯利·曼德尔·莫罗

目 录

导言 001

第一章 早期读写能力发展的基础：从过去到现在
指导实践的学习理论、研究和哲学观 016
平衡式读写教学 026
教学反思：玩转各家餐馆（建构主义理论） 034
　　　　　学习字首辅音 p（显性教学） 035
活动和问题 037

第二章 早期读写评估：对教学设计的一种指导
评估早期读写发展的理论和研究 040
档案袋评估 047
读写标准和标准化考试 048
儿童发展的几个阶段 052
教学反思：复习今天所学的内容 060
　　　　　你写、我写：利用互动写作进行真实性评估 060
活动和问题 061

第三章 读写能力与多样性：满足儿童的特殊需要
关于读写能力与多样性的理论与研究：满足儿童的个体需求 064
应对多元文化社会的读写需求 065
天才儿童、学习困难和注意缺陷多动障碍 073
有风险的儿童 073
多元智能和读写能力发展 074
有身体缺陷的儿童 074
教学干预与区别教学 076

站在儿童的角度　080
　　教学反思：在这个世界上，你从哪里来　081
　　　　　　　在戏剧表演区的多元文化面包房　082
　　活动和问题　083

第四章　语言和词汇发展

　　语言发展和阅读　086
　　儿童语言习得的理论和研究　088
　　韩礼德的语言发展理论　091
　　出生到3岁：儿童的大脑发展及语言和读写能力发展　091
　　语言发展阶段　093
　　语言发展策略　096
　　提高课堂语言和词汇发展的设计　109
　　儿童语言发展评估　110
　　教学反思：使用能促进口语发展的道具　114
　　活动和问题　114

第五章　识字策略：语音意识、音素意识和语音教学

　　通过识字习得读写的理论和研究　118
　　心理语言学中的提示机制　120
　　单词学习的标准、技巧和目标　121
　　认识单词的教学策略　122
　　阅读准备活动　123
　　语音意识和音素意识　136
　　学习字母表　140
　　教授自然拼读法的策略　143
　　单词学习活动角　147
　　以口头朗读检查单词学习的知识　149
　　读写指导中的阅读材料　151
　　评估单词学习技能的知识　153
　　在平时的教学中，我何时教授单词学习的技能？单词学习的教
　　　　学该用多长时间？如何依据儿童不同的能力水平因材施
　　　　教？　155
　　教学反思：使用字母书的感想　156

　　　　我自己的字母书　158
　　　活动和问题　158

第六章　发展对文本的理解以及对书籍的概念
　　　书籍的概念　163
　　　发展书籍概念的活动　163
　　　关于文本理解的理论和研究　165
　　　教授理解文本的策略　169
　　　发展阅读理解能力的策略　170
　　　关于书籍概念和文本理解的评估　195
　　　在平时的教学中，我何时教授文本理解的策略？教学上花费多少时
　　　　　间？我如何依据儿童不同的能力水平因材施教？　197
　　　教学反思：运用图表　198
　　　活动和问题　199

第七章　写作、拼写和读写能力发展
　　　关于写作发展的理论和研究　204
　　　出生到2岁期间的书写发展策略　214
　　　早教机构中的写作能力发展　216
　　　儿童写作能力发展评估以及写作环境　235
　　　教学反思：幼儿园儿童和一年级学生的笔友　240
　　　　　　　 不同体裁的写作　240
　　　活动和问题　241

第八章　用各种技能促进读写能力发展
　　　激发读写积极性的策略　244
　　　创设丰富的读写环境　247
　　　设计优良的读写区的特征　247
　　　教师是激发兴趣的榜样　254
　　　用说明性和叙事性文本读故事与讲故事　256
　　　独立读写　260
　　　由教师发起的文学活动　261
　　　利用读写区时间激发读写积极性　262
　　　安排读写区时间　263

用科技促进儿童读写能力发展 269

用游戏促进儿童读写能力发展 271

儿童对书籍态度的评价 274

教学反思：毛毡板故事 276

　　　　毛毡故事样例 277

活动和问题 279

第九章　组织和管理读写课程

客观环境的准备 282

关于读写氛围浓厚的客观环境的理论和研究 282

创设丰富的读写环境 283

主题单元：将读写学习整合到活动区教学中 289

组织教学以满足个体需要：教师指导下的读写活动 297

组织和管理读写教学：日程安排 309

教学反思：幼儿园至三年级的语言课程 311

　　　　幼儿园儿童（3至4岁）的一日活动 316

　　　　学前班儿童的一日活动 316

　　　　幼儿园儿童（3至4岁）的半日活动 317

　　　　学前班儿童的半日活动 318

　　　　儿童看护中心 318

活动和问题 319

第十章　家庭读写的配合：家庭和学校的合作

关于家庭读写的理论和研究 322

家庭读写：为什么重要 323

家庭里促进读写能力发展的方法 325

作为家庭活动的阅读 327

从出生到8岁：在家读书给孩子听 329

家里的写作材料 330

善于回应的家长会鼓励读写 331

读写课程的家庭参与：教师能为家长做些什么 333

关于家庭参与和家庭读写的多元文化问题 337

家庭读写：正式项目 338

是什么使得家庭参与的读写项目获得成功 339

　　　　　了解更多关于家庭读写的信息　344
　　　　　供家庭参考的资料　345
　　　　　教学反思：家庭背包　346
　　　　　　　　　　重视家庭参与　346
　　　　　　　　　　睡衣派对：促成家校合作的活动　347
　　　　　活动和问题　347

后记　349

附录

附录 A　儿童文学　353

附录 B　教师可利用的读写网站　366

附录 C　综合性的语言艺术活动主题单元：世界上的动物　367

附录 D　给教育者的建议　380

词汇表　383

儿童文学参考书目　390

参考文献　392

课堂策略　S-1

导　言

在你开始读本章之前,请完成书末"课堂策略"中的任务,即"早期读写教学中优先考虑的问题"。请复印"课堂策略"S—2页上的表格,填上姓名和日期。列举你认为的学龄前到三年级之间幼儿读写教育中最重要的因素。列完之后,重新将这些因素按重要程度依次排序,将最重要的因素标为"1"。将这个单子保存好,等读完本书后,再次填写这张表格,然后比较先后填写的这两张表格,看看你的观点是否有所改变。

在导言中,我将描述一位幼儿教师和她的一年级[①]孩子们的课堂活动。导言的目的是向大家展示典型的幼儿课堂活动可能是怎样和应该是怎样的。这能使你对本书的内容有大概的了解。在书的开头先了解全貌,中间分专题讨论,结尾再回到整体,这样的程序是很重要的。在描述此项教学活动时,我将讨论关于典型的读写教学的诸多评论性意见、材料和常规。我建议读者在读完本书后能够重读导言部分。

关于教师和学生的介绍

琼·弗莱过去7年来一直从事幼儿教学工作。最近,她获得了硕士学位,其中包含了一份阅读专业的证书。她执教于一个中等收入社区。她的班上有22名儿童,其中6名白人、6名亚裔、6名非裔和4名西班牙裔。苏珊娜的班上有20%的学生在家说以下4种语言中的一种:西班牙语、日语、印度语和汉语普通话。班上有13名男孩,9名女孩。有一名全职助手负责照顾一位使用轮椅的残疾儿童。

琼的教学理念主要是整合课程,以使儿童能在教学内容之间建立联系。她有意将读、写、听、说、看五个方面的读写技能训练与社会研究和科学主题尽可能地整合在一起。她的小组读写教学强调具体技能的培养。

弗莱女士对于使用信息类文本情有独钟。她意识到儿童从说明性材料中能获得背景知识并增加词汇。她认为成人需要阅读各种各样的信息类文本,比如使用手册、申请书、操作指南和网页信息等,因此儿童必须从小做好准备。

[①] 译者注:从广义来讲,美国的早期教育包括了从0—8岁的整个阶段,即3—5岁是儿童的幼儿园和学前阶段,6—8岁是儿童的一年级到三年级阶段。

为琼的教学搭起舞台

琼把教室布置得温暖而宜人,各区域主题鲜明。墙上的展览清楚地反映出正在进行的主题,也展示着孩子们读写训练的点滴进步。上面有琼与孩子们一起画的图表、孩子们写的范文或美术作品。琼有一个图表架,上面贴着晨间信息、日历、天气图、温度曲线图、助手工作表、日程表、课堂纪律表、袖珍图表,在全班上课的区域还有一面单词墙。

琼的教室里最大的区域是读写区。读写区铺着小地毯,供孩子们独自阅读时就座,全班上课时也会利用读写区。这个区域还包括了很多放书的空间。一组书架上用两种不同的方法摆着书。有几个篮子里放着偏难的书目,供小组读书训练时配套使用。比如,小组授课时,读绿色篮子里书的儿童知道这些书是他们能独立阅读的。其他架子上的篮子则按主题分类,例如恐龙、体育和气候等。琼每个月将篮子里的书轮转一次。书上和篮子上的彩色标签使儿童容易把书放回到正确的地方。儿童自制的班刊和故事书放在一个专门的篮子里。关于最新话题的书则摆在一个开放式的书架上。

读写区有法兰绒纸板字母,一块法兰绒板和讲故事用的木偶和道具。有一张摇椅供教师或其他成人坐着向全班朗读。孩子们坐在这张摇椅上自主阅读或者相互朗读。读写区里的故事角有一台CD磁带播放机,供孩子们听故事用。另外还有一些操作材料可以让孩子们了解印刷文字,例如磁铁字母、谜语卡片,以及用来组字的字母块。

写作区就在读写区的旁边。里面放着一张圆桌,是孩子们分组与教师活动的地方。架子上摆着各种纸张,有的排放整齐,有的随便摆着,另外还放着订书机、标签、蜡笔、彩色铅笔、字典、字母印章和墨水印章垫。写字区有一面单词墙,上面水平贴着26个字母。每当孩子们学会一个新词,就要把它写到卡片上,然后贴到单词墙上与这个词首字母一致的字母下面。孩子们需要拼写一个词或者练习朗读时就会参考墙上的单词。上课的时候,教师会请孩子们想一想与单词墙上的词首字母一致、第一个音节发音一致或者末尾音节押韵的词有哪些。琼把孩子们的名字贴到单词墙上,还加上孩子们应该掌握的高频单词。

科学区里养着豚鼠、兔子和寄居蟹。这个区里的材料还包括植物、磁铁、放大镜以及漂浮在水面和沉没在水底的物体。根据活动主题的不同,还会补充一些材料,总有供孩子们完成的新的动手实验。

戏剧表演区里放着一张桌子、几把椅子和一个书架。配合不同的研究主题,该区的陈设也会做相应调整。孩子们学习点菜、看菜单和核实账单时,这个区域就成了饭店,在这里孩子们能了解到多种文化的饮食和风俗。今年琼的班级已开过意大利、中国、墨西哥、葡萄牙、日本餐厅和犹太熟食店。戏剧表演区还曾经被布置成报社、邮局和旅行社。

建构区里有大小、形状各异的积木和像乐高一类的建构玩具。有玩具卡车、轿车、火车、公共汽车、人、动物,以及说明这些玩具可以用在什么地方的标签。对于孩子们搭好的东西,就用 5 英寸×8 英寸①的卡片和胶带做好标记。孩子们在未完工的建筑上贴着"请保留"的字样,在完工的建筑上则贴着他们给自己作品起的名字。标签上都署上了小作者的名字。

艺术区在水池附近,里面摆着画架、桌子和椅子,还有剪刀、标签、蜡笔和各种颜色、形状、大小的彩纸。另外还有拼贴材料,比如棉球、小垫、金属拨片、墙纸、胶粘标签和糨糊。

数学区里有孩子们数数、运算、测量、称重量、绘图和识别图形的操作材料。有毛毡板上用的毛毡数字、磁铁板上用的磁铁数字、袖珍图表上用来排序的数字以及正方形、三角形、圆柱、长方形等几何图形。

孩子们四人一组坐在桌边。在教室比较安静的一个角落里放着一张圆桌,这是琼用来小组教学的地方。圆桌旁的架子上摆着小组活动用的材料,例如字母、儿歌卡片、不同难度的书籍、写着句子的纸条、索引卡片、白板、标签和识字游戏材料等。

专区管理

琼每天都使用教室里的活动区,因为低年级的孩子只有在操作材料以及与同伴合作时,才能达到最佳的学习效果。为了保证儿童每天能在三个专区里活动,琼设计了一种工作单,在单子上她为儿童指定了必须去活动的区域。工作单上印着各个区域的名字和代表该区域的图案。各个区域也标有相对应的记号。孩子们在某区域完成任务后就在工作单上留下记录,把完成的作品放到标有"已完成作品"字样的篮子里。每天下班前,琼都会检查孩子们在各区域完成的任务,再为他们布置好第二天的区域任务。孩子们未完成的任务,或者表明孩子们需要帮助的作品,则被放到"未完成"的格档中。琼每天都给孩子们特定的时间,让他们将未完成的任务做完。如果孩子们在完成指定三个专区的任务后还有时间,他们可以自由选择去其他的区域活动。这样,孩子们每天的学习,既有琼指定的必须完成的区域任务,也有自主选择的区域活动。

评估儿童,确定教育的需求

为了针对儿童不同的读写水平来教学,琼花了大量时间,使用正式或非正式的

---

① 译者注:1 英寸=2.54 厘米。

手段对他们进行评估。每逢 9 月以及 1 月和 6 月，琼会测试儿童的发音、词汇、阅读理解、书写能力及流畅性。她根据自己发现的儿童需求来安排教学计划。琼为每个孩子备下为期一个月的记录。这样她可以发现孩子们所犯错误的类型、他们所使用的阅读技能、他们的理解水平以及阅读水平。比较孩子们的前后记录，就能看出他们的进步。琼还把那些能反映孩子们的成就或者表明他们在哪方面有困难的小故事也记录下来。她收集孩子们的书写作品，对之加以评价，然后把这些材料放到他们的个人档案中。

小组阅读教学

琼制定了一套日程，其中安排了她与孩子们以小组学习方式来发展阅读技能。根据所收集的评估信息，她把那些需求相似的孩子们分到一组。在活动过程中，她精心记录孩子们在读写能力上的进步，并根据需要随时调整各个小组的成员。在小组教学活动中，琼有针对性地指导孩子们，如发音方法、理解力、流畅性、写字和词汇量。目前她安排了四个小组，每个星期与每个小组都有三次活动。每周五她会特别照顾孩子们的特殊需求。她会辅导那些比其他人学得困难的孩子们。

琼的日程表

8:45　孩子们到校后，做以下事情：
　　　　拿出他们的任务；
　　　　在日志上登记；
　　　　将前一天未完成的任务做完，练习一些需要特别加强的技能。

9:00　以小组为单位开早会：
　　　　相互问候；
　　　　讨论日期和天气；
　　　　浏览一天的安排；
　　　　宣读并补充早晨信息；
　　　　歌唱和律动活动；
　　　　教师读一本与当日主题相关的图书；
　　　　一堂全组小课，训练课程表上标出的专门技能。

9:30　小组阅读课和区域活动。

10:30　吃点心。

10:45　写字课群（互动写字、小课和写字工作坊）。

11:45　午饭，室内和室外游戏。

12:40　独立阅读。

13:00　数学活动。
13:40　运用读写技能的有关社会、科学研究的主题活动。
14:15　创造性美工、音乐和体操(特别兴趣)。
14:50　放学准备:
　　　　朗读;
　　　　分享和回顾当天的活动;
　　　　为第二天做好计划。

琼的教室里的一天

本周,琼和她的孩子们正在研究恐龙。在她的教室里,读、写、听、说以及活动区的主题都被整合成了关于恐龙的话题。周一她已经组织好了一周的所有活动。

周一早上的8:45,琼的教室里随着孩子们的到来而充满了并不吵闹的说话声。教室里播放着古典音乐,孩子们在完成早上的一系列常规工作。孩子们在出勤板上将他们的名牌从"不在"的一边挪到"在"的一边,再把他们的名牌放入"买午餐"或"牛奶"的罐子中。一些孩子围在黑板架旁,看着琼已经写好的晨间信息和当天的问题。上面写着:"孩子们,早上好。今天是星期一,3月4日。今天我们的特别活动是美术。你喜欢恐龙吗?"(是/否)"如果你回答'是',为什么喜欢? 如果你回答'否',为什么不喜欢?"

孩子们习惯了回答"是"或"否"的问题,并且将标签贴在"是"或者"否"的字样下面来作答。孩子们核对小帮手工作表上的任务安排,比如给动物喂食、给植物浇水、在天气表上记录温度或一天的天气。动物园"饲养员"读着动物笼子旁贴的单子,检查他是否完成了所有任务。琼在每一步任务旁边都配上了图片,使孩子们更容易读懂表格。这对那些有阅读困难的孩子和英语学习者特别有用。

然后,孩子们知道他们要把上周末的新闻记入他们的日志。琼穿梭于写日志的孩子们之间,与每个孩子打着招呼,不时轻声提醒某些孩子可能遗忘的标点符号,或者提醒他们记得利用单词墙拼对需要用的词等。当琼听孩子们读他们填好的日志时,便借机与孩子们交流他们周末的情况。2分钟的预备铃响起时,有几个孩子已经独自或者与一个同伴一起在读写区的小地毯上开始读书。那些还在写日志的孩子把文具收好,把没有完成的任务放到"未完成"的篮子里。他们在专区活动时间还会有机会继续完成他们的日志。当值日生摇响铃鼓宣布晨会开始时,孩子们便集中起来,在小地毯上围坐成一圈。

晨会

琼说:"早上好!"孩子们相互问好并握手。因为这是三月初的一天,他们跟读和齐读一首关于三月的诗歌。琼把诗写在了图纸上。到月底的时候,孩子们会各自为这首诗配上插图并把它放到自己的诗歌本中,每个月都是如此。日历管理员、天气报告员和日程管理员带领全班完成这三项活动。琼记录出勤率和订午餐人数,然后由信息员送往办公室。

琼带领全班阅读晨间信息。孩子们讨论对当天问题的两种回答的比例结果,即"你喜欢恐龙吗"。那些回答不喜欢的要说出不喜欢的理由,而那些回答喜欢的也要解释为什么喜欢。索菲亚说她不喜欢恐龙是因为它们看起来吓人。金则认为恐龙非常有趣,他难以相信恐龙有那么多种类。

琼让孩子们再次看看晨间信息。上面写着:"孩子们,早上好。今天是星期一,3月4日。今天我们的特别活动是美术。你喜欢恐龙吗?"(是/否)"如果你回答'是',为什么喜欢?如果你回答'否',为什么不喜欢?"她请孩子们将晨间信息中的长元音和短元音标出来,用红笔给短元音画圈,用蓝笔给长元音画圈。有孩子自告奋勇完成这个任务。接着他们讨论了受字母"r"控制的元音,因为晨间信息中有好几个单词,比如"美术"(Art)和"3月"(March)里的字母"r"都使得元音不长不短,很难辨认。

琼在另一张挂着的图纸上写着一首配合研究主题的"恐龙"诗歌。读完一遍之后,教师带领孩子们跟读一遍。然后孩子们轮流齐读一遍:男孩子读第一行,女孩子读第二行,以此类推。接下来琼盖住每一行中的一个单词。她请孩子们一行一行地读,并在被盖住的空白处填入一个单词。孩子们从头开始读,读到第一个有空白的地方停下来,集体讨论。

琼:当我_____时我就会怒吼。这个地方可以填什么词呢?想一想,什么会令恐龙怒吼?

儿童1:当它生气的时候。

琼:当我生气时我就会怒吼。这样讲得通吗?

全班:讲得通。

琼:这样说是不是符合大家对恐龙的了解呢?

儿童2:嗯,有些恐龙会生气,但不是所有的恐龙都这样。

琼:看来这样说是讲得通的。

儿童3:是的,讲得通,但是恐龙也可能是饿了。

琼把"生气"和"饥饿"这两个词分别写到两张5英寸×8英寸的卡片上,然后用同样的方式继续问,直到积累了4个词,可以填入原来的诗句中。孩子们想出的4个词是"生气"、"疲劳"、"饥饿"和"难过"。琼说:"我们填入的词在句子里要能讲得通,而且要和我们在读的单词的字母相匹配。"他们先看"生气"一词,发现没有一个字母能配得上;他们又讨论"疲劳",也没有字母匹配;接下来是"饥饿",所有字母都相配。全班继续把表上剩下的词往里填。所有单词都确定之后,琼和孩子们又一起把诗齐读了一遍。在全班活动结束之前，琼为孩子们放上一段音乐，让他们围着教室学恐龙走路。

区域时间

琼花了几分钟，总结了前一天的区域活动，又描述了各区域针对恐龙研究所设置的活动。各区域都有一些材料会摆放一段时间，同时也会不断补充一些反映当前主题和需要训练的技能的活动。以下是对每个区域所增加的与恐龙有关的材料和活动的描述。

写作区：边沿有恐龙图案的稿纸，恐龙形状的书，一本恐龙词典，一张恐龙形状、写有关于恐龙知识的海报。

读写区：关于恐龙的故事类和非故事类图书，配有CD的恐龙书籍，恐龙词汇字谜，恐龙强化记忆游戏，教师设计的恐龙抽数游戏。

电脑区：DK多媒体《身临其境：追逐恐龙》，供孩子们打印的恐龙图片、明信片、海报和面罩，里面还有可以让孩子们看到的有关恐龙展览的博物馆。

科学区：小头骨和动物骨头，一个放大镜和橡皮手套，供孩子们仔细研究这些骨头，然后把他们心目中这些动物的完整形状画出来。让孩子们区别食肉动物和食草动物的恐龙图片。让孩子们区别两足行走动物和四足行走动物的其他图片。记录所有活动的任务单。

数学区：一个篮子里放着测量工具和用来记录孩子们测量石膏做的恐龙骨头结果的作业单。恐龙计数器。放在评估罐里的塑料小恐龙。另一个篮子里放着50个小恐龙，分别标有"1"到"50"的数字，让孩子们排序。

建构区：玩具恐龙、树、灌木和一些关于恐龙的书籍。

艺术区：增加了恐龙模板和恐龙邮票。还有黏土恐龙模型和很多恐龙图片，供孩子们做恐龙雕塑时用。

表演区：表演区被布置成了一个古生物学家的办公室，里面有嵌在铁蓝色石膏里的鸡骨头。孩子们可以用雕刻工具和小锤子把骨头取出来；他们戴着安全护目镜。有纸和铅笔供他们给骨头做标记，还有陈列骨头的托盘、恐龙书籍以及有关化石和恐龙的海报。

琼总结过前一天的区域活动之后，孩子们便对照各自的任务单去开始他们的活动了。那些必须完成的活动主要训练孩子们需要提高的专门技能，比如带有字母的拼图用来加强他们对字母发音的掌握。孩子们完成必须做的区域活动之后，可以选择任何区域去活动，比如建构区或艺术区等。孩子们每完成一项区域活动，就在任务单上进行登记。

小组阅读教学

琼教学的第一组孩子在复习一本以前读过的书。琼先带孩子们浏览一遍,通过欣赏图片和谈论每页的内容,把这本书向孩子们做一番介绍。在浏览过程中,琼要求孩子们找出不认识的、对初次阅读可能构成障碍的词汇。他们同时也讨论书中动物的名字。当小组进行阅读时,琼注意到有一个孩子读的时候准确无误而且速度很快,于是她做了记录,考虑将这个孩子转入任务更具挑战性的另一组。孩子们都读完以后,琼请大家将书翻到第 7 页。"我注意到詹姆斯先读成'We saw the pot bear',然后又改口读成'polar bear',因为他又看了看那个单词的字母,同时也考虑了一下整个句子的意思。他想起来单词既要符合它的拼写,同时读出来的东西还要能讲得通。"

孩子们在读书的时候,琼为一个孩子做了持续性记录。她注意到这个孩子将"otters"读成"seals",把"bear"念成了"pander bears"。琼打算在指导这个孩子时,帮助他更好地注意书上所印的文字。

琼的第二组学生要读一本不同的、难一些的书。这组比第一组水平高。孩子们以前读过这本书,因此琼的教学目的就是帮助他们成为自主阅读者。她教孩子们如何根据句子的意思和单词的拼写猜出生词的意思。开始的时候他们做了一个游戏,叫"猜猜盖住的词",游戏类似晨会时进行的活动。这次琼把句子"I can ____ fast"中的"run"一词盖住,她请孩子们选择一个填进去能使整句话讲得通的词,然后观察一下单词的拼写,看看哪一个是正确的。孩子们给出的词有"walk"、"eat"、"hop"、"sleep"和"run"。这项活动贯穿阅读全书的整个过程。

第三组学生在读另一本书。琼重点引导孩子们通过观察单词的尾音来猜出单词。琼在纸上写下了"I am go to the store"。她把句子读出来,孩子们很快指出句子读得不对。琼写下第二个句子,"I am going to the store"。孩子们指出单词"go"与"going"的不同,从而发现了两个句子的区别所在。琼提醒他们在朗读的时候要像注意单词开头一样注意单词的结尾。然后孩子们读书时就特别关注单词的结尾。第一遍读完之后,琼开始与孩子们讨论能不能给故事设计不同的结局,以此训练他们的推断能力。

点心时间

给孩子们吃的点心是恐龙动物饼干和琼所称的"恐龙果汁"。吃完点心后,孩子们自由阅读。

写作工作坊

孩子们集中起来上写作课。琼为他们准备的是一项以学校为范围的活动。他们将调查学校里的所有孩子,看看他们最喜欢的恐龙是哪一种。琼用合作写作的形式来起草一封邀请其他班级老师和孩子参加的信。琼先带孩子们复习了书信的格式(在上个单元关于邮局的学习中已经介绍过)。全班一起讨论信的开头怎么写,结尾又怎么写。琼拿出信纸,让孩子们提议信怎么开头,内容怎么写。孩子们和老师一起拟好信文。琼把信打印出来,每个班发一份。合作写作的原件将被贴到食堂的门上。

接下来,琼把本周的写作任务布置给大家。孩子们将要完成的是关于恐龙的知识类文章。动笔之前他们每个人要选择自己最喜欢的一种恐龙,问自己下列问题:"你的恐龙身体有哪些部位?""你的恐龙吃什么?""你的恐龙生活在什么地方?""关于你的恐龙,你还知道什么?"

每个孩子要为自己找好一个搭档,选择要研究的恐龙。贾马尔和达米安选了霸王龙。琼为他们提供可以查阅相关信息的书籍,同时告诉他们一个可以浏览的网站。每个孩子从书中选择两个部分来写和做笔记。

孩子们在写作过程中已经了解了动笔前集思广益是至关重要的。集思广益帮助他们决定要写什么。星期二他们将继续浏览恐龙书籍查找资料,然后开始动笔。孩子们将根据收集到的事实编写知识类的故事,还要配上插图。周末这项活动全部结束之后,孩子们将会分享他们创作的知识类的恐龙故事。

午饭和玩耍

午饭在食堂吃。吃完午饭,如果天气好的话,孩子们去户外玩耍。如果天气不好,他们就在健身房或者教室里活动。

自主阅读

为了培养阅读的兴趣,孩子们可以自由选择恐龙书来阅读。可以与同伴一起读,也可以一个人读。在自主阅读时间结束的时候,孩子们在一张卡上记录书名和读完的页数。

数学活动

学校有专门的数学课程计划,但是琼在完成计划的同时还是将数学与她的主题和读写训练结合起来。今天孩子们集中在讨论区,把他们所能想起来的恐龙全部列下来。他们利用恐龙百科全书的索引来核实拼写,找到每种恐龙的图片,然后把所有名字写在一张大大的图纸上。他们还查阅了一个关于恐龙的网站。列出10种恐龙之后,孩子们投票选出他们最喜欢的恐龙,一个孩子负责记录选票。结果6种恐龙名列前茅:异龙、禽龙、棘龙、剑龙、三角龙和霸王龙。

兴趣主题活动和区域时间

琼计划了一项与主题相关的美术活动。每个儿童要参与一幅壁画的创作，为美术老师即将带领他们完成的恐龙雕塑设计栖息环境。孩子们先听琼详细介绍在壁画上画恐龙栖息地的活动。接着孩子们讨论壁画里要画的内容，比如树、藤蔓、山洞、河流或者植物。琼把孩子们的名字和他们所要画的东西用记号笔写到图表上。

三分之一的孩子留在地毯上参与壁画工作。这些孩子围在那些描绘恐龙时代的植物和树种的书旁。当孩子们纷纷画上食物、洞穴、水和其他恐龙生存所必需的东西时，他们同时也在积极活跃地讨论着。其他孩子利用这段时间把他们未完成的日志或区域活动做完。完成了所有任务之后，他们便可以任意选择一项他们喜爱的区域活动。这是一天当中最愉快的时候，孩子们有的搭积木，有的在表演区玩，有的做着美工，有的在科学区探索着知识的奥秘，还有的在看书。那些今天没有机会参与壁画创作的孩子，本周内的另外一天还会得到机会。

美术、音乐和体育活动

这时孩子们去兴趣老师那里进行美术、音乐或者体育活动。琼已事先与这些老师沟通过教学主题，所以美术老师带孩子们进行恐龙雕塑；音乐老师找了几首好听的关于恐龙的歌曲，还有一首关于栖息地的歌曲；体育老师则设计了几个动作教孩子们学恐龙走路。

放学集合时间

一天快要结束的时候，孩子们在讨论区集中，听教师朗读并总结一天的活动。琼选好了一本关于恐龙的知识类图书。书里有更多关于恐龙的知识和词汇，供孩子们在写作和壁画创作中使用。琼在朗读之前，先指出这本知识类书籍的几个特点。书里有显示各章内容的目录，还有生词表。数字上有标志，图片下有文字说明，有提示新话题的页首文字，还有比其他字印得更粗更大的生词。琼知道这本书会引导孩子们注意一个未曾讨论过的话题，那就是食草恐龙和食肉恐龙的区别。读完之后，琼帮助孩子们把食草恐龙和食肉恐龙的特点列在一张互动写作的图表上。有些新的恐龙词汇要学习，比如"角质骨板"（armored plates）、"食肉动物"（carnivore）和"灭绝"（extinct）。

第二天结束时的分享阅读时间，琼强调的是在知识类文本中寻找信息的能力。当她朗读的时候，她请孩子们特别留意关于恐龙的事实以及使得这本书具有知识性的因素。

读完以后，琼问孩子们："这本书为什么被称为是知识类故事书呢？"

儿童1：因为书里没有什么人物有故事可讲。

儿童2：这本书讲的是真实的东西。

儿童3：我们可以学到好多知识。

讨论过后，琼画了一张图，把文本中的知识点都展示出来。她在图纸上画一个圆，中间写上"恐龙"一词。然后以中心的圆圈为起点画了许多直线，在直线的另一端画上小圆圈。孩子们一边回忆关于恐龙的事实，琼一边把关键词写到那些小圆圈里。网状图完成之后，琼和孩子们一起把它读出来："恐龙：庞大、吓人、素食者、食肉动物、危险、灭绝。"

琼接着向孩子们解释为什么知识类文本又被称为非小说类写实文学，这是因为书中的内容不是编的，而是真实的。有一个孩子举手，要发言：

儿童1：我觉得这本书是编的，因为里面的图片都是画出来的。如果真是知识类的书，那里面的图片应该是用相机拍出来的照片才对。

儿童2：可是恐龙都死掉了，怎么可能有真的照片呢？恐龙活着的时候也没有照相机，所以也不可能有照片。我们再也看不到恐龙了。那个词叫什么来着，它们已经怎么样了？噢，想起来了，它们已经灭绝了。

放学之前全班回顾了一天的活动。他们讨论了最喜欢什么活动，也为第二天做了计划。

星期二：了解更多关于恐龙的知识

星期二的日程与星期一的一致，只不过增加了一些新书和写作任务。这周的其他日子，琼的班级都沿用着相同的日程，即阅读晨间信息、分享故事阅读、全班技能课、小组教学、区域活动、自主阅读、写作研讨会、与主题相关的社会研究与科学研究、数学、美术、音乐以及游戏等。

小　　结

琼的课堂给孩子们探索和实验的机会，同时他们也能得到明确的指导。在小组教学和全班教学时他们要完成指定任务，然而一天当中他们也有几个时段可以自由选择喜欢的活动。小组和集体教学时，他们了解到大量的信息，这些信息在整个一周的教学活动中会反复得到复习。孩子们的个体需要在小组阅读课、写作研讨会和区域时间内可以得到满足。读写训练在主题学习中融为一体。孩子们一整天在所有的主题活动中不断进行阅读和写作，在琼的教室里他们可以轻松地得到各种材料和书籍。

焦点问题

- 本章提到了几位理论家、哲学家和心理学家。请列举和描述他们对儿童早期教育的独特贡献。
- 请描述从 20 世纪初到现在儿童读写教学方法的主要发展动向。
- 读写萌发和全语言理念被认为是读写教学的建构式方法。试描述其建构性的特点。
- 请说说通过主题教学来完善语言技巧的含义。
- 请描述与行为主义学习理论相联系的,明确、直接的技能传授特点。
- 文中提到的读写教学的平衡性,指的是什么?
- 《不让一个孩子掉队》法案对早期读写教学有什么影响?

词汇:行为主义方法,同化,顺应,鹰架,阅读准备,读写萌发,全语言,显性教学,建构主义理论,平衡式读写教学法。

策略:撕下 S—3 到 S—6 页上关于第一章的"课堂策略",即可获得开展一次以显性行为为导向且含有建构式成分的教学计划和所需材料。

第一章

早期读写能力发展的基础：从过去到现在

阅读是一项多么危险的活动啊！阅读教学也是如此——只是在陌生的内容上涂抹上自己的东西而已。既然里面已经有着丰富的内涵，为什么还要在表面不停涂抹呢？这样是不是封闭住了太多东西？要是我能将它提取出来用作工作材料多好。假如我轻轻地触碰它，它将如火山一般自行喷发。

西尔维亚·阿什顿-沃纳
（《老姑娘》,1959）

妈妈带着4岁的詹姆斯开车去办事。当他们接近购物中心的时候，詹姆斯说："妈妈，你看！我会读那些字母！M-A-C-Y-S，应该读成Sears。"妈妈笑了，夸奖他说："詹姆斯，你真了不起。你把每一个字母都读对了。我来把这个标志读给你听好吗？它应该读作Macy's。这是另一家百货商场，跟Sears很像。你在读这个词的时候动了脑筋，真不错！"

可能不久之前我们还会笑詹姆斯虽然可爱但是出了错，可现在，我们意识到他其实表现出了很多值得注意的识字知识。首先，他知道字母是什么，而且他认识标志中的那些字母。其次，他知道字母能拼出单词。他也知道单词可以读出来而且有一定的意思。虽然他没有将那个单词读准确，但是他进行了有依据的猜测。詹姆斯掌握的知识告诉他这栋楼是百货商场，尽管他从没到过这家商场，他把它称作他知道的一家商场的名字。孩子把他掌握的识字知识在一个成人面前试用，因为他知道成人会对此感兴趣，而且愿意与他进行积极的互动。詹姆斯的妈妈对孩子已有的知识给予了充分的肯定，对孩子所需要的帮助也通过示范正确的读法给予了支持。

婴儿从一出生就开始获取有关读写的信息。他们在婴幼儿时期以及以后的日子里继续积累着口头表达、阅读和书写的知识。现在人们非常重视幼儿阶段的读写能力发展，而以前这一领域在一定程度上是被忽略的。那时候教师、父母和教育管理者都不会将学龄前儿童视为阅读者或是写作者。他们把重点放在口头表达能力的发展和阅读准备上。现在，基于越来越多的专业研究，人们关于早期读写教育的思想已经发生了改变。年幼的孩子现在已经被看作是具有读写技能的个体。虽然幼儿的读写技能不像成人那样传统，但是因为他们的技能影响到教学实践，所以应当得到正确的认识。

就像孩子刚学会说话和迈步时一样，学习读和写也应该是令人兴奋、令人满足和富有成就感的体验。本书以研究为基础，联系读写发展的相关理论、政策以及成功的实践，提出了一项从初生婴儿到8岁儿童读写能力发展的计划。这项计划参考了国际阅读协会（International Reading Association，简称IRA）和美国幼儿教育协会（National Association for the Education of Young Children）发表的联合声明——《学会读写：适宜儿童发展的教育实践》(1998)，以及IRA的研究报告《学前儿童的读写能力发展》(2005)。该计划还参考了美国教育部发表的国家阅读委员会报告(2000)和"阅读优先"方案（*Put Reading First*，2001），以及本书将要引证的其他作品。本书的理论依据如下：

1. 读写学习始于婴儿期。
2. 家庭应该提供丰富的读写环境和各种读写体验，以帮助孩子培养技能。孩子入学后，家庭应积极参与到孩子的读写学习活动中。
3. 教师必须意识到幼儿入学前所积累的读写知识存在个体差异。

4. 幼儿需要在现有知识的基础上,通过学习体验继续发展读写技能。

5. 读写学习需要一个能让幼儿对自我和读写活动产生积极情绪的支持性环境。

6. 读写学习需要一个能提供丰富材料和多样化活动的环境。

7. 成人必须成为读写行为的榜样,提供和展示可供幼儿学习的策略。

8. 幼儿在体验读写时,应该有与他人互动、分享信息的社会交往环境。这样的互动可以帮助他们产生相互学习的兴趣。

9. 早期的读写体验应该具体而有意义,能够吸引幼儿积极参与。

10. 早期的读写体验应该在技巧上给予系统和明确的指导。

11. 读写发展项目应该强调整合读、写、听、说、看以及音乐、美术、社会研究、科学、游戏等内容领域的体验。

12. 早期读写能力发展必须认可和应对文化、语言背景上的差异。

13. 必须通过小组或一对一的教学方式来解决读写能力发展上的差异。例如,能力弱的幼儿必须接受早期干预教学或者基于全纳的课堂教学项目的训练。

14. 经常开展与指导策略相匹配的成果测试,使用多种形式对儿童进行行为评估。

15. 早期读写的级别标准应与教学和评估相对应,利用这些标准促使儿童达到在三年级之前能够流畅阅读的目标。

16. 制订计划时要考虑教学中对儿童既有较高的期望又不能过度,从而适合他们的发展需要。

17. 计划应以研究为基础。例如,从美国国家阅读委员会的报告(2000)结论中,我们了解到能够保证阅读教学成功的必备要素,包括语音意识、拼读法、词汇扩展、理解力和流畅性。我们还有全国早期阅读委员会所确定的学前读写变量,可以用来预测幼儿在拼读和阅读理解方面的后期成就(National Center for Family Literacy,2004)。

本书参考了诸多哲学家、教育家、心理学家和研究者关于儿童如何学习和我们如何教学的著作,强调读写能力发展依托于有准备的、信息丰富的读写环境,在这样的环境下以有计划的学习体验促使幼儿在听、说、读、写、看等各个方面得以发展,而且技能上的发展与活动区的主题教学相辅相成。虽然有几章专门论及语言、阅读或写作,但是贯穿全书的一个重点是对所有这些读写技能的整合。

早期读写能力发展必须学和教同时抓。教师给予明确的指导,而幼儿则被鼓励在社会环境中使用他们能够借以探索和试验的材料,并积极参与和同伴的学习。本书的主要目的之一就是激发幼儿将阅读看作与自己相关的事,并且将阅读当成乐趣和信息的来源。

指导实践的学习理论、研究和哲学观

一些重要的哲学家、理论家、心理学家和教育家对于早期学习,包括恰当的教育实践的问题,都发表过看法。这些观点对学习究竟是天性还是后天的培养的问题做出了不同的回答。所有观点对早期读写教学的规划都有着明显的要求。

18 世纪和 19 世纪的理论观点

◎ 卢梭

让-雅克·卢梭(1762)强烈倡导自然的儿童早期教育。他的意思是,应该要求儿童学习那些按他们的发展能接受的东西。卢梭主张摈弃精心策划的教学方式,让儿童自由自在地成长和学习,做他们想做的事情。他相信教育是追随儿童的自我发展和学习意愿的。在卢梭看来,好奇心是驱使儿童学习的动力。他还相信每个孩子都有自己独特的学习方式,正规的教学会干扰儿童的发展。卢梭的教育哲学提示我们,教育者的作用就是要运用多样的策略,从而既满足儿童的学习意愿,又将成人的干扰减到最低。

◎ 裴斯泰洛齐

约翰·亨利希·裴斯泰洛齐(Rusk & Scotland,1979)受到卢梭自然教育思想的影响,但同时他又赋予这一思想以新的内容。他开办了自己的学校,探索出将自然因素和非正式教学相结合的教育原则。他发现期望幼儿完全靠自己学习是不现实的。例如,他感到虽然幼儿也许有能力自己阅读,但是教师和家长有必要为他们创造条件促进他们的阅读发展。他相信一个孩子的潜力可以通过感官操控体验而得到发展,于是他设计了课程,促使幼儿能够操控被他称为"天赋之物"的东西。幼儿可以通过触、闻、语言以及感知大小、形状的方式来学习。

◎ 福禄倍尔

弗里德里克·福禄倍尔(1974)的教育思想与前人相似。与卢梭一样,他相信幼儿天赋的自然开启,他关于幼儿教学规划的做法也符合裴斯泰洛齐的思想。他最著名的理念就是强调游戏在学习中的重要性。他明确指出幼儿要从"玩中学"中获益,需要成人的引导和指示,还需要一个规划好的环境。福禄倍尔将教师看作能促进学习的游戏活动和体验的设计者。他是第一位为幼儿设计有目标、有材料的系统课程的教育家。他认为,在触弄和玩耍这些材料的过程中,幼儿运用心理运动技能,学习有关形状、颜色、大小、测量和比较的概念。福禄倍尔的很多策略现在被用于托幼机构的教育中,例如全班在集体活动时间一起唱歌、通过讨论学习新概念等。他创造了"幼儿园"(kindergarten)一词,意思是"孩子们的花园"。这个词阐明了他的教育哲学:孩子们就像植物一样,只有得到关注和照料才会成长。他把孩子比作种子,等待着园丁或教师的照料。

进入 20 世纪

◎ 杜威

约翰·杜威(1966)的儿童早期教育哲学引出了以儿童为中心的课程概念,这一概念也被称为"进步教育"。杜威认为学校课程的开设应该顺应学生的兴趣。他同意福禄倍尔认为幼儿在玩耍和生活情境中学习效果最佳的观点。他坚持认为社会交往能促进学习,兴趣是学习信息和技能的手段。杜威反对为教而教的观点。同时,他相信学习的容量可以通过对课程内容的整合而达到最大。

杜威对美国 20 世纪,尤其是 20 世纪 20 年代至 50 年代的儿童早期教育模式产生了深远的影响。在那几十年的时间里,学前教育机构和幼儿园通常为不同的训练活动设置不同的中心。建构区的架子上摆放着大小不一、形状各异的积木、玩具小汽车、卡车和木制的人物。艺术区则放有画架、水彩、蜡笔、纸、糨糊、剪刀、美工纸、油泥,还有很多零碎有趣的材料,比如用来做拼贴画的布片、塑料泡沫和毛根。戏剧表演区布置得像个厨房,有水池、炉子、冰箱、空的食物盒子、桌子、椅子、电话、镜子、玩偶和一些表演的服装。另外一个区里摆放着操作玩具,用来培养幼儿对颜色、形状和大小的概念。科学区有戏水桌、贝壳、有趣的岩石、植物、班级宠物、吸铁石、放大镜等。音乐区通常摆着钢琴、打击乐器,还有当时常见的录音机。地上有块小地毯,孩子们在钢琴伴奏下唱歌时会坐在上面。教室的一角有孩子们的书架,还有孩子们躺下看书时用做枕头的软垫。

在这样的环境下,每日的教学安排多半都是相似的。孩子们进教室以后就安静地玩玩具,然后教师将他们集中起来谈论天气和日期。对话很快会集中于一个社会或科学方面的话题,比如动物或社区志愿者,可能还配有一首烘托教学主题的歌曲。集体活动时间过后,通常会安排较长时间的自由活动,孩子们可以使用教室里各个区域里的材料。自由活动时,教师基本不予指导,幼儿可以随意地探索和试验。日程表里还有一个不可缺少的环节就是吃点心,有时吃完点心还让幼儿休息。一天的教学可能还包括与本单元配套的美术、社会或者科学方面的特设课。户外活动时间,幼儿可以跑、爬、在沙池中玩耍和骑各种小车。可能在一天快结束时,教师会给幼儿读一个故事,故事往往与这天的教学内容相关。

阅读和数学的教学不那么正式,也没被当成单独的一门技能来专门训练。教师会请一个孩子为班里所有的同学数出足够的饼干,说出日历上的日期,或者比较几个同学的身材个头。没有练习册,也没有购买的阅读材料。教师组织一些非正式的活动,最终能引导幼儿进行阅读,但是教师并不刻意地教他们阅读。教室的墙上挂着一串字母,日历上的星期几被标了出来,幼儿的格架上写着自己的名字,教室里的一些其他物件上也标有文字。整个气氛非常轻松。这么做的目的是要让孩子们熟悉学校的日常安排,使他们在学校环境中感觉舒适。教学的重点是社会性、情感和身体的发展,没有安排正式的读写教学。

◎ 斯金纳和行为主义

对行为主义者来说,学习的结果是个体通过对体验或刺激的反应而产生的,相对恒定的行为改变(Slavin,1997)。行为主义者认为我们通过模仿和联想、通过训练即重复一系列步骤,可使反应趋于自动而学习。斯金纳(1954)意识到人的学习并不总是自动和无目的的。人们会主动作用于环境来促成学习。这些有意识的举动被称为"操作性反应"(operants)。当一个个体与环境互动时,他也就学会了某种行为方式。斯金纳在研究中还发现,如果对一个符合意愿的行为进行积极的强化,就会强化该行为。从行为主义者的观点来看,技能是经过一系列的步骤获得的,这些步骤要小到能避免失败和沮丧感,强调每一阶段的步骤都要给人以成就感。行为主义理论指导下的学习需要一个仔细规划、系统而直接的教学大纲,学习过程要求将时间用于任务、结构、常规和练习。以行为主义为主导的教学大纲以技能培养为基础,主要关注的是认知技能的获得,对社会性、情感或者身体发展考虑较少,几乎不投入任何时间。教学材料根据难度分级,包括设计好的系列课程,有书面教学资料供教师使用。

◎ 蒙台梭利

玛丽亚·蒙台梭利(1965)创造了一种教学方法,与上述教育家和哲学家的观点都不一样。虽然她相信感官对于促进学习的作用,但是她注重的不是孩子天赋的自然开启、孩子的兴趣或者玩耍。她认为孩子们需要及早、有序、系统的训练,以掌握各项技能,因此,她在教学环境里使用的材料都是用来学习能够达到具体目标的具体概念及其使用方法的。教师向幼儿示范如何使用这些材料,给他们提供学习的源泉。孩子们通过使用这些操作性材料完成自我训练,因为这些材料具有自动纠错的功能,孩子们可以明确自己的错误并独立纠正。教室里的所有材料按难度顺序排列,并摆放在各自架子上的不同容器里。在蒙台梭利看来,教师和家长的作用就是抓住孩子们的学习敏感期,利用这样的时机为幼儿的学习环境提供合适的材料和经验。简而言之,蒙台梭利认为教师就是向导,为幼儿的学习创造环境。但是与前面提到的教育家们不同,蒙台梭利精心设计了教授具体技能的学习材料。这些材料对孩子们很有吸引力,而且很耐用,我们今天所使用的操作性材料就受到了她的影响。在蒙台梭利的课程里,幼儿首先要用实际生活中的材料去进行给衣服扣扣子、倒水、擦桌子之类的活动。他们按照教师提供的精确步骤正确地完成每项任务。学习的第二个领域叫作感觉区。幼儿通过操作那些专门设计的用来培养大小、颜色、形状等概念的材料,通过触觉、味觉、嗅觉、听觉和视觉的训练,了解这些概念。最后,早期教育课程还包括了阅读和数学的学习,在这些方面同样提倡尽可能地利用操作材料。在数学教育方面，蒙台梭利用彩珠来教数数和加减乘除的方法非常出名。早期的阅读教学包括利用镶有珠子的字母卡学习字母的发音，幼儿要边读出字母边找到相应的卡片。同形异音词的学习则借助于实际物体和图片。在行为主义理论的影响下，蒙台梭利的课程设置强调，相比起幼儿天然的好奇心和探索意识，他们使用具体材料来成功达到特殊目的的能力更为重要。玩耍远没有"工作"重要，因为它可能浪费了达成目标的宝贵机会。蒙台梭利提倡独立学习和对幼儿的尊重。她坚持应该统筹规划幼儿的在校时间。

◎ 皮亚杰

让·皮亚杰的认识发展理论（Piaget & Inhelder, 1969）描述了儿童在不同认识发展阶段的智力水平。他所描述的认识发展阶段如下。

1. 感知运动阶段（0—2岁）：婴儿的思维由其所听、所见、所尝和所触等感官的探索决定。

2. 前运算阶段（2—7岁）：孩子的语言能力得到发展，他开始在头脑中琢磨这个世界。孩子的思维变得具体化。

3. 具体运算阶段（7—11岁）：孩子开始进行具体的思维处理。他能够依靠具体的物体进行抽象思维。

4. 形式运算阶段（11岁—成年）：个体达到思维的最高水平，可以使用语言来处理抽象思维。

当幼儿处于前运算阶段时就带他们进行抽象思维体验被认为不妥。皮亚杰相信幼儿通过与世界的互动获取知识。应用这一理论的教育者们将幼儿引入解决问题的情境中，让他们通过同化和顺应来学习。**同化**（assimilation）指的是幼儿将新的信息融入已有的知识体系中。也就是说，他利用过去的信息来解读新信息。例如，当迈克尔第一次看到一只猫的时候说："妈妈，看那只狗。"迈克尔将他从过去对狗的经验中所了解的关于四条腿动物的知识运用到了他从未见过的猫身上。**顺应**（accommodation）则要求改变现有的体系来适应新的信息。幼儿遇到不熟悉的新情境时便需要顺应。在这种新情境下，幼儿必须产生全新的反应。例如，在迈克尔的知识结构中，对于狗的种类概念仅限于狗会做什么和狗长什么样子，比如狗会"汪汪"叫，长着四条腿。当他把猫当成了狗时，他参照现有的认知水平吸收了新的经验。而当他发现这个东西不是狗，而是猫，而且猫是"喵喵"叫，不会"汪汪"叫时，则要启动顺应过程的补充。他必须修正对猫的概念性理解来处理这一明显的矛盾；他调整了自己的参照体系，以适应更为精确的外部现实。

根据皮亚杰的理论，幼儿需要成为自己学习的积极参与者，从而不断地改变和重组学到的知识。他强调幼儿在环境中与同伴和成人互动时也就是在学习。教育者们在早期教育中采用皮亚杰的理论来设置课程时，会设计建构式课程：教学环境中有许多实际生活材料,为幼儿提供大量玩耍、探索、试验以及使用语言的机会。皮亚杰式学前课程,即"高瞻课程"(High Scope),鼓励幼儿做决定、解决问题、自律、设定目标、制订行动计划、与教师和同伴合作等。皮亚杰认为幼儿应该利用自身的好奇心、探索欲和冲动性来帮助自己学习。与杜威不同,皮亚杰的理论被应用于课堂实践时,不注重数学、科学等主题区的教学。皮亚杰的课程设有带领幼儿开展认知活动的中心,比如:

1. 语言发展:谈话,听故事,描述,等等。

2. 分类:幼儿描述物体特征,观察物体的相同点和不同点及其种类、搭配等。

3. 排序:幼儿按照颜色、大小、形状或其他特征来摆放物体。

4. 以不同的形态表现:用许多不同的方式了解某个物体。以了解苹果为例,我们可以吃苹果,做苹果沙司,画苹果,写和读"苹果"这个词,唱关于苹果的歌,等等。

5. 空间关系:要求幼儿将物体合并、拆开、重新安装、改变形状,以及从不同角度观察物体、描述方向或距离等。

图 1-1　皮亚杰强调,当幼儿在社会环境中与同伴和成人互动并根据环境行事时,就会达到学习的效果。

◎ 维果斯基

列夫·维果斯基关于认知发展的理论(1981)与皮亚杰的观点类似,也认为当幼儿获取新的概念或图式时就达到了学习的效果。**图式**指的是我们储存已知信息的认知结构。人们储存信息,当需要预测、总结或者推理时,就会调用这些信息。

根据维果斯基的理论,所有类型的思想功能都是通过社会关系获取的。当幼儿扩展或者建立一个新的概念时,他们必须与他人互动。这主要包括对他们的想法给予反馈,或者当他们不能独立完成某项任务时提供帮助。要理解新的概念,幼儿需要谈论它。父母和教师为幼儿提供他们解决问题时所需要的语言。幼儿通过将他人的活动和语言内化到自己的大脑中而达到学习的目的。维果斯基提出了"最近发展区"概念,指的是幼儿不能够全部完成某项任务但能完成部分任务的时间段。这是学习和成长的一个敏感期。这时孩子需要一位更有学识的人来帮助其建构新知识。成人向孩子演示如何完成一项任务或者示范某个特殊的行为。如**鹰架**(scaffolding)谈话提供关于完成某项任务的信息,将孩子的注意力引向其所需要了解的事物上来。当孩子接受的帮助得到内化，他便能独自完成新的任务了。这时，教师或者父母必须退后，让孩子独立地使用和实践新的技能。

以上讨论的这些学习理论，对我们看待早期教育中的读写能力发展有很大帮助。他们的观点是本书所描述的早期读写教学的理论基础，其中以下观点尤为适用。

1. 对幼儿发展水平的关注——身体的、社会性的、情感的以及认知的。
2. 对创造学习环境的重视。
3. 对学习和教学的重视。
4. 对有成人支持的社会交往的重视。
5. 强调在有意义的、自然的环境和有明确教学目的的环境中通过实际体验来学习。
6. 提倡积极地将幼儿引入自主学习，强调操作性材料以及有趣的功能性体验的作用。
7. 反复练习所学的技能。

过去的实践：20世纪初至20世纪50年代末

◎ 阅读准备

从20世纪初的专业文献判断，儿童入学前的读写能力发展几乎不被注意。人们一般认为读写始于一年级的正式教学。发展心理学家格赛尔(1925)提倡成熟是阅读学习中最重要的因素，他的观点对阅读教学产生了很大影响。因此，阅读教学要等儿童做好了阅读的准备再进行。学前、幼儿园教师一般都避免开展阅读教学。他们典型的做法是读书给幼儿听，鼓励幼儿玩耍、探索和解决问题，然后在集中授课时间以单元主题为基础带领幼儿唱歌和讨论。这种教学方法以幼儿为中心，对社会性、情感和身体发展非常重视。这一观念是以建构主义学习理论为基础的。

受时代潮流的影响，莫费特和沃什伯恩(1931)支持将阅读教学延迟到幼儿发展得足够成熟的时候。他们的研究结果表明，心理年龄达到6岁6个月的孩子在一项阅读成绩测试中比年幼些的孩子进步要大。虽然许多教育者相信自然成熟是读写能力发展的先决条件，但是还有人难以接受仅仅等待幼儿做好阅读准备的观点。他们开始提供他们认为能够帮助幼儿做好阅读准备的活动。

20世纪三四十年代日益盛行的测试风让这些教育者在这方面如鱼得水，同时也影响了后来几十年的儿童早期阅读教学。总的来说，标准化测试检验幼儿是否达到了其学习阅读所需要的成熟程度，从而满足了当时对成熟度这一概念的普遍需求。这样的测试一般包括测试具体技能的几个部分。这些技能被认为是能帮助幼儿做好阅读准备的要素。"阅读准备"(reading readiness)这一术语在当时十分流行。教育者们不再坐等幼儿的自然成熟，而是通过训练作为阅读必备前提的一系列技能来促进他们的成熟。这些"准备"技能包括：①听觉辨别力。即辨明和区分熟悉的发音、相似的发音、押韵的词和字母发音的能力。②视觉辨别力。包括对颜色、形状和字母的认识。③视觉运动技能。例如眼睛的左右移动，用剪刀剪出一条直线，在图画界限内涂色等。④综合运动技能。例如蹦跳、单足跳、沿直线走等。阅读准备模式提示，幼儿通过获取一套阅读学习所需的指定技能，就意味着为读写做好了准备。这些技能被系统地教授，前提是假定所有的孩子开始上幼儿园或者学前班①的时候处于相似的发展水平。这一体系不考虑孩子可能有过的读写经验或已经掌握的信息。

20世纪60年代至今的读写研究和实践

20世纪60年代到80年代期间，调查儿童早期读写能力发展的研究实践发生了很大的变化。调查者们用采集各种数据的研究方法来考察幼儿的认知发展，包括实验组和对照组、相关性研究、采访、观察、录像和案例分析等实验研究。研究背景具有文化、种族和社会经济等各方面的多样性。这些研究是在教室和家庭里实地开展的，而不像过去那样在实验室进行。关于口头语言发展、家庭读写、早期读写的研究，对于了解幼儿如何学习以及教师如何开展读写教学产生了强烈的影响。这样的研究在相关章节里将予以回顾。

20世纪60年代至80年代期间的研究，使我们更多地了解了早期儿童读写能力发展的过程。为了获取口语、读写方面的技能，儿童需要可以效仿的典范，也需要可以发挥各自阅读、写作和口头表达形式的自由，在这些研究的基础上产生了早期读写教学中的读写萌发观点。

读写萌发

关于早期阅读者和他们入学前对书籍、印刷物和书写的了解的研究，改变了人们对于儿童早期读写能力发展策略的态度和观点。其中的一个新观点叫作"**读写萌发**"(emergent literacy)，这个词最早是由玛丽·克莱(Marie Clay, 1966)提出的。这一观点认为幼儿在入学前就已经获取了关于语言、阅读和书写的一些知识。读写能力发展在生命早期就已开始而且不断持续。各项交流技能（读、写、说和听）之间存在相互作用的关系，因为在幼儿的发展过程中，一项技能会对其他技能产生影响。在日常的家庭、社区和幼儿园环境中，那些需要在自然环境中使用读写的有意义的功能性体验可以使幼儿的读写能力得到发展。读写技能获得的环境通常是社会化的，有成人和同伴通过合作和辅导等互动。读写活动在美术、音乐、表演、社

---

① 译者注：即 kindergarten，在美国专指针对5岁儿童的学前一年教育，纳入 K-12 教育体系。

会和科学等区角内进行或者有目的地穿插。比如,在艺术区,幼儿可以照着文字说明玩橡皮泥。

幼儿在各个年龄阶段都拥有一定的读写技能,虽然这些技能不像我们所认为的成熟读写那么规范或发展完全(Baumann, Hoffman, Duffy-Hester, & Ro, 2000; Morris & Slavin, 2003)。读写萌发将孩子在纸上的乱涂乱画看作原始的书写,即使这一书写根本连一个字母都无法分辨出来。能够分辨涂写和绘画的孩子对写字和插图的区别已经有了一些概念。同样,当幼儿看熟悉的故事书上的图画和文字并能把阅读时的印象讲述出来时,我们认为这样的活动是合理的阅读行为,即使这并不符合传统意义上的阅读范畴。这种方式的读写训练接受幼儿有自主意识的任何水平的读写行为,并且以个体需要为基础制订教学计划。读写萌发观点让幼儿更早地与图书接触,是一种以幼儿为中心,强调解决问题甚于直接传授技巧的方法。

关于"全语言"的定义

全语言(whole language)观点与读写萌发观点相似,但它考虑到不同年龄的所有孩子。全语言的提倡者们支持前面讨论过的那些早期哲学家、心理学家和理论家们所打造的建构主义和自然的学习方法。伯杰龙(1990)从对64篇关于"全语言"的专业文章内容的分析中得出了以下定义。

全语言是一个既体现了一种语言发展原理,又体现了该原理所包含的、支持该原理的教学手段的概念。这一概念提倡在有意义的、功能性的以及合作性的体验环境中进行真正的读写,从而激发儿童在学习过程中的动机和兴趣。

据我看来,全语言观点是一种关于幼儿怎样学习的观念,教育者们可以从这一观念中衍生出教学的策略。根据全语言理论,读写学习是以幼儿为中心的,因为所设计的学习对幼儿来说具有明确的意义和功能。学习的目的和意义来自于幼儿在家的生活经验与在幼儿园所创造的经验。比如,假如在幼儿园发现了一个蜂巢,然后被专业人士端除之后,孩子们可能会对关于蜜蜂的讨论、阅读和书写萌生兴趣。虽然关于蜜蜂的学习并不是课程计划中已有的内容,但教师允许幼儿满足他们即兴产生的兴趣(Collins & Shaeffer,

图1-2 幼儿需要尽早接触读和写。幼儿在读写方面的早期尝试应得到鼓励和表扬。

1997；Dunn，Beach，& Kontos，1994；Fingon，2005）。

读写活动被有意识地穿插到专门内容的学习中,比如美术、音乐、社会、科学、数学和游戏。社会和科学所选择的主题,比如生态学,将主题教学和读写体验结合起来。读、写、听、说的教学也同样得到重视,因为这些都有助于培养一个有读写能力的人。过去,这个项目被称为整合式语言艺术方法。各种体裁的儿童文学作品是教学中阅读材料的主要来源。这种方法被称为基于文学的教学法。教室里专门的读写区以及其他各个地方都必须摆放着丰富的读写训练材料。这种环境设计往往被称为信息丰富的读写环境。

在使用全语言教学策略的课堂上,教师对于学的重视超过对教的重视。学习是自我调控的、个体化的,读写活动出于自我选择。教师不仅仅教授读写的课程,更多的是提供读写活动的范式给幼儿模仿。在积极的读写体验中,同伴之间有相互指导和合作的机会。幼儿也能通过长时间的独立阅读、书写以及分享所学内容（朗读给别人听或将所写的内容向大家汇报）,来达到学习的目的。读写教学的一个主要目标就是培养幼儿的读写兴趣。

在使用全语言教学法的课堂上,只教授那些相关并且有意义的技巧。例如,当活动主题为"恐龙"时,教师会强调那些恐龙名字中的一些字母和开头辅音的发音。在全语言计划实施之初,有些人认为不需要以任何系统的方式教授技巧,幼儿通过沉浸于读写等体验的活动,会自然获取他们所需要的技巧。通过这种浸入式体验,幼儿会自然地习得技巧,但是一些具体的技巧则要求教师给予明确的指导,比如怎样使用解码策略来理解不认识的单词。

在全语言教学法中,测试是不断进行的,而且形式多样:教师采集幼儿每天学习的表现样本,观察和记录幼儿的行为,对他们在不同情境下的表现进行录音或者摄像,为每一个幼儿建立信息丰富的档案袋。这个评估过程既针对幼儿,也针对教师,另外还会召开会议讨论教学的进展情况。

在全语言导向下,幼儿和教师一起成为决策者,决定教学策略、教学组织和教学材料的使用。教学计划不为商业性材料所控制,当然在需要它们的时候也会采用。读写学习被有意识地纳入全天的课程教学中。各个项目需要大块的时间来完成。幼儿将能够长时间地独立读写。

语言技能与主题教学的整合

全语言在很大程度上基于真实、相关的学习,因此与主题教学相结合的整合式语言技能对读写课程的设计十分重要。在使用整合式语言技能教学法的课堂上,读写不是作为一门学科来进行教学,而是作为一种机制来完成全面的学习。当读写训练被纳入主题和活动区的学习过程中时,它才变得有意义。

主题单元的教学目的是教授有关内容信息,并以一种有趣的方式传授读写技能。主题单元使用科学或社会研究的话题,并有意识地将读写训练与所有活动区的活动进行整合,包括音乐、美术、游戏、数学、社会研究和科学。选择许多儿童文学读物构成单元学习的一个主要组成部分;然而,文本并不是一个单元的主导,该单元的主题才是核心。在这种类型的单元学习中,教室里的各个区角都放满了与该主题相关的材料,包括鼓励幼儿读写的材料。在所有的科学和社会活动中,读和写被有目的地整合为一体。技能的教授则看合适的时机。比如,一个关于农场的单元,当全班在孵化器里孵小鸡时,孩子们要写日志来记录小鸡孵化的进展情况。这时,主题可以由教师事先定好,或者由孩子们和教师共同选择,也可以根据托幼机构、某个家庭或外界所发生的有趣的事情来生成。第九章将对主题单元的运用加以阐释,同时也包括了对教学中如何实施单元计划的描述。附录 A 提供了一个与主题教学相关的儿童读物列表。

图 1-3　主题单元经常使用科学或社会研究的主题,
　　　　将读写活动与活动区教学相整合。

显性教学和建构式教学法:语音法和全语言

全语言和主题教学法也衍生出一些问题。托幼机构和学校没有为期望达到的宏伟目标提供充分的师资培训、读写材料和课堂支持。很多人在理解该教学法时产生了误解,以为全语言法指的是把儿童全部集中起来教学,于是教师不再为了满足个体的需要与儿童分小组讨论。另一些人以为全语言法意味着教师不能教授语音法,其实并非如此。语音法的教授包括了使儿童沉浸于文本和印刷品中,还有自然的、特定环境下的技能教学。因为对全语言法的误解,许多儿童没有得到他们所需要的技能培养,而这些技能可以使他们成为熟练、独立的阅读者。

钟摆开始再次转向那些赞成明确教授语音法这一早期读写训练模式的人们，他们调集多项研究成果来证实他们的观点。尤尔（1989）认为幼儿刚开始尝试读写时，需要关注组成单词的那些发音。懂得单词是由个别的发音所组成，能够将这些发音从单词中分离出来、还能将它们拼到一起，这种能力叫作**音素意识**（phonemic awareness）。研究发现，幼儿园、学前班和一年级的音素意识教学可以加强阅读成效。音素意识同时被认为是语音法教学的前期准备（Byrne & Fielding-Barnsley, 1993, 1995; Stanovich, 1986）。有了音素意识，幼儿就能了解语音法的原则，包括：①对字母的理解（懂得单词是由字母组成的）；②了解发音与符号之间的关系（懂得印刷文字和发音之间是有某种联系的）。研究还表明，对发音—符号关系即拼读法的认识，对于成功学会读写是必要的（Anthony & Lonigan, 2004; Lonigan, 2006）。

那些提倡在读写教学中使用行为主义或显性教学（explicit instruction）法的人，希望在早期读写中多采用语音法大纲。教学材料是系统化的，提供直接的技能指导，并配有教师手册。争议的另一方是建构主义者，他们提倡以功能、意义和技能发展的整合为基础，为读写教学创造自然的环境。建构主义者希望用儿童读物作为读写教学的源泉。（见 S—3 页上第一章的"课堂策略"。）

平衡式读写教学

国际阅读协会在题为《阅读开端教学中多种方法的使用》（1999）的观点声明中表示：没有任何单一或者组合的方法能成功地教会所有的孩子阅读。教师们必须了解他们所教孩子的社会性、情感、身体和认知方面的状况。他们还必须了解阅读教学的多种方法。只有这样，他们才能够制订一个阅读教学的综合计划，来满足个体的需要。

这种读写教学观是一种平衡式方法，它是全语言法和语音法之争的结果。平衡式读写教学法（balanced approach to literacy instruction）包括对可用的最佳理论的精心选择，以及使用这些理论来适应个体学习模式的策略，从而帮助儿童学会阅读（见图1-4）。其中，可能应用到更多以技能为主的显性指导或者一些整体的和建构式的观点，包括解决问题型教学策略（Morrow & Tracey, 1997）。根据普雷斯利（1998）的观点，明确的技能教学对于解决问题型的建构式活动是一个良好的开端，建构式活动并不排斥对技能的巩固和发展。一种方法并不阻碍或者排斥另一种方法。

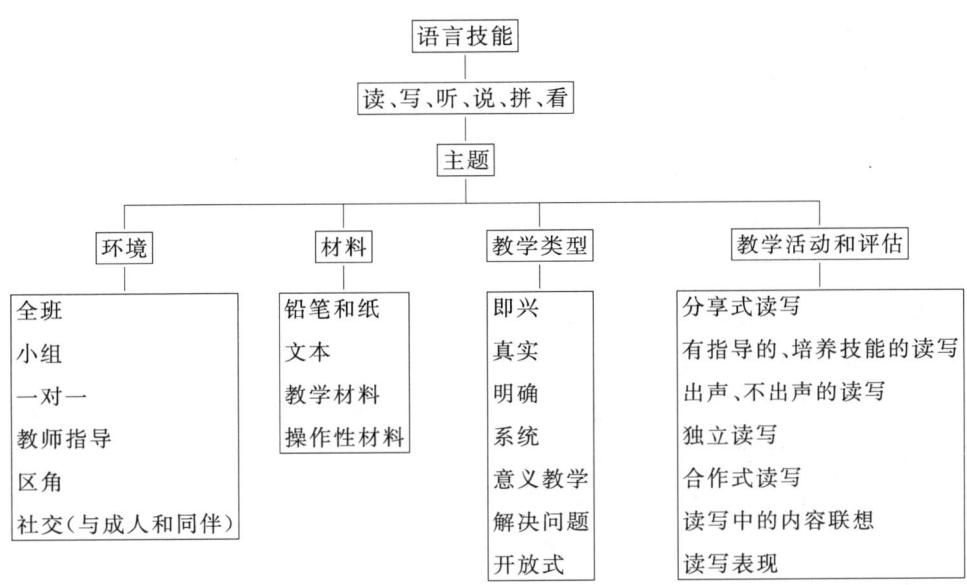

图 1-4 平衡式读写教学大纲的策略和构架

Source：Adapted from L. M. Morrow, D. S. Strickland, & D. G. Woo, *Literacy Instruction in Half-and Whole-Day Kindergarten: Research to Practice* (Fig. 2, p. 76). Newark, DE: International Reading Association. Copyright © 1998 by the International Reading Association.

平衡式方法并不是对教学策略的随意组合。教师会从不同学习理论中选择具体策略来达到平衡。例如，某个孩子也许是视觉学习者，从语音教学中获益甚少；而另一个孩子的强项在于听觉学习，语音教学就能让他学到很多。平衡式教学法是一种缜密、成熟的方法，它更多地关注对孩子个体什么是最为重要的，而不是关注读写教学中最新奇时尚的方法是什么。

平衡式教学建立在丰富的读写学习模式的基础上，既顾及了阅读和语言策略的美感，也涉及其复杂性。这样的模式承认了读写过程中形式（语音法、机制等）和功能（理解、目的性、意义）两方面的重要性，认为学习在总—分—总的情境中效果最佳。这种教学的特点在于设计有意义的读写活动，既训练儿童的技能，又培养他们成为熟练的终身读写学习者的愿望。平衡式教学大纲包括了如图 1-4 中所示的内容。

"阅读优先"和科学性阅读研究

2002 年 1 月，《不让一个孩子掉队》法案得到通过。这个法案要求美国的每一个孩子都有权利在三年级之前掌握熟练阅读的能力。这项立法旨在消除读写发展的贫富差距，防患于未然。联邦政府的"阅读优先"拨款计划的目的就在于实现这项目标。资助对象为教育风险学区的幼儿园到三年级之间的孩子。要获得拨款资格，各个州和学区必须认同他们将要采用的评估体系和教学计划，并表明这些计划是可靠、有效的。

为了保证评估体系和教学计划的可信度,必须在实施前进行科学性阅读研究。科学性阅读研究包括以下内容。

1. 随意选择的实验科目。
2. 实验设计,包括实验组和对照组。
3. 在同行评议杂志上发表的研究结果。

获得资助的州必须参照美国阅读专家组报告(2000)中有关科学性研究的结果来制订阅读教学计划。

教育界人士还提出一种更为宽泛的研究定义,叫作实证性研究,与科学性研究恰恰相反。实证性研究需符合以下要求。

1. 客观:任何评估者都能识别数据,对数据的理解基本相似。
2. 合理:数据能充分体现儿童成为熟练阅读者所需要完成的任务。
3. 可靠:如果在不同的日期或者由不同的人采集,数据基本保持不变。
4. 系统:数据是根据缜密的实验或观察设计来采集的。
5. 经审:数据由独立评审专家组审核通过,准备出版。

实证性研究使用定性和定量设计。所有调查只要符合以上所描述的要求(International Reading Association,2001),研究成果就将作为设计阅读教学大纲的有效依据。

美国国家阅读委员会报告(2000)

美国国家阅读委员会报告(2000)总结了有关早期阅读教学最有效的策略的研究结果。该委员会审议了10万多项研究,总结了它们的研究结果。但是他们承认,对于读写教学可能很重要的一些领域,比如写作能力发展和阅读兴趣培养,并没有得到研究,因为缺乏足够高质量的调查可供分析。除此之外,只有包括实验组和对照组的实验性研究被选择用来分析。其他研究设计,比如定性研究或者案例分析、相关性研究,并没有被包括在内。

报告的结果显示,以下几项因素对于早期读写中阅读教学的成功是至关重要的。

- 音素意识
- 语音
- 词汇
- 理解力
- 流畅性

美国国家早期阅读委员会报告(2004)

美国家庭读写中心的早期阅读委员会对现有的科学性研究进行了调查,目的是发现哪些技巧和能力能够预测自出生到 5 岁的孩子将来在阅读方面可能达到的成就,比如解码和理解的能力。识别这些变量之后,该委员会的任务就是明确环境、背景、计划和干预措施,如哪些有助于培养技能,哪些可以提高未来阅读成效,哪些会起阻碍的作用等。他们已经识别的变量包括以下几项。

1. 口头语言发展:表达和接收词汇。
2. 字母代码:字母识别,音系和音素意识,以及创造性拼写(invented spelling)。
3. 印刷知识:环境中的文字,有关印刷文字的概念。
4. 其他技能:快速念出字母和数字,视觉记忆,以及视觉感知能力。

帮助儿童投入促进上述能力发展的适当活动是一项重要的举措。那些在测试环节中成绩不理想的儿童所在的机构将被视为需要帮助。

多年以来的研究、理论观念和方法都使我们明白,儿童在有意义、有目的的环境中能学到东西。他们在社会、文化环境中,通过与成人和同伴互动,不断发展读写能力。他们所接受的教学应该考虑他们的背景知识,对他们在社会性、情感、身体和认知等方面的发展阶段要敏感。同时,系统而有序的教学策略对儿童读写能力的发展也是必要的。以下是教师在规划课程时必须遵循的几个要点:

- 所授课程的模式和框架要清晰。
- 提供有指导的练习。
- 独立练习。
- 提供更多完成任务的时间。
- 加强规划,明确常规。
- 加强常规任务的条理性。
- 根据个体需要有区别地教学。
- 给儿童更多的反馈。
- 提供探索的时间。
- 提供实验的时间。
- 提供在社会环境下合作的时间。
- 提供解决问题的时间。

多年以来,人们对早期读写的研究兴趣一直非常浓厚。早期读写研究的潮流也经常变化。20 世纪 90 年代中期,一场变革使人们从偶然的技巧教学转向更为系统的早期读写策略。国际阅读协会和美国幼儿教育学会以平衡教学法为指导,发布了一份文件,题为《学会读写:适宜儿童发展的教育实践》(*Learning to Read and Write:*

Developmentally Appropriate Practices for Young Children,1998)。以下是文件的一部分,列举了从幼儿园到三年级期间的教学目标,描述了儿童、教师和父母的不同角色。

框 1-1　儿童早期读写能力发展的连续性

注意:这个列表是解说性的,并非详尽无遗。任何一个年级的儿童都可能处在这个读写连续性过程的不同阶段。

第一阶段:读写意识与探索活动(3—5 岁的目标)

孩子们探索周围的环境,打下学习读写的基础。

孩子们能够:

- 愿意倾听和讨论故事书。
- 了解符号可以传递信息。
- 尝试阅读和书写。
- 识别所处环境中的标签和标志。
- 玩押韵游戏。
- 识别一些字母,并将这些字母与它们的读音对应起来。
- 用认识的字母或者与字母相似的符号表达书面语言(像自己的名字和"我爱你"等一些具有特殊意义的词句)。

教师要做到:

- 与孩子们分享包括大书在内的书籍,并作示范阅读。
- 讨论字母的命名和发音。
- 创设读写氛围浓厚的环境。
- 重复朗读孩子们最喜欢的故事。
- 鼓励孩子们参加语言游戏。
- 提倡与读写相关的表演活动。
- 鼓励孩子们尝试书写。

父母和家庭成员所能做的:

- 与孩子交谈并鼓励其参与到谈话中;给物体命名;对孩子所说的内容表现出兴趣。
- 反复阅读一些可以推断结果的故事给孩子听。
- 鼓励孩子重述他们的经历,描述他们认为重要的观点和事件。
- 定期带孩子去图书馆看书。
- 提供机会,让孩子用各种笔绘画和写字。

第二阶段:直接经历读写(5—6 岁的目标)

孩子们对印刷品产生基本概念,开始参与和实验性地尝试读写。

孩子们能够:
- 喜欢听别人朗读,愿意复述简单的叙述性故事或者知识性文本。
- 使用描述性语言进行解释和探究。
- 认识字母,了解字母及其对应的发音。
- 熟悉押韵的发音和开头音节的发音。
- 了解从左到右和从上到下的印刷方式,熟悉文字符号。
- 将说的词与写的字对应起来。
- 开始写字母表中的字母和一些出现频率很高的词。

教师要做到:
- 鼓励孩子们谈论读写活动经历。
- 给孩子们多提供机会,鼓励他们在有意义的语境下探索发音与符号之间的关系。
- 帮助孩子们按音节读写(比如,可以一边慢慢地写出一个单词,一边读出它的发音)。
- 经常给孩子们朗读有趣的、富有哲理的故事。
- 每天给孩子们提供书写的机会。
- 帮助孩子们积累常用词汇。
- 创设一个丰富的读写环境,鼓励孩子们独立读写。

父母和家庭成员所能做的:
- 每天给孩子反复朗读情节性和知识性的故事。
- 鼓励孩子尝试读写。
- 让孩子参加能锻炼书写和阅读能力的活动(比如做饭、列购物清单)。
- 玩带有具体指令的游戏(比如"西蒙说……")。
- 除了吃饭时间交流,一天中要多与孩子交谈。

第三阶段:早期读写(一年级的目标)

孩子们开始阅读简单的故事,能够就一个对他们有意义的话题写作。

一年级的孩子能够:
- 阅读和复述熟悉的故事。
- 当理解发生困难时,使用有关策略(如再阅读、预测、提问、根据上下文推断等)来解决。
- 主动使用读写来达到各种目的。
- 进行比较流畅的朗读。
- 利用字母——发音关系、构词和上下文等认识新词。

- 能通过视觉认读，识别一个句子中增加的词。
- 读出一个单词的主要音节。
- 能写出有个人意义的标题。
- 尝试使用一些标点符号和大写形式。

教师要做到：

- 每天给孩子们读书，记录他们的语言，选择可以拓展他们知识和促进语言发展的材料。
- 通过示范和练习，教给孩子们应对阅读时遇到新单词的策略。
- 给孩子们独立读写的练习机会。
- 阅读、写作和讨论不同类型的文本（诗歌、知识性书籍）。
- 介绍新词，教给孩子们拼读新词的方法。
- 说明和示范应对阅读困难的策略。
- 帮助孩子们从写作中积累常用词汇。

父母和家庭成员所能做的：

- 与孩子谈论有趣的故事书。
- 给孩子读书，也鼓励孩子读书给家长听。
- 建议孩子给朋友和亲戚写信。
- 将孩子在读写方面的成果带到家长会上交流。
- 鼓励孩子分享其在读写活动中学到的知识。

第四阶段：转化式读写（二年级的目标）

孩子们开始读得更流畅，并且用简单或更复杂的句子写出不同形式的作品。

二年级的孩子能够：

- 阅读更加流畅。
- 当阅读发生困难时，会更有效地使用策略（重读、提问等）来解决问题。
- 使用单词识别策略，增强理解新词的能力。
- 通过视觉认读，不断认识新词汇。
- 就不同话题写作，适应不同的读者。
- 运用字母的常用模式和关键特点来拼写单词。
- 给简单的句子加标点符号，对自己写的东西会查错、纠错。
- 每天花时间阅读，并学习通过阅读来研究问题。

教师要做到：

- 营造能够培养孩子们分析、评价和反思能力的氛围。

- 教孩子们用多种形式写作(叙事性写作、说明性写作和诗歌写作)。
- 让孩子们根据不同的目的广泛阅读文本。
- 教给孩子们修改、编辑和查错、纠错的技巧。
- 教给孩子们拼写新词、难词的策略。
- 示范阅读的乐趣。

父母和家庭成员所能做的:
- 继续给孩子读书,并鼓励孩子读给家长听。
- 鼓励孩子参加读写活动。
- 参与学校活动。
- 展示孩子的书面作品,对孩子的学习表示关心。
- 定期带孩子去图书馆看书。
- 用阅读材料和参考书支持孩子的特殊爱好或兴趣。

第五阶段:独立的、创造性的读写(三年级的目标)

孩子们继续拓展和完善读写能力,以达到不同目的、适应不同读者。

三年级的孩子能够:
- 流畅阅读,享受阅读。
- 运用多种策略,从文本中获取意义。
- 遇到不认识的词时,能正确、自发地运用识词策略。
- 辨别和讨论不同文本的结构要素。
- 在文本之间建立关键的联系。
- 用不同形式进行表达性的写作(如故事、诗歌、报告等)。
- 根据文本形式,恰当地使用丰富的词汇和句型。
- 学会在写作中和写作后修改、编辑自己的作品。
- 终稿中词语拼写正确。

教师要做到:
- 每天给孩子们提供阅读、检查和评析记叙文与说明文的机会。
- 继续营造氛围,培养孩子们批判性阅读和个人反思的能力。
- 教孩子们检验文本中的观点。
- 鼓励孩子们把写作当成思考和学习的工具。
- 给孩子们拓展有关正确使用写作惯例的知识。
- 强调对完成的书面作品进行拼写检查的重要性。
- 营造所有孩子成为一个读写学习群体的氛围。

父母和家庭成员所能做的：

- 带孩子去图书馆和书店，继续支持孩子的学习和兴趣。
- 想办法表扬孩子在读写上的进步。
- 与孩子的老师定期联系，了解孩子在读写活动中的进步。
- 鼓励孩子运用和分享不同目的的印刷品（比如食谱、说明书、关于游戏和运动的文本）。
- 培养孩子对各种语言形式的兴趣，鼓励孩子参与谈话。

（引自：《学会读写：适宜儿童发展的教育实践》）

Source：From *Learning to Read and Write: Developmentally Appropriate Practices for Young Children*. Copyright © 1998 by the International Reading Association and National Association for the Education of Young Children. All rights reserved.

教学反思

玩转各家餐馆（建构主义理论）

教到关于营养的一个单元时，作为教学中的一个环节，我跟我的孩子们一一会面，帮他们制订出自己餐馆的菜单，以便进行戏剧表演。这项活动对于成员复杂的学习者来说非常好，因为它针对"食物"这一普遍主题，尊重文化差异，强调亲身实践，同时也照顾到个体的能力水平。孩子们可以自己写菜谱（任何早期书写的形式都被认可，如画图、涂写、随意写的字母），或者他们可以口述菜谱，我帮他们写下来。他们的菜谱上有着非常可口的食物，像炸鸡腿、苹果汁、撒着糖屑的粉红色冰激凌、泡沫奶油、巧克力沙司，还有樱桃玉米卷。孩子们精心装饰菜单的封面，为自己的餐馆起名字。每个星期一的信息交流时间，他们有机会跟全班同学讨论、分享他们的菜单。

下一步是要把娃娃家改造成一家餐馆。表演用的食品和用具已经摆在那里。我们再添一些像桌布、上菜托盘和点菜用的小纸片、铅笔之类的东西。我已经做好了写有每个孩子的餐馆名字的大标志。我每次轮流选出一个名字，使每一个孩子都有机会成为当日餐馆的主人。孩子们来园的时候，第一件事就是冲到表演区看看那天贴的标志上写的是谁的餐馆。

在表演时间里，孩子们进行着大量的读写活动。他们读菜单、点菜，讨论当天的特价菜和食品的味道，而且还要付账。这个关于营养的科学单元有助于为年幼的小读者和小作者提供有意义的读写经历。

单独与每个孩子会面，有助于我了解和照顾到每个孩子的需要。这些需要范围很广,包括发现适合孩子学习类型的早期读写策略,意识到每个孩子都能将其不同的背景与他人分享。例如,除了传统的汉堡和比萨店,我们还有一家日本餐馆、一家墨西哥餐馆和一家犹太熟食店。

马西娅·维萨罗,托儿所教师

(设计餐馆所需的材料,参见 S—41 页第八章"课堂策略"的活动。)

学习字首辅音 p(显性教学)

[为儿童明确示范]

教师:今天我们要学习"p"这个音。哪位小朋友的名字是以"p"开头的?

彼得:我的名字是。

教师:你说得对。现在大家一起说"Peter"。

全班:Peter。

教师:现在大家把手放到嘴边,说"噗、噗、噗"。

全班:噗、噗、噗。

教师:大家感觉到什么?

南希:我感觉到有气,而且是热的。

教师:很好。下面我给大家讲一个故事,故事里有很多带"p"的词。讲故事的时候我会用布偶。大家仔细听,记住你们最喜欢的两个带"p"的词,等会儿听完故事后告诉你旁边的小朋友。你可能会听到"pig"(猪)、"party"(晚会)、"pizza"(比萨饼)、"panda"(熊猫)、"plums"(羽毛)或者"purple"(紫色)。故事的名字叫作《小猪的晚会》(*The Pig's Party*)。(见图 1-5 里的人物。可以将它们复印、涂色、塑封,在后面贴上毛毡或磁铁,以备在毡板或白板上使用。)

  小粉猪(Pink Pig)在开晚会(party)。他想让这次晚会(party)很完美(perfect)。他邀请了他最喜欢的猪友(pig person)帕蒂猪(Patty Pig,见图案 1)、熊猫贝儿(Panda Bear,见图案 2)、骄傲的孔雀(Proud Peacock,见图案 4)。小粉猪在桌上摆了牵牛花(petunia),准备的甜点是比萨(pizza)和棒冰(popsicle)。熊猫贝儿(Panda Bear)到得最早,他说:"把我的熊猫(panda)衣服借给你穿,你的形象会变得完美(perfect)。"于是小粉猪(Pink Pig)穿上了熊猫贝儿(Panda Bear)的衣服,觉得自己看起来很完美(perfect,见图案 3)。骄傲的孔雀(Proud Peacock)也来到了晚会(party)。小粉猪(Pink Pig)问他:"我怎么才能把自己打扮得更完美(perfect)呢?"骄傲的孔雀(Proud Peacock)说:"把我的紫色羽毛(purple plume)借给你,你戴上去一定会看起来很完美(perfect)。"于是小粉猪照他说的

图1-5 小猪的晚会

做了(见图案4、5、6)。所有人都认为他看起来很完美(perfect)。帕蒂猪(Patty Pig,见图案7)在敲门。小粉猪(Pink Pig)把门打开。她一见小粉猪(Pink Pig)就尖叫起来,以为看见了一个戴着紫色羽毛(purple plume)、披着熊猫贝儿(Panda Bear)衣服的怪物,吓得跑走了。小粉猪(Pink Pig)把衣服还给了熊猫贝儿(Panda Bear),把紫色羽毛还给了骄傲的孔雀(Proud Peacock),拿起一朵牵牛花,跑去追帕蒂猪(Patty Pig,见图案1和8)。他发现她藏在门廊(porch)后面。当她看到小粉猪(Pink Pig)时,说:"谢天谢地!是你啊,小粉猪(Pink Pig)!"于是他们一起进屋,享受完美的(perfect)晚会(party)去了。

[有指导的练习]

教师:告诉你的同伴,在这个故事里你最喜欢的两个以"p"音开头的单词是什么。

乔希对珍说:我喜欢"羽毛"(plume)和"帕蒂"(Patty)这两个词。

珍对乔希说:我喜欢"牵牛花"(petunia)和"比萨"(pizza)。

教师:你们有多少人跟他们喜欢同样的两个词?(只有少数几个孩子举起了手。)那多少人跟他们一样喜欢其中的一个词?(又有几个孩子举起了手。)还有多少人喜欢完全不同的两个词?(大多数孩子举起了手。)

[独立练习]

教师:老师把小猪的故事和毛毡人物装在这个塑料袋里放到读写区,你们可以讲讲、读读这个故事,把你们记得的带"p"音的单词写下来,争取喜欢上更多这样的词。我还给大家准备了纸,你们可以把单词写在上面。

活动和问题

1. 回答本章开头所列的"焦点问题"。

2. 从美国国家阅读委员会的表单中选择"音素意识"、"语音"、"词汇"、"理解力"和"流畅性"等技能作为培养目标。在教授所选技能时,结合运用皮亚杰和维果斯基理论,开展早期读写教学。再分别运用蒙台梭利、杜威和斯金纳的理论教授同一技能,进行另外三次教学实践。换句话说,根据四种不同的理论,用四种不同的方法教授同样的内容。

3. 观察某个班的早期幼儿读写教学(幼儿园到二年级)。判断是哪一种理论的影响决定了课堂教学实践的类型。记录你发现的能够阐释该理论的特殊事例。

4. **策略**:撕下S—3至S—6页上的第一章"课堂策略",可以看到运用含有建构因素的行为主义或显性教学法进行教学实践的计划与材料。将图复印下来(需要的话可以放大),上色或者用彩色纸复印,塑封并剪下来,在背面贴上毛毡。讲故事时使用这些图形和毛毡板:①让孩子们复述故事。②让孩子们剪下序列条,打乱后再按照故事里的事件顺序进行重新组合。③请孩子们再次用这些人物讲故事,并编一个新的结尾。

焦点问题

- 给真实性评估下定义并说明具体的方法。
- 真实性评估和标准化测试的有利之处和不利之处各是什么?
- 当我们谈到早期读写能力发展的标准时,我们指的是什么?
- 如何将教学和评估的标准结合起来?

词汇:真实性评估,持续性记录,非正式阅读量表,标准化考试,标准。

策略:完成 S—7 和 S—8 页上的第二章"课堂策略"中的面谈之后,根据你与儿童的讨论,思考他(她)属于哪种类型的读者和作者。

第二章

早期读写评估：
对教学设计的一种指导

测试中有一幅关于萨利和汤姆的图片。

萨利正在给汤姆什么东西。这东西看起来像一个大红肠三明治。图的下面写着：

萨利比汤姆高。＿＿＿＿＿＿＿＿＿＿

汤姆比萨利高。＿＿＿＿＿＿＿＿＿＿

吉姆很纳闷,个子高不高与得到一个大红肠三明治有什么关系呢？那真的是一个大红肠三明治吗？也可能是西红柿吧。吉姆想了很长时间。

——科恩(1980,pp. 9 – 10)

本章讨论的是儿童教育工作者们所面临的关键问题：通过评估儿童的需要来达成标准。评估必须对不同儿童的背景和能力有敏感的反应。只有当我们通过对特殊需求的判断认清儿童的差异时，我们才能制定出适当的教学策略，也才能够正确地达成标准。

本章介绍了关于评估的话题，描述了一些基本的评估手段。有关儿童学习评估的实际运用内容，将留待后面的章节中再讨论。评估的主要目的是帮助教师准备和调整教学，以满足儿童的个体需要。

评估早期读写发展的理论和研究

早期读写研究者们对儿童的兴趣、学习类型和个人能力水平等问题的考虑，让我们开始仔细审视评估学习的方法。很显然，只用到试卷和铅笔的标准化考试，对于出自早期读写观念的教学策略并不总是敏感。另外，某一种手段不能作为评价儿童进展的主要依据，这一点已经越来越清楚。我们需要做的是评估儿童在多种条件下、在诸多方面成长的表现，而不是仅仅给他们一个考试。评估应该帮助教师、孩子和家长认清孩子的长处和短处，从而制定适当的教学策略。评估应该与教育目标和教育实践相吻合。为了满足不同儿童的需要，评估手段应该多样化，因为有些孩子在某些环境下比在其他环境下表现得要好。

国际阅读协会（IRA）和美国幼儿教育学会（NAEYC）联合发布的关于学会读写的观点声明（1998）给出了以下建议："使用在发展和文化上都对被评估的孩子有利的评价模式。对评价手段的选择应该依据教学计划的目标，也应该考虑每个孩子的整体发展和对阅读实践所产生的影响。"质量评估应该取自实际生活中的读写任务，还应该持续跟踪大范围的读写活动。

这一类型的评估通常被称为**真实性评估**（authentic assessment）。这个术语有很多种定义，但是能抓住其精髓的一种是"能够表现和反映课堂以及课外实际学习和教学活动的评估模式"。评估的目标主要有以下几个方面：

1. 评估应该依据多样化的观察和评价手段，而不是依据某一种评估措施。
2. 评估应该是对儿童完成实际课堂读写任务情况的观察，同时也应该依据更多正规的测试。
3. 评估应该针对儿童基于课程目标的学习情况。
4. 评估应该具有连贯性和延续性。
5. 评估应该考虑儿童的文化、语言和其他特殊需求。
6. 评估应该是合作性的，包括儿童、家长和教师的积极参与。
7. 评估必须以知识为基础，反映教育者对于读写能力发展的最新理解。

要完成这些目标,评估必须频繁,还要包括多种类型。评估的主要目的是观察和记录最能全面反映某一个孩子的实际状况和行为。本书的每一章都讨论了早期儿童读写能力发展的一个具体方面,其中一个部分会提出如何收集关于评估特定策略的材料的建议。本章提供了一系列有利于全面了解一个儿童的真实性评估措施。

真实性评估:措施和策略

轶事观察表。观察和记录儿童的行为时,可以使用现成的或者教师自制的表格。观察表通常分类别,留有较大空间,以记录儿童的行为。要认真制定观察的目标,表格的设计要符合制定的目标。教师可以针对儿童在教室里的行为,写下有趣的、幽默的或者一般性的评语。观察应该针对儿童表现的某一具体方面,比如口头朗读、默读、听故事时的行为或者书写等。在描述行为时,可以记录一些对话。表 2-1 是一个适用于几种不同观察类型的表格范例。

表 2-1 观察表范例
教师姓名:_____ 日期:_____ 时间:_____ 地点:_____ 教室或者环境:_____ 观察目标:_____ 对观察过程的预期:_____ 观察过程中的重要事件: 对重要事件的思考分析(应该包括你所了解的东西):   至少列出三种你可以将观察结果应用于未来教学的方法:

Source:George S. Morrison, *Fundamentals of Early Childhood Education*, 5th Edition, © 2008,by permission of Pearson Education, Inc., Upper Saddle River, NJ.

日常表现范例。图 2-1 是尼科尔在所有区角日常学习的记录范例。应定期收集不同类型的儿童作品范例。可以收集贯穿整个学年的儿童书写、艺术作品以及科学和社会研究报告样品。

录音。不论用 CD 还是 DVD，录音是评估的另一种形式，可以用以判断儿童在语言上的进步，如通过复述录音来评价儿童对故事的理解，以及分析儿童在朗读流畅性上的进步等。录音也可以用在有关儿童对文本反应的讨论环节，以了解儿童在群体中的表现及其反馈的类型。孩子们可以听自己的录音来评价自己复述故事的水平和流畅性。第六章里涉及对故事复述的评价，要求用录音来评价儿童的表现。

图 2-1　日常表现范例：尼科尔在幼儿园快毕业时的书写作品。

视频。视频能记录与录音相似的信息，但是因为可以看到儿童的表现而提供了更多资料。视频可以用于许多不同目的。因此，录制时应该有明确的目的，还要参照评估清单或观察表来进行评估。教师视频可以用来评估教师自己的教学表现。

调查与面谈。教师可以准备一些调查来评估儿童对于自己学习状态的态度或者他们在园、在校的好恶。调查的形式，可以是提出书面或口头问题的问卷或面谈。第八章里有一个"动机调查"。这是一个多项选择问卷，同时也允许儿童给出不确定的答案。详见 S—7 页上第二章的"课堂策略"。

教师设计的纸笔测验。这些考试可能比商业性机构设计的考试手段更符合教学要求。因此，教师需要为儿童提供此类体验。

学生评价表。真实性评估必须有儿童的参与。准备一些表格，让儿童对自己的表现进行评价（见表 2-2）。孩子们应该通过收集自己的作业样品并与教师和同伴讨论，从而定期对自己的表现进行评估。儿童是评估过程中不可或缺的组成部分。

家长评估表。作为孩子评估者的家长，也应参与真实性评估。可以要求家长收集孩子在家的作业样品，写下孩子的行为轶事。为家长提供观察和记录孩子行为的表格是很好的做法。孩子应该与家长谈论他们的作业。家长可以从家庭角度提供更多关于孩子信息的重要来源。（详见第 336 页题为"观察我孩子的读写能力发展"的家长评估表。）

讨论会。讨论会允许教师与儿童一对一地面谈，评估诸如朗读之类的技巧、讨论儿童的进步、谈论提高的步骤,以及指导和指定一些活动等。儿童应对评估他们的进步发挥积极的作用,并在评估过程中充当平等的合作伙伴。家长也应就孩子的进步参加与教师的会谈。他们可以单独与教师会面,也可以与孩子一起与教师会面。家长可以将在家收集的材料带到幼儿园或学校,对信息加以补充。

检测清单。列有儿童要完成的发展行为或技能项目的检测清单是真实性评估的一种常见形式。清单的准备基于教师对教学中可能设定的目标。因此,检测清单的设计要能判断预先设定的目标是否已经达到。框 2-1 的内容描述了儿童的发展特点(第 53 页),可以作为判断不同年龄的儿童在社会性、情感、身体和认知方面发展状况的检测清单。在本书的多章里都有这些技能的检测清单。

表 2-2　儿童的自我评价表

名字_____ 日期_____

1. 我认识字母表中的所有字母。　　　　　　　是□　　不是□
2. 我会写字母。　　　　　　　　　　　　　　是□　　不是□
　 以下是我写的一些字母的范例:
3. 我知道字母的发音。　　　　　　　　　　　是□　　不是□
　 以下是我知道的一些字母发音:
4. 学习以下字母我需要帮助:
_____
1. 我喜欢阅读。　　　　　　　　　　　　是□　　不是□　　为什么?
2. 我喜欢读的东西有:
3. 我读得好的东西有:
4. 我需要学习怎样读得更好的东西有:
_____
1. 我喜欢写作。　　　　　　　　　　　　是□　　不是□　　为什么?
2. 我喜欢写的东西有:
3. 我写得好的东西有:
4. 我需要学习怎样写得更好的东西有:

持续性记录和非正式阅读量表

玛丽·克莱(1993a)为了更好地观察和记录儿童的口头阅读行为,从而更好地规划教学,开创了持续性记录的做法,主要记录一个孩子能够做到的及其在阅读时常犯错误的类型。持续性记录也决定了满足教学目标和独立阅读所需的适当材料。另外,也能反映儿童的受挫程度。基于儿童所犯错误来判断教学材料的水平和教学策略的类型,对于阅读中富有成效的指导至关重要。持续性记录需要花费更多时间,指出儿童在口头阅读中所犯错误的类型,而对评价儿童的文本阅读能力的关注就少一些。

在进行持续性记录时，可以要求孩子读一篇100～200字的短文。年龄小的孩子读的东西短，而年龄大的孩子则读得长一些。教师有所读短文的复印件，当孩子读的时候，可以用编好的代码在持续性记录表上记下单词是否读得正确以及犯了什么类型的错误。记录下来的错误类型有添词、漏词、省略、重复、替代、颠倒、不愿读某个单词和请求帮助等。自我纠正也被记录下来，但不被认为是错误。当孩子读的时候，教师记下准确朗读的情况，对每个词或者错误类型都要进行检查。（见表2-3）

表 2-3 持续性记录符号系统		
错误或失误类型	符号	描述
准确朗读	✓✓✓✓	在每个读得正确的单词上方打钩或者画一横。或是用无记号表示正确。
自我纠正 （简称"SC"，不算错误）	his|SC her|	孩子读错了这个词，停了一下，然后纠正了错误。
替换 （算错误）	boat barge	孩子用一个不正确的实词代替了原来的词。
不愿读出给出的词 （算错误）	—| table|T	孩子不读这个词，也不想读。教师把词读出来，然后继续测试。
插词 （算错误）	at —	孩子插入了一个或多个文中原本没有的词。
略词 （算错误）	— rat	孩子跳过了一个或一组连续的、原文中本来出现的词。
重复 （不算错误）	The horse ran away	孩子重复已经读过的一个或多个词，重复的一组相邻的词计为一处错误。
颠倒	he said was	孩子颠倒了单词或字母的顺序。
求助 （简称"App"，算错误）	—|App house|T	孩子遇到不会读的词向老师求助。

Source：Adapted from A. P. Shearer & S. P. Homan, *Linking Reading Assesment to Instruction*. Mahwah, NJ: Erlbaum, 1994.

如果儿童读单词的正确率能达到95%到100%，那么材料便是其独立阅读的水平；如果正确率为90%到95%，那么材料便是教学阅读的水平；低于90%则意味着材料属于令儿童受挫的水平。关于正确率的持续性记录的计算如下：

1. 记下该测试篇章的字数（例如，70字）。

2. 数一数孩子犯错的数量，用篇章字数的总数减去错误数（比如，70减去5个错误，得出65）。

3. 将 65 除以篇章字数 70。

4. 将得数乘以 100，得出的数字便是篇章阅读正确率的百分比（例子的结果大约为 93%）。

持续性记录的一个重要组成部分是进一步分析为什么会犯错误。可以对错误进行分类，比如用"M"代表意思，"S"代表结构，"V"代表视觉。要判断错误类型，需要回到文本，看到错误，预估它可能属于的类型。以下是一些例子。

1. 儿童读错单词时犯了意思上的错误，但是句子仍然完整、讲得通。比如，如果一个孩子将"这是我的家"读成了"这是我的房子"，虽然某个词读得不对，但是句子意思完整。这一错误应该标为"M"。

2. 当句子中的单词听起来正确但其实读得不对时，表明犯了结构上的错误。比如，如果儿童将"我跑向动物园"读成了"我去动物园"，语法或句法虽然正确，但是单词却读得不对。因此，该错误被标为代表结构的"S"。

3. 最后一类错误是视觉上的。某个儿童可能会将"split"读成"spill"，因为这两个词看起来差不多，他（她）没有很仔细地看清楚。

对于幼儿园和一年级的儿童来说，持续性记录可以从认字母的测试开始。这个测试打乱字母表上的字母顺序，打乱字母的大小写，要求儿童每次读出一行的字母名称。教师记录儿童读对和读错的字母。测试还可以更进一步，问儿童是否知道具体字母的发音和以某字母或发音开头的单词，记录下他们的回答，以此来判断儿童是否了解发音与符号之间的关系。另外，也可以进行常用词识别的评估。第 131 页上的表 5-1 就是一个高频词表。这个单词表通过选出最难的词来分成不同等级。教师让儿童从最简单的一组开始，读出单词表中的单词。如果他们读得很好，接下来便要求他们读难度更大的一组单词。

持续性记录应该对所有幼儿园或小学低年级的儿童每个月都进行一次。教师应该就儿童在记录中所犯错误的类型与他们谈话，教他们纠正错误的方法，比如要注意听一个句子的意思、看着单词中的字母来理解单词等。

在持续性记录表上，有一栏专门说明儿童的朗读是很流畅、是一个词一个词地读还是很不连贯。教师可以要求儿童复述读过的故事，以此判断他们对文本的理解（Harp, 2000; Hasbrouck & Tindal, 2006; Kuhn, 2007; Stahl & Heubach, 2005）。

表 2-4 持续记录表

姓名_____ 日期_____
书名_____ 书的级别_____
单词量：　　　　　　错误率：　　　　　　正确率：
错误：
自我纠错率：

E	SC	文本	E（错误）			SC（自我纠错）		
			M	S	V	M	S	V

M：意思，S：结构，V：视觉，E：错误，SC：自我纠错

阅读水平
独立：正确率95%至100%
需指导：正确率90%至95%
困难（或挫败）：正确率89%以下

阅读熟练程度
流畅_____　　一个词一个词地读_____　　不连贯_____

复述
背景：人物_____　　时间_____　　地点_____
主题：问题或目的_____
事件：包括的数量_____
结果：解决的问题_____　　达到的目标_____　　结尾_____

Source：Adapted from M. Clay, *Running Records for Classroom Teachers*. Auckland, New Zealand：Reed Publishing(NZ)Ltd., 2000.

非正式阅读量表（informal reading inventory，简称IRI）与持续性记录相似，也是判断儿童受教水平的测试。IRI里有分级阅读材料的段落让儿童默读。读完之后，他们要回答阅读理解问题。IRI也可以在儿童朗读时进行。教师指出儿童所犯的错误，计算其阅读的流畅度百分比，以表明儿童是处于独立、需要指导还是挫败的水平上。通常情况下不会以类型来分析错误，比如，要判断某个儿童是否有解码上的问题，或者在运用上下文、课文意思上是否有问题。IRI确实能反映材料是否适合儿童的受教水平。IRI也有供儿童阅读的分级词汇表（Combs，2006；Gunning，2003；Hasbrouck & Tindal，2006；Tompkins，2007）。

判断阅读水平还有另一种简单易行的方法：一篇文章有0～3个错误，可定

为独立水平；4~10 个错误，为需要指导的水平；11 个以上，则为困难水平。如果幼儿园或者一年级的儿童在尝试第一本书时即被定为困难水平，则停止测试。如果孩子使用 2 级到 3 级的材料被定为困难水平，可以改用 K 到 1 级的材料测试。

档案袋评估

档案袋（portfolio）是教师、儿童和家长收集有代表性的作业样本的一种方式，可以包括正在进行中的和已完成的作业。它能提供关于儿童过去和现在的学习状况，也能决定从现在起他们应该往什么方向努力。教师手里的档案袋应该包括儿童、教师和家长分别选出的作品，呈现儿童的最佳成果，说明他们可能正面临的困难；还应该包括许多不同类型的作业样本，体现儿童一直以来的学习过程。

档案袋的具体形式通常是一个折叠式文件夹，里面有几个文件夹可以装作业。文件夹可以用儿童的画、照片或标上儿童的名字来区分。因为档案袋常常会延续到下一年级，所以必须对样本精挑细选，以控制文件夹的大小。档案袋应该包括能代表读写不同方面的样本，呈现儿童所能完成的最佳作品。例如，应该包括以下内容：

- 每日作业表现的样本。
- 行为轶事。
- 口头朗读的录音。
- 语言样本。
- 故事复述。
- 记录技能发展的检测清单。
- 面谈。
- 标准化测试成绩。
- 孩子的自我评估表。
- 日志样本。
- 说明性、叙事性写作样本。
- 美工作品。

有些学校对收集档案和进行测试有正规的时间安排（见表 2-5）。档案袋还应该让儿童与教师共同准备，让他们自己保管并在学年结束时带回家（Gunning，2003）。

在本书的各章中,有关具体技能发展部分的结尾都会讨论评估问题。本书提供了多样化的措施,其中包括评估儿童的档案材料。这些材料既有助于教师确定合理的教学方法,又有利于家长了解孩子的进步,同时也可以帮助孩子意识到自己的长处和短处,知道提高的方法。

表 2-5　档案袋内容样本和测试时间表

学生_____　　　年级_____
学校_____　　　教师_____

测试时间为 9 月、1 月和 5 月。将测试随时记录在表中相应空格内。

年级	9月 Pre-K	1月 Pre-K	5月 Pre-K	9月 K	1月 K	5月 K	9月 1	1月 1	5月 1	9月 2	1月 2	5月 2
1. 与孩子的面谈												
2. 与家长的面谈												
3. 自我描述												
4. 对书面考试的概念												
5. 故事复述/再表演												
6. 书面复述*												
7. 自由写作												
8. 字母辨认												
9. 持续性记录*												
10. 高频词												
11. 观察评价												

注:带 * 的项目不适用于 Pre-K 阶段。根据新泽西州南布伦瑞克《公立学校档案袋》改编。
Source：Adapted from South Brunswick, New Jersey, public schools portfolio.

读写标准和标准化考试

在全美所有儿童三年级结束前要成为熟练的阅读者的目标号召下,专业读写机构已经为评估制定了标准。它旨在说明儿童在各个年级的英语语言艺术方面所需要学习的内容,如读、写、听、说、看和可视化表现。为了帮助儿童成为熟练的阅读者,学校必须从一开始就制定一套儿童从学前到三年级争取达到的标准。设立标准有助于培养能实现这些目标的熟练的阅读者。

国际阅读协会(IRA)和美国英语教师委员会(NCTE)的一个研究项目"英语

语言艺术的标准"(*Standards for the English Language Arts*)(1996)中,指出要做到以下几点:

1. 具体考虑语言技能将如何改变未来我们应对读写的方式,从而为儿童现在和将来的读写做准备。

2. 确保儿童达到家长、教师和研究人员对于他们在语言方面所达到成就的期望。

3. 促进儿童对读写成就的期望,弥补教育机会不均等造成的差异。

自从国际阅读协会和美国英语教师委员会发布了通用标准之后,很多州也纷纷有了自己的英语语言艺术标准。由不同组织制定的这些州级以及其他标准极其详尽。它们列出了每个年级水平对读写的期望标准。另外,这些标准和教学、评估相联系,以保证达到既定目标的可能性。

美国教育和经济中心(NCEE)和匹兹堡大学学习研究和发展中心(LRDC)发布了一份题为《读写分级:幼儿园至三年级的主要读写标准》(1999)的文件,上面先是针对所有年级水平的一套通用标准,接着是对每一年级的具体要求。早期读写的标准与教学、评估相联系。例如,幼儿园的标准之一是语音意识的获得,具体而言就是分离和合并发音的能力。这项标准甚至更为细致,强调儿童入学前,应当在语音意识方面达到以下要求:

能给出同韵的词,识别押韵的一对词。

能将单音节词的词首辅音分离出来(比如/t/是"top"的词首音);当读出一个单音节词的时候(比如"cat"),要能识别开始音(/c/)和韵脚(/at/),开始分离出每个单音(/c/—/a/—/t/),并将每个音大声读出来。

能将词首音(/c/)和韵脚(/at/)合并成单词(cat),开始将分别发出的音素合并成一个有意义的单音节词。比如,当老师拉长每个音,如"mmm—ahhh—mmm",慢慢地说出一个单词时,孩子们要能说出这个音被拖长的单词是"mom"。

教学活动与标准共同呈现,以确保教师帮助儿童实现这些目标。除此之外,还提供评估这些标准的方法。标准可能存在州与州之间的差别,然而因为是全国采用,州级标准之间还是有很多相似之处。上文所提到的《读写分级:幼儿园至三年级的主要读写标准》(NCEE/LRDC,1999)指出了从幼儿园到三年级读写能力发展的具体方面,对每个年级在每个不同方面应有的具体能力水平都有提示。以下是读写的通用标准:

阅读的标准

印刷文字—发音符号

- 对字母及其发音的了解。
- 语音意识：听出词首、词中、词尾不同部分的发音，将不同音素读出、合并成有意义的单词发音的能力。
- 读词能力：根据对字母规则的了解认出和读出即识单词的能力。

把握意思

- 准确和流畅地阅读：准确是指正确识别单词的能力。流畅是指以恰当的音调和停顿大声朗读的能力，表明孩子对意思能够理解。
- 自我监督和自我纠正的策略。
- 理解能力。

阅读习惯

- 大量阅读。
- 针对图书进行讨论。
- 词汇量大。

写作的标准

习惯和过程

写作目的和最终体裁

- 分享事件、讲故事：叙事性写作。
- 告知他人：报告或信息类写作。
- 完成任务：应用性写作。
- 文学创作和评论。

语言使用和规则

- 文风和句法。
- 词汇和选词。
- 拼写。
- 标点符号、大小写和其他规则。

在有关读写的每一章里，都会列举与上述标准相匹配的教学目的。

学前班之前的标准主要是针对 3—4 岁儿童的读写能力发展。我们现在逐渐意识到这个年龄段的孩子有能力学习多种读写技能，如果能以恰当的方式吸引他们参加活动，孩子会很喜欢学习。以下是由不同组织设定的一些 3—4 岁儿童的读写目标。

听力理解

- 听的注意力越来越集中。
- 为不同目的而听。
- 能听懂简单的口头指令。
- 能聆听和参与对话。
- 能听磁带,并对磁带上的指令作出反应。

语言生成和辨析

- 能分辨发音相似的词之间的区别(例如"tree"和"three")。
- 越来越轻松、准确地发音。
- 尝试使用语言。

词汇

- 听、说两方面的词汇呈增长趋势。
- 在日常交流中使用新词汇。
- 增进对单词的理解。
- 能听懂的词汇在不断增加。

口头表达

- 出于各种不同的目的而使用语言。
- 使用越来越长、语法越来越复杂的句子。
- 使用语言表达日常需要。
- 能进行简单的个人叙述。
- 能提问题。
- 开始有序地复述故事。

语音意识

- 开始识别音韵。
- 开始关注词首音。
- 开始将词分成音节或者能够随着每个音节拍手。
- 开始通过替换一个音来生成另外的单词。

对印刷品和图书的意识

- 了解读写是获取信息与知识、交流思想与观点的方式。
- 了解插图含有一定意思,可以帮助阅读。
- 了解字母和数字的区别。
- 了解图书是有题目和作者的。
- 了解印刷文字应该从左向右、从上往下读。
- 开始了解基本的印刷体规则(比如几个字母可以合成一个单词,单词与单词之间用空格隔开）。

对字母的认知和对单词的初步认识
- 开始将字母的音、形联系起来。
- 能识别 10 个以上印刷体字母。
- 开始注意相似单词的词首字母。
- 开始将一些字母和发音对应起来。
- 开始识别一些常用词。

阅读动机
- 表现出对图书和阅读的兴趣。
- 喜欢听人读书,并讨论书中内容。
- 要求别人读书给自己听,并反复读同一个故事。
- 尝试读写。

对文学形式的了解
- 预测故事中的下一个情节。
- 模仿书中的特殊语言。
- 就书中的信息或事件提问题。
- 将书中的信息和事件与实际生活相联系。

书面表达
- 尝试写下一些信息。
- 用字母代表书面语言。
- 尝试将单词中的发音与字母形状相联系。
- 开始口述单词和词组,并让成人在纸上记录下来。

儿童发展的几个阶段

早期儿童教育一直关注儿童在身体、社会性、情感和认知方面的发展。因此课程设置也应该强调这四个方面。如果不关注儿童的整体发展,我们便无法讨论他们的早期读写。这一点在设计教学环境和活动时是必须清楚的。而且这一认识可以帮助判断孩子们是否因为学习困难、天资不足、交流混乱等原因有着特殊的需求。考虑儿童的整体发展而不是仅仅"认知"这一个方面,一直而且永远应该是早期儿童教育的一个风向标,同时也必然影响到早期读写的发展。下面描述了儿童从出生到 8 岁期间的发展特点(Seefeldt & Barbour, 1997)。框 2-1 可作为全书关于教学和儿童发展评估的一个参考,也可以视作评价儿童发展的一个检测清单。

框 2-1　儿童在不同阶段的发展特点

出生至 12 个月

身体

快速成长。

从因为饥饿和不适而醒来,发展到夜晚睡觉、白天两次小睡。

饮食习惯从每 3 小时吃一次变为每天有规律地吃三餐。

控制抬头的肌肉得到锻炼。到 4 个月的时候,喜欢将头抬起来。

眼睛集中看某个目标,开始用眼睛观察周围环境。

大约 16 个星期时开始抓物体。到 6 个月的时候,能够抓、放物体。

会有意识地翻身(4 到 6 个月)。

能自己抱住奶瓶(6 到 8 个月)。

大约 6 个月时长出第一颗牙齿。到 1 岁时大约长出 12 颗牙齿。

能独自坐得很稳,能够翻身、保持平衡(6 到 8 个月)。

9 个月的时候能抬起身体,甚至可以将自己抬至站立的姿势。

6 个月时开始爬,9 到 10 个月时能爬行。

1 岁时可能开始行走。

社会性

开始社交性地笑(4 到 5 个月)。

喜欢嬉戏和被推挤。

认识母亲和其他重要亲人。

注意到手和脚,开始玩弄它们。

6 个月时,喜欢独自或有人陪伴地玩。

开始警惕陌生人。

在诸如躲猫猫和做蛋糕等游戏中能够与他人合作。

模仿其他人的动作。

情感

因为具体的不适而发出不同的哭声,比如饿了、冷了或者湿了。

用全身动作来表达情感,比如蹬脚、挥舞手臂和面部表情。

当需求得到满足时会显得很愉快。

6 个月时,用亲吻和拥抱表达亲昵的情感。

表现出害怕的迹象。

推开不喜欢的东西。

认知

起初能将母亲与其他人区分开来,后来能区分熟人的面孔与陌生人的面孔。

用眼睛、嘴巴和手探索周围的世界。

长时间地把玩东西。

有最初的意识迹象,当物体消失时表示抗议。

发现如何促使事情发生,会不断重复某一动作并以此为乐。

6到12个月期间,能意识到某个物体被拿走并开始寻找被隐藏的物体,对物体的永久性产生意识。

能伸手或者移开障碍物去获得某件物体,开始出现有意识的动作。

对周围环境日益好奇。

1到2岁

身体

开始发展很多动作技能。

继续长牙,直到18个月;到2岁时,长齐20颗牙。

大肌肉发育。爬得熟练,独自站立(大约1岁),推着椅子到处走。

1岁到15个月的时候开始行走。

把球从盒子里拿进拿出。

用力将球扔出。

能倒着爬下楼梯。

动作技能发展良好。能搭两块积木,捡起豆子,把东西放进容器中。开始用勺子。有简单的穿衣动作,比如把围裙穿在头上。

到18个月末的时候,能用蜡笔画出水平或者垂直的线条。

会翻书页。

第2年无需帮助就可以行走。

会跑,但是经常撞到东西。

能上下跳跃。

上下楼梯能先伸一只脚着地。

能一只手握住杯子。

能搭至少6块积木,能串珠子。

能开房门和橱门。

能画出螺旋形、环形和不规则的圆形。

开始表现出对一只手的偏爱。

开始能控制白天的大小便。

社会性

1岁时，能初步区分自己和他人。

对镜中的形象产生社会性兴趣。

18个月时能区分"你"和"我"。

自发地玩耍。自顾自地玩耍，但能注意到来人。

能模仿更复杂的动作。

认识身体器官。

对音乐有反应。

2岁时已发展社交意识。对与同龄人玩比与父母玩更感兴趣。

开始与他人玩耍，但只是在一起玩，并没有互动。

2岁时，学会清楚地区分自我和他人。

开始四处探索。

对属于自己的东西有意识，可能变得占有欲强烈。

情感

1岁时很温和。

18个月时排斥变化。经常突然地不让妈妈离开视线。

有反抗、抵制、抗争、跑开和躲藏的倾向。

能感知他人的情感。

1岁时，没有任何过错感。2岁时，开始体会到过错，初步具有是非感。

很强调地说"不"。表现出愿意和否定的情感。

能大笑和剧烈地跳。

认知

有心理意象表现：寻找躲藏起来的东西，对事件有回忆和期盼。

不再局限于此时此地，开始具有时间和空间意识。

形成推理能力：在不止一个地方寻找东西。

重现记忆：看见一件事后会加以模仿，并表现出延迟模仿的特点。

能记住物体的名字。

已完全具有对物体永久性的意识。

到两三岁的时候能分清黑与白，能使用颜色名称。

能区分一个和多个。

能机械地数"1、2、3"，但并非有意识地数数。

能将所说的话表演出来。能边做动作边讲述。

能把东西拆开，再试着把它们还原。

记得事件，开始有时间概念。会说"今天"和"明天"，但是会混淆。

3到4岁
身体

身体技能得到发展。

会骑小三轮车。

会推小车。

能自如地跑、轻松地停下。

能攀爬架子。

能双脚交替地上下楼梯。

能双脚蹦跳。

精力充沛。

4岁前能急行跳远。

开始一只脚在前地跳跃。

一只脚站立能保持平衡。

对音乐能保持相当一段时间的回应。

动作技能得到很好拓展，会拉拉链，会自己穿衣服。

夜间能控制大小便。

社会性

社交能力提高。

从平行游戏过渡到早期互动游戏。能加入别人的活动。

意识到种族和性别的差异。

开始具有独立性。

到4岁时表现出越来越强的自主性和独立意识。

产生基本的性别身份意识。

脑子里时常出现想象中的玩伴（早在2岁半就可能出现的特点）。

情感

开始因幽默而高兴。大人笑的时候会跟着笑。

行为的自控力有所发展。

消极情绪减少。

知道恐惧和害怕，这可能会持续到5岁。

4岁时可能开始有意撒谎，但是对父母善意的谎言会十分生气。

认知

解决问题的技巧开始发展。会搭积木，还可能踢翻搭好的积木看看会有什么后果。

学会通过倾听来了解周围的世界。

3岁时仍然随意涂画,但是能朝着一个方向画,重复的笔画减少。

4岁时孩子画的画能体现他所知道的和在他看来是重要的东西。

注意力集中于事物的某一属性和特点。会问很多"为什么"。

相信世界万物都有其原因,但是这个原因必须与自己的认知相符。

坚持以自我为中心的思维方式。

开始区分现实和幻想。

5 到 6 岁

身体

控制力很好,会不停地活动。

经常骑两轮自行车,也骑三轮车。

能换脚跳行,也能单脚跳。

动作技能的控制力良好。开始使用一些工具,比如牙刷、锯子、剪刀、铅笔、锤子、缝衣针等。

会自己穿衣,但系鞋带可能仍有困难。

6岁时开始换牙。

社会性

社交能力变得很强。能独自拜访朋友。

变得非常独立。

能更长久地做一项任务。能计划并实施行动,第二天还能继续未完成的任务。

与两三个朋友玩耍,通常只玩很短的时间,然后就会换别的玩伴。

开始守规矩。会帮助别人。

6岁时变得非常专断,爱发号施令、控制局面,也能接受意见。

想要争第一。倾听方面有困难。

占有欲强,爱夸口。

情感需要强烈。与父母的关系常常表现为非爱即恨。

更确定自己的性别角色。有按性别归类的倾向。

对衣服的美丑有意识。

情感

幽默感越来越强。

学会判断对错。

5岁时开始控制情感,能够用符合社交规范的方式表达情感。

频繁地争吵,但是持续时间不长。

6岁时情绪转换快,情感似乎很充沛。

随着全天上学出现新的压力。开始发脾气。

听到一些身体避讳词会"咯咯"地笑。

5岁时开始分辨是非,但是只能看到事情好的一面或是坏的一面。

6岁时能接受规则,并近乎刻板地坚持执行规则。

可能变得爱打小报告。

认知

开始认识到数量和长度的守恒。

对字母和数字产生兴趣。可能开始打印或抄写字母和数字。会数数。

认识多种颜色。

意识到可以从印刷文字中获取信息。

有时间概念,但主要是个人的时间。知道自己的一天或一星期里什么时候会发生什么事情。

认识自己的空间,在熟悉的地方能独立地到处走动。

7到8岁

身体

身高和体重差异很大,但是生长速度变得缓慢。

掌握了游戏所需的生理技能,喜欢集体运动。

愿意反复练习一项技能直到掌握为止。

动作表现有较大提高,如能正确地画出菱形和字母的形状。

精力旺盛,并会突然爆发。

乳牙继续脱落,开始长恒牙。

体格开始变化。身体发育得更匀称,脸型发生变化。

社会性

开始更喜欢自己的性别——与男孩/女孩的交往减少。

开始形成同伴小团体。

性别认知更明确。

沉迷于自己的兴趣。

开始独立地学习和玩耍。

可能喜欢争论。

7岁时还不能很好地认输,会频繁地打小报告。

8岁时游戏玩得更好,不像以前那么在乎输赢。

有责任心——能负责一些日常杂务。

没有以前自私,懂得分享,想要取悦他人。

仍然喜欢、沉迷于想象中的玩乐。

情感

开始一件事有困难,但是会坚持到底。

担心学校要求会太严格。

开始具有移情的能力——能明白别人的观点。

用谜语、恶作剧和无意义的语言表达自己的幽默感。

能分辨好、坏,但仍不成熟。

敏感,容易生气。

具备占有感,能照管自己的物品(如收集的东西)。

认知

注意力持续时间很长。

可以较长时间地计划和完成一项任务或者项目。

对结论和逻辑结果感兴趣。

对群体和世界有意识。

部分7岁的孩子已能较好地阅读,到8岁时非常喜欢阅读。

能报出时间——对"月"和"年"已有概念。

对其他时间单位也感兴趣。

能意识到别人的事和自己的事。可能会说:"我画画好,可是苏(Sue,人名)读书更好。"

能力上的差异在增大。

(引自 C.席费尔德特和 N.巴伯的《早期儿童教育概论》)

Source:C. Seefeldt and N. Barboun, *Early Childhood Education: An Introduction*, 4th ed., pp. 63 – 69. © 1998. Reprinted by permission of Pearson Education, Inc., Upper Saddle River, NJ.

教学反思

复习今天所学的内容

我喜欢让我教的二年级孩子每天反思和评估他们所学的内容，于是我为他们设计了一种方法，不间断地记录一段时间以来知识积累的情况。我制作了一张表，挂在墙上，每个孩子在这张表上都有一个口袋。口袋中有一叠用于记录的指标卡片。每天放学前我给孩子们10分钟的时间来完成这项评估任务。他们要拿出一张指标卡，用两三分钟时间回顾当天的学习任务，然后再花两三分钟时间记下学到的重要概念。孩子们只需记下3到5个概念。他们记好这些概念之后，便与同伴"结对分享"，一个人读另一个人的记录。孩子们离开教室回家前，要把指标卡片放入表上的口袋中。偶尔我会让孩子们复习这些卡片。我也会查看这些卡片。查看使我了解孩子们对哪些概念真正明白并且能够回忆起来。

每个周末孩子们会把卡片带回家，这样家长就能及时了解孩子的学习情况。我鼓励孩子和家长讨论卡片上的内容，在家继续学习。对年幼的孩子，可以把最近几天的学习内容用图画表现出来，然后让他们圈出学过的内容。

克里斯廷·泽纳，拉特格斯教育研究生院研究生

你写、我写：利用互动写作进行真实性评估

在我教一年级孩子写日志的时候，我把一个孩子或者一小组孩子带到一边，与他们进行写作的互动。这一活动对于学习英语的儿童来说非常有益，因为它是合作式的，教师可以为个性化教学提供良好的指导。可以让孩子们把他们的日志和画画、写字的材料带来，给他们2到3分钟的时间从所给的三个题目中选择一个自己想写的。有些孩子一开始会选择画一幅画，另外一些会从写作开始。在孩子们写的时候，要与他们交流，让他们告诉你他们在写些什么，当他们有困难的时候要鼓励他们。比如，"那个单词的开头你能听到什么音？是哪个字母发出那个音的？单词的结尾你能听到什么发音？中间呢？"对那些下笔较流畅的小作者，要鼓励他们阐述自己的观点。比如，"如果你补充一些描写性的词，那我头脑里就能显现出那幅画面了"。

鼓励孩子们尽可能地自己解决问题、自己写。他们可以参考单词墙、图表和教室里其他的印刷品资源。如果某个孩子需要更多的支持，可以将孩子不会写的东西用毡制粗头笔写下来。例如，某个孩子能捕捉单词开头和结尾的

发音,但是对中间的发音还不够敏感。在他的日志中可能会出现这样的单词:h**ear**t(粗体字母是老师写的)。在日志的其他部分,可能会发现文章的开头标有一个点,文章的结尾也有一个点,表明这里孩子需要老师的大力支持。切记在交流中要使用具体的、肯定性的夸奖语言。例如,"在这个句子的结尾要是加上感叹号就很完美了。我能看得出,当你发现牙仙子给你留下东西的时候,你真的非常惊讶呢!"

通过回顾孩子们的日志,你可以发现他们一段时间的进步和需要帮助的地方。例如,你可能会发现有必要教他们一定的常见词汇、标点符号的使用或者前缀和后缀。这些需要可以在全组分享阅读和写作课上教,也可以在一对一的情况下教。随着时间的推移,孩子们和教师都会满意地发现,在互动写作中孩子们的参与更积极了,而教师的参与在减少。

苏珊·约德,幼儿园教师

活动和问题

1. 回答本章开头的"焦点问题"。

2. 从你的实习点或者你自己的班里选出一个孩子。这个孩子可以是亲戚或朋友的孩子,年龄在3岁至8岁之间。收集孩子作品并为其建立一个档案,比如语言样本、书写/写作样本、动态记录,以及能反映孩子单词学习和理解能力的样本。然后对孩子各方面的能力进行评估,并在评估结果的基础上为孩子设计教学方案。可以参考本书结尾的"课堂策略",上面有用以评价孩子学习的表格。

3. **策略**:用S—7和S—8页上的"课堂策略"进行读写面试,然后选出一个孩子。在讨论的基础上,思考这个孩子属于哪种类型的读者和作者。

焦点问题

- 针对教室里来自不同文化背景的儿童,我们如何计划早期读写教学?
- 对那些身为英语学习者的儿童,我们需要设计什么计划?
- 早期干预项目的含义是什么?
- 全纳的含义是什么?
- 描述多元智能(multiple-intelligence)理论及其与读写教学的关系。
- 我们如何对待常规教室里有身体障碍的儿童?

词汇:文化差异,英语学习者,有天赋的,有学习障碍的,全纳,早期干预,课外项目。

策略:通过悬挂S—9至S—11页上"课堂策略"的单词和图画卡片,帮助儿童学习英语单词和普通短语。

第三章

读写能力与多样性：满足儿童的特殊需要

托马斯·杰弗逊就"读写能力和教育已成为我们的国家精神"表达了以下三个基本观点：(1)全体公民都具备阅读能力才能实行民主；(2)因此大众有义务支持面向所有儿童的阅读教学；(3)阅读教学应在早期教育中实行。关于原因，他这样引证："没有什么比使人民安全更重要，更正当，因为人民是自由的终极捍卫者。"

——托马斯·杰弗逊
(《托马斯·杰弗逊生平和作品选》)

高品质的读写教育适用于所有儿童。小组教学尤其适合需求多样化的儿童，它可以鼓励交流以及自然而有意义的谈话。学习英语的儿童会从非正式谈话以及与同龄人的互动活动中学到许多英语知识。能力更强一些的儿童会帮助学习困难的同学进行小组学习，正如我们在下面看到的，发生在三个教室读写区中的故事。

阿贝雷老师执教的二年级学生正在读写区独立或合作地学习。他描述了一位英语学习者的小插曲。胡安妮塔从不在班上发言。一天在课上，阿贝雷观察到胡安妮塔在她组织起来的一组同学面前扮演老师。她让三位同学坐成一个圆圈。他们每人都有课本。胡安妮塔点名并请每位同学轮流朗读课本。

纳什老师在教室里上读写课，孩子们有机会在不依靠老师帮助的前提下协作学习。纳什老师先示范如何使用教材，这样孩子们就知道怎样做了。当与纳什老师谈起有特殊需求的儿童在读写课上如何从独立学习中获益良多时，她描述了她班上一名学习困难的孩子。纳什老师说夏琳从不大声朗读。有一天，她注意到夏琳对着一个布娃娃大声朗读，与此同时，另一名同学在听她朗读。纳什老师悄悄地给了夏琳鼓励。于是，以后每天的读写课上，夏琳都会大声朗读。

马塞尔是罗森老师班上较有天分的学生，但成绩并不理想。大多数时间，马塞尔都是独立学习。在上了约两个月的读写课后，马塞尔终于能够与其他同学一起参加读写活动了。我第一次看到他与大家一起学习的时候，他正在读报纸，了解国内其他地区的天气情况。帕特里克问马塞尔他是否也可以看报纸。马塞尔很高兴地同意了，之后大卫也加入了他们。他们一起阅读并讨论佛罗里达、科罗拉多以及其他地区天气的冷暖。

读写区的无数轶事都描述了儿童是怎样克服特殊困难找到自己参与学习的方法的。一位教师这样评论："似乎每个孩子都能在读写活动中找到可做的事情。"

关于读写能力与多样性的理论与研究：满足儿童的个体需求

第一章和全书中的许多理论观点都讨论了为满足儿童个体需求而进行差异化教学的必要性。早期教育一向是以儿童为中心的，同时涉及儿童社会性、情感、身体以及认知上的需求。在幼年时期，每个孩子都被视为独一无二的个体，然而，今天教育的多样性史无前例，我们应当满足越来越多的个体需求。

辨别特殊需求是处理多样性问题的第一步。它使我们更加明确差异确实存在，并帮助我们明确教育可能的结果。

我曾很犹豫，到底把多样性单独列为一章还是把针对多样性儿童的教学策略融入全书。一开始我倾向于后者。然而，我们的课堂是如此多样，教师们对满足这些孩子的需求是如此关切,因此我最后决定既用单独的一章又在全书中谈论针对多样性儿童的教学策略。讨论从本章开始,引入了教师们可能在他们的课堂发现的多样性的种类,并论述了一些教学策略。此外,在全书中,我们也讨论了为满足个体需求而设计的策略。因为诸如英语学习者和风险儿童的多样性问题尤其令人感兴趣。今天的托幼机构和学校中呈现出许多不同类型的多样性。人们发现,对于所有儿童来说,好的教学策略是适当的;而对那些有特殊需求的儿童,则需要对教学策略做一些修正(Delpit,1995)。

应对多元文化社会的读写需求

统计表明,美国的人口种族正变得越来越多样化。目前的统计数据显示,每3个儿童中就有一个来自少数民族。美国现在有超过1400万的儿童来自不以英语为母语的家庭。据预测,到2030年,美国学校的学龄人口中将有40%是英语学习者。在美国有超过400种语言正在被使用。西班牙语是最普遍的,但也有其他语言,诸如韩语、阿拉伯语、俄语、纳瓦霍语、汉语以及日语,这些只是其中的一部分(Brock & Raphael, 2005; Miramontes, Nadeau, & Commins, 1997)。

美国学校有关学业成就的许多研究证实,不以英语为母语的儿童成功的可能性较小(Rossi & Stringfield, 1995)。这一问题的部分原因在于学校未对母语文化提供足够的支持,学习第二语言的复杂性以及许多不以英语为母语的家庭较低的社会经济地位(Banks & Banks, 1993; Connell, 1994; Garcia & McLaughlin, 1995)。

美国过去曾忽视多样性,认为儿童应忽视他们的文化背景和语言差异,并凭借自己的力量来学习英语和美国习俗。如果我们要在一个多元社会中和谐生存,那么教育的领导者就必须担负起责任,为全体儿童提供与文化紧密相关的教育。

文化多样性

多元文化是个复杂的问题,它不仅关乎种族,还涉及课堂、宗教、性别和年龄。我们生机勃勃的社会以多种族、多人种、多文化以及多语言的性质赋予我们使命,必须把对差异性的宽容和理解当成一个持续的教学过程,它涉及自我反省、自我意识、积累知识以及发展相关技巧(Schickedanz, York, Stewart, & White, 1990)。我们应乐于接受学校中的多样性。多样性使得课堂以及学习主题的维度更加丰富。通过对儿童多样化背景的认知,儿童的自我形象也会得到增强。差异性应为标准,而非例外。文化背景的差异往往能解释儿童的行为。在一种文化中可接受的行为,可能在另一种文化中被认为是无礼的。在我们的多元文化社会中,教学目标应为如下所示:

1. 增进对文化差异的了解，进一步认识到文化差异对生活方式、价值观、世界观和个人差异的影响。

2. 通过制定策略，增强在多元文化环境中学习的意识。

3. 制定框架，使有关引导学习和发展风气的方法观念化。

对于种族多样化的课堂以及不说英语的儿童，我们需要追求的目标如下：

1. 儿童需要学习接受并对他们的种族身份感到自在。

2. 儿童需要学习在其他文化尤其是主流文化中活动。

3. 儿童需要与来自不同种族背景的个体发生积极的关系。

4. 不会说英语或标准英语的儿童必须学习英语，但也必须记住和重视他们的母语。

教师则需要深化对所教授的多民族集体的理解。他们必须认识到他们所教授的孩子是多种族的，必须尊重他人的种族身份、传统和风俗。教师必须意识到不同儿童的种族传统、习俗以及信仰（Barone, 1998；Schickedanz, York, Stewart, & White, 1990；Tabors, 1998）。

在课堂上帮助英语学习者

在早期儿童读写项目中，人们主要关注的教育问题是日托中心、幼儿园、学前班以及一至三年级儿童的多样化语言背景。任何既定的学习机构中都有可能存在这样的孩子，他们比起那些使用标准英语的孩子，在单词、句法和语言模式上都有很多不同。尤其是在美国，英语的用法有许多不同的形式。以下几类代表了幼儿多样化的语言能力（Fromkin & Rodman, 1998；Galda, 1995）。

◎ 儿童多样化的语言能力

1. 新近移民的儿童，不具备或仅具备有限的英语知识。

2. 来自不说英语的家庭的儿童，但这些儿童会因为电视和家庭以外的接触而说一些英语。

3. 能流利地说英语和一种其他语言的儿童。这样的孩子通常容易被同化到主流社会中。

4. 以说英语为主的儿童，但在父母或家庭所使用的语言上技巧欠佳。这样的孩子经常在家说英语，但他们的父母用另一种语言与他们交流。

5. 说非标准英语的儿童。原因是在家庭中使用的英语不流利或是方言。虽然他们需要在托幼机构和学校中学习更标准的英语，但必须确保孩子们不觉得家庭中使用的语言低劣。

6. 只说英语的儿童。

所有这六类代表了人们主要关注的问题，因为口语的坚实基础与读写能力的发展是紧密联系的。除了技能的发展,我们还需要关注情感方面。不幸的是,我们经常轻视有语言差异的孩子,并将他们视为有潜在学习问题的学生。然而,我们逐渐意识到,差异并不意味着缺陷。例如,语言学家已经发现黑人英语是一种系统的、有语法规则的方言。它可以表达各个层面的思想。教师必须对课堂上孩子们的语言差异保持敏感,要确保孩子们不会因为不说标准英语而感到尴尬或自卑。教师需要尊重语言差异并帮助孩子们以自己的背景为荣。我们应在课堂上分享多样化的语言和传统,以丰富课堂经验(Neuman & Roskos,1994)。

儿童对语言差异的反应

儿童倾向于选择说同样语言的玩伴,这可能是因为彼此间更容易交流。他们通常不会拒绝说不同语言的孩子,然而,他们会用手势及其他交流方法来互动。双语儿童经常会为他们语言技能较弱的父母和朋友当翻译。虽然儿童对语言差异感到诧异,并经常"纠正"同伴,但他们尚未建立起成人对使用非标准语言的偏见。

当教室中充满丰富的语言元素,又有几位出色的同学和细心体贴的教师时,学龄前和幼儿园的孩子会较易习得语言。这一点适用于对母语娴熟的儿童,却未必适用于那些母语较差的儿童。

尊重家庭和文化传统

教师必须从儿童进入教室的那一刻起,就显示出他们对儿童所属文化传统以及对儿童母语的尊重。这一点是至关重要的。想象一下,当一个孩子来到一个地方,这里大家都在说着一种不同于其母语的语言,这个孩子该是多么害怕啊。教师应该表现出对儿童母语的兴趣,并对班上儿童所说的每种语言试着学习至少几个关键短语(Xu,2003)。与父母交谈他们孩子对英语的熟悉程度会有所助益。教师可以邀请父母带一名翻译共同参与最初的会面,或者,如果父母希望的话,提供一名翻译。无论何时,只要有可能,学校应考虑父母对于孩子读写能力教育的倾向性,并由此来决定是只用英语还是用家庭使用的母语来教学(International Reading Association,2001)。我们应鼓励父母尽可能多地参与课堂教学并与班级分享文化和语言。

教室应配备足量的英语学习的文本资料。这些资料应包括儿童最喜爱的书籍、报纸、菜单以及他们可能在家遇到的日常文本。教师应尽其所能为每个孩子建立起家庭与学校读写经验之间的联系。这是极富挑战性的,因为不同的文化团体其读写的方式是不同的(Espinosa & Burns,2003;Xu,2003)。同样,与父母就孩子的家庭读写实践进行交流,会帮助教师改进对学习英语的孩子的教育。教师也可以要求父母用本民族语言介绍来自课堂的新概念,以进一步增加家庭与学校间的联系。如果教师熟悉孩子的文化,那么教师更有可能有效地回应孩子的需求。比如,在某些文化中,孩子被鼓励参与课堂讨论;而在另一些文化中,人们则不鼓励孩子在课堂上发言。在某些文化中,我们教孩子在说话时注视对方;而在另一些文化中,这种行为则被认为是不礼貌的,正确的做法是在说话时低下头。在某些文化中,孩子用手吃饭;在另一些文化中,孩子则用刀叉、勺子或筷子。如果不懂得文化传统,我们可能把孩子的行为解读为粗鲁无礼或是漠不关心。因此,理解教室中儿童的行为并用适当的方式来回应他们,这一点至关重要(Hadaway & Young,2006)。[①]

表 3-1 所示问卷对于从父母处获取孩子的信息有所帮助。这些信息可以帮助你更好地理解他们的文化并使孩子在你的教室感觉更舒适。

表 3-1　帮助我了解您和您的孩子

孩子的姓名:_____
父亲的姓名:_____
父亲的国籍:_____
母亲的姓名:_____
母亲的国籍:_____
您如何称呼您的孩子?_____
您孩子的姓名是否有特殊含义或解释?_____
您孩子的出生地在哪里?_____
孩子何时在其他地方生活过?_____
您的家庭在××(您所属的社区)生活了多久?_____
您与孩子交流时使用哪一种或哪几种语言?_____
　父亲:_____
　母亲:_____
您使用哪些语言?_____
　父亲:_____
　母亲:_____
在您的家庭中,孩子还与哪些直系亲属共同生活或长期相处,如兄弟姐妹、祖父母、阿姨、叔叔、表亲? 请列出:
　姓名　　　　　关系　　　　　对您的孩子使用的语言
　_____
　_____
　_____

[①] **Source**:Hadaway, N. L., & Young, T. A. (2006). Changing Classrooms:Transforming Instruction:In T. A. Young & N. L. Hadaway (Eds). *Supporting the Literacy Development of English Learners:Increasing Success in all classrooms*, pp. 6 - 18. Newark,DE:International Reading Association.

续表

如果英语不是您的家庭语言,请预测您孩子的英语词汇量。(圈出一项) 　　少于 10 个　　　　10 至 50 个　　　　50 至 100 个　　　　多于 100 个 您是否属于特定的宗教派别? 如果您愿意,请写出该宗教的名称。 _____ 列出您的孩子通常吃或喜欢的食物:_____ 列出您的孩子由于宗教或其他原因不能吃的食物:_____ 您的孩子不喜欢吃哪些食物?_____ 您的孩子通常使用什么进餐? a. 手指　　　b. 筷子　　　c. 刀叉 完成下列句子。 　　当我的孩子和一群孩子在一起时,我会期望我的孩子_____ 　　当我的孩子在班级表现欠佳时,我会期望教师_____ 　　如果我的孩子在班级并不愉快,我会期望教师_____ 　　今年我的孩子能在校学习的三个最重要原因是: 　　(1) _____ 　　(2) _____ 　　(3) _____

Source: Adapted by permission from P. O. Tabors (1997). *One child, Two languages*. Baltimore, MD: Paul H. Brookes Publishing Co., Inc.

适合英语学习者的教学

适合英语学习者(English language learner,简称 ELL)的教学有三种最为著名的方法:① 浸入式英语(English immersion);② 双语教育法(bilingual education);③ 母语项目。浸入式英语,或纯英语教学,适用于年龄较小的孩子,他们能更为轻松地习得新语言。儿童可通过班级互动来学英语,或参加课外以英语为第二语言(ESL)的项目。该项目会教授英语。浸入式英语教学不能帮助维持或进一步提高儿童的母语水平(Espinosa & Burns, 2003)。

双语教育有几种方法。过渡法减少了双语现象,英语最终会代替母语。维持法的目标是增进双语,这意味着儿童在维持母语的同时学习英语。两种语言有相等的价值。双路双语法可用于既有说英语又有不说英语儿童的班级中(Espinosa & Burns, 2003;Gollnick & Chinn, 2002)。大约有一半的课程是用英语教授的,而另一半则用另一种语言教授。这种方法使学习英语的儿童和学习第二语言的英语使用者都获益匪浅。

对学习英语的儿童进行的母语教学,首先发展了他们的母语读写能力,之后才转入双语或纯英语教学。教师用儿童的母语来教授概念、知识和技能,并把英语技能逐渐融合到教学中(Gollnick & Chinn, 2002)。研究表明,用儿童的母语进行最初的读写教学并长期发展母语,这样的项目对英语学习者最为有效(Espinosa & Burns, 2003;International Reading Association, 2001)。预防幼儿阅读困难委员会建议儿童用母语学习阅读并长期学习英语(Snow, Burns, & Griffin, 1998)。

人们很自然地在学习读写之前学习口语。所以，如果儿童在进行正式的读写教学前能熟练掌握英语口语技能，这将会非常有利（Espinosa & Burns, 2003; Gunning, 2003）。因为在每个学习英语的儿童的教育发展中有许多因素起作用，适用于所有学英语的儿童的完美教学法是不存在的。教师需要与其他专家及父母共同决策什么是对于儿童的最佳方法。

图 3-1　伴随讲故事、念儿歌和使用道具的戏剧表演，有助于儿童学习英语。

为了帮助学习英语的儿童发展语言和读写技能，可以采取以下措施：

- 班级图书馆应由各种英语以及所有儿童母语的书籍组成。
- 在班级配备其他语言的样本，如书籍、报纸、歌曲、菜单和标志。
- 教师每日需进行大量的词汇教学。词汇发展对学习英语和学习阅读至关重要。一次不要引入太多词汇，积少成多。选择那些可以传达关键概念的词汇，并长时间地使用这些词汇。尽可能使用视觉资料，如图片和图表，来帮助教授词汇。
- 教授基本的问候语和表达方法，如"你好"、"再见"、"谢谢"、"您太客气了"，以及"对不起"。
- 重视教授与幼儿园或学校相关的英语词汇，这样儿童就知道在课堂和幼儿园或学校该如何确定方向。应最先学习诸如"操场"、"自助餐厅"、"洗手间"、"体育馆"、"区域"、"书籍"、"纸张"、"铅笔"、"钢笔"和"蜡笔"等词汇。

儿童可以把这些新词汇收集在**个人单词**盒中。如果在个人单词索引卡上用英语和儿童的母语写出单词并配有图片，将会非常有帮助（参见第五章关于个人单词和词汇表的描述）。参见 S—13 页的"课堂策略"。

- 教师可使用一种被称为"掩护式英语"的方法。该方法使用简单的语言，慢速并重复的短语，以及手势和视觉参考物（Shore, 2001）。
- 如果有可能，教师应避免使用习语，以及其他含有特殊文化意义的表达。
- 教师也可以通过预习所有阅读材料，找出可能对英语学习者造成困难的词

图 3-2 因为创作的文本不会因陌生的词汇、句法或文化背景而难以理解，学习英语的儿童更容易接受并尝试阅读。

汇、句法、语义、文化参考或背景知识，以帮助儿童领会教学内容（Gunning，2003）。在仔细的预习后，教师可以对新词汇进行预教学，并要提前考虑到文本中所有可能的难点。基于普遍知识的文本，如知识性或概念性的书籍，对英语学习者尤其有利，因为这些书没有特殊的文化背景（Xu，2003）。

• 使用具有趣味性的图画书。具有可预测模式的图书对学习英语的儿童特别有用。教师应通过视觉、手势和表达，以及重复的短语，尽可能多地给予儿童语言线索。应通过具有预测性的书籍、趣味歌曲以及押韵游戏鼓励重复。讲故事、念儿歌和使用道具的戏剧表演有助于儿童学习英语。

• 请儿童就他们熟悉的主题创造自己的文本。因为创作的文本不会因陌生的词汇、句法或文化背景而难以理解，学习英语的儿童更容易接受并尝试阅读。(Gunning，2003；Xu，2003）。

• 同伴读写很有帮助，特别是当一个人精通英语并具备英语学习者所说语言的一些知识时。儿童会用同伴的语言和观点来共同创作文本。

• 当英语学习者无法自己记录时，教师可以把儿童说的故事记下来。这些故事可能既包括英语，也包括儿童的母语。我们应当允许这种倾向性，因为这种倾向性也许会对英语语言发展有帮助（Gunning，2003）。

• 以游戏、木偶、可视图像的形式使用可操作材料，这有助于儿童的词汇发展。

• 英语学习者需要学习相应的字母表和新单词。这很耗费时间，必须通过大量的语言游戏、书籍和印刷材料才能实现（Adams，1990）。

• 基础的读写课程需要直接的教学，模型、图片提示，以及书中的插图（即通过图画来阅读)。

- 儿童需要反复练习学到的技能。可以先在指导下练习,然后再独立进行。
- 采用完形填空的步骤。写一两个句子并空出一个单词,或只写出该单词的第一个字母,让儿童根据句子的意思猜出单词。比如,在读完一个小故事后,让儿童填入漏掉的单词。

从前有____只小猪。

他们与妈妈和____一起生活,但是想离开家。

他们相互道了"再见"就出去建造自己的____。

第一只小猪建了一座____房子。

第二只小猪建了一座____房子。

第三只小猪建了一座____房子。

- 让儿童反复阅读故事书。
- 录下简单的故事,让儿童跟着录音读。
- 把短小的故事分成若干句子,让儿童排序。
- 把句子分成若干单词,让儿童排序成句。
- 通过展示策略并鼓励父母帮助孩子,让他们尽可能多地参与读写活动。

(Akhavan,2006;Capellini,2005;Gersten et al.,2007)

在整本书中,我们会在每章末提供一个或多个特别适用于英语学习者或对他们有帮助的观点。大多数适用于以英语为母语的儿童的早期策略,对那些学习英语的学生也很有效。

进一步了解英语学习者的资源

了解和教授英语,在当今社会非常重要,却又十分困难。有不少专著讨论这一问题。以下罗列了部分书目,以供教师和准教师们参考。

《求助!我的孩子们不全都会说英语:如何在多语言的课堂建立起英语语言工作室》 Akhavan, L. L. (2006). *Help! My kids don't all speak English: How to set up a language workshop in your linguistically diverse classroom*. Portsmouth, NH: Heinemann.

《英语学习者的理解策略》 Bouch, M. (2005). *Comprehension strategies for English language learners*. New York: Scholastic.

《平衡阅读和语言学习:教授英语学习者的资源》 Capellini, M. (2005). *Balancing reading and language learning: A resource for teaching English language learners, K-5*. Portland, ME: Stenhouse; Newark, DE: International Reading Association.

《单词的传承：英语学习者全课程阅读、写作和交谈》 Parker, E. L., & Pardini, T. H. (2006). *The words came down: English language learners read, write, and talk across the curriculum*, K-2. Portland, ME: Stenhouse.

天才儿童、学习困难和注意缺陷多动障碍

智商约有130的儿童常被认为是天才儿童。有些儿童除了学业以外还发展了其他技能，如演奏乐器的能力远远超过期望值或同龄人，这样的儿童也被认为是有天分的。天才儿童通常具有领导才能。这些特殊的才能需要被鼓励，但这并不以满足儿童的社会性、情感和物质需要为代价。我们可以给这些儿童布置与他们能力匹配的更具挑战性的任务，以培养他们的特殊才能。

学习困难者指表现落后于同龄人或预期年级的儿童。这可能有多种原因。他们通常智商正常，但表现落后于能力。学习困难者语言能力较低。也就是说，他们在口语、写作和理解语言方面有困难。有些伴随学习困难的情况是感知问题、阅读困难或某种造成轻微脑部机能失调的脑部损伤。这样的儿童经常会注意力不集中，或保持注意力的时间较短。

注意缺陷多动障碍（ADHD）是一种疾病，它使儿童难以聚精会神、集中注意力、静坐以及完成任务。这一问题通常是由于化学物质失衡引起的，并会导致学习问题。

针对学习困难和注意缺陷多动障碍儿童的项目必须高度结构化，并伴以短时间的直接教学。此外，项目必须提供能引发儿童兴趣的资料。本书中的许多策略对有学习困难的儿童有益。

有风险的儿童

有风险的儿童受到几种可辨识因素的影响。本章讨论的领域常常使儿童有风险。这样的儿童背景多样，说的不是英语，有身体缺陷，或来自下层社会的贫困家庭。贫困并不意味着儿童不能在学业上取得成功；然而，关于读写成绩的研究表明，贫困线以下的儿童中有55%滞后于平均水平（Donahue, Doane, & Grigg, 2000）。

斯诺等人（Snow, Burns & Griffin, 1998）的报告认为，好的策略是适用于所有儿童的。它通常由以下三部分组成：**平衡式读写教学法**；一系列系统技能训练后的**显性教学**，并留有解决问题的时间和提供真实的生活资料；**经验**。我们已进行了大脑研究和关于"接受学前教育的孩子更加成功，所以孩子应早入园"的研究。许

多风险儿童在三四岁的时候就已经落后了。教师应选择能让儿童体验到成功的活动。当一个人成功的时候,就会想要尝试更多;如果不成功,就会想要放弃。

风险儿童缺乏背景经验,这一局限影响了他们的词汇和语言发展,继而又影响了他们的读写学习。许多儿童的家里没有图书和印刷品。因此,通过提供经验来引起谈话对儿童积累词汇很有帮助。同时,在教室中配备图书至关重要。

多元智能和读写能力发展

霍华德·加德纳(1993)曾讨论过多元智能的概念。根据加德纳的理论,有些人具备他所概括的所有七种智能,其他人则具备较少几类的智能。本章中提及这一话题,是因为它与多样的学习风格相关。加德纳认为大多数人都能习得一种智能,但他们并不十分擅长这一功能。因此,我们需要不同的学习经验——某些经验培养我们的优点,另一些经验则帮助我们培养其他方面的技能。加德纳的智能表单还列出了适于每种智能的活动类型(Armstrong, 1994)。

语言:讲座,讨论,单词游戏,讲故事,集体朗诵,写日志。
数理逻辑:智力题,解决问题,科学实验,心算,数字游戏,批判性思维。
空间:视觉呈现,艺术活动,想象力游戏,思维地图,隐喻思考,想象。
身体运动:动手学习,戏剧,舞蹈,体育教学,触觉活动,放松练习。
音乐:打节拍,歌唱。
人际交往:合作学习,同伴辅导,社区参与,联谊会,模仿。
自我认知:个别教学,独立学习,课程选择,自尊的发展。

当我们教儿童阅读时,必须记住一点:不是所有的儿童都以同一种方式学习。因此,我们应该考虑不同的智能并提供多样化的教学经验以满足儿童的个体需求。

有身体缺陷的儿童

身体缺陷包括视觉或听觉缺陷、沟通障碍、整形损伤。全纳(inclusion)指在提供必要帮助的前提下,有效地帮助有严重身体缺陷的儿童融入班集体。有视觉缺陷的儿童在法律上指盲人。对这些儿童来说,那些包括听觉和触觉经历的策略是非常重要的。对视力不好的儿童来说,学习材料需用大号字体印刷。完全无视力的儿童必须学习用盲文阅读(Ward & McCormick, 1981)。通常只有那些有轻微视觉问题儿童才会在常规课堂学习。

听力损伤的儿童指完全耳聋或仅具有有限听力的儿童。有些儿童可通过助听器来放大声音。那些听力损伤但却有可能进入常规班级的儿童，通常具备一些听力。我们鼓励对这些儿童采用视觉和触觉的学习方法。那些耳聋或听力极其有限的儿童，可以引导他们使用手语进行交流。具备一些手语知识对任课教师会有所帮助。

本书中的运动损伤指在童年因脑瘫、肌肉萎缩症、开放性脊裂及风湿性关节炎等疾病所导致的残疾。这些疾病的重度患者通常不能进入常规班，而那些轻度患者却可以。患病儿童可能智力正常，但经常在行动上需要帮助。这些儿童和其他儿童有着相似的学习策略。如果精细运动控制能力受损，我们可以找出用于写作的其他方法，诸如使用电脑或请一位教师或同伴帮助听写。患有运动疾病的儿童可能需要更多时间来完成作业，这并不一定是因为他们的智力，而是因为运动协调的问题。因为这些儿童的残障相较于其他儿童更明显，因此，要帮助没有特殊需求的儿童对这些有残障的儿童建立起更积极的态度，以使大家融洽相处。我们可以通过讨论问题、关注问题如何发生以及大家的感受来帮助解决问题。

有沟通障碍的儿童有可能进入常规班级。这些儿童有言语和语言障碍。言语障碍包括清晰发音方面的问题，发声障碍（音量、语调以及音质异常），以及如口吃的流利性障碍。有语言障碍的儿童在习得和使用语言方面有困难。语言发育迟缓的儿童与他们的同龄人相比，在语言发育的发生和理解力方面都明显滞后。这些儿童应当通过特殊课堂寻求帮助以解决问题。通常适用于所有儿童的策略也适用于这些在常规班的儿童。第四章讲述语言发展时，将会讨论适于有轻微语言问题儿童的教育环境。

教学方法必须具体并有助于儿童积极参与。帮助儿童坚持完成任务是一项重要目标。能吸引儿童的活动极有可能获得成功。以个人为单位，与儿童进行合作，对找出他们的最佳学习方法至关重要。这正如与有天赋的儿童合作一样，给予他们区别于常规课堂的活动以适应其能力，才能满足他们的需求。

当我们试图满足儿童的特殊需求时，应着眼于教育目标而不是活动。学校应有专门人员负责为残障儿童制订计划。这些人员必须明确如何帮助这些残障儿童找到平衡，并成功地进行活动。比如，有注意缺陷多动障碍的儿童可能在独立中心活动时，过快地从一项任务转换到另一项任务，这样的儿童可以配搭一个能保持注意力集中的同龄人。这个搭档可为有障碍的同伴读出指令，以此来提供关于活动的明确指示。

父母可能是非常好的资源，他们可以告诉老师自己孩子的强项、弱点和兴趣。同伴的帮助、特设教育顾问、教学辅助人员等，也能帮助有特殊需要的儿童参与活动。

所有从事有关特殊需求儿童工作的人员必须对差异性有容忍度，认为这些儿童较为不幸的想法对学习没有帮助。这一态度必须纠正为：我们应想方设法帮助儿童以平衡的心态面对残障，以学会独立(Erickson & Koppenhaver, 1995)。

当我们面对有身体损伤或学习发展差异的儿童时，不管他们在学习时是有障碍还是有天赋，以下教育指导方针经证明对教师是有帮助的(Ruddell & Ruddell, 1995)。

1. 定期观察儿童，找出表明身体损伤或学习发展差异的迹象。比如，儿童看黑板有困难，发生抄写错误，或是眯着眼睛看东西。这样的儿童可能视力有问题，需予以关注。

2. 如果你发现儿童有问题，可去街道支持服务寻求帮助。需要确认你所怀疑的问题是经鉴定的，并需确保有需要的儿童得到了适宜的帮助。

3. 当你找出儿童可能正在经历的问题的本质，应与这方面的教师和其他专业人员进行讨论，以获得更多可靠的信息。

4. 使用适用于所有儿童的成功原则，如鼓励、表扬和正面反馈。

5. 教育需满足特殊需要。好的策略经常适用于所有儿童，但对于个体差异需作出一定的修正。

6. 对于有特殊需要的儿童，让他们的父母也参与进来。与父母讨论学校提供的帮助，告之他们可能在学校环境以外需要的额外帮助，并设法赢取父母在家中对孩子活动的支持。

教学干预与区别教学

区别教学

教师的主要关注点即为满足个体的需求。在本章中，我们已经讨论了英语学习者，有天赋和有学习障碍的儿童，阅读困难者，以及身体残障者。包括有天赋儿童在内的所有儿童，都需要区别教学，以满足他们的个体需求。多年来，我们使用了许多教学项目来帮助这些儿童。显而易见，满足个体需求，教师要与孩子一对一地进行教学。教师进行一对一教学时，他们就能接近孩子并进行区别教学，从而满足孩子的需求。

萨凡纳上二年级，她还很不成熟。她只有妈妈。妈妈工作时间很长，无法给她讲故事或带她去图书馆。萨凡纳在学校里才能读书。何塞刚从墨西哥来，他不会说英语，只知道数学原理，没有可阅读的书籍。纳撒尼尔读四年级。他的父母都是教师，他们为他提供了丰富的读写经历。他在家拥有很多藏书，也经常去图书馆。纳撒尼尔常与家人一起度假、去博物馆。在家时他也进行大量阅读。阿什莉是个出色的创作者,读三年级。她对学校发生的事不大关注,只专注于自己的事。最后一名儿童——詹妮有阅读困难。她在语言和视觉处理方面都有问题,且英语不流利。所有这些孩子都在卡利汉老师的二年级班。一直让这些孩子同班学习是不可能的。他们需要区别教学。

当我们进行区别教学时,教法是富于弹性的并且应:

1. 对儿童进行评估以设计出能满足他们需求的教学。
2. 对儿童的差异性作出反应。
3. 对儿童的兴趣作出反应。
4. 对儿童的学习成绩和学习需求作出反应。

区别教学是从高质量的小组教学开始的。这种教学基于背景知识,与标准和科研相联系,并涵盖了各种活动以学习一种技能。这通常被称为第一级教学。

区别教学还包括目标教学。这被称为第二级教学,它包括:

1. 小组学习。
2. 教师与儿童进行直接的教学活动。
3. 有能力儿童的加速学习。
4. 对有困难的儿童进行某些特定技能需求的强化学习。
5. 以儿童兴趣、成绩和需求为出发点选择教学资料。
6. 适于儿童学习风格的教学。

最需要区别教学的儿童,强度最高的方法是第三级教学,也是最具目标性的方法或安全网。在这一级别:

1. 儿童接受小组的系统直接教学。
2. 目标是通过提供更弹性的常规教育选择自由,预防儿童对特殊教育服务的需求。
3. 儿童除了接受常规阅读教育外,还以班级中更小的组或在课外接受读写教育。

区别教学中所有儿童的目标与他们所学习的年级目标是相似的,然而,在达到预期目标的过程中,所遇到的困难却不尽相同。教学资料传授相同的概念,那些能力较强的儿童可能经受住考验,而那些需要更多帮助的儿童却也可能获得成功。一个允许区别教学的教学资料示例是在大词中找小词。假设这个词语是"感恩节",能力较强的儿童会找出较多较复杂的词汇;能力稍弱的儿童会找到较少较简易的词汇,但活动是一样的,目标也相同。

我们认为区别教学很重要。然而,许多教师会觉得他们缺乏合适的资料、时间和职业发展,需要课堂中的额外支持才能执行。

干预项目

早期干预项目其实是区别教学的一种形式,但这些项目更强调预防,而不是出现了问题才亡羊补牢。这些项目的前提是在托幼机构或学校能够做也需要做更多的事情,以支持儿童的读写学习。不少来自"风险"人群的儿童,只有在早期干预的条件下才有可能成功(Hiebert & Taylor, 1994; Tomlinson, 2003; Walpole & McKenna, 2007)。

"早期干预"(early intervention)这一术语指的是促进与读写相关的适宜发展的教学项目。其目标是针对那些未能达到与同龄人相似的早期读写能力的入学儿童,重在提升和加强他们的读写能力。已实施的相关项目证实可防止儿童落后于同龄人或免于失败(O'Connor, Harty, & Fulmer, 2005; Salvin & Madden, 1989; Stanovich, 1986)。

教育者曾经质疑:早期干预究竟在课堂中由专门教师和任课教师合作实施,还是在课外项目中由儿童去专门教师那里进行增进技能的训练来实施,这两者哪一个更为适宜。此项目的最终目标是通过提供补充性的高质量读写教学,来促进读写能力的发展。有一种趋势是把干预融合为常规课堂的一部分,而不是把儿童带离课堂。倾向于全纳的理由在于上学时管理课内外活动,并使特殊教育成为常规课堂教育的必要部分,这样儿童就不会错过常规的课堂教育。干预教育与课堂教学相配套,任课教师和专门教师可以共同合作来帮助儿童。

一项著名的早期课外干预项目叫作**"阅读恢复"**(Reading Recovery),人们在新西兰对该项目进行研发(Clay, 1987),并在俄亥俄州立大学进行了大量研究(Pinnell, Freid, & Estice, 1990)。这一项目针对在一年级阅读课有困难的儿童而设计。儿童除了常规课堂阅读教学外,还接受每天三十分钟的一对一教学。阅读恢复课程是为有特殊需要的儿童度身定做的,该课程包括教师与儿童间真正合作与主动的读写经历,并使用特定的教学策略。课堂中有些阅读恢复策略包含以下内容:

1. 引导儿童朗读一个熟悉的故事,以增强阅读的流畅性,并体验成功的感受。
2. 教师介绍一本新书,教师和儿童共同浏览书籍,一起看图画并预测书本的内容。
3. 儿童在没有教师帮助的情况下阅读这本新书。
4. 教师通过让儿童复述故事来做记录,以确认儿童所犯的错误类型以及儿童对故事的理解。
5. 教师在课堂上通过词头、字母组或词尾的韵脚,帮助儿童学习单词分析策略。

为了使经验更具体,教师可让儿童在磁板上使用磁性字母或字母组。可以要求儿童在石板上的句子里用学过的单词来填写。可以把书中的句子写下来，让儿童排序。也可以把句子分割成单词，让儿童在脱离上下文的情况下指认并排序。在不同的课堂，可以重复这些儿童熟悉的活动。

参与阅读恢复课程的教师应经过特别培训，从而发展观察和描述儿童从事读写活动时行为的能力。有关阅读恢复的教师培训强调用适当的模型和架构应对儿童，以帮助他们进步。该项目的另一个特征是真实的读写经历与技能发展相平衡。阅读恢复已经证明风险儿童的表现有所改善。此外，阅读恢复策略已为一些课堂中的小组阅读教学所采纳。

许多学校和商业项目正在针对表现不佳的儿童，应用高质量教学策略的早期干预项目。如果教师使用优质策略与儿童进行一对一或不多于三人的小组教学，儿童极有可能由于受到额外的个人帮助而取得进步。

一项名为故事阅读项目的早期干预项目已纳入幼儿园风险儿童的常规课堂。除了基于技能的传统教学，读写项目中还增加了以下内容：

1. 为儿童读书时，在听力和思考活动方面给予指导。
2. 重述儿童听过的故事。
3. 重复朗读故事书，以便儿童可以在频繁听故事的基础上尝试自己阅读。
4. 积极讨论，帮助儿童从所读的故事中建构意义。
5. 为教室的读写区提供鼓励读写活动的材料。
6. 给儿童进行独立读写的时间段，以练习学到的技能。

教师要发现儿童的长处和弱点，这可以在与儿童进行整班、小组和一对一教学时进行。在小组和一对一教学时，负责基本技能的教师与任课教师在课堂共同协作进行教学。参与这个项目中的儿童，比起没有参加上述干预项目的风险儿童，进步更显著。

当决定实施干预项目时，必须考虑参与的儿童、拥有的资源，以及如何充分发挥你的才能。认识到特殊需求确实存在并了解这些需求是什么，对教师来说是最重要的一步。其次是尊重和接受你所教儿童中确实存在的差异性。

在国家阅读大会的一次发言中，利萨·德尔皮（Lisa Delpit，1995）谈及了教授"其他人的孩子"。她讨论了在城市对不同背景和不利环境的儿童成功实施读写技能项目的一般特点。她的发言要点如下：

1. 学习和尊重儿童家乡的文化。
2. 对于不利环境下的儿童，不要减少教学内容。他们可以和其他儿童一样学习。教师、父母、儿童以及社区应该认识到儿童的能力从而进行教育。
3. 不论使用怎样的教学项目和方法论，批判性思维是目标。因为教师信任儿童并对他们有期望，儿童才会有所成就。贫穷的儿童一般会进行批判性思维，因为他们不得不独立,并在家承担许多责任。

4. 所有的儿童必须有机会学习在教育和生活中必不可少的基本技能、得体的行为和策略。成人需要帮助儿童学习能使他们在校外获得成功的技能。

5. 帮助儿童,让他们知道自己是有能力和有价值的。

6. 使用来自儿童生活中的熟悉的事物和经历,将儿童已知的事物与学习知识联系起来。如果你不能证明你所教授的内容合理或正确,就不应教授。

7. 在课堂中营造家庭感和关爱感。当和儿童相处时,把他们当成自己的孩子。告诉儿童他们是世界上最聪明的孩子,并期望他们能够如此。这样,儿童就会主动学习,而不仅仅是从教师那里学习。

8. 关注并评定儿童的需求,然后用不同的策略加以处理。

9. 承认并增进儿童和家庭已具备的优点。

10. 培养儿童与社区间的联系,这样他们就拥有了更大的激励源。即如果失败了,他们不仅自己失败了,而且社区也会蒙羞;如果成功了,他们的胜利则是为了包括自己在内的每个人而取得的。

站在儿童的角度

成人很难理解和体会读写学习涉及的不同过程。作为成人,我们已经有了很多年的读写经验。阅读是个复杂的过程,对于初学者而言,其难度是巨大的。对于那些有视觉损伤等问题的儿童,或者对于英语学习者来说,其困难更是不言而喻。为了更好地理解读写学习的本质,请站在学习者的位置上。用一个被称为"混乱字母"的新字母表,我将大学生和父母们带回到他们五六岁的时候,那时他们刚开始学习读写(见图 3-3)。全部的单词以陌生的字母引入,并配有图片和情景线索,还有巩固练习的活页练习题。在介绍了约 25 个单词后,给他们一本含有这些单词的图文并茂的故事书。要求他们就像在童年时一样以小组进行阅读,同时要求他们写出一个在"混乱字母"表中读到的句子。

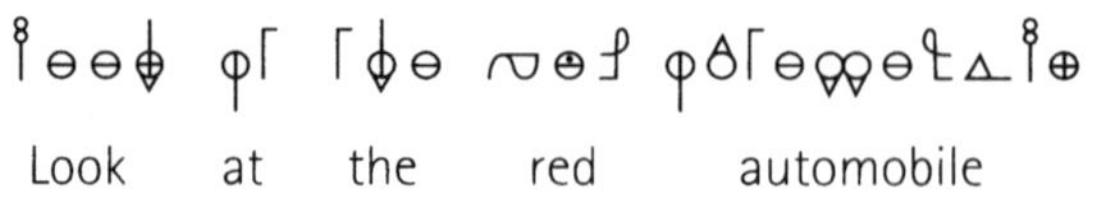

Look　at　the　red　automobile

图 3-3　混乱字母

课后我们讨论了他们刚才是如何学习读写"混乱字母"表的。大家报告了相似的策略:他们尝试将自己已经知道的读写信息与情景联系起来。他们很快意识到混乱单词与常规单词含有相同的字母数量,常规的单词知识帮助他们理解混乱单词。字母形式的某些相似性帮助他们识认单词。他们还尽可能多地利用上下文和图片线索。句法知识(语言结构)和未知单词周围的单词含义,帮助他们判定了本来无法识别的单词。他们略读句子,以寻找他们可能认识的单词。有些人通过单词的首字母进行识别。许多人尝试通过视读法(look-say method)来记忆单词。大多数人认为有着特殊形态和长度的单词易于识别。他们承认,为了学习,他们不得不积极投身于阅读过程。简言之,他们猜测,犯错,并纠正自己。

除了刚才描述的策略外,我从这堂课上对学生行为的观察得出了另一个重要策略:与他人协作配合的倾向性是自然而然的。学生们与身边的同学讨论成功与失败。他们谈论已经认出的单词,并与他人分享成功的喜悦。当遇到困难时,他们不由自主地表达沮丧的情绪,并从附近的同学那里寻求帮助。有些学生说他们经历的困难曾让他们想放弃。教室里常因为读写学习经验的交际互动而吵闹。有时,两三个学生对一个词产生了异议,但最终达成了一致。有时,问题是通过同伴的辅导解决的,也就是由一个学生帮助另一个有困难的学生。他们饶有兴趣地阅读新材料时显示出天生的好奇心。

所有的人都同意共同学习赋予了他们安全感,提供了简易的信息源,并使得任务变得更有趣。他们几乎没有意识到他们的社会合作行为,直到"我"指明这一点。大多数人评论,当试着学习用"混乱字母"阅读时,寻求并依靠社会互动似乎是种自然的倾向。

在他们对如何学习用"混乱字母"读写的描述中,学生们使用了问题解决和一些行为主义类型的策略。他们都在寻求意义。他们处理文字信息时努力寻求视听线索,他们也试着通过过去的经验和他人的帮助来看整条信息。他们通过猜想、预测和创造来建构意义。他们也使用有关策略,诸如试着通过聚焦首字母来猜单词,使用上下文线索,以及使用视觉记忆法。人们试着学习阅读所使用的多种不同方法说明了他们的多样性。就算忽略儿童在学习时可能遇到的困难,每个儿童也有权使用适应其自身需求的教学方法。

教学反思

在这个世界上,你从哪里来

学年伊始,我给孩子们布置了一项名为"在这个世界上,你从哪里来"的家庭作业,要求父母与孩子一起填写关于他们文化传统的信息。反响比预期的强烈。父母很乐意谈及自己的祖国并提供相关信息。这个练习帮助我在学年的一开始就对班级的文化多样性有了清晰的认识。

我开始编写一本名为《护照》的班级书籍，它涉及班级中每个孩子的祖国，每个国家都有各自的传统。我与每个孩子一对一交流，共同探讨在属于他们的那一页上应写什么内容。此外，每周在布告板上对一个孩子进行特别报道，贴上孩子的照片，附上有关他（她）的国家的文化传统的信息。我试着纳入那些令孩子们感兴趣的事物，如食物、故事、歌曲、舞蹈以及有关传统的服装。书中还配有一幅标志每个孩子祖国的地图。我还邀请了父母来分享他们的"背景"。

这个课题使我立即对班级有了全面了解，并大体知道了每个孩子的背景。在一个充满意义的环境中颂扬多样性，让父母参与进来，读、写并参与社会研究……这种方法真的很棒！

凯瑟琳·海森，一年级教师

在戏剧表演区的多元文化面包房

在社区人员的协助下，我们在戏剧表演区建立了一个面包房。我们准备了面包师傅的帽子和围裙，饼干成型切割刀，擀面杖，拌和盆，量勺，以及贴着标签的托盘和盒子。标签有甜甜圈、曲奇、蛋糕和馅饼。戏剧表演区张贴着食物配方，还备有钢笔、铅笔、烘焙图书。电脑光盘存储了各种食物配方，如需新的食品制作方法，则可以上网查询。我们鼓励孩子们把配方带回家，尤其是那些有文化背景的配方，如德国的水果卷心饼、意大利的脆饼或犹太白面包等。

为了买卖烘焙食品，我们备有订购便笺、发票、排队号码牌以及供面包师和销售员佩戴的姓名牌。

为了对孩子们的表演进行指导，我会在不同的日子扮演销售员、顾客或面包师。这是个非常受欢迎的表演区，在这里发生了大量读写行为。例如，销售员用耳机接收顾客订单并记录下来；面包师按照书上和张贴在墙上的配方进行烘焙；顾客点好钱，并阅读写有烘焙食品的标签。孩子们在面包房表演时，会模仿我的行为，也会产生新的想法。

乔伊斯，一年级教师

活动和问题

1. 回答本章开头的"焦点问题"。

2. 本章中的术语"多样性"适用于学习英语的儿童(那些不会说英语或英语能力有限的儿童);有学习差异的儿童(有天赋的,有学习困难的,注意缺陷障碍的);有风险的儿童;有身体残障的儿童(视觉、听觉、运动、交流障碍);有不同文化背景的儿童;等等。选择这些多样性中的一个方面,并描述一个你觉得与有特殊需求儿童的教育策略相关的理论。简述学习策略。

3. 本书涉及课堂读写教学,必须时时关注有特殊需求儿童的兴趣,并据此选择适于这些儿童的策略。

4. 放大并复印 S—9 到 S—11 页上的单词和短语卡片。涂色或印在彩色纸上,塑封并裁剪。然后挂在墙上,在你悬挂时或之后和儿童讨论这些单词。

焦点问题

- 本章所述的理论家认为语言是如何习得的?
- 了解大脑的发育以及大脑和语言、读写能力发展的关联,其重要性何在?
- 从出生到 8 岁,儿童的语言是如何发展进步的?
- 当谈及有语言差异的儿童时,我们指的是什么?
- 能证明我们尊重课堂中不同文化背景的实践活动是什么?
- 怎样的课堂练习对帮助儿童学习英语特别有利?
- 早期儿童语言发展的目标是什么?
- 教师和父母可以用怎样的策略来鼓励从出生到两岁儿童的语言发展?
- 适用于教师评定儿童语言发展的档案材料的方法是什么?

词汇: 最近发展区,神经性缺失,突触发生,音素,句法,语义学,方言,接受性语言,表达性语言,审美谈话,输出式谈话,T 单位。

策略: 要求儿童用 S—12 页"课堂策略"中的图片讲故事。

第四章

语言和词汇发展

海象说："是谈论鞋子、轮船、封蜡、卷心菜和国王这么多东西的时候了。"

——刘易斯·卡罗尔

（选自《海象与木匠》）

从出生的那一刻起,婴儿就被口语围绕。语言发展是幼儿向读书写字迈进的第一步;它帮助读写成为可能。调查者用特定的研究方法仔细观察幼儿后,才能描述幼儿学习和使用语言的策略。研究人员发现,幼儿在学习语言时是积极的参与者。为了学习,他们参与问题的解决,他们会首先创建基于已知背景信息的假设,然后与他们周围说话的人们进行互动。这些策略对早期读写的初期教学有着重要的意义。

在我幼儿园班上的一个孩子家长,讲述了她与女儿麦乐迪的一次对话。特蕾西太太说,有天晚上他们在外面看着天空,月亮很圆。于是她对女儿说:"麦乐迪,看!今夜的月亮多圆啊!"麦乐迪抬头看着月亮,脸上露出一丝困惑的神情,她说:"妈妈,为什么月亮饱了?是不是月亮晚餐吃太多了?"("吃饱"和"月圆"在英文中是同一个词,即 full。)麦乐迪用了她的背景语言信息来理解妈妈的话。直到这一刻,麦乐迪都认为"full"这个单词的意思是"吃饱",说明她是利用已知信息从谈话中寻求意义的。妈妈解释了"月圆"的含义,并告诉麦乐迪同样的单词可能有很多不同的含义,而单词的含义取决于使用单词的情境。

儿童并非被动地学习语言,事实上,他们在学习的过程中建构或重构语言。在另一个班上,有一次我们谈论孩子们长大了要做什么。轮到迈克尔发言,他先说他父亲是位医生,最近爸爸带他参观了他工作的手术室。迈克尔说:"我喜欢手术室里的那些人,也喜欢爸爸使用的仪器,所以我长大了,想要成为一名像爸爸一样的**手术师**。"迈克尔选择了一个适合情境的词汇。在这个特定的语境中,这个词用得非常漂亮。

虽然语言习得多少基于发育程度,但研究表明,儿童通过建构语言在语言习得过程中发挥了积极作用。他们模仿成人的语言,并在无法用所需的常规词汇交流思想时创造自己的语言。第一批词汇通常是功能性词汇,当尝试得到正面强化时,儿童就被激发了继续创造语言的积极性。那些时常生活在丰富语言环境中的儿童,以及在社会环境中使用语言与成人互动的儿童,他们的口语能力比那些缺乏这些机会的儿童更强一些(Cazden,2005;Dickinson,McCabe,& Essex,2006;Gaskins,2003;Morrow,2005;Morrow,Kuhn,& Schwanenflugel,2006)。

语言习得的研究发现激发了调查者的积极性,他们进行了类似的关于儿童如何习得读与写的研究。因为读写涉及语言的使用,许多人认为,口语和读写的习得存在某些相似性。

语言发展和阅读

因为语言习得过程通常被认为是学习阅读的基础,所以学习语言也就成了学习阅读的一个重要部分。人们把阅读定义为使用语言解码并理解文本的能力（Roskos，Tabors，& Lenhart，2004；Ruddell & Ruddell，1995；Vukelich，Christie，& Enz，2002）。阅读是读者与书面语言互动的过程，它是读者重构作者传达信息的一次尝试。出版物上的图形序列模式表征了口语语言序列。在阅读的过程中，我们探寻和倾听可识别的、可引发合宜表达的语法序列模式。我们使用已知的语言结构来测试每个单词如何嵌入我们正在阅读的语境。作为读者，我们使用句法和语义提示来帮助我们预测接下来是什么。处理语义（意义）和句法（语言结构）方面的技能使我们更擅长阅读。在阅读材料中遇到不熟悉的语言结构和概念时，读者会在理解上产生困难。但是，对句法和语义的熟悉使得即便是非常年幼的小读者也能预测出印刷品上的句子形式和内容。过去的理论认为，对字母和单词的积累产生阅读能力。现在我们意识到，我们的阅读理解能力基于对文本意义的**重构**（reconstruction）。这样的理解基于我们对话题的前期经验，对主要概念的熟悉程度，以及对语言的一般知识。

图 4-1　书本里的语言可以引导儿童超越他们自身的语言模式。

在对较早开始阅读的儿童进行的研究中，阅读和语言的关系是显而易见的。比如，人们发现，相比较晚开始阅读的儿童，较早开始阅读的儿童在语言评估测试中的得分高。较早开始阅读的儿童来自于语言丰富以及大量使用口语的家庭（Dickinson & Tabors，2001）。那些较早开始阅读的儿童的家长在受访时透露说，他们的孩子倾向于使用描述性语言和复杂的语言结构。幼儿创造单词、说幽默的话并大量交谈。一位 4 岁就开始阅读的孩子的妈妈告诉我们，当看见那一年的第一场雪时，她的孩子说："雪花纷纷扬扬地飘落在地上，仿佛蓬松的棉花糖。"数月后的一个春日，这个孩子说道："瞧！妈妈，蝴蝶在扇动翅膀。它们好像在与花朵共舞。"到3岁为止,因为缺乏语言经历或语言环境而没能适当发展的儿童已经有了风险。但强调语言和读写能力的高质量学前机构可以帮助他们迎头赶上。

儿童语言习得的理论和研究

虽然我们对语言习得还不完全了解,但有许多理论解释了婴儿是如何学习说话的。语言习得的知识对提供一个支持语言发展的环境有着重要意义。它还包含了如何发展读写技能。

行为主义理论

行为主义方法影响了我们对"语言是如何习得的"这一问题的思考。虽然行为主义并不能代表所有的情形,但它仍能为语言习得提供有参考价值的教学观点。斯金纳(1957)将语言定义为被观察到以及创造出的,发生在说话者和倾听者之间的互动话语。他说,思考是语言的内在过程;语言和思维都是通过环境中的互动开始的,比如发生在父母与孩子之间的互动过程。根据行为主义者的理论,成人提供语言模型,儿童通过模仿来学习。儿童的语言习得在成人的正面强化下得到增强和鼓励(Cox,2002)。

对语言的早期尝试经常得到奖励,这种强化导致儿童的额外反应。这些尝试也是**互动式**的。即语言是成人通过互动传达的,人们设计这些互动来阐述和拓展意义(Hart & Risley,1999)。当新生儿满足地轻哼或发出其他语音时,大多数父母会通过非常欣喜和温柔的鼓励来回应宝贝。而婴儿也会重复轻哼的声音,对父母的正面强化作出回应。当宝宝逐渐能够发出辅音和元音时,他们会尝试发出来。我们经常听见10个月大的婴儿边玩边发出诸如"ba,ba,ba"或"ma,ma,ma"的声音。反应灵敏的父母在互动时觉察到这样的声音,认为这是孩子最初说出的单词,并猜想"ma—ma"意味着妈妈。成人会欣喜地对婴儿说出更加温暖和充满爱意的话,同时拥抱并亲吻孩子。父母可能会说:"加油,现在再说一次,ma,ma,ma。"婴儿喜欢这样温暖的回应,并试着重复来获得更多互动和正面强化。

不幸的是,相反的一面也同样存在。如果孩子含糊不清的说话被认为很讨厌,如果父母被这样的声音激怒并以严厉呵斥的负面强化来回应:"安静点!别吵了!"孩子就可能不再继续探索使用语言。

很显然,儿童模仿成人的说话方式,并因为正面强化的激励而继续使用语言。生活在丰富的语言环境中的孩子开始使用他们听过的语言,即便错误理解或完全没有理解,孩子有时也会模仿。比如,孩子会在不懂得意思的情况下模仿一首熟悉的歌曲中的"单词"发音。一个3岁的小姑娘把"我的国家属于你"唱成"我的国家属于蜜蜂"。她模仿她所听到的,同时把她拥有经验的并知晓含义的音近词替换进去。也就是,把"蜜蜂"(bee)替换成了她从没听过的单词"你"(thee)。

先天主义理论

乔姆斯基(1965)、雷纳伯格(1967)和麦尼尔(1970)描述了语言习得的先天主义理论。他们认为语言发展是与生俱来的。儿童通过内化语法规则来弄清语言规律,而语法规则使儿童能够创造出无限多的句子。甚至在没有行为主义者认为的必不可少的成人语言提供实践、强化及语言模式时,儿童也是如此。先天论者相信学习语言的能力是与生俱来的。因为几乎所有的儿童在生命的最初几年就开始发展和使用语言。语言发展的程度取决于儿童的成熟度——随着儿童的成熟,他们的语言也就发展起来。儿童学习新的语言模式,并无意识地为新的语言元素形成新规则。当儿童说出更复杂的语言时,其语言系统的成熟度也随之增加。极端的先天论者雷纳伯格(1967)发现,在儿童的外在环境中没有任何促进语言发展的因素。相反,语言习得是在内部被激发的;学习语言是一种自然的能力(Pinker,1994)。虽然成熟度在语言发展中起到重要的作用,并且是先天的,皮亚杰和维果斯基关于语言习得的新理论更为人们所接受。

皮亚杰和维果斯基的理论

皮亚杰的认知发展理论是建立在儿童通过活动来发展的原理上。儿童对世界的意识与他们在环境中的行动或感觉经历相关。根据这一理论,儿童最初学会的单词是以自我或是以自己的行动为中心的。他们谈论自己和所做的事。儿童的早期语言和总体发展与行动、目标以及通过触觉、听觉、视觉、味觉和嗅觉经历的事件有关(Piaget & Inhelder,1969)。

维果斯基的基础学习理论也对语言发展有着重要意义。他认为,儿童通过内化社会关系学习更高级的智能。例如,成人最初告诉儿童事物的名称,他们引导儿童并提出建议。然后,当儿童的能力增强时,成人逐渐减少需给予的帮助。维果斯基(1978)描述了"最近发展区"(zone of proximal development),即成人与儿童间的一系列社会交往。理论上,儿童在该范围内可以完成社会交往,但这需要成人的帮助。当儿童可以独立操作时,"最近发展"就结束了。这一理论对语言教学的意义很明确:为了促进儿童的语言发展,成人需通过鼓励、激发和帮助来与儿童互动(Sulzby,1986a)。

当儿童积累了一定的口语词汇后,他们会更频繁地尝试使用单词。孩子会指着玩具说出它的名字。玩球时,孩子会一遍又一遍地说"球"这个单词。关切的父母现在与孩子的互动方式是丰富和扩展语言(Burns, Snow, & Griffin, 1999)。孩子说"球"后,父母可能说:"是的,那是个又好又大又圆的球。"成人通过对单词进行这样的扩展和强化,帮助儿童习得新的语言。成人经常通过提问来扩展儿童的词汇,比如:"现在,你想怎么玩那个漂亮的红球呢?"这样的扩展要求儿童思考、理解并行动。积极的互动促使儿童实践。这有助于其语言的继续发展(Dickinson & Tabors, 2001)。

建构主义理论

更为现代的语言习得观点是皮亚杰和维果斯基著作中提出的建构主义理论。许多研究语言发展的学者也描述并赞同该理论(Brown, Cazden, & Bellugi-Klima, 1968; Halliday, 1975)。建构主义者把儿童描述成语言的创造者,这种创造基于一整套先天理论或潜在概念,并把语言描述成主动和社会化的过程。儿童建构语言时会经常犯错误。犯错误是学习语言必不可少的一部分。我们需要接受儿童在开始学习语言时所犯的语言错误。

建构主义理论对早期读写能力发展有着极其重要的意义。即便语言发展图显示了儿童语言在特定时间一般性的发展情况,我们也不会训练那些8个月还不会说话的婴儿,两岁半还不会说完整句子的孩子也是如此。有时候儿童的错误很可爱。我们似乎很尊重儿童的个性,以及他们按照自己的步调成长的权力。然而,当儿童上了学,我们却忽略了儿童的发展差异——我们根据课程而不是儿童来规定任务。

语言习得过程是连续和互动的,它发生在儿童与他人互动的社会环境中(Hart & Risley, 1999)。儿童也通过自己玩耍来学习语言。他们尝试新单词,自言自语,并练习已经学会的语言知识。每个孩子的语言习得都不尽相同,这取决于孩子的社会和文化背景(Au, 1998)。儿童的评论表明他们不仅仅是简单模仿成人语言。似乎他们需要表达自我,但已掌握的语汇还不足以进行表达,因此他们根据背景和对语义、句法的认识来创造自己的语言。

当一个3岁的小女孩第一次看见长雀斑的小孩时,她说:"瞧!妈妈,那个女孩鼻子上撒了些什么。"一个父亲和他3岁的女儿正在烤制棉花糖,小女孩说:"嗯,我能闻到棉花糖的味

图4-2 成人为儿童的早期语言尝试提供语言模式和正面强化,儿童从与成人的社会互动中学习语言。

道。"夏日一场骤雨后,一个3岁的小男孩看到太阳出来了,四周的水汽在蒸发。他说:"太阳出来把所有的雨都吃掉了。"冬季末了,白雪融化,一个4岁的小女孩说:"看草是如何从雪底下钻出来的。"

韩礼德的语言发展理论

韩礼德(1975)把语言发展描述成一个儿童逐渐"学会如何表意"的过程。根据他的语言发展理论,儿童与他人互动时所做的事是表意的,而意义可被转换为话语。也就是说,儿童最初的语言发展基于功能:所说的话反映了所做的事。当语言是相关并具备功能时,儿童就在学习语言了。韩礼德指出了儿童语言的7个显著功能,功能和示例如下所示。

韩礼德的语言功能观

1. 方法:儿童用语言满足个人需求并做事。
示例:"曲奇,妈妈。"
2. 控制:儿童用语言控制他人行为。
示例:"现在不睡觉。"
3. 互动:儿童用语言与他人相处。
示例:"你想玩吗?"
4. 个人:儿童用语言来表达自己的行为。
示例:"我在跑步。"
5. 启发:儿童用语言探索和学习事物。
示例:"母牛是用来做什么的?"
6. 想象:儿童用语言来假扮和假装。
示例:"让我们玩空间大战。"
7. 信息:儿童用语言沟通以获取他人信息。
示例:"我来告诉你这个游戏怎么玩。"

上述理论解释了语言是如何习得的。每一项功能都阐述了一些意义,但每一项都不能呈现出全貌。然而,我们确实知道,儿童语言根据使用需要、兴趣和对于他们自身的意义而发展。儿童通过探索和发明来习得语言,并受控于自身的成熟度、语言结构和习俗等。儿童和成人间有关语言的正面互动促进他们的语言习得。

出生到3岁:儿童的大脑发展及语言和读写能力发展

大脑研究明确了以下事实,即孩子从出生到3岁所经历的事会影响他或她的语言和读写能力发展。婴儿的学习是有计划的。每一分钟，他们都会搜寻并学习所处的环境，并把环境提供的经验与自身联系起来。

孩子出生时，拥有1000亿个神经元。这是大脑所拥有的所有神经元或脑细胞。神经元必须发生大脑联系，以便学习发生。那些被重复和使用的联系成为永久性的；当联系不被使用时，它们分裂而后消失。这被称为"**神经性缺失**"（neural shearing），即脑细胞的损失（Shaywitz，2003）。出生时，婴儿的数十亿个神经元或脑细胞已经形成了50万亿个联系或突触。1岁时，婴儿已形成1000万亿个脑细胞联系，这被称为"**突触发生**"（synaptogenesis），或神经联系快速发展。当孩子拥有经历时，大脑联系就形成了；当这些经历被重复时，联系就成为永久性的。永久联系意味着学习发生了（Berk，2004；Newberger，1997；Vukelich，Christie，& Enz，2002）。发生正确的经历，才能促进语言和读写能力发展，而这些经历需要从出生就开始。

大脑的不同部分负责不同种类的发展：运动皮层负责运动控制；小脑负责运动技能发展；脑膜负责包括学习、记忆和情感的听觉过程；韦尼克氏区（语言中枢）负责语言理解；布洛卡区负责语言产生；额叶负责计划、推理和情感表达；躯体感觉皮层负责躯体感觉、触摸和温度；顶叶负责感知和特殊处理；枕叶负责视觉处理。大脑的不同区域在特定的时间段发展最快。比如，1岁是学习语言最关键的时间。在这段时间里，语言耳道发展起来。出生时，儿童的神经元就为世界上每一种语言做好了联系准备。早在6个月时，神经性缺失就有可能发生，这时婴儿不再能识别没听过的语音。到1岁时，婴儿会倾听和学习他们已经听到的语言，不再感兴趣他们从未听过的语言。这些神经元也就不复存在了（Berk，2004；Karmiloff & Karmiloff-Smith，2001；Kuhl，1994）。

那么，对有3岁以下儿童的家庭和相关保育人员而言，这意味着什么呢？他们需要提供什么经验，以便为儿童语言和读写能力的发展提供机会，奠定坚实的基础，促使有关语言和读写能力的神经元建立联系并成为永久性的？具体而言，从孩子出生到3岁，家庭成员和保育员需要做到以下几点：

提供关爱、食物和衣服。
与孩子交谈。
使用高级词汇。
使用复杂的句子。
对孩子的哭闹、微笑等作出回应。
赋予语言游戏性，如念儿歌。
玩不同的玩具。
唱歌。

读书。

播放多种不同风格的音乐。

语言发展阶段

儿童习得语言会经过若干可预测的阶段。在这个过程中,他们发现决定语言结构的规则,尤其是语音(声音)、句法(语法)和语义(意义)。

英语中有 44 个独立的声音或音素。我们用这些音素来说话。在丰富的语言环境中长大的儿童,很轻易地就能学会这些发音。他们学会正确的发音方式、语音和语调。语调涉及音调、重音和连接。音调指发音时嗓音的高低;重音指声音是轻或响;连接指单词、短语和句子间的停顿或连接(Berk,1997;Berk,2004)。

句法指决定单词构成短语、子句和句子的规则。内化的语言句法规则帮助儿童理解他们所听到的和读到的。句法规则可形成基本句型,将这些句型转换为新句子,可以嵌入、扩展和组合句子,以形成更复杂的句子。

语义通过实词和虚词处理语言表达的意义。语义在很大程度上决定了词汇发展。实词本身有意义。虚词单独很难说明其意义,但虚词表明了句子中其他词汇之间的关系。虚词包括介词、连词和限定词(Fields, Groth, & Spangler, 2004; Pflaum, 1986; Tompkins, 2007)。

虽然我们指出了语言发展的阶段,但每个孩子的发展速度并不相同。个别儿童的语言发展也会时而进步时而退步,所以语言发展的阶段并不总是易于辨识。然而,人们对语言发展已做了一定程度的研究,大体叙述如下。

从出生到 1 岁

婴儿出生后的最初几个月,其口语是对声音的实验和嬉戏。不舒服时婴儿会哭闹,高兴时他们会含糊不清地说话,咯咯笑或是满足地轻哼。父母能区分不同的哭闹。比如,有的哭闹是因为饿了,有的是因为疼痛。婴儿学着通过发出不同的哭声来表达具体的需求。他们不通过语言而通过摇摇手臂、摆摆小脚来表达愉快或疼痛。

当婴儿约 8 到 10 个月大时,他们含糊不清的说话变得越来越复杂,经常能够把多个不同的辅音与元音组合起来,然后一遍又一遍地重复这些组合。就是在这个阶段,有时父母认为孩子开始说话了。重复的辅音和元音组合,如"哒,哒,哒"或者"妈,妈,妈",听起来确实像真正的单词。大多数父母会在这个阶段正面强化孩子的行为。特定声音的重复和持续的强化,有助于孩子把发音的物理方法与发音所代表的含义联系起来。

8 到 12 个月时，儿童对语言的理解力显著增加。他们对语言的理解远远超出了说话的能力。儿童开始说话，通常是日常生活中他们最熟悉并对他们来说有意义的字词，比如"妈妈"、"爸爸"、"再见"、"嗨"、"宝宝"、"曲奇"、"牛奶"、"果汁"和"不"。在儿童对这些单词具备一定经验后，他们就开始用表句词，即能表达整个句子的一个单词(Hart & Risley, 1999；Vukelich, Christie, & Enz, 2002)。比如，婴儿可能说"曲奇"，却想表达"我想要一块曲奇"，"曲奇掉在地板上了"，或"我把曲奇吃完了"。

1 岁到 2 岁

儿童的口语在 1 岁到 2 岁间发展很快。伴随着表句词，他们开始用成人的语调发出更多声音，似乎在说句子，但成人无法理解这些句子。从 12 个月开始，儿童开始说简短句，这说明他们开始具备句法知识。简短句含有诸如名词和动词的实词，省略诸如连词和冠词的虚词。虽然省略了虚词，单词的顺序或句法是正确的："爸爸回家"表示"爸爸马上就回家了"，"玩具掉了"表示"我的玩具从桌上掉下来了"。

当儿童开始组合单词，其语言就快速发展了。18 个月时，大多数孩子能发出五分之四的音素并使用 9 到 20 个单词(Bloom, 1990)。

2 岁到 3 岁

2 岁到 3 岁这一年，也许从语言发展的角度看是最具有戏剧性的。最典型的情况是，儿童的口语词汇从 300 个增加到 1000 个。儿童能理解另外的 2000 个到 3000 个单词，但还不会用。两到三个单词的简短句依然是频率最高的，但句法复杂度在持续增长；儿童偶尔会使用虚词，诸如代词、连词、介词、冠词和表示所属关系的词。随着语言能力的增长，儿童也拥有了自信心。他们通过重复新的单词短语，编造无意义的单词来用语言做游戏。他们喜欢儿歌、语言模式和重复(Bloom, 1990)。请思考以下詹尼弗与小狗的对话记录。詹尼弗 2 岁 10 个月了，她说："好狗狗，我的狗狗，白狗狗，又白又好的狗狗。乖狗狗，我的狗狗，亲亲狗狗，亲亲我，狗狗，乖狗狗。"詹尼弗的语言是重复的，戏谑的，可笑的，富于创造性的，代表了她这个年龄的儿童语言的部分典型特征。

3 岁到 4 岁

儿童有关词汇和句子结构的知识，在 4 岁时会持续、快速地增长。儿童此时所掌握的句法结构包括复数形式和规则动词。事实上,这个年龄的儿童倾向于泛化地使用这两种结构,这主要是因为在英语中复数形式和动词词尾变化是极不规则的(Jewell & Zintz, 1986; Otto, 2006; Vukelich, Christie, & Enz, 2002)。4岁的耶西在班上发生了一起事故,他撞翻了东西,有些沮丧,这个事例很好地说明了以上两个问题。他说:"莫罗老师,快来!我把鱼缸打翻了,鱼缸破(broked)了。所有的鱼(fishes)在地上游泳呢。"耶西知道在词尾后加 ed 构成动词过去式,但不知道像 broke 这样的不规则动词。他也知道加"s"构成复数,但不知道像"fish"这样不规则的复数形式。

儿童到 4 岁时似乎已经掌握了所有的成人语言要素。他们能说会道,并可以运用语法规则。然而,虽然儿童的语言能力已增长了很多,说话也像成人了,但是他们习得的仅仅是基础知识。语言会伴随儿童一生去获取新经历,习得新词汇,发现新方法以组词成句而逐渐发展。3 至 4 岁时,儿童在做事的时候谈论他们的行为。他们时常在玩乐时自言自语,似乎尝试把行为表达清楚(Roskos, Tabors, & Lenhart, 2004; Seefeldt & Barbour, 1986; Strickland & Schickedanz, 2004)。4 岁的克里斯多夫在画架前作画时自言自语道:"我正在画一幅很漂亮的画。我到处都涂上颜色。我在画画,啪嗒,啪嗒,我来来回回,上上下下,现在我一边跳来一边画。"当他说话和画画的时候,他确实做了他所说的,言语和行动完全一致。

5 岁到 6 岁

5 到 6 岁的儿童说话时非常像成人。他们的词汇量一直在增长,语言的句法复杂度也是如此。此时儿童已具备了约 2500 个单词的词汇量,并能清晰发音。然而,还有许多儿童发某些音时有困难,特别是单词末尾的 l、r、和 sh。他们也意识到一个单词可能有多种含义。当因为误解而感到尴尬或受挫时,他们会说傻话或试着幽默一下。他们在使用语言上也倾向于创新。当儿童找不到合适的单词来描述特定情境时,他们会用自己的话来表达。成人经常发现这个年龄的孩子所使用的语言既逗人发笑,又愉悦有趣(Krashen, 2003; Seefeldt & Barbour, 1986; Weitzman & Greenberg, 2002)。

本杰明有天早晨很幸福地跑过来。"莫罗老师,"他说,"你想象不到。昨晚我的狗长出小狗来了!"

有天晚上我爱人和我要去参加一个正式的舞会。我 5 岁的女儿从没见过我这样打扮。当我穿着礼服走进房间,问斯蒂芬妮我看上去怎么样时,她说:"妈妈,你看上去真漂亮。爸爸的戏服会是什么样子呢?"

这是艾利森上幼儿园的第一天。妈妈送她去幼儿园的路上,艾利森看上去有点儿紧张。当妈妈问她怎么样时,艾利森回答说:"哦,我很好,妈妈。就是我的胃有点担心。"

幼儿园孩子的语言还有其他特征。当他们发现了不文明和谩骂的语言,他们喜欢用这些字眼来吓唬别人。他们大量交谈并开始用语言来控制环境。他们的语言反映了从幻想世界到真实世界的行为。

7岁到8岁

当儿童7岁时,他们的语法已发展到几乎与成人相当的水平。当然,儿童还不会使用成人语言里才有的大量语法变化,他们也没有成人语言中词汇的广度。这个年龄的儿童很擅长谈论他们所做的事情。

语言发展策略

一项关于理论和研究的评论就我们如何帮助儿童愉快、高效、适当地习得和发展语言提出了建议。儿童通过模仿成人说话习得语言,使用语言与他人互动,并因为自己的努力而体验正面强化。如果语言是天生的,那么随着个人经历生命中特定时间的发展阶段,语言自然而然地发展起来。随着儿童逐渐长大,他们能应用更加复杂的语言结构。他们通过在熟悉环境中的行为和行动来学习语言。儿童最初所说的话是那些在他们自己的经验范围内对他们来说有意义的话。儿童早期的语言是对需求的表达。他们通过与更有文化的人,比如成人或较大的孩子,进行社会互动来学习语言。儿童也会创造自己的语言,做语言游戏或自言自语。

根据我们对语言习得和发展阶段已有的知识,我们可以开始编写适合的资料、组织适当的活动,在适当的氛围下给儿童适宜的经验,以此来促进儿童的语言发展。

以下目标是为培养从出生到8岁的儿童语言发展而制定的。

接受性语言发展的目标

1. 给儿童一个可频繁听到不同语言的环境。
2. 给儿童机会将所听到的语言与愉悦和欢乐联系起来。
3. 给儿童机会将所听到的声音作区分和归类。
4. 定期给儿童各种新单词的资料。
5. 给儿童机会来倾听他人并证明他们听懂了。
6. 给儿童机会按照指令行动。
7. 给儿童标准英语的优质模式,也允许他们在学校听家乡话。

表达性语言发展目标

1. 鼓励儿童正确发音。
2. 帮助儿童增加口语词汇量。
3. 鼓励儿童在发展的适当阶段说完整的句子。
4. 给儿童机会扩充使用不同的句法结构,如形容词、副词、介词短语、独立从句、复数、过去时,以及表示所属关系的词或词语形式。
5. 鼓励儿童与他人交流,让别人能理解他们。
6. 给儿童机会使用社交和心理语言,这可以通过阐述情感、观点和动机的途径,也可以通过建立假说、总结事件和预测结果来解决问题。
7. 给儿童机会发展涉及数学和逻辑关系的语言,比如描述形状和数量,作比较,定义集合和类别,以及演绎推理等。
8. 给儿童机会在不同的场景下交谈。可以是由教师引领讨论的整组,或是小组,也可以是由儿童做组长进行整组的学习,或是在社交场景下交谈。
9. 给儿童机会在任何发展阶段自由使用自己的语言。我们应鼓励、接受和尊重儿童表达的欲望。

当语言与其他交流技能结合在一起,嵌入话题或对儿童来说有意义和功能的内容领域时,语言学习得最好。儿童是建设性的学习者。他们积极地创造意义,并根据他们已有的知识持续地解释和理解世界的意义。

语言是世界上用来传递和表达意义的主要系统。当语言与某个有意义的环境相关联时,儿童最容易理解。我们通过使用语言来学习语言,这已经是我们日常社交活动的一部分。除了这些认识以外,我们需要接受语言差异并帮助有特殊需求的儿童习得技能,并发展、加强和联系语言(Au,1998)。

从出生到 2 岁的语言发展策略

"嗨,娜塔莉。我最棒的大姑娘今天好吗?现在让我们来换尿布吧,乖乖起来吧。我的天哪,你越来越重啦。现在,我要把你放在梳妆台上,给你拿一块新的尿布。嘿,我给你换尿布时你想不想拿这个橡皮鸭呢?真是个好姑娘。你很喜欢鸭子。你真是很幸运;现在把你收拾干净。我们就是这样把娜塔莉整理干净的,整理干净娜塔莉,整理干净娜塔莉。我们就是这样把娜塔莉整理干净的,这样她会感觉舒服得多。你喜欢那样唱歌,对不对。我就知道。你刚刚笑了,还满足地轻哼。还要再来一次吗?我们就是这样把娜塔莉整理干净的,整理干净娜塔莉,整理干净娜塔莉。我们就是这样把娜塔莉整理干净的,这样她会感觉舒服得多。哇,这一次你在和我一起唱。这就对了,啊哈,啊哈,啊哈,现在再来一次。嗯,这很好闻吧?婴儿护肤液真滑爽啊。"

◎ **在孩子1岁时发展语言**

我的孙女儿娜塔莉4个月大的时候,我和她进行了上述对话。在书上,这读起来像自言自语;事实上,娜塔莉在对话中是个积极的参与者。她专心地看着我,轻轻哼,摆动臂膀,微笑并变得认真起来。我为她提供了丰富的语言环境,鼓励她参与对话并积极肯定她的反应。我为她提供了发展语言所需的环境刺激物。我在给她喂奶、换尿布、洗澡和穿衣时,让她参与到对话中来。甚至,她在小床上而我在另一个房间时,或是我们在同一个房间而我在忙别的事情时,我也跟她说话。小婴儿知道我在和她说话,因为她会用肢体动作、轻哼、含糊地说话和微笑作出反应。我也会依次回应她的反应。

◎ **让婴儿在充满声音的环境中生长**

婴儿需要生长在充满快乐语言的环境中。不管是来自妈妈、爸爸,家中的保姆,还是儿童看护中心的教师或助理,声音和互动应伴随所有的活动。从孩子出生到1岁,负责照顾的成人需要知道一些育儿歌谣、短小的乐曲以及手指游戏和歌曲。对儿童来说,听见含语言的声音以及意义是很重要的。这样,成人就可以根据不同的场合来编写自己的短曲,就像我在给孙女换尿布时用《现在我们去桑树丛》的歌曲即兴编唱一样。这样的经历使儿童对语音产生意识。孩子们知道他们可以控制语言,而口语是一个既有力也很有趣的工具。

除了和身边的成人进行对话,婴儿还应体验其他的声音,如古典、爵士、流行及其他多种类型的音乐。小宝宝需要听到"书本语言"的声音,这与通常的对话在语调、声调、重音、连音,甚至是句法上都不一样。他们还需要熟悉各种习惯用语和语言模式,以作出区分。对婴儿说话的时候,唱歌,朗读,让他们听广播和电视,为婴儿提供多种语言来源,以促进其语言发展。除此之外,在直接环境中会有些声音无须准备且不是语音,但同样提供了听力区分的训练,如门铃声、茶壶的咝咝声、敲钟声、吸尘器的嗡嗡声、狗叫声、鸟鸣声、汽车发动机的啸声等。让孩子注意这些声音,告之声音的名称,并提高他们对这些声音的敏感度。

图4-3 给儿童提供含有新单词的各种资料,如故事书。这将帮助儿童发展接受性语言和词汇量。

◎ 在婴儿周围放置可感知的物体

除了听不同声音,婴儿还需要看、摸、闻、听和品尝物体。这些物体应放在婴儿的直接环境,如小床或游戏围栏中。它们会刺激婴儿的活动和好奇心,在这一环境中变成有意义的东西,并演化为语言。有些东西在推或触摸时可以发出声响或播放音乐。物体的质地和气味也可不同。这些东西应易于抓、推、踢或拉,放置在婴儿能看见并能拿到的地方。至少有一样要悬挂于头顶:内有填充物的动物,橡胶玩具,柔软材料制成的音乐盒,可踢或抓的活动玩具,悬挂于天花板或能自己旋转的活动玩具,以及用硬纸板或布做成的圆角书籍等。当婴儿仰面躺着或俯身顶着床头板时,书籍应可靠着小床或游戏围栏打开。某些熟悉的东西应长期保留,还应频繁更换新玩具。除了让婴儿自己玩玩具以外,照看婴儿的成人还应当谈论这些玩具,给予名称,不时加入与婴儿一起玩,并讨论玩具的特征等。

从 3 个月到 6 个月,再到 12 个月,婴儿会咯咯笑,轻哼,开始大笑并含糊不清地说话。成人或保姆应辨识出婴儿的声音,把它认作是语言的开始,并用鼓励的反应正面强化婴儿的发声。当婴儿开始把辅音和元音组合起来时,成人还应该强化孩子的行为,模仿婴儿所说的内容并鼓励重复。当婴儿意识到重复声音和控制语言输出的能力时,他们就会这样做。婴儿也会开始理解成人语言,所以说出事物的名称,进行对话,并给婴儿以说明,这些都很重要。在孩子快 1 岁的时候,如果他们已体验了适宜的语音鼓励和愉悦的互动,就会在第二年开始快速的语言发展。

◎ 1 到 2 岁间的语言发展

在婴儿生长的第二年,负责照料的成人需接着按孩子 1 岁时发展口语的建议给予相同激励。然而,因为婴儿可能在第二年发展多达 150 个词汇,并能说出两个或三个词的句子,我们还可用另外的技巧来加强他们的语言发展。这个年龄的孩子能用一或两个单词来组句子。当一个 12 个月的孩子指着泰迪熊说"熊"时,他可能想说"我要我的熊",父母、家中或看护中心的保姆可通过帮助孩子增加句中所用的词汇量或句法复杂度,来扩展孩子的语言。

◎ 搭"鹰架"来帮助语言发展

有一种帮助儿童发展语言能力的方法叫作搭"鹰架"(McGee & Richgels, 2000; Otto, 2006; Soderman & Farrell, 2008)。在搭"鹰架"时,成人为还不能自己回答的婴儿作回答。也就是说,成人提供语言模式。例如,当宝宝说"熊"时,成人回答:"你想要你的泰迪熊吗?"或者说:"你可爱又柔软的棕色泰迪熊在这儿呢!"除了扩展儿童的语言,成人还可以要求幼儿做些什么来证明他的理解或拓展他的思维。比如说:"你可爱又柔软的棕色泰迪熊在这儿呢。你能抱抱它吗?抱给我看看。"除了要求行动的问题,成人还可以问问题并要求回答,且回答最好是多于一个单词的。比如说："告诉我，你的泰迪熊穿了什么衣服？"通过**"怎样"**、**"为什么"**以及**"告诉我"**这样的问题，鼓励儿童用一个以上的词说出比"是"或"不是"更多的话。然而，**"什么"**、**"谁"**、**"何时"**和**"何地"**这样的问题也常引出单个词的回答。随着儿童语言能力的发展，成人提供的"鹰架"相应地越来越少，儿童逐渐学会用类似的模式来建构语言。

◎ **以新的经验帮助语言发展**

成人应为1到2岁的孩子选择他们能理解的歌曲、童谣以及书籍。如今，他们已能理解大量语言了，这时我们应帮助他们扩展和扩充语言。词汇和概念理解都可以通过经验来加强。对1到2岁的孩子来说，频繁地外出，如去邮局、超市、干洗店和公园，都可以提供可交谈的经历和可探索的新概念。成人认为理所当然的家务是丰富儿童语言的新体验，所以应让幼儿参与活动。例如，18个月的孩子会把一件待洗的衣服放进洗衣机里，或把正在准备的一碗食物搅拌一下。在这样的日常工作中，成人应让语言伴随所有活动，为孩子指认新事物并要求孩子对每个活动作出反应(Hart & Risley, 1999)。

◎ **泛化现象和语言发展**

随着儿童越来越爱说话，成人有时会想纠正他们错误的发音或泛化的语法规则。比如，有个孩子说："我（Me）喂了（feeded）鱼（fishes）"。他泛化了语法规则。

应用了大多数动词构成过去式的规则（"feeded"应为"fed"）。

应用了代词（宾格"me"应为主格"I"）。

应用了大多数名词构成复数的规则（"fishes"应为"fish"）。

儿童也可能泛化概念。孩子已学会把鸟和"鸟"这个单词联系起来。他第一次看到蝴蝶，并把它称为鸟，因为他觉得一切会飞的都是鸟。最好以正面而不是负面形式来纠正这样的泛化。我们不应该说："不，那不是鸟。"而最好说："这是一只蝴蝶。"也许可以再评论一下蝴蝶有多么漂亮，以此增加孩子的词汇储备。最后，在正面强化和适宜的语言角色模式的帮助下，孩子会区分鸟和蝴蝶，以及规则与不规则的语法习惯和形式。

另一方面，把泛化现象作为绝对错误进行负面纠正，则不可能帮助儿童理解错误或使用合理的时态和复数形式，反而会阻止儿童对使用语言的尝试。学习时，儿童要承担风险，也会犯错误。倾听优质的成人示范最终会使他们内化语言规则并自行纠正错误。至少在5岁前，我们应允许儿童用语言实验和游戏，且不要求句法和发音上百分之百的正确性。英语的许多语法规则是极复杂和不规则的；如果儿童有好的成人语言模式和足量的语言互动，他们会及时掌握这些复杂的规则。同时，鼓励"婴儿谈话"仅仅因为——比如说，这样很可爱——很可能会阻止语言发展，这是因为儿童会认为只要是能取悦身边成人的语言，他们就会使用。

◎ 1 到 2 岁的语言发展材料

1 到 2 岁的儿童语言发展材料应是多样的，并比 1 岁儿童的材料更为复杂。现在，婴儿在家或托儿所里已经可以自己走动了，书籍得放在他们容易拿到的地方。玩具仍应包括不同的质地，比如毛绒的填充动物和橡皮球。其他玩具应要求简单的手眼协调力。比如，3~5 片的游戏拼图，可以推拉的卡车，玩具娃娃，儿童尺寸的桌椅，彩色蜡笔和较大的纸张，以及木偶等。选择那些要求儿童活动的物品，鼓励儿童探索，满足他们运用想象力、创造力和交流的需求。儿童图书馆中，书籍的数量应有所增加。允许儿童单独取阅和使用的书籍仍应用布或纸板制成。

早教课堂中的语言发展策略

3 岁到 8 岁期间，儿童的语言会大量发展。应让儿童持续倾听优质的语言模式。他们始终需要机会在社会环境中与成人和同伴使用语言。儿童说话需要得到正面强化。他们必须积极参与有意义的经历，这会扩展他们对所处世界的知识和兴趣。语言应是有明确目的的，且语言发展应与其他科目结合起来，而不是单独教授。

为了达成这些连续的目标，教师应提供环境让儿童的语言得到充分发展。教师可以组织学习中心，每名教师负责一个方面的内容。教师可以收集各种资料，鼓励儿童使用语言。比如，科学区可以饲养一对沙鼠作为班级宠物。沙鼠是活跃而可爱的动物，观赏和抚摸它们都很有趣。孩子们经常围在笼子旁，边看边交谈。沙鼠生育周期为 28 天。当生出小沙鼠时，孩子们可以看到生产过程。沙鼠宝宝让孩子们很兴奋，他们提问、讨论、聊个没完。

在我自己的教室，沙鼠父母在生第一窝小沙鼠后的 28 天后生了第二窝小沙鼠，这时第一窝沙鼠还没有断奶。沙鼠妈妈看上去又累又瘦，这是因为她要哺育、照料 10 只沙鼠宝宝。一天早上，有个孩子发现沙鼠妈妈不在笼子里了。我们不知道她出了什么事。几天之后，我们发现她藏在教师房间的冰箱后面。我们想不出她是怎么从笼子里出来的，但我们假设了各种可能性，孩子们也对沙鼠妈妈离开的原因议论纷纷。没有哪一位教师能在课上让孩子们如此踊跃地发言，这仅仅因为沙鼠是课堂的一部分。

图4-4 有关科学主题的经验可以生成新的发现、新的词汇,以及讨论的话题。

◎ **用于语言发展的活动区资料**

以下是一些活动区和早教课堂语言学习方面的示例。

科学:水族馆,小型陆栖动物饲养箱,植物,放大镜,班级宠物,磁铁,温度计,指南针,棱镜,贝壳,岩石样品,听诊器,万花筒,显微镜,关于研究论题的书籍资料,用于记录实验观察结果和科学项目的空白日志。

社会研究:地图,地球仪,旗帜,社区形象,交通信号,时事,来自其他国家的手工艺品,关于研究论题的书籍资料,制作班级图书的写作资料或儿童自己的关于研究论题的书籍。

艺术:画架,水彩,画笔,彩色铅笔,彩色蜡笔,标签记号笔,各种纸张,剪刀,胶水,清管器,小材料(少许不同织物、羊毛、线绳等),泥土,游戏面团,用于雕塑的食品和洗涤剂盒,关于著名艺术家的书籍,工艺指导书籍。

音乐:钢琴、吉他或其他打击乐器,光盘播放设备或录音机,各类音乐的磁带和光盘,节奏器乐,歌本,唱歌用的乐谱复印件。

数学:天平,直尺,量杯,时钟,秒表,日历,游戏钱币,收银机,计算器,多米诺骨牌,算盘,数轴,高度图表,沙漏,数字(毛毡、木头和磁铁),拼图,几何图形,数学练习本,关于数字和数学的儿童图书资料,创作故事的写作材料,与数学相关的书籍。

读写:各种体裁的儿童图书资料,光盘播放设备或录音机,耳机以及故事磁带或光盘,铅笔,稿纸,订书机,彩色美术纸,用于记录单词的3英寸×5英寸卡片,打孔机,字母板,电脑,木偶,诸如毛毡板和滚动电影之类用于讲故事的设备,带封套的文具,字母(毛毡、木头、磁铁)以及用于组单词的字母块,用于不同单元的组图(季节、动物、空间探索等),儿歌游戏材料,颜色游戏材料,声音符号联想卡,字母卡,关于校外环境的图画和单词。(读写区还有图书角、写作区、口语语言资料和语言艺术指南等,这些都将在后续章节中介绍。)

戏剧表演：玩偶，服装，电话，毛绒玩具，镜子，食品盒，盘子，银制品，报纸，杂志，书籍，电话号码簿，烹调书，便笺，照相机和相册，桌椅，扫帚，簸箕，儿童尺寸的厨房家具（如冰箱、水池、烫衣板、存储架）。（戏剧表演区可由厨房改为杂货店、美容院、加油站、营业厅、餐厅等，以及需研究的适宜主题的材料，还可以包括与戏剧表演区主题相关的读写材料。）

建构：不同大小、形状、质地的积木，人像，动物，玩具汽车、卡车以及和正研究的主题相关的物品，用来做记号和笔记的纸、笔，以及与主题相关的阅读材料。

工作台：木头，瓦楞纸板，锤子，剪刀，螺丝刀，锯子，钳子，胶水，胶带，以及工作桌。

户外游戏：沙子，水，桶，铲子，耙子，园艺区和工具，攀爬设备，可以骑的玩具，板条箱，儿童游戏房，球，轮胎和绳索。

儿童需要机会使用这些区域，并和同伴以及教师互动。他们应被给予足够的时间摸、闻、尝、听以及谈论他们所做的事情。在活动区里探索这些材料并用其做实验的经历是创造性的，富于想象力的，可以解决问题和进行决策。在这些经历中，儿童使用语言。使用语言的机会是语言发展的关键因素之一。

有些材料在活动区里应永久保留，另一些则应时常被替换或补充，这样儿童就可以玩到新的、令他们感兴趣的玩具。活动区里新增的材料通常与教学主题相配合。例如，讲到土著美国人的单元时，可以在社会研究区增添土著美国人玩偶和工艺品，并在读写区增添关于土著美国人的书籍。不同的活动区为语言使用和发展提供资料来源；读写区主要是提供语言发展方面的资料。教学主题单元把所有的方面整合起来，这使得学习更有意义，并可以拓展概念（第九章将对跨学科教学作更详细的说明）。

◎ **用主题单元中提供的策略发展语言**

每个新的教学单元都提供了特定的语言经验，这可以拓展词汇量，发展句法、发音以及理解他人和表达自我的能力。而且，这些经验应把所有的学习内容联合起来，并使用感官（Antonacci & O'Callaghan, 2004; Combs, 2006; McGee & Morrow, 2005; Spencer & Guillaume, 2006; Tompkins & Koskisson, 1995）。每开始一个新单元时，可采用以下建议。

图 4-5 积木游戏激发了儿童的讨论，图为儿童在谈论公园的动物围栏。

这些建议反映并描述了在早教课堂中为帮助语言发展而设计的活动。为了阐释得更为清楚，假设这些建议的共同话题是"冬天"。

讨论：就单元题目进行讨论。冬天的天气是怎样的？在冬天孩子们需要穿什么样的衣服？在冬季他们可以做什么在其他季节不能做的有趣的事？冬天带来什么问题？在国家的不同地区，如纽约、佛罗里达和加利福尼亚，冬天是怎样的？

单词列表：要求儿童写下能让他们想到冬天的单词。你的列表可能包括"雪"、"冰"、"冷"、"白色"、"潮湿"、"严寒"、"雪橇"、"雪人"、"连指手套"、"围巾"、"帽子"、"烂泥"、"滑雪"、"滑冰"、"雪球"、"火炉"和"雪花"。

将列表上的单词按照触觉、视觉、嗅觉、听觉和味觉进行分类，或者按照在冬天能做的事和不能做的事进行分类。把单词填入表格，并张贴在活动室里。进入下一个单元的学习时继续保留这张表格。当墙面的表格过多时，可以把表格编辑为一本班级图书。

图片：为讨论提供冬季景色的图片，每一张图片描述该季节的不同信息。

分享时间（展示和讲述）：安排一段时间让儿童从家里带来和话题相关的物品。在儿童自愿的前提下，给所有的儿童一个分享的机会，但是为儿童安排不同的时间，因为在一个时间段里由多于五六个的孩子进行分享可能会冗长而乏味。分享来自家庭的物品是一项重要的活动。它给予儿童自信心，因为他们在谈论来自自己环境的事物。如果有了分享来自家庭的熟悉事物的安全感，即使是最害羞的孩子也会在大家面前侃侃而谈。如果孩子能够做到的话，鼓励孩子把这些物品与单元题目联系起来。给孩子们作语言示范，以鼓励他们说句子。与家长配合进行活动，告诉他们孩子的分享日期以及讨论的话题。

实验：为正在研究的题目开展一次科学实验。让儿童积极参与进来。讨论实验目的并假想可能发生的结果。鼓励儿童在做实验的同时讨论他们所做的内容。当实验完成后，和全班同学讨论实验结果。（例如，让水结冰，然后融化。若气候温暖，使用冷冻箱来让水结冰。）

艺术：开展一次与主题相关的艺术活动。让儿童自行创作，而不是根据具体的指导完成一样的作品。在活动前讨论这个项目和可用材料。如果儿童想触摸、描述或比较材料，请为儿童提供这些材料。当儿童创作时，鼓励他们就所做的事情进行对话。比如，为冬季拼贴画提供蓝色纸、锡纸、小型白色装饰桌巾、棉花、羊毛、薄纸以及粉笔。讨论为什么选择这些颜色和物品。它们有什么特质，让人们想到冬天？建议创作一幅让人想到冬天的画作。还可以讨论材料的质感以及它们的用途等。

音乐：唱与冬天有关的歌，例如《冬天是个棉花糖的世界》。音乐是愉悦的，歌词帮助儿童增加词汇，并建立对单词声音和意义的敏感度。倾听与话题相关的画面感强的乐曲。要求儿童说出音乐让他们想到的词句和故事。

食物准备：准备和话题相关的食物。做热汤、特定口味的雪球甜点或爆米花。讨论食物的质感、气味、滋味和外观。按照配方说明来做，这样就可以学到先后顺序和数量。让儿童帮助准备食物，享受一起进餐的快乐，鼓励儿童讨论和进行对话。食物准备会是新单词的来源，这主要是因为有关烹饪的许多术语有特殊含义，如"搅拌"、"混合"、"煮沸"、"测量"、"切丁"等。

戏剧表演：在戏剧表演区增添与主题相关的物品，如连指手套、帽子、围巾、表演用的靴子，鼓励儿童进行角色扮演和谈论冬天。用以下方法来介绍物品，如把每样物品放在单独的袋子中，让儿童触摸，描述手感，并在不用眼睛看的前提下说出物品的名称。触感可以引发描述性语言。

户外游戏：在户外，鼓励自发的语言和频繁的问题处理情境。比如在雪中进行游戏时，提供雪铲、雪橇、桶和杯子。分别在出门前和进门后讨论户外游戏。

晨间信息：在每天的晨间信息时讨论天气和日历。鼓励儿童分享关于自己的新闻。如一双新运动鞋，一个生日。同时，为教学日做计划。

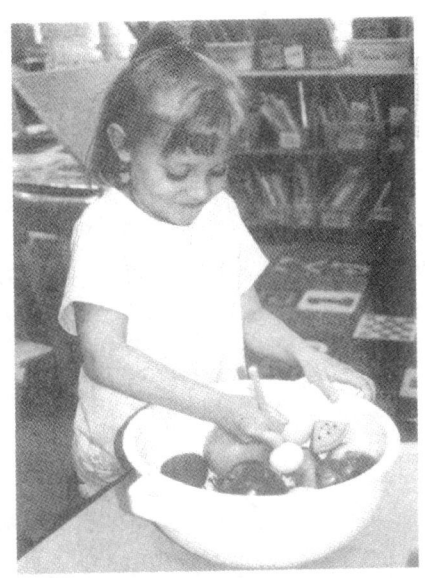

图 4-6 准备食物常是新单词的来源，这是因为有关烹饪的许多术语有特殊含义，如"搅拌"、"混合"、"煮沸"、"测量"。

班级旅行：带领班级孩子去旅行，带上一位特邀演讲嘉宾，或放电影。所有这三种活动都可激发语言的产生并鼓励语言的使用。

讲故事：给儿童讲关于研究题目的故事。如《凯蒂和大雪》（Burton，1943）的故事，能增长见识并扩展词汇。

创作故事：给儿童一个题目，诸如《冬天的暴风雪》，让他们创编一个故事。

重述故事：要求儿童重述故事。这个活动鼓励他们使用书面语言并把它变成自己语言的一部分。对于幼儿来说，重述故事并不总是很容易，所以我们要给予一些帮助，如木偶、毛毡板和毛毡人物角色以及滚动电影和书中图片。

图 4-7 毛毡人物故事帮助儿童在复述故事时运用图书的语言。

有了这些辅助材料,孩子们就可以创编自己的故事。

个人词汇:在任何活动中,儿童应被鼓励尽可能多地选择他们自己最喜爱的关于冬天的词汇。个人词汇(Very Own Words)可以来自讨论、艺术活动、科学实验、歌曲、书籍诗歌、烹饪经历或其他任何活动。在一次特别的经历后,要求儿童说出一个最喜爱的单词。在3英寸×5英寸的卡片上为儿童记录下他们自己的词汇,并把这些卡片放在每个孩子的文件盒或活页簿中。当儿童自己能够记录单词时,当他们要求帮助时,帮助他们拼写。个人词汇盒增加了儿童的词汇量,也是读写发展的一个来源。

单词墙:当儿童学习和主题相关的新单词时,教师可以把单词贴在墙上。单词墙有很多用途。这些单词多数是本年级阅读时的高频词汇,应在颜色上与新的主题词汇分开来。即所有高频词可用红色,所有新主题词用蓝色。单词墙上的新单词可在不同活动中使用,如按字母顺序排列单词或在句子和故事中使用这些单词。

当日总结:在教学日结束时,总结一天的活动,鼓励儿童说出他们喜欢或不喜欢的,以及第二天想做的事情。

◎ 儿童图书资料和语言发展

在更普遍的建议中,有一项是为儿童选择并提供代表不同语言和经验的图书资料。有些儿童书籍,如经典之作《巫婆奶奶》(dePaola,1975),其特色是复杂风趣的语言以及贯穿全书的美妙韵律。这本优秀的图书非常适合发展词汇,它通过使用形容词和副词来发展句法复杂度,还有强化押韵的单词。《恐龙如何进食?》这本书由很多疑问句构成,它适合用来教标点方法和句子结构。

手工书要求儿童根据说明来完成作品。无字书鼓励儿童用图画创作自己的故事。概念书以诸如上、下、里、外、近、远为特征,或让儿童进行数学推理。现实主义文学关注死亡、离婚、孤独、恐惧和日常问题,对这类主题的讨论涉及社会心理学语言,对情感的解释,对他人的敏感性,以及问题的解决等。有关谜语、双关语、笑话、绕口令的图书,向儿童展示在某些情景下语言是如何把玩意义的。诗歌为儿童引入韵脚、隐喻、明喻和拟声词,并鼓励他们背诵和创作诗歌。(附录A中有按各种类别列出的儿童图书。)当儿童听见或讨论书本语言时,他们内化所听见的语言;这种语言很快就成为他们自己语言的一部分。研究表明,那些经常听故事的儿童频繁地发展更为复杂的语言结构,并能扩大词汇量(Beck & McKeown,2001)。

两件趣闻说明了儿童是如何把读给他们听的书本语言吸纳为自己的语言的。

早春的一天,我所教班级的孩子在操场上玩。几只鸟盘旋了几圈。梅莉莎跑来对我说:"老师,看,那些鸟绕着操场拍动翅膀,翩翩起舞。"我先是为梅莉莎的描述性语言和不寻常的用词所震惊,思考片刻后我记起来了。梅莉莎所说的恰恰是来自于一本我们刚刚读过的图画书,《珍妮的帽子》(Keats,1962)。在书中,小鸟绕着珍妮的帽子拍动翅膀,翩翩起舞。珍妮内化了书本语言,并能够用自己的话来使用它。

一天,暴风雪过后,我女儿问:"妈妈,我能出去玩吗?我想堆一个微笑的雪人。"4岁的孩子说出这样复杂的语言,我又惊又喜。毕竟,"微笑的雪人",在形容词的位置用了分词,这是不到七八岁的孩子通常不会用的句法结构。然后我注意到斯蒂芬妮手上拿着本书,《下雪天》(Keats,1962)。书中,彼得到外面堆了一个微笑的雪人。斯蒂芬妮用了书本语言并把它变成了自己的话。

以上活动可在整个学年重复应用于每个新主题。这样的改编和重复可能为儿童引入数百个新单词、概念和观点。这可以确保儿童随着话题和结构性经验发生改变时,有机会参与各种全新的自发语言机会。每个单元的单词表和其他资料可以妥善保管,以便复习和重复使用。

大多数建议在家中和班级均可使用。我们并不期望父母费心建立区域或开展单元教学。但日常生活提供了假日、季节、家庭事件以及其他需特别关注的话题和事件。父母可以利用这样有意义的场合对儿童的语言发展进行强化。如可以讨论事件,列出单词,帮助孩子收集自己最喜爱的词汇,让孩子参与烹饪和家务,还有旅游、读故事、唱歌等,从而广泛地鼓励儿童把语言运用当作愉快的活动和有用的技能。

本章所描述的学习环境中,语言发展是自发且受到鼓励的。建立语言模式、搭"鹰架"和强化,使得这一环境在儿童和成人之间形成互动,它们对语言发展指导和培育的程度,是儿童无法自己实现的。讨论的策略适宜有语言差异和有轻微语言异常的儿童。然而,这些儿童可能需要课堂或教师给予一对一的额外关注。具体请参阅 S—12 上的"课堂策略",帮助儿童创作自己的故事人物。

在二、三年级扩展词汇和单词意义

我已经提出了许多策略来帮助儿童从出生到幼年发展词汇。以下是适于二、三年级儿童的策略,这些策略可以帮助儿童在读文本时增加词汇量,并建立单词及其意义之间的联系,还可以增加写作时使用的词汇。

语义图。语义图是帮助儿童理解单词之间关联的图解(Fisher & Frey,2006; Johnson & Pearson,1984;Otto,2006)。尝试以下方法,可以强化词汇发展和拓展单词意义。

1. 选择一个和儿童的兴趣或正在研究的主题相关的单词。
2. 把单词写在黑板或"经验挂图"上。

3. 针对与该关键词有联系的其他单词进行集体研讨。
4. 为研讨出的新单词创建类别并进行分类(见图4-8)。
5. 使用这些单词来创作故事。(Cox,2002)

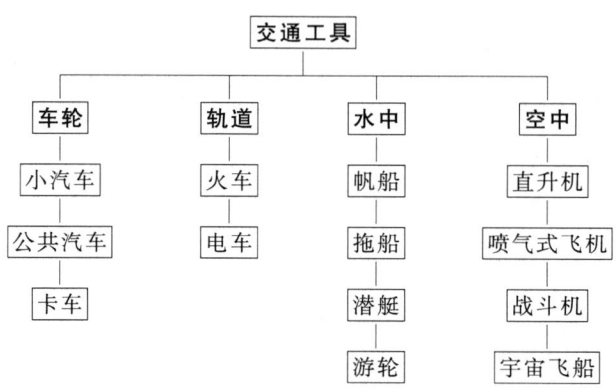

图4-8 关于交通工具的语义图

语境线索。使用来自上下文的线索是找出单词意义的重要方法。在句子中留下空白让儿童找出合适的单词,这一活动能帮助他们理解如何用上下文找出单词意义。仅看句中的其他词来确定意义也是有帮助的。儿童需要知道这是学习新单词的最佳方法之一,因为这些单词嵌入在有意义的文本中。所使用的线索是句中的其他单词和短语,这些单词和短语表明了未知单词的信息。这些线索可以在未知单词之前或之后,通常靠近这个单词;也有可能在该单词前后的句中。让儿童根据线索猜测单词的含义,然后讨论猜得对不对。以下句子选自李欧·李奥尼的《小黑鱼》(1975)一书。李奥尼所用的较难单词,可通过上下文中较简单的单词来理解。

"一个坏天气,一条凶猛、敏捷、饥肠辘辘的金枪鱼从波浪中____出来。"

教师在句中留下一个空格来填写一个可推测出的较难单词。这个单词是"飞跃"。她给孩子们读出这个不完整的句子,并提问这个空格应该填什么。孩子们认为这个单词可能是"游"、"冲"、"射"、"跳"、"推"。没人回答"飞跃",因为他们不熟悉这个词。教师对孩子们的回答给予表扬,并把故事中的"飞跃"这个单词填进去。她问孩子们这个单词的意思是什么。大家一致认为单词的意思是"推"、"射"或者"冲"。这些是孩子们已经想出的单词,也定义了未知单词"飞跃"的意义。

单词书。儿童可在整个学年中编写一本新单词书。新单词写在书页的中间。单词的同义词写在右上角,定义写在左上角。单词的解释和含有单词的例句写在左下角。右下角可注明单词的类别(如"卷毛狗是一种狗"、"橙色是一种颜色")。随着新单词的不断添加,书也就写成了。

单词要素。学习单词要素是二、三年级的儿童学习词汇和意义的一种方法。

选择儿童熟悉的前缀、后缀和常用词根。有了这方面的知识后,他们就可以开始自己建构单词。可以教儿童通过使用单词要素来说出单词的含义。比如,当儿童学习了单词要素的意思后,他们可以像下面的例子里一样说出单词的构成:"我知道前缀 dis 的意思是'不',我也知道单词 content 的意思是'快乐'或'愉悦'。如果我把 dis 加到单词 content 前,就构成了 discontent。它的意思是'某人不快乐'。"

字典。使用字典是增加儿童查找单词意义策略的另一种方法。儿童必须知道单词有许多意思,这些意思可能都会罗列在字典上。因此,使用字典时,他们需要选择一个适合上下文的意思。幼儿字典适用于小学生(Graves, Juel, & Graves, 1998)。

词汇丰富的二、三年级课堂里有许多资料可促进儿童的语言和词汇发展。这些课堂像低年级的课堂一样展现新词汇并配有字典。在图书角,有谜语书、笑话书和双关语书。也有多种风格的儿童图书,如小说和非小说。还有诸如串串字连环、拼图猜单词、字母拼词和纵横拼字谜的单词游戏(Blachowicz & Fisher, 2002)。

提高课堂语言和词汇发展的设计

到儿童上学的时候,他们就有各种机会谈论日常生活。多数谈话是自发的,其内容是真实的生活经历。孩子与父母谈话包括问与答,父母引导讨论,孩子则扮演更为活跃的角色。前述已经讨论了引发谈话的策略。在此,我将给出提供不同谈话经历类别的课堂组织结构。这包括由教师引导的问答讨论,提供和接收信息的小组对话,在社会背景下由教师或儿童发起自发式讨论等。此外,还将描述包括不同谈话种类的对话。在结构性问答讨论中,教师需提供"如果这样会发生什么"、"如果这样你会怎么做"和"告诉我为什么"等开放式问题,以鼓励儿童交谈。

对话以 3 至 6 人为宜。如果超过 6 人,就不能再视为对话,只能看作大组讨论。可以确立如下的指导方针,以使交谈富有成效。

教师参与的小组对话

1. 在别人对话时,儿童应该仔细倾听。
2. 交谈应轮流进行。
3. 如有需要,儿童应通过举手来保证每个人都有机会发言。发言不应被打断。
4. 谈话应与主题相关。
5. 如果跑题了,教师应引导交谈回到原先的主题上。
6. 因为教师只是参与者,所以其发言应压缩到最少。教师也要遵守和儿童一样的规则：倾听他人的发言，轮流发言，不要全由教师一人发言等。

没有教师参与的正式对话

当儿童自己组织讨论时，需要选出一名组长来引导谈话。教师在场时，保证有效交谈的所有指导方针也适用于由儿童自己进行的交谈。

1. 儿童应倾听他人对话。
2. 儿童应轮流发言。
3. 如果需要，儿童应举手。
4. 谈话应与主题相关。

没有教师参与的非正式对话

儿童需要时间去进行没有引导者和特定结果的交谈。这类对话有可能发生在自由活动、区域活动或户外活动的时间。虽然鼓励这类交谈的课堂可能很吵闹，但是让儿童有机会在幼儿园或学校的社会场景下使用语言也是至关重要的。

除了学会在各种组织结构类型中进行交谈外，儿童还需要参与不同类型的交谈，包括审美谈话、输出式谈话以及在戏剧活动中的谈话。

审美谈话（aesthetic talk）一般是围绕儿童文学进行的。在这类谈话中，儿童有机会阐释他们读到的或听到的东西。讨论文学、讲故事和参与读者剧场时，儿童就参与了审美交谈。关于如何在课堂中使用儿童图书资料的活动将在第八章中专门讨论。

输出式谈话（efferent talk）用于告知或劝说。在对所研究课题进行讨论时，这种交谈就会发生。它还会发生在展示和讲述课、口头报告、采访和辩论的场景中。这种类型的交谈比前面讨论的类型更加正式，经常要求儿童预先作准备。

戏剧活动提供了不同谈话类型的另一个途径。当儿童参与戏剧活动时，他们分享经历，探索对观点的理解，并与同龄人互动。戏剧经验可包括在戏剧表演区的非正式角色扮演。使用道具和木偶来表演故事提供了交谈的另一途径。请参阅S—12页上的"课堂策略"。

使用这些语言组织框架，并让儿童参与促进交谈的活动，教师将会提供一个富于经验和话题的课堂，这样也就促进了儿童的语言发展。

儿童语言发展评估

评估儿童语言以确定是否达到期望的发展阶段，这一点非常重要。评估也检测出儿童进步的程度。评估这个词意味着几种相当常见的用以判断进步的方法。评估应反映教育目标和策略。它应包括对在许多情况下使用的宽泛技能的评价。比如,某个孩子可能在面试时比笔试时表现更好,因此,这两种评估方式都应被使用。读写能力包括许多技能。尽可能多样化地评价儿童以确定其优缺点是十分重要的。不幸的是,许多评估方法范围过窄,经常不能估测出儿童的综合能力。

在评估语言和词汇时,我们可使用一些基本概念,以便拓宽视角。以下是指导方针。

- 使用反映教学的工具。
- 纳入儿童的自我评估。
- 评估儿童必须掌握的单词。
- 词汇评估工具应评价理解单词的意义。
- 词汇评估应系统化。
- 评估明确教授过的词汇。
- 在评估单词时,不论是儿童单独参与还是与同伴或教师一起,受评的儿童都应积极参与。

检测清单　　　　评估语言发展

儿童姓名＿＿＿＿＿＿＿＿＿＿＿＿　　日期＿＿＿＿＿＿＿＿＿＿

	总是	有时	从不	评语
发单音				
说单个单词的句子				
说两个单词的句子				
辨识熟悉的声音				
区分相似的声音				
懂得别人说的话				
按照口头指示做				
和他人自由交谈				
正确念出单词				
词汇量与成熟度相匹配				
说完整的句子				
用各种句法结构				
说话能使别人听懂				

教师评语:

有几种方法可测评幼儿的语言发展,这些方法与第二章中所述的测评读写能力发展的方法是类似的。

一览表是非常实用的,因为它为教师提供了简明的提纲,也为儿童提供了适宜的选项。如果在整个学年里定期使用的话,将会非常有效。一年中进行三到四次的评价,即可提供足量的数据以确定儿童的进展。该项目的目标所提供的标准已列于一览表上。

轶事记录是另一种语言评估的形式。它们很耗时,但可显示出丰富的信息。活页笔记本和文件卡提供了两种记录轶事的方法。这些记录没有特定的格式要求。教师或父母只需在事发当日把小事件或小插曲记录下来即可。我们可记录下儿童语言和当时情景的样例。像一览表一样,轶事样例也需定期记录,以确定一学年内儿童的语言发展。

音频记录是评估语言的另一种方法。这一记录过程既可用公开采访的形式,也可用隐藏的形式。(视频设备也能达到相同的目标,但可能大多数幼儿教室中没有相应的配备。)那些并未意识到自己的对话被录音的孩子,可能会更加自然和自在(Genishi & Dyson, 1984; McGee, 2007; Otto, 2006)。

然而,把录音机放在一个能录到清晰语言的地方,以便记录和分析,这是件非常困难的事。由孩子熟悉的成人做采访时,儿童可能更加自然些。或者让录音机成为教室中儿童非常熟悉的工具,儿童经常在语言艺术中心使用它,这也会有所帮助。在这样的情况下,在评估采访中用录音机时,这机器就没那么吓人了。

为了记录自然语言样本,我们可以讨论儿童的经历,问儿童关于家庭、最喜爱的游戏或玩具、最喜爱的电视节目、兄弟姐妹、旅行或最近参加的生日派对等。你应试着收集各种自然语言,从而为评估儿童的语言能力提供典型样本。

一年中记录三或四次音频样本,让儿童听到自己被录下的声音并享受这一经历。为了评估这一目的,把录音记录下来并分析这样的项目。如说出的单词数以及在连贯的一句话中的单词数(例如,"汤姆的曲奇"或"我要水")。这样可以计算出话语的平均长度。话语的平均长度可视作评判复杂度的依据。当儿童开始说诸如"那是我的曲奇"这样通常的句子时,即可测量 **T 单位**(t-unit)的长度。T 单位是假设有子句存在时附带所有子句的独立句。它可能是简单句或复杂句。复合句由两个 T 单位组成。T 单位的长度如同话语长度一样,也是评判语言复杂度的依据。通常,复杂度会随着使用者年龄的增加而增加。每单元的词数越多,就越复杂(Hunt, 1970)。

对所记录话语和 T 单位的进一步分析,可确定儿童使用了哪种语言成分,如形容词、副词、独立句、否定句、所有格、被动语态、复数等的数量。所使用的转换、嵌入和句法成分越复杂,总体的语言就越复杂(Morrow, 1978)。一年中几个样本数据是最具启发性的。

以下是一个 7 岁男孩语言样本的原文记录。我们给了孩子一本书,并请他根据书上的图画来讲故事。

他早晨起床。和猫一起往窗外看。起床后,他刷了牙。刷完牙,他吃东西。他吃早餐。然后当他……他吃完早餐之后,他……他穿好衣服玩游戏。然后,下午他玩了会儿玩具。然后,下午还扮演了医生。早先他扮演了牛仔和印第安人。然后,下午快吃晚餐时,他扮演了警察和小偷。当他在他的城堡中游戏时,他喜欢幻想魔毯。他驾着船航行。他是嗯……马戏嗯……领班。他正举起一位胖女士。我的意思是一个小丑正站在马上。一个小丑在高高的钢丝绳上。有人摔下来了,伤了他们的头。牛仔为受伤的人带去些冰激凌。那晚,他去浴室洗了澡。然后上床睡觉。然后他做梦了。我不知道他梦见了什么。我会想到他梦见了什么。他梦见去做游戏。他一直在做同样的游戏。

样本被记录下来后,语言被分割成 T 单位。以下即为 T 单位分割样本的样例:①他早晨起床。②和猫一起往窗外看。③起床后,他刷了牙。④刷完牙,他吃东西。⑤他吃早餐。⑥然后(当他)他吃完早餐之后,他(他)穿好衣服玩游戏。⑦然后,下午他玩了会儿玩具。⑧然后,下午还扮演了医生。⑨早先他扮演了牛仔和印第安人。⑩然后,下午快吃晚餐时,他扮演了警察和小偷。⑪当他在他的城堡中游戏时,他喜欢幻想魔毯。⑫他驾着船航行。⑬他是(嗯)马戏(嗯)领班。⑭他正举起一位胖女士。⑮我的意思是一个小丑正站在马上。⑯一个小丑在高高的钢丝绳上。⑰有人摔下来了,伤了他们的头。⑱牛仔为受伤的人带去些冰激凌。⑲那晚,他去浴室洗了澡。⑳然后上床睡觉。㉑然后他做梦了。㉒我不知道他梦见了什么。㉓我会想到他梦见了什么。㉔他梦见去做游戏。㉕他一直在做同样的游戏。

标准化语言评估

到目前为止,对语言发展的评估还停留在非正式评测的讨论阶段。我们有从学前到小学的各个年龄的不同使用目的的标准方法。以下是部分标准方法:《皮博迪图片词汇测试:2—18 岁》(Dunn & Dunn, 1997),《语言发展测试:小学,4—8 岁》(TOLD)(Hresko, Reid, & Hammill, 1999),《表达性单个词语图片词汇测试:2—18 岁》(EWPVR)(Brownell, 2000)。这些测试为教师提供了儿童词汇发展和使用复杂句子结构方面的信息(McGee, 2007)。

在本章中,我把口语和其他交流技巧分开进行讨论,是为了描述儿童的发展阶段和如何习得口语的理论。然而,这种分隔有些不自然,因为口语和读写一样对读写能力发展具有非常重要的作用。我们知道交流技能是同时发展的,每种技能都会帮助其他技能的发展。在单个项目中几项交流技能的协调和整合,将在第九章中进行叙述。

> **教学反思**
>
> ### 使用能促进口语发展的道具
>
> 那些适于用道具来讲故事的儿童图书总是对英语学习者有利,因为道具使得语言形象具体且可亲手操作。适合一年级使用的故事包括《我在下雪天穿的夹克衫》(Neitzel,1991),《给艾米的信》(Keats,1968),以及《彼得的椅子》(Keats,1967)。先把这其中的一个故事大声念出来后,让儿童制作或收集讲故事所需的道具。比如,在读完《我在下雪天穿的夹克衫》后,讨论故事中所提及的衣服,并在必要时添加到列表。然后把衣服分发下去,让儿童人手一件。再读一次故事。这一次,每当故事中提到一件衣服的时候暂停一下。鼓励儿童举起他们手中的衣服,当故事中提及时,说出服装的名称。比如,当念到"这是我在下雪天穿的毛衣",拿毛衣的孩子就把它举起来并说"毛衣"。当故事中重复有关服装的短语和名称时,鼓励儿童通过吟诵来参加游戏。这一活动适用于有机会亲手操作的材料和重复的任何故事。全班同学使用这些道具参与游戏,使得儿童在可触摸的熟悉物体及其名称之间建立起联系。
>
> 吉娜·A. 戈博尔,ESL 教师,幼儿园至三年级

活动和问题

1. 回答本章开头的"焦点问题"。
2. 怎样的策略有益于教授英语学习者语言和读写技能?
3. 教师在教授英语学习者时,需要关注哪些文化方面的问题?
4. 选择本章所列的一个语言发展目标。准备一堂课以帮助一个孩子达到这个目标。指出你在课程中所用的语言习得理论。
5. 用磁带记录儿童在游戏或集体学习时的话语。指出他们语言的哪种特征可用相应的语言习得理论进行描述。比如,用行为主义理论可以解释"模仿"这一特征。
6. 请边读本书边开始一个主题单元。可以选择社会研究或科学主题。选择三个语言发展目标,描述用这个主题能达成目标的三项活动。示例如下:

内容：科学

主题：海洋生物

语言发展目标：发展新词汇

活动：读李欧·李奥尼的《小黑鱼》。要求儿童记住所听故事中的两个新单词。读完后，在图表中列出儿童所说的单词，并讨论其含义。

7. 花三小时观察一个幼儿园班级，一个学前班。注意给予儿童交谈的时间，教师说话的时间，以及没有言语互动的时间。比较这两个数据。然后将课堂交谈归入以下几类：

（1）问答。

（2）全班讨论。

（3）由教师引导的小组讨论。

（4）儿童互动讨论。

（5）教师与儿童的互动讨论。

用这个小型研究的结果，确定我们允许儿童使用语言的频率以及儿童使用语言的不同环境与背景的数量。

8. 分别计划一次能引发审美谈话和输出式谈话的活动。在这两种情况下，语言有何异同？

9. 继续收集你在第二章时就开始收集的儿童评估材料。收集一名2至7岁儿童的语言样本。通过展示图画进行讨论或要求儿童谈论最喜爱的电视节目、宠物、朋友、家庭成员或旅行，以此来引发交谈。将样本录音后再记录。

（1）根据本章所作描述和提供的一览表来核查儿童语言发展特征，以判断儿童的语言水平相对于其年龄是居上、居中还是滞后。与班上研究不同年龄组的其他成员进行比较。

（2）把你的语言样本分成 T 单位并确定其平均长度，然后计算所使用的句法成分的数量和种类。与班上研究不同年龄儿童的其他成员比较样本。

（3）在一年中为同一个儿童再收集三次语言样本。比较新样本与第一次的样本后，对儿童语言发展进行评价。

10. **策略**：放大并复印 S—12 页上的第四章"课堂策略"图片。涂色或把它们印在彩色纸上，塑封并裁剪。在每幅图的背面贴上压舌板，做成棒棒玩偶。用所给的人物编一个原创故事。示范之后请儿童做同样的活动。如果有必要，可以说这样的话来进行引导："你们的故事可以这样开头：'从前有一个女孩和一个男孩。他们决定到森林里走一走。'"

焦点问题

- "儿童表现出对印刷品功能、形式和规范的兴趣。"在课堂学习中讨论这句话的含义。
- 描述"阅读准备"的概念。
- 解释下列有关读写萌发的策略,描述怎样教儿童强化关于印刷文字的知识:①环境文字,②个人词汇,③语言经历法,④上下文和图片线索。
- 解释高频词和如何教高频词。
- 解释以下术语:①音素意识,②语音意识,③字母原则,④语音教学,⑤音素—字素呼应,⑥复合字母,⑦辅音组合,⑧长、短元音,⑨词尾变化。
- 单词学习需要花多长时间?
- 如何将单词学习融入课程中?

词汇:单词学习技巧,音素意识,语音意识,环境文字,即识单词,高频词,语言经历法,语音教学,元音,辅音。

策略:见 S—13 至 S—21 页上针对单词学习的各种活动的"课堂策略"。你怎样评估这些活动对帮助儿童获得所涉及的语言技能的价值?

第五章

识字策略：语音意识、音素意识和语音教学

　　幼童首先会对字的功用产生兴趣，其次才是其形式。儿童所说、所读以及所写的第一个字往往在其生活中有一定的意义和功用，比如姓氏、食物标签以及路牌。关注了功用之后，儿童才会关注书写形式，即字母及其发音。最后儿童会学习书写形式的习惯、规则，即以下认知：标点在读写中起到的作用，字词之间要空开，还有单词应按照从左往右的顺序进行读写等。

——弗兰克·史密斯(1971)

阿贝雷老师的班级正在学习营养方面的知识。表演区布置得像超市，里面分门别类地展示着各种食物：乳制品、面包和谷物、鱼肉禽类、水果和蔬菜。为了将音义结合、字形结合，三个字母被赋予了特殊的意义："m"表示肉，"f"表示鱼，而"d"表示乳制品。除此之外，这些字母还被编成有趣的故事：一条愉快的小鱼，是条与人友善的比目鱼，她喜欢运动鱼鳍，仿佛要穿越波浪。儿童收集以这些字母开头的单词，并将其放入贴有对应标志的盒子里。这样的体验让他们能够在自然的表演过程中讨论字母、发音以及单词。凯西和凯莉假装在表演区购物。凯西拿起一个金枪鱼罐头说："凯莉，让我们看看能找到多少以字母'f'开头的食物。"她们四处搜罗，凯西找到一盒冻麦片和一些法式薯条。凯莉找到了一罐水果鸡尾酒、果味麦片圈和一罐冷冻酸奶。每当女孩们找到一样以"f"开头的食物，她们都兴奋不已。她们每说一个单词，都会重读强调开头的"f"发音。孩子们还有一个活动要完成：抄写每个以"f"开头的食物的单词。阿贝雷老师又让孩子们用另外两个字母完成了相同的活动（"m"表示肉，"d"表示乳制品）。她在班里还教授了许多类似的迷你课程。但是当她照顾以小组形式开展活动的儿童时，她会基于其完成情况更多地兼顾儿童的个别需要。因为有的儿童还没准备好学习字音和字义的联系，而有的儿童则对字形和韵律望而却步。

通过识字习得读写的理论和研究

逐步掌握读写是一个自我们出生就拥有并贯穿一生的过程。儿童在读写能力的掌握速率上有所差异；不能强迫他们掌握此项技能，也无法预先设计好一个按部就班的时间表。研究者发现儿童掌握读写的第一个步骤是了解了文字都是有功能的（Goodman，1984；Mason，1980；Smith，1971）。儿童所说、所读以及所写的第一个单词往往是其生活中有一定意义、目的或者功用的单词，比如姓氏、食物标签、路牌以及快餐店名等。

儿童在关注功用之后才会对字形产生兴趣。他们此时对字词之间要空开会更加关注，并注意字母及单词的读音、形态和布局等细节，而不仅仅是简单理解这些文字的功用。

接下来，儿童开始掌握一些文字的规律。这一过程包含以下认知：阅读以及书写应该从左往右，标点在读写中起一定的作用，以及空格可以区隔字母和单词等。尽管对于文字功用的认知在读写发展的初级阶段占据着主导地位，但是儿童对于文字的形式以及一些约定俗成的规律同时也产生了兴趣和基本的概念，当然其程度没有那么深。

研究者提醒，儿童在读写的早期阶段并非规律地、循序渐进地发展。常常是今天也许取得进步,第二天却又退步。例如,如果你测试了解一个孩子对字母的识别量为 15 个,次日她也许只能识别 12 个。

麦科密克和梅森(1981)曾做过一个关于字母和单词认知的研究,了解儿童对于自己读写技能的理解情况,他们从中确立了单词认知的三个发展阶段。即儿童首先从语境中辨认单词,然后使用字母发音线索,最后则依赖于读出单词。

有关幼童对读故事反应的一些研究反映出的逐级发展的趋势,与麦科密克以及梅森的三步骤规律不谋而合。儿童在阅读故事过程中最先产生的问题以及评论,都是和图片以及故事的意思相关联的。当他们获得故事阅读的经验后,他们的问题以及讨论开始涉及字母、单词的念法,又或者他们开始试图读出这些单词(McAfee & Leong,1997;Neuman & Roskos,1998)。字义在早期反应中占据主导地位,而文字的组成在后期反应中则显得越发重要。

部分儿童在入学接受正式指导前就已经掌握了关于读写的大量信息。一些儿童入学前就会读写,而有些儿童则几乎没有接触过相关知识。部分入学儿童在家完全没有接触过文字,或家里连书都没有。那些接触过文字并且周围环境中读写资源丰富的儿童可以体会书写和绘画之间的区别,并且能够将书籍与阅读联系起来。他们可以读出周围环境中的文字,也能意识到读写的功用。因为他们对于读写的认识均基于一定的意义和功用,因此他们对于读写的意义有一定的期待。而没有接触过文字和书籍的儿童,对此则没有相同概念。

发展儿童阅读能力对阅读熟练程度的影响,建立在儿童的畅想、他们的已有知识以及他们对于阅读期待的基础上(Harste,Woodward & Burke,1984;Kuhn et al.,2006)。与早期阅读相似,早期书写也深植于真实的生活经历。在许多家庭中,家庭成员会共同完成一些富含读写意义的活动。他们会相互写一些便条、清单、节日问候以及指示。但是也有许多儿童没有这样的机会,因此无法与同龄人一样掌握读写技能。

如果儿童认为读写是具有功能性、有意义和有用的活动,他们就有可能参与到读写活动中。针对早期读写行为的研究表明,儿童通过实际使用,开始习得读写的信息(Cook-Cottone,2004;Morrow,2004;Ollila & Mayfield,1992)。如杂货购物清单、食谱、电话留言、学校通知、宗教宣传册、菜单、家里或户外环境中的文字、邮件、杂志、报纸、故事书、电视、电话号码、家庭成员间的谈话、信件以及他们的名字等,所有这一切都是他们在日常生活中接触到的功能性读写信息的例子。儿童熟悉这种读写形式并参与其中,他们在游戏中模拟使用并且在其中理解它们的作用。父母、儿童看护者以及学前教育机构,提供的是与这些儿童已经体会过的相似经验。在古德曼(1984)对幼儿园和学前班儿童的研究中,她发现一些儿童已经具备了与阅读相关的一些必备认识。这些儿童认识图书,知道如何翻页。并且,他们也知道图书是使用印刷文字来生成一定意义的来源。她的研究还包含儿童对熟悉环境中的文字的意识,并提出读写资源丰富的环境可以让阅读学习和语言习得一样自然。

心理语言学中的提示机制

根据心理语言学理论,语言和读写能力是儿童在掌握一定能力之后才能习得,即运用三种提示机制从而认识新词、了解其义的能力。

1. **句法线索**:利用语法结构或者语言的句法结构。
2. **句义线索**:利用单词和句子的意思。
3. **书写线索**:利用单词和文字的视觉线索,并将其与字母、字母组合以及对应的读音联系起来。

有了这些提示机制,心理语言学关于阅读的定义就建议利用儿童的先天优势、知识经验以及以往的经历。古德曼(1967)将阅读描述为一种心理语言学的"猜猜看游戏",认为游戏中儿童尝试利用已有知识来重构作者说过的话。年幼的儿童尤其会将以往经历中学到的概念和理解带到课堂。这些概念和理解对于口语的认识和使用是十分有益的。

阅读是一个灵活的过程。因此,当儿童试图阅读的时候,他们需要预测接下来作者要表达什么样的信息。他们需要在一整页的文字中依据自己已有的知识搜寻线索。他们需要使用三种提示机制。

以下是句法线索,例如"男孩从……上走下来"。儿童自己关于句法的知识说明省略号中的词一定是诸如山、楼梯或者街道一类的名词。把动词放在这里是没有意义的,例如"男孩从跳上走下来"。

而句义线索帮助儿童确定此处插入什么样的单词才有意义。几乎没有儿童会猜测这个句子可以读作:"男孩沿着黄油走下来。"这样也显然是完全没有意义的。

书写线索让儿童通过观察字母、字母组合以及将其与对应的读音联系起来,决定此处应该填写的单词。

利用句法、句义以及书写线索,儿童可以预见、猜测、预计、联系并且自我纠正,从而从文字中得出其意义。而这些意义来自于他们对语言的认知和他们自己的经验。

与文字相关的**单词学习技巧**和知识,包含可以帮助儿童理解单词以及独立阅读的学习策略。理解单词的学习技巧包括利用语境、句法和扩展即识词汇,也包含利用单词的配置和词性以及结构分析(即关于单词的不同部分,如前缀、后缀和词根)。最著名的单词学习策略是语音教学法,它包含学习与一定的字符串(字形)相关的字母和字母组合（音素）的发音。语音教学法也有一个问题，就是英文字母含有至少44种不同的读音，且音形也不是一一对应，存在太多的不规则变化，甚至这些变化也有多种例外。

音素意识（phonemic awareness）是一种辨认由独立语音组成的单词的能力（本章稍后将进一步讨论）。它与语音教学法不同，后者需要具有字母与读音关系的知识。

语音意识（phonological awareness）和音素意识又不同，它可以区别以及创造更多的口语新词，例如完整的单词、音节、开头辅音、不同的词尾、尾韵。这些都被认为是读音认字的前身，是学习读音认字必需的知识。而读音认字近年来或多或少被作为成功阅读的重要技能而得到关注。其重要性无疑是不证自明的。但是，熟练阅读还要同时运用这里已经提及的多种单词学习技巧（Bear，Invernizzi，Templeton，& Johnson，2008；Ehri & Roberts，2006；Reutzel & Cooter，2000）。

关于早期读写能力的研究表明，有意义的经历对于指导而言具有很大的重要性（Teale，2003）。也有重要研究发现，熟练阅读需要学习一定的语言规则。不仅是英语国家，其他许多国家无论是试验性的研究还是长期以来的研究都提供了相关佐证，对于成功掌握有一定字母顺序的语言的读写技能而言，语音意识和音素意识都是不可或缺的（Adams，1990；Juel，1994；McNaughton，2006）。

关于早期读写的研究主要关注以下问题：究竟什么技能应该教授，适合教授，如何教授，以及处理这些问题需要花费多长时间。尽管所有问题尚未有确定答案，但应该有一些直接的、系统性的指导，一些自然而然的指导，以及在有意义的情境设定下所需的教学和练习技能。

单词学习的标准、技巧和目标

有关从幼儿园到三年级儿童单词学习技能的州立和国立标准已经订立。这些标准旨在为学习内容的达成以及评估提供标杆。不同地区的标准会有所不同，但偏差不大。以下就是标准中关于提升读写能力的单词学习目标。儿童应该具备以下能力：

1. 说明文字阅读方式为自左向右。
2. 说明口头语言可以用文字记录并阅读出来。
3. 说出一个字母，并能在文本中指出相应字母。
4. 说出一个单词，并能在文本中指出并知道单词间需要有空格。
5. 说明环境文字可以传递一定信息，并能读出部分标牌和标志中的文字。
6. 一眼认出高频单词和部分其他单词。

7. 辨识有韵律的单词并能按一定的韵律造句。

8. 辨识字母表中两个字母的先后顺序。

9. 组合以及分解单词中的若干音素。

10. 认识辅音在单词开头和结尾位置对应的发音,包含统一字母的读音(例如 cat、city 中字母 c 的不同发音,以及 goat、George 中字母 g 的不同发音)。

11. 将字母与其对应的长音以及短音联系起来(字母 a 在单词 acorn、apple 中,字母 e 在单词 eagle、egg 中,字母 i 在单词 ice、igloo 中,字母 o 在单词 oats、octopus 中,字母 u 在单词 unicorn、umbrella 中)。

12. 在一定的学习水平下可以熟练阅读。

13. 可以将部分辅音字母组合成固定的辅音字母组合,如 bl、cr、dr、fl、gl、pr、st 等(两到三个辅音常可以连起来形成组合,并发一个可以代表这两三个字母的读音)。

14. 认识辅音的二合字母 ch、ph、sh、th 和 wh(二合字母指的是两个字母加以组合,并发出与原先这两个字母完全不同的读音)。

15. 利用上下文、句法和语音来辨识单词。

16. 将单词划分音节。

17. 根据图示和文字尝试阅读。

18. 根据已有的关于音形一致的知识推测单词。

19. 辨识单词中不同的结构性元素,例如前缀、后缀、词尾的变化(-ing、-ed 以及-s)。

20. 应用以下通用读音规则。

(1) 在"辅音－元音"的辅音结构中,元音通常为短音(bat、bet、but、bit)。

(2) 在"元音－辅音－e"的结构中,元音通常为长音(cake、cute)。

(3) 当两个元音出现在同一个单词中,前者通常为长音,后者通常不发音(train、receive、bean)。

21. 可以根据单词读音的头韵将单词归类,并能给这些归类的单词(it、an、am、at、ite、ate 等)添加开头辅音(称为"首音")。

第七章主题是"写作",将会讨论拼写能力的发展。拼写能力也是通过音形关系习得的。使用此前讨论过的语音技巧,同时也要让儿童将这些知识应用于书写,这样有助于他们习得拼写。

认识单词的教学策略

有一些帮助儿童迅速掌握读写技能以及文字的功用、形式、结构和使用习惯的指导活动,设计这样的活动应包含多种多样的学习经验。当学习文字时,儿童需要积极互动;他们不仅需要直接的指导,使其有范例可以模仿,还需要通过这些有意义的、与他们实际生活以及已有知识相关的经验来学习。如果儿童觉得阅读技能确实是有需要的或者是有用的,他们可能很愿意去学习。

在以后的章节中,我们将用直接的、有意义的、具有功用性的方法,表述可以帮助儿童学习读写的策略。每种策略都适合学龄前到三年级的儿童;教师只需根据所教儿童的年龄做简单调整。学习这些技能需要与具有一定内容的材料以及有关功能性的活动联系起来。很多活动都可以帮助儿童了解文字,如给儿童读故事;在环境中指出单词;关注其中的字母和发音;听写儿童说的话;鼓励儿童用自己的方式书写;允许儿童听教师读大书时看着书上的文字,并在页面中自左往右指着文字;使用有押韵或套用固定格式写作的书,让儿童猜测并分享阅读过程等(Invernizzi,2003)。通过这些经验,儿童可以了解到文字是自左向右写作和阅读的,字母有其读音,字母可以组成单词,单词是有含义的,图片可以对文字提供提示,以及从文章的意思中可以推测部分单词等。当然要补充说明的是,语音意识、音素意识、字母顺序知识以及读音方面的直接指导也是必需的。

教授上文中所提及的技能前,需要事先准备:

- 告知儿童需要学习的技能是什么以及有什么功用。
- 清晰、准确地解析并举出这种技能的例子,说明这种技能是什么、有什么作用。
- 留足教师指导练习的时间。
- 让儿童自主练习。
- 常复习此项技能。

阅读准备活动

如第一章所述,早期教育研究者和教师相信儿童的自然发展。他们认为在一个儿童到了特定的成熟期准备好阅读时,指导才是适宜的,儿童也愿意学习阅读。尽管部分教育者认为在不伤害儿童的前提下,正式教授阅读技能之前,等到成熟阶段到来是必要的,但是他们对于单纯等待成熟期到来的想法也有些不耐烦。正是这样的想法促成了阅读准备的指导活动。

阅读准备活动包含了正式阅读指导所必需的社会性、情感、心理以及认知能力。阅读准备活动的指导策略取决于四种发展领域的技能。这些阅读准备的技能已经在第 125 页的"检测清单"列表中写明。

以前人们让儿童在教室里的活动区选择摆好的各种材料，在游戏的过程中儿童的社会性和情感技能得以发展，现在这种活动依旧进行着。教室的活动区可以用于表演、艺术、科学、图书馆或者户外活动，也可以放一些积木和遥控玩具，目的是让儿童学会分享与合作，从而发展自控意识和良好的自我意识，学到良好的校内行为规范。讨论常常集中在分享和与人相处的话题上。有一个活动单元聚焦于"关于我的一切"，强调塑造自信和积极的自尊。食物在课程中起到了重要的作用；每天可以供应一种健康点心，点心时间被认为是社会交往以及学习如何与人相处的时间。

1. 粗大动作和精细动作控制方面的身体发展，从过去直到现在都被认为是读写能力发展中的一大要素。

2. 就**粗大动作**发展来说，教师应该设计让儿童在室内外练习单脚跳、跳跃、奔跑、跳起以及扔球的活动时间。活动中可以播放音乐。

3. 为了培养**精细动作**的协调能力，儿童可以使用黏土，玩一些要求将楔子放入洞中之类的玩具或者将东西拼在一起的游戏。

这些活动为儿童写字母时使用小手的协调能力的发展提供了力量。教师可以让儿童用手围绕特定的插图边框画圈，让他们练习手眼的动作控制。儿童也可以练习用手剪切或描摹图片和字母。

4. 阅读准备中的**认知能力**发展活动包括一些运用视觉和听觉技巧的活动。

5. **视觉辨别**能力的活动让儿童观察图形和图片的异同。过去，常用表格帮助儿童发展这项技能。例如，一张表格中有一排看似一样的花朵，其中只有一朵有些不同。儿童要找出、圈出或者给这朵与众不同的花涂色。偶尔使用这样的作业单对于帮助儿童遵从指令是有用处的。这个活动在我们讨论实物的异同时更加有用。还有一种视觉辨别能力的活动是识别颜色。即让儿童将物品按颜色组分类，或者让儿童从一本杂志中裁剪出同一种颜色的图片，比如红色、蓝色或者绿色。另一种用来发展视觉辨别能力的活动是让儿童分辨不同的形状，比如正方形、圆形和长方形。最后，还要教一样阅读必需的技巧，就是眼睛从左往右的运动。教授完这些视觉辨别技巧后，教师就可以教儿童辨认字母表中的字母了。

6. **听觉辨别**能力让儿童为使用听力解读信息做好准备。教师可以让儿童分辨相似和不同的声音。过去，我们让儿童圈出作业单中代表他们听到的发出不同或者相同声音的动物图片。让儿童听歌谣，分辨押韵的单词并制作一张押韵单词表，这也是一种听觉辨别能力的活动。教师还可以进一步将字母和发音联系起来。有些活动可以帮助儿童完成这一任务。如收集符合某种发音规则的单词，让儿童从杂志里剪出一些图片拼贴成字母 M 等。图 5-1 是一种典型的准备活动作业单，可以让儿童圈出以辅音 d、p 以及重读音 c 开头的单词。这些作业单可能会产生歧义，因为鹿的图片在经历不同的儿童看来可以是麋鹿（moose），也可以是羚羊

(antelope)。儿童对插图的理解和绘画者脑海中的印象有差异,就会圈出错误的字母。因此,如果开展这项活动,教师必须先帮助儿童分辨不同图片的名字。阅读准备活动对儿童迅速学习、掌握读写技能是很重要的。

检测清单	阅读准备			
儿童姓名_____	日期_____			
社会性和情感方面的发展	总是	有时	从不	评语
分享				
与同龄人或者成人的合作				
表现出自信、自控和稳定的情绪				
完成任务				
完成职责				
身体发展	总是	有时	从不	评语
显示跑步、单脚跳、小跑、奔跑、跳跃、投掷以及走直线等粗大动作的控制能力				
显示正确握笔、用线条涂色以及用剪刀剪裁等精细动作的控制能力				
展示手眼协调能力				
能写名字、抄写字母并能画出人的轮廓				
健康有活力				
没有显示出视觉或者听觉的缺陷				
身体的控制力(手、眼、足部)				
认知能力发展	总是	有时	从不	评语
通过辨识相似的、不同的声音,辨别押韵单词				
识别开头与结尾的辅音并有一定的听觉记忆				
展示听觉辨析能力				
通过理解从左往右的眼部活动,辨析异同,分辨色彩、形状、字母以及单词,拥有视觉记忆,并且显示出图形—背景识别力,展示视觉辨析能力				
教师评语:				

图 5-1　要求:圈出每张图片所对应单词的开头字母,如蜡烛(candle)图片里圈 c,钢琴(piano)图片里圈 p,龙(dragon)图片里圈 d。

利用"环境文字"

一些研究者已经发现儿童两岁时就能够读出熟悉的环境文字(Orellana & Hernandez,1999;Strickland & Snow,2002)。其他研究者则表示,儿童常常阅读的是符号而不是文字。当文字和熟悉的场景相分离,儿童有时就无法认出来了(Hiebert & Raphael,1998)。尽管如此,当年幼的儿童将麦当劳的文字和商标联系起来并试图读出来的时候,他们就是在理解一组字母组成的一个单词是可以阅读并能承载信息的。阅读环境中文字的能力让儿童有一种成就感,并能正面强化儿童由于引起照顾他的成年人的关注而带来的成就感。

父母可以在孩子出生第一年即开始注意周围环境的文字。日常生活中,父母需要指出并读出食品包装标签、路牌、商店和餐厅的单词。世界上到处都是环境文字。我们的早教班级应当将外面的环境文字引入课堂,而教师需要在儿童看护中心、托儿所、幼儿园和一、二年级的教室中给不同的物件贴标签。这些文字应该被描绘以及抄写。这样的文字一旦熟悉起来,就会成为儿童即识词汇的一部分。

儿童最为熟悉的环境文字多为食品包装尤其是麦片、汤类、牛奶和饼干的包装,还有就是清洁剂的盒子和瓶子。在这些常见的符号中,儿童会辨认快餐商标、阅读标志、交通标牌以及流行的连锁店、超市和服务站的名字。收集这些标志和商标,并把它们放在教室里——可以放在挂图上,贴在索引卡片上,也可以做成环境文字的活页书。大多数商家都免费提供各式各样印有商标的打印材料。将社区的环境文字拍成照片带到班上,建议儿童读出文字,抄写并且用它们写成一句话或者一个故事。

将环境文字引入教室，在入学伊始可以应用一些符号。例如用儿童的名字来命名小熊玩偶，用街道中心的名字来命名教室的不同区域。用5英寸×8英寸的索引卡片和深色的马克笔制作标签，每个单词开头大写，其余字母小写，让儿童了解单词外形。把这些标签挂在儿童容易看见的位置。为儿童指出标签并建议他们给朋友们读出标签内容并抄写这些标签。在学年中不断在教室里添加新的标签。将这些标签作为日常生活的一部分，这样这些标签就会被善加利用并加入儿童的即识词汇量。使用标签的原因在于，标签对儿童而言比较有趣，也可以起到只是教室中重要资源以及学习角的功用。还可以将标签和一些信息联系起来，比如吃点心前洗手。常指出标签，儿童就会意识到标签是有帮助功能的。

标签还可以与内容阅读的话题相结合。如果你们正在学习儿童早期喜爱的恐龙话题，可以展示恐龙模型并给每只模型加上名字标签。这样即使是雷龙（brontosaurus）和暴龙（tyrannosaurus）这样既长又复杂的单词，也会立刻成为年龄较小的儿童的即识单词。常常可以观察到幼儿园、学前班和一、二年级的儿童自己读或者互相读标签的情况。在一个幼儿园的班级，我观察了一堂以摇晃罐子听音辨音为特色的课。教师刚在科学角放置了两个新标签，我看见乔瓦娜抓住娟的手说："听啊，娟，我摇晃罐子时，它发出了里面有沙子一样的声音。你试试看。对吧，这个单词念作沙子（sand）。"娟拿起另一个罐子边摇晃它边说："听听这个，这个声音听着像石头这个标签，一定念作石头（stone）。看啊，沙子和石头的单词都是 s 开头的。"两个孩子摇晃罐头并指着相应的标签说着"石头"和"沙子"。他们不断重复这个过程并且交换罐子。

◎ **晨间信息**

还有一种在教室环境中添加文字的方法就是用它来进行交流，这种方法甚至适用于幼儿园儿童。每天给儿童信息，布置一些任务；在黑板或者挂图上选择一个固定位置；使用图画谜语或者在图片旁边写上文字，图示就能帮儿童理解有关传达的信息。下面就举一些例子。

今天（today）是周二（Tuesday）。外面下着雨。我们今天要进一步学习蜘蛛。我有几本新的关于蜘蛛的书要分享。

这种常规工作将教会儿童每天自觉地看看黑板上有什么特别的信息。从信息中他们也能了解到文字能承载一些有趣又有用的信息。一些教师将这种操作方法称为"晨间信息"，并正式将其列为一天开始的第一堂课（Morrow，2003）。

晨间信息常在晨会时使用，那时班级集中讨论当天将会发生的事情。至少在写一部分信息的时候会有儿童观摩，这样就能为他们提供一个良好的书写范例。可以使用晨间信息来发展各种文字的概念；强调特定的单词和字母；追问有关单词意思的问题,或者让儿童在原先的信息中添加一些句子等。还可以让儿童在信息中找寻他们名字中也有的字母,或找一找结尾相同的单词等。

教育七八岁的儿童时,晨间信息和环境文字的内容应更为复杂。信息可以用于儿童指出与有关学习程度相适应的音形关系或者常见语音规则。例如,以下是一则晨间信息,正好是一个绝佳的机会,可以指出 sh 组合:"雪莉(Shelly)正穿着闪闪发亮的(shiny)新鞋(shoes)。"

在下面一条信息中,有五个例子提示了一个常见的语音现象,在"元音-辅音-e"结构中,元音通常为长音。"凯特告诉我们她的生日蛋糕(cake)做(made)成了风筝(kite)的形状(shape)。"这是一个观察和讨论这一字母发音组合的绝佳机会。

教师使用晨间信息教字母书写,可以在写信息中的一些字母时指出这些字母。教师有时也会故意犯一些拼写和断句的错误,然后让儿童当小侦探发现错误。

教师可以空出单词中的部分字母或者空出句子中的部分单词,让儿童从上下文中发现并填写完整。而这些单词正代表之前教过的部分技巧,例如有长音 a 的单词、有短元音的单词或者是可以分解或组合的单词。儿童被要求辨认和圈出一定类型的单词、元音等。

在尤瑟夫老师的幼儿园,他们每天都有晨间信息时间。每天的信息都很类似,可以帮助儿童学习单词、字母和发音。今天的信息如下:

亲爱的男孩、女孩们:

今天是 2010 年 1 月 4 日,周一(Monday)。今天天气寒冷(cold),有雨(it is raining)。我们将学习爬虫类。我们讨论过蛇、蜥蜴和鳄鱼。

爱你们的,
尤瑟夫老师

既然每天的信息都类似,儿童开始读出信息了。很快尤瑟夫老师去掉一些单词,让儿童辨认丢了哪些单词,例如:"Today is Tues_____ January 5, 2010. The weather is c____d and it is rai__i__g again."(今天是 2010 年 1 月 5 日星期二。今天天气冷,依然下雨。)

她会将一些词的词尾空出来不写,比如 today 中的 day。她还会省略日期中的年份等。

发展即识词汇量

在《教师》(1963)中,西尔维亚·阿什顿-华纳将**个人词汇**描述成发展即识词汇(sight vocabulary)的一种方法。她鼓励儿童将他们在故事或者阅读课程中最喜欢的单词写在一张 5 英寸×8 英寸的卡片上,每个单词都写在单独的一张卡片中。个人词汇通常来源于儿童的家庭生活,如"妈妈"、"爸爸"、"爷爷"、"奶奶"、"饼干"等。它们也反映了情绪情感,如"调皮"、"友善"、"美好"、"惩罚"等。在将个人词汇记录到索引卡片上后,卡片被存放在儿童的文件盒、咖啡罐或者一个挂在活页环上的塑料口袋里。

开始收集个人词汇的一个好方法是先讨论一下家里最喜欢的东西、玩具、朋友等诸如此类的话题。让儿童了解你要让他们讨论的内容之后,再依据讨论列出最喜欢的单词。例如,教师拿着她的个人词汇盒并且示范说明。

教师:这是放有我个人词汇的盒子。我收集了家人、朋友、我喜欢的东西和我新学到的单词在里面。看啊,这个读作"自行车"。我喜欢骑我的自行车,所以我把这个单词放在我的盒子里面。一边你可以看到有单词,另一边是与单词对应的自行车图片。你们最喜欢的人、东西、宠物、玩具都是什么呢?

贾马尔:我爱我的奶奶,我想要"奶奶"这个单词。

金姆:我爱巧克力小甜饼,我想要那个单词。

阿曼德:我喜欢妈妈给我读书。我想要"书"这个单词。

于是教师把卡片、记号笔准备好,然后给贾马尔写上单词"奶奶"并画上一个女士的脸;在卡片的另一面,她只写了单词没有画图。给金姆的卡片上,她一面写了巧克力小甜饼的英文单词并配上图片,另一面则只有单词。而阿曼德得到的卡片,一面有单词书和书的图画,一面同样只有单词。

这个活动的有趣之处在于能产生一些有趣的语言,也许是关于爆米花,也许是关于做橡皮泥。儿童也可以选故事书上或者社会及科学活动上出现的单词。很快儿童就算没有任务也会主动要求添加个人词汇。

鼓励儿童使用他们的单词做些事情——读给自己或者朋友听,抄写下来,把单词报出来让老师听写,在句子和故事中使用单词等。因为单词来源于儿童在幼儿园、学校和家里感兴趣的事物,个人词汇的收集活动是一个发展即识词汇的强有力的方法。

图5-2 个人词汇是发展即识词汇量的资源。教师应鼓励儿童抄、写、读。

七八岁的儿童也喜欢从收集个人词汇的活动中学习。他们会按字母顺序将单词收集到一个文件盒中。教师可以让儿童在个人词汇中学习一些字母组合。他们可以讨论辅音和元音,单词中的组合、分解和一些结构元素比如前缀、后缀,以及发音的一些通用规律等。儿童学习自己选择的单词中的某种字母组合,比学习教师单纯布置的任务或者从书中发现的字母组合要更有意义。

个人词汇对于使用双语的儿童也是有用的。索引卡片上可以同时写有个人词汇的英语和儿童使用的母语两种版本。

◎ **作为即识单词的高频词**

对儿童来说,一组频繁出现在阅读材料的即识单词需要被快速地回忆出来。这些单词本身并不承载什么意义,但是组合起来可以组成句子。它们常常难以破解,因为其拼写往往是不规律的。如果儿童在读这些单词的时候毫不费力地就能将其分解成若干部分,将会对他们的学习有帮助。因为这些单词的学习是依靠记忆或者视觉形象,所以很容易就能读出来。

通常,即识单词的教授方法是系统、直接的。每周教师都会为儿童选择这些单词来学习。为了学习这些单词,需要以下一些活动。

- 单词要大声说出来并应用于句子中。
- 句子要写在黑板或者是挂图上,其中即识单词要加下划线。
- 每个单词的特征,比如说字母或者它与其他单词的共同之处要加以讨论。教师还要指出单词中包含的规则和不规则类型。
- 要求儿童大声拼写单词,用手指在空中画出单词的拼写并能在纸上写出单词。
- 儿童在拼写单词时要大声念出字母。
- 教师有一个高频词汇盒。围圈而坐,每个儿童轮流拿出一个单词,念出来,将其使用于一个句子中并展示给小组的同伴看。
- 这些单词可像个人词汇一样写在索引卡片中,并和儿童的其他卡片存放在一起。

表5-1展示了一张**高频词**(Fountas and Pinnell,1996)列表。幼儿园和一、二、三年级的教师需要确保在一定时间内儿童可以记忆这些词作为即识单词。根据亚当斯(Adams,1990)所述,下列13个单词大约占了儿童早期读写文本中的25%,是应该首先学习的:a,and,for,he(或 she),in,is,it,of,that,the,to,was,you。为了确定儿童能即识这些高频词,应该测试他们读这些词的能力。教师应教儿童用闪视卡片辨识单词,并在所读文章的上下文中找出这些单词。这一测试可以在一学年中多次进行(Allington & Cunningham,1996)。

表 5-1　高频单词

a	boy	going	into	my	run	two
after	but	good	is	no	said	up
all	by	had	it	not	saw	us
an	came	has	just	now	see	very
and	can	have	keep	of	she	was
am	come	he	kind	old	so	we
are	could	her	know	on	some	went
as	day	here	like	one	that	were
asked	did	him	little	or	the	what
at	do	his	look	our	then	when
away	don't	house	looked	out	there	where
back	down	how	long	over	they	will
be	for	I	make	people	this	with
because	from	if	man	play	three	would
before	get	I'm	me	put	to	you
big	go	in	mother	ran	too	your

Source：Reprinted by permission from Guided Reading by Irene C. Fountas and Gay Su Pinnell. Copyright © 1996 by Irene C. Fountas and Gay Su Pinnell. Published by Heinemann, Portsmouth, New Hampshire. All rights reserved.

◎ **教授高频词和其他有意义单词的单词墙**

一面单词墙的典型做法是按字母表顺序排列并贴在墙上，置于儿童视线所及的地方。高频词依据其特点，并按其首字母所属字母表中的位置贴出来。这些符合某种特征的单词会被教师选择出来进行优先学习。其他的也许是儿童有阅读或者拼写困难的单词。这些单词被写在索引卡片上。要求儿童大声拼写出单词，在空中用手指写出单词，并且抄写这些单词。有时还要写出单词并剪裁出单词的形状，这样可以为记忆单词提供视觉线索。在提出单词之前要注意它们的特点，比如说它们的发音、拼写以及字母组合方式。建议儿童书写时，可以将单词墙作为字典使用。

单词墙可以用作玩单词学习的游戏。例如，如果教师想做些读音变化练习，就可以指着一个单词比如"went"说："这个单词念作 went。如果我将读音 w 换成一个 b 的读音，这个单词怎么念呢？"或者"这个单词与 look 押韵，并且开头有个 b 的音。你能在单词墙上找到这个单词吗?"

通过在墙上移动单词或者在一张纸上写下单词,可以将单词墙的单词按照词族或者词尾来分类。应该就独立使用这面墙多开几堂课(Cunningham,1995;Moustafa,1997)。

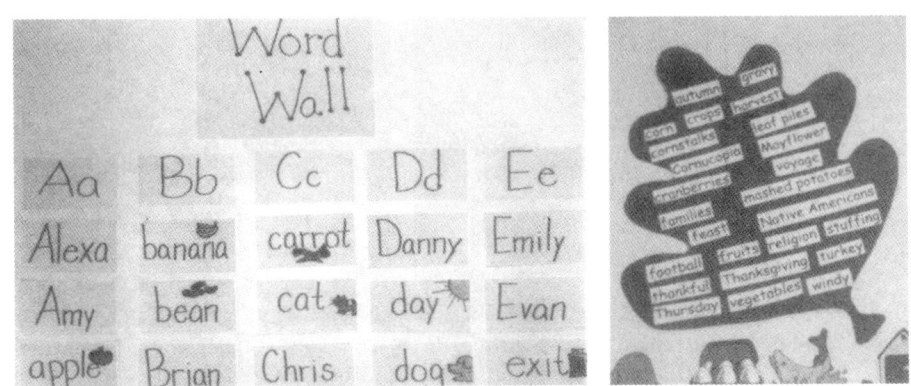

图 5-3　单词墙的左边是高频词,右边是与秋天主题相关的单词,以及来自于其他社会和科学活动单元的词。

尽管单词墙起初的设计目的是教授高频词,然而现在教师将其用作新单词教学。这些单词来自于话题讨论、书籍阅读和日常讨论。教授年幼的儿童时,首先上单词墙的单词就是他们的名字。而幼儿园单词墙上的单词数量则应该有所控制。

以下补充一些教师可以引导的单词墙活动。

- 让儿童按类型给单词分类,例如,含有字母"an"或者"at"的单词。
- 把单词分成关于色彩的、名字的等种类。
- 使用单词墙的"秘密单词游戏"可以给儿童提供以下线索:秘密单词在词尾有"at"字母组合。它有三个字母。它是一种动物。它有皮毛和小而尖的耳朵。它们生活在人类的房子里。它喜欢牛奶。它是一只___at(猫)。

◎ **使用语言经历法**

语言经历法(language experience approach)在阅读指导中运用许多年了。它可以帮助儿童将口语和书面语言联系起来,特别是要教他们将说过的话写下来并读出来。它说明了书面语中从左向右的顺序。在实践中,它说明了字母的形式加上它们的排列组合可以形成单词;它帮助认识常见词汇;它是音形一致方面有意义的教学的来源;并且,它建立在儿童兴趣和经验的基础上。

许多教育者发展和阐明了语言经历法,如 R. V. 艾伦(1976),M. A. 霍尔(1976),以及 J. 维奇和他的合作者(1973)。从学习者的角度看,语言经历法是建立在以下前提上的:

我所思考的都是重要的。

我所思考的都能说得出来。

我所说的都能被我或者他人写下来。

我所写下的都能被我和其他人读出来。

建立在兴趣和经验基础上的语言经历法来自于儿童在学校和家中的生活。语言经历法尤其适合学习英语的儿童使用。它是关于他们的生活的；词汇来自于他们，他们用自己的单词编成他们自己的书。在学校，教师需要计划好这些语言经历教学活动，比如班级旅行、烹饪课程、木偶操作、客座演讲者、班级宠物、节日祭典；或者是可以让年幼儿童兴奋起来的话题，如恐龙、外太空、其他文化等。语言经历课程通常在全班展开，但也可以用于一组儿童或者单个儿童。

一堂语言经历课以口语开始。通常开始于一次有趣或者令人兴奋的班级活动的讨论，比如说最近去动物园的餐馆活动或者饲养宠物沙鼠的小宝宝。开始这样的讨论，先要问些开放性的问题，以鼓励描述性的回答而不是简单的"是"或"否"的答案。例如，如果话题是去动物园的旅行，可以先让儿童列举他们最喜爱的动物，然后说说：为什么最喜欢它？这种动物长什么样？在动物园看见它的时候，它在做什么？接受所有儿童的答案是很重要的。接受那些不标准的英语而不是去纠正它。但是教师要使用规范、标准的英语把儿童所说的内容复述一遍，这样可以为他们提供一个良好的语言范例。

在通过讨论得出一些想法后，把它们写下来。和全班一起把这些想法写在一种画好线的大纸上（约24英寸×36英寸），这可以成为一张"经验挂图"。可以把它贴上墙或者放在画架上。用深色的粗记号笔书写，单词间距和行间距留足，这样挂图就比较容易阅读。使用手写要注意字母大小写问题，遵循正规的书写规范并安排好单词，不单独使用单词的大写。单词的配置，可以帮助儿童辨识单词。

在记录"经验挂图"上的语言时，教师应该写得既快又清楚，为儿童阅读和模仿提供一个好的书写范例。当你听写儿童的话时，除非对于其他儿童而言难以理解，应尽量使用他们的语言。当听写内容难以理解时，让一个孩子重新说一下想法或者有必要的话帮助儿童重述一下。采纳尽可能多的儿童的意见是很重要的。当制作新的挂图时，尽量记住哪些孩子还没有提供意见，并鼓励他们在新挂图中加入自己的意见。最好是能辨识出谁说了什么。挂图对于那些自己的名字出现其中的儿童而言显得更有意思。例如，雅各布说："我喜欢动物园的大猩猩。他四处跳跃还做出滑稽的鬼脸。"乔瓦娜说："我喜欢小鹿宝宝。他们有大大的明亮的黑眼睛，湿湿的黑鼻子以及闪亮的棕色皮毛。"试着给每个句子配上插图，这可以帮助儿童阅读挂图。

由两三岁儿童口述并听写下来的"经验挂图"可以是简单的单词列表，比如动物名称旁边配有插图。单词表对更为年长的儿童而言,也可以制成相应的挂图。单词表是一种记录和强化与正在学习的话题相关的词汇的快速方法。当书写挂图时,应及时利用机会指出文字的概念:"现在我在写单词'猩猩'(gorilla:g-o-r-i-l-l-a)。看啊,它以一个 g 开始,以一个 a 结束。"心里注意哪些字母或者读音可以引起儿童的注意。让儿童在挂图上指出你应该从哪里开始写。就像经过指导的听(或者读)、思考活动以及晨间信息,语言经历课程也应该有一个特定的技能目标。

语言经历课程的最后一节是和儿童一起在班上阅读挂图。用教鞭强调从左向右的程序。让全班齐读挂图,或者让在挂图中提供自己意见的孩子一个一个地读自己贡献的句子。把挂图放在教室里可以看到的地方,并且鼓励儿童阅读并抄写它的部分内容,抄写他们喜欢的单词,或者从挂图中寻找单词加入个人词汇盒。代表了在学校讨论的不同话题的词汇挂图和"经验挂图",只要空间上允许,都可以挂在教室里,然后编进大书中,让儿童在这一学年中翻看。如果有一台层压机,保留这些挂图也是很明智的。根据儿童的口述记录下来的故事、图书以及班级书籍,可以放在班级图书馆中供他们阅读。这些班级制作的材料常常成为教室里最受欢迎的书。

口袋挂图活动常和语言经历法联系起来。在挂图中,与课堂经验相关的单词都是有一定特征的。短故事、诗歌以及儿童唱的歌谣都可以打印成一张张句条。让儿童抄写挂图来练习他们的书写。另外,句条可以打乱顺序,再重整序列放入口袋挂图中。句条可以剪开成为独立的单词,让儿童在学习单词阶段中使用,引导儿童学会辨识并练习把它们整合成句。

当教授"动物"这一单元时,教师放映了有关动物的常见词。她选择了诗歌《早上好》并读给孩子们听,以加强他们识读动物名称的能力。诗歌如下:

我对小鸟说早上好	I say good morning to the birds
蜜蜂早上好	Good morning to the bees
圈里的猪早上好	Good morning to the pigs in the pen
我对鸭子说早上好	I say good morning to the ducks
鹅早上好	Good morning to the geese
快乐的小母鸡早上好	Good morning to the happy little hen

教师把诗歌的单词先写在挂图上,然后写在句条上。她在每句后面画了每种动物的图画。她把第二张句条剪开为一个个单词。这样她给儿童留了四个任务:

1. 阅读诗歌。
2. 把句子排序,整合成一个故事。
3. 运用句法和句义知识,将独立的单词串连成句。
4. 辨别常见词,如鸟、蜜蜂、猪、鸭子、鹅以及母鸡。

图 5-4 博尔卡老师写了一首诗,然后让儿童为句条排序。

口袋挂图活动通常被用在独立的活动区时间练习技能。

语言经历法在童年早期阶段以及之后,可以同样用于晨间信息和个人词汇,对于注意语音基本规则和音形一致都是合适的。在这样的情况下,使用的材料是熟悉和有意义的。偶尔,准备一种班上双语儿童所讲的语言挂图。如有必要,从这些孩子的父母或者从同事那里征集。这种策略可以引导双语儿童在他们自己的语言与英语之间建立联系。

语言经历法的材料既便宜也简单。它们包括挂图纸、记号笔、彩色的图画用纸、白纸、索引卡片、剪刀、订书机、铅笔和蜡笔。根据教师的指示,这些教室里的简单材料记录了来源于儿童自己有意义的真实生活经历的单词和图画。语言经历法对于早期阅读中的读写指导应该是重要的,而非仅仅作为补充。

利用上下文和图片来辨识单词

文学方面的经验可以引导儿童使用上下文的线索以及插图去辨识单词,并认识到单词是有意义的。文学方面的经验来自于全班、小组或者一对一学习中,利用教师指导下的倾听(或者阅读)以及思考活动,分享阅读经验并且重复故事的阅读。比如,选择一篇文章内容和插图相互关联并可加以推测的故事,读给儿童听之前,让他们看着其中一页上的图片,让他们想想单词该怎么读。然后读出这页的内容,说明文字和插图是紧密关联的,而图片可以在儿童阅读这个故事时提供对他们有帮助的信息。

句子的句法和句义(即它的语法结构以及意义)也可以帮助儿童识别单词。在读故事的过程中,在某些可以推测下文的地方加以停顿,让儿童填词,鼓励儿童使用这些文字语言的元素。例如,在阅读《三只小猪》(Brenner,1972)时,先阅读完整重复的句式。

"小猪,小猪让我进来。"大灰狼说。"没门儿,别想!"第一只小猪说。"那我就要吹啊吹倒你的房子。"大灰狼说。第二次,大灰狼说:"小猪,小___让我进来。""没门儿,_____。""那我就要吹啊吹倒你的_____。"等等。

这种技巧在阅读大书的时候最为有效。因为当儿童说单词的时候,你可以同时指着相应单词。当儿童开始理解填词的概念的时候,可以选择更难的文章停顿让他们填词。读的时候准备好留空让儿童填词的挂图和有完整文章的单子。儿童可以利用他们已有的预测单词的句法和句义知识。而当儿童自己阅读的时候,也可以仿效使用这种策略。

除了这些通用的建议之外,辨识单词的具体经验还可以有所变化,这样儿童可以掌握利用上下文的多种策略。从上下文中确定单词的常用方法就是利用文章的意义。例如,在以下句子中,缺失的单词显然是"皇后"。我们可以向儿童展示如何利用文章意义来辨识新单词。

国王和_____一起住在巨大的城堡中。

还有一种利用上下文线索的练习,需要一系列相关的单词。为了降低这种练习或者其他上下文线索练习的难度,可以提供开头的辅音字母。例如:

我最喜欢的水果种类是苹果、b_____(意指香蕉"banana")、梨子和橘子。

有一种类似的上下文线索练习需要打乱字母。例如:

我向来守时,但是我的妹妹总是_____(alte)。(意指迟到"late")

教授上下文线索时,教师可以选择去掉所有名词、动词,每隔四个单词留空等不同方法。有无限的方法可以利用这种策略,而每种方法都可以帮助儿童辨识新词。这种方法就是所谓的"完形填空"。

语音意识和音素意识

早期读写能力中的语音意识和音素意识指导,可以帮助儿童独立阅读。教授儿童这些技巧,应该和其他学习阅读的策略同时进行,比如掌握常见词以及学习如何使用上下文线索和图示线索。儿童需要关于书本和阅读的总体概念,也需要在解读新词时掌握更多抽象的技巧。音素意识即认识到单词是由独立的语音元素构成(Burns, Snow & Griffin, 1999; Soderman & Farrell, 2008; Strickland & Schickedanz, 2004; Tompkins, 2003)。单词 hat 和 chat 都包含三个语音元素即音素。音素不是字母而是声音。这和包含字母与发音关系的语音学有所区别。语音意识和音素意识也不同。它是语音中发音结构的相关意识。语音意识与口头语言中更多单词的辨识和生成有关,比如完整的单词、音节、开头辅音以及词尾。这些音的划分和组合就是儿童需要发展的一种重要技能。

语音意识和音素意识被认为是听音辨字(自然拼读法)的前身,是学习字母拼读所必需的,对于成功掌握阅读能力而言也十分重要。但它们只是学习阅读的综合课程的一部分(National Reading Panel Report,2000)。流畅阅读,需要同时使用几种单词学习技巧(Reutzel and Cooter,2004)。根据全国阅读委员会的报告,儿童要掌握这些技巧需要幼儿园一学年中 18 小时的音素意识教学。在为期 180 天的学年中,每天应该进行大约 6 分钟的教学。

音素意识和语音意识的指导

音素意识和语音意识的指导应该是有趣的,如教师读故事、讲故事、玩单词游戏以及使用诗歌和谜语。这一领域的指导应该是有意识、有计划的,而不是随意而为。过去这种指导是自发的、偶然的。当然,需要时仍然可以自发进行,但必须是系统地写入每日教学计划中。尽可能让你的指导有目的、有意义(Adams,2001;Cunningham,2005;Gambrell,Morrow,& Pressley,2007)。

对于年幼的儿童而言,先处理整个单词或者单词的主要部分,其次处理单词中的细节部分是更为简单的。有一种以音素意识开始的技巧是让儿童接触押韵活动。这被认为是最为简单的活动,因为它是围绕整个单词进行的。押韵活动可以在幼儿园和学前班时进行。仅仅朗诵歌谣或者读故事就可以帮助儿童发展这一技能。接下来,儿童可以划分单词中的声音,比如可以听出并计数单词中的音节。可以让儿童学习通过用自己名字中的音打节拍来学习划分单词音节。处理语音意识最难的技巧就是应用单词的首音和尾韵来分解与组合单词。开头的辅音字母是一个单词开始的音,而尾韵则是一个单词结尾处的音或者字母组合的音。这一领域的任务举例如下:让儿童听出单词中的 cat 开头的音,也就是 c,并把它和词尾 at 放在一起组成完整的单词 cat(Yopp & Yopp,2000)。当教这些有助于学习押韵、分解和组合单词的活动时,我们可以让儿童将音配对,划分音也可以让他们替换音或者略去某些音。记住这些活动可以帮助儿童学习单词中的读音。记住语音意识指的是单词发音而不是辨识其中的字母音。它们常常是口头练习。

最简单的音素意识的任务就是押韵。教师可以帮助儿童倾听、分辨并且将相同的单词类型配对,比如押韵。这方面的活动应该是有趣的。让儿童接触包含押韵的图书,例如《绿色的蛋和火腿》(Seuss,1960)、《晚安月亮》(Brown,1947)、《红心女王》(Hennessy & Pearson,1989),有助于发展这一技能。教师可以从书中找到押韵和不押韵的句子，让儿童发现其中的区别。更多押韵练习举例如下：

- 你能想到和你名字押韵的单词吗？我的名字是 Ann，和它押韵的单词是 fan。
- 唱押韵的歌曲，例如"Hickory Dickory Dock"，并单独挑出押韵的单词。
- 表演童谣如《杰克和杰尔》(Jack and Jill)，并辨识其中的押韵单词。
- 续写押韵的故事，比如《我知道一个老太太》(I know an old lady)。让儿童决定她还会吞下什么而她又会出什么状况。例如"我知道吞青蛙的老太太，当她吞下青蛙她开始跳起来"。

有一些日常歌谣或者歌曲，让全班反复唱念是个不错的主意。唱念的过程中，允许儿童改变押韵的词，并与原文押相同的韵。

让我们来玩押韵吧	Let's make a rhyme
当外面很冷而你想要玩耍，	When it's cold outside, and you want to play,
让我们来玩押韵吧，老师会说。	Let's make a rhyme, my teacher would say,
你有没有看过一只狗	Did you ever see a dog
推着一根木头	Pushing a log
在一个寒冷的冬日？	On a cold and winter's day?
当外面很冷而你想要玩耍，	When it's cold outside, and you want to play,
让我们来玩押韵吧，老师会说。	Let's make a rhyme, my teacher would say.
你有没有看过一只麋鹿	Did you ever see a moose
推着一只鹅	Pushing a goose
在一个寒冷的冬日？	On a cold and winter's day?

每个儿童下一步要思考的是找一种动物可以编出与这首诗押韵的句子，例如：

你有没有看过一只奶牛	Did you ever see a cow
叫着"哞哞"	Saying bow-wow
在一个寒冷的冬日？	On a cold and winter's day?

对儿童而言，划分单词音节是比押韵更为困难的重要技能。儿童较容易划分开始的音即首音和单词结尾的音（尾音）。例如单词 man，指导儿童说出"mmm"

即首音/m/,然后是尾音/an/即 man。

音节区分也是划分音节或学习音律意识的方法。儿童可以在自己或者朋友姓名的每个音节处拍手。

名字颂	Name Chant
如果你的名字有节拍,而这节拍是一拍,	If your name has a beat and the beat is one,
边说边拍吧,然后跑,跑,跑。	Say and clap your name and then run, run, run.
如果你的名字有节拍,而这节拍是两拍,	If your name has a beat and the beat is two,
边说边拍吧,像袋鼠那样跳啊跳。	Say and clap your name and hop like a kangaroo.
如果你的名字有节拍,而这节拍是三拍,	If your name has a beat and the beat is three,
边说边拍吧,然后像蜜蜂那样嗡嗡叫。	Say and clap your name , then buzz like a bee.
如果你的名字有节拍,而这节拍是四拍,	If your name has a beat and the beat is four,
边说边拍吧,然后在地板上踩踩脚。	Say and clap your name and stamp on the floor.

分解单词后,让儿童把它们组合回原来的样子,目的是让儿童能够分辨每一个单词中的每个音,知道听到的音的数量并将其组合回原样。我们可以让他们将单词延展开来,仿佛拉着橡皮筋一般,即让他们分解后非常快地说出来,就像橡皮筋反弹一般地组合回去。以下是帮助儿童学习分解和组合单词的活动。

1.唱叫作"Bingo"的歌。每个字母被唱诵着然后又被组合起来。将歌词"有个农民有只狗,它的名字叫 Bingo"改成"我认识一个漂亮女孩(或者英俊男孩),她的名字叫 Jenny 哦,J-e-n-n-y,J-e-n-n-y,J-e-n-n-y,Jenny 就是她的名字哦"。

2.玩一个替换开头音的猜谜游戏。如"我脑中有个单词听着像 head,但是开头的音是/buh/",或者"我脑中有个单词听起来像 fat,但是开头有一个/mmm/音"。

3.有一首练习分解和组合单词的很好的歌——《这个老人》。你可以使用具有一定特征的字母本身的音或者使用字母的发音,唱出组成单词的字母。但这是一个口头活动,不能把字母和它所发的音配对起来。

这个老人	This old Man
这个老人唱着"N"的歌曲	This old man sings N songs
他整天都在唱"N"的歌曲	He sings N songs all day long
歌中有"Nick"、"Nack"、"Nakie Nack"	With a Nick, Nack, Nakie Nack
他唱着他那傻傻的歌	He sings his silly song
他想要你也一起唱	He wants you to sing along
这个老人唱着"B"的歌曲	This old man sings B songs
他整天都在唱"B"的歌曲	He sings B songs all day long
歌中有"Bick"、"Back"、"Bakie Back"	With a Bick, Back, Bakie Back
他唱着他那傻傻的歌	He sings his silly song
他想要你也一起唱	He wants you to sing along

现在编一个你自己的版本吧。

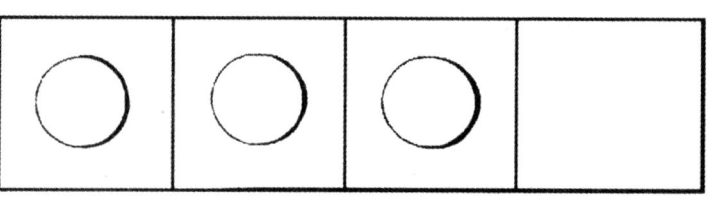

图 5-5 单词学习游戏

要求:让我们认识单词"bell"中有多少音。我将再说一遍,"B-E-LL"。你在单词"bell"中每听到一个音就在方框里放一个小竖条。你用了多少根竖条呢?现在看着单词"bell"中的字母。你数出多少个字母呢?(4个)一个单词中,音和字母的数量可以是不同的。

上述方框被用于儿童分解和组合单词的活动,如图 5-5。选择单词并写在一张纸上。每个单词旁边画上方框。说出纸上的单词,例如"duck",然后让儿童按照单词音素数量在方框中放上同等数量的竖条。如单词"duck",儿童将会放置三个竖条进框,因为单词中第二个"ck"只有一个音(Fitzpatrick, 1997; Invernizzi, 2003; Johns, Lenski, & Elish-Piper, 1999)。

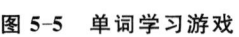 学习字母表

许多年幼的儿童尽管无法辨认出字母表中的单个字母,但是可以读出来。他

们可以读出环境文字、教室里的标签以及个人词汇中的即识词汇。他们从反复阅读和分享图书的体验中学习到其他即识词汇。刚开始发展即识词汇，不需要会辨认字母表中的字母。对刚开始学习的儿童而言，学习口语中很熟悉的完整单词，比起学习抽象的字母更为简单。对他们而言，熟悉的单词是有意义的，割裂的单个字母则没有什么意义。

儿童需要学习字母表，从而能够独立而熟练地阅读与书写。传统上，字母表是父母在家里最先试图教给孩子的事物，但是在幼儿园的课程中它属于阅读准备技能中高级列表内的一部分。研究已经表明，字母表是成功阅读的先决条件。

允许儿童通过教育机构中提供的不同材料去探索字母。如包含字母谜题、大小写的字母吸铁石和可以对应的有磁力的展板、砂纸做的有触感的字母、一些木质的大小写字母、字母表游戏、毛毡字母以及毛毡板、字母模板、字母抽认卡，还有儿童能看得到的挂在墙上的一张长的字母挂表。除了这些材料，教室的图书馆还要提供有关字母的图书以及录有字母歌的磁带。（参照附录A"字母书"列表。）确保每个孩子有一个袋子，可以装下你给他们的姓名以及他们已经学习的其他单词包含的字母。这些字母可以写在电脑上。如果有一个裁纸机，你可以轻易地为每个孩子做出很多大小写字母。慢慢地，每个孩子的袋子里都有了完整的字母表。

鼓励儿童通过游戏探索这些材料。接下来他们将会开始辨识他们把玩的字母，并把他们学会的字母教给其他儿童。提供粉笔和小黑板，让他们自己也能做出字母。儿童也喜欢手绘字母，在他们自己的绘板上描绘字母或者用黏土做出字母。他们喜欢喝字母汤，吃字母饼干和字母脆饼。用手指或者全身摆出字母形状，也是早期儿童教室里常进行的活动。

每周一个字母的系统教学，没有将字母有意义地教给儿童那么有效。许多教师首先帮助儿童辨认他们自己名字的字母。教授某些主题单元的时候，就挑选与主题相关的单词中的字母。例如，在"交通"这一单元中，b代表单词"船"（boat）而t代表单词"火车"（train）。当儿童学会辨识一些不同的字母时，让他们在其他的语境中寻找同样的字母，比如杂志、报纸和书籍。询问儿童他们接下来想从个人词汇中学习哪些字母。给儿童一些他们选择的字母抽认卡，并鼓励他们在刚才提及的各种活动中使用闪视卡片。字母也需要全年练习。

关于字母还需学习和强化的概念，包含以下几条。

- 唱字母歌，同时在海报上指出所唱的字母。
- 玩字母的格子游戏，需要写有字母的卡片和做记号的记号笔。报出一个字母并举着写有该字母的卡片，帮助儿童进行字母的认知。当一个儿童连成一排的时候，他（她）就赢得了这个游戏。

- 为儿童提供字母表杂志。每页都有字母表的一个字母。儿童可以在不同的页码描字母,然后写下那个字母,并在一本杂志里找到使用这一字母的单词,最后把单词贴在这页上。
- 建立一个字母表中心,那里有许多不同的字母材料,比如之前已经提到过的那些材料(有磁性的字母表、字母表书、字母表图章、字母表闪视卡片等)。儿童可以辨识有字母表的这个区域,鼓励他们多使用这里的材料。

州立标准要求儿童在进入学前班之前认识一半的字母,在学前班即将结束的那年要能够说出、认出字母表中所有字母。教师要检查儿童关于字母表的知识,并且根据检查的情况提供指导。如果需要更为清楚的指导来帮助儿童,应该提供小组教学或者一对一教学。字母表中的字母需要常规的练习。儿童应该根据日常的基础和不同的情境设置接触字母。表 5-2 说明了一种普遍使用的记录儿童字母知识的表格。最后,儿童需要学习字母的原则:知道单词是字母构成的,而字母和他们所听到的音之间有着系统的关联。

表 5-2　记录儿童字母知识的表格

字母认识分数表

儿童姓名 _____　年龄 _____　日期 _____
记录者 _____　出生日期 _____

	正确	不正确		正确	不正确	
A			a			困惑:
F			f			
K			k			
P			p			
W			w			
Z			z			不认识的字母:
B			b			
H			h			
O			o			
J			j			
U			u			
						评语:

续表

C			c		
Y			y		
L			l		
Q			q		
M			m		
D			d		
N			n		
S			s		
X			x		
I			i		
E			e		
G			g		
R			r		
V			v		
T			t		

得分：☐

教授自然拼读法的策略

自然拼读法是最为人熟知的单词学习策略。简言之，自然拼读法就是将音形结合起来。自然拼读法要求儿童学习字母的发音以及将字母的发音（指的是音素）与它们相应的字形（指的是字素）结合起来。在英语语言中有 26 个字母，但是，至少有 44 种发音。音形并不一定一致；有很多的不规则形式，还有很多原则都有例外，这使儿童的学习变得困难。因此，我们必须帮助儿童学习一眼认出还不能读出来的单词，并且需要教给他们一些学习单词的策略。

以下是推荐的自然拼读法的教授顺序。然而，当教学时机自然出现的时候，教师应该利用起来，不必完全依照所谓的推荐顺序。

运用意义策略

我们如何在有意义的情境中帮助儿童辨识音形关系？科学活动和社会活动的主题本身在各个单元中提供了许多有特色的字母。例如，学习农场、宠物和动物园的动物时,因为在这一情境中字母 p 最为常见,即以此为例,以下活动种类可以加以仿效,也可以用其他辅音字母来替换。

1. 例如,在学习这单元时,读《宠物展》(Keat,1974)和《彼得兔的故事》(Potter,1902),在书中找到以字母 p 开头的单词。

2. 使用书中以字母 p 开头的单词制作单词挂图。

3. 在去动物园的户外旅行中带上花生喂动物。

4. 用字母 p 开头的有关动物的单词制成列表,比如孔雀(peacock)、熊猫(panda bear)、猪(pig)。

5. 读《脊椎动物》(Base,1987)并找到 p 这一页,上面有"骄傲的孔雀用喙打扮自己完美的羽毛"(Proud Peacocks Preening Perfect Plumage)。

6. 收集以字母 p 开头的有关动物感觉的词条,例如闻闻狗宝宝,当你去动物园时喂大象吃花生,碰孔雀羽毛,听听小猫的声音,看看读读《牵牛花》(Duvoisin,1950)。

7. 列举本单元中以字母 p 开头的单词。

8. 学习这一单元期间,写一个活动的"经验挂图"。如果挂图上有以字母 p 开头的单词出现,就加亮表示出来。

9. 让儿童在个人词汇中添加这个单元中他们最喜欢的,以字母 p 开头的单词。

10. 从这个单元中找出代表性的事物图片拼贴在一起,并标记出以字母 p 开头的单词。

11. 将歌曲《彼得兔》(Peter Cottontail)打印在一幅挂图上。唱这首歌并且将以字母 p 开头的单词加亮表示。

12. 在班级的《我们自己的字母、发音和单词》大书中,加入字母 p 这一页。让儿童为以字母 p 开头的单词画图片或者剪贴图片。(第 155 页的第六章将对制作大书作出说明。)

13. 完成一张字母 p 的作业单,让儿童描这个字母,写这个字母,并且圈出以字母 p 开头的图片,如猪(pig)和爆米花(popcorn)。

14. 鼓励儿童写出他们在这一单元中的经历,例如去动物园之旅、读过的书、唱过的歌等。在他们的写作中会使用强调过的单词。尽管他们的写作可能不合常规或者他们使用自己独创的拼写,但是这些正间接加强了他们的音素意识。当儿童写作时,他们必须面对将口语引入书面语言的问题。这一过程可以引导他们理解口头语言。

儿童文学是与主题相关的有特点的单词的绝佳来源。注意不要诋毁这些过分强调特定发音的故事,也不要错失在这类自然的书籍中赋予某些单词特色的机会。例如,在关于食物的单元中,一年级的菲诺老师以字母 b 为特点,读了《给萨的蓝莓》(McCloskey,1948)、《给弗朗西斯的面包和果酱》(Hoban,1964)以及《贝贝熊和太多的生日》(Berenstain & Berenstain,1987)。

这些活动以及相似的活动可以用任意开头的辅音字母进行。当在某个主题单元中,只要以某个字母为特色的单词出现在"经验挂图"上或者儿童文学故事中,就为孩子们指出来。字母书通常在介绍每个字母时使用音形关系,而图画故事书会显著地使用特定字母。

当我们阅读时,会同时使用几种策略解读文字和领会意思。因此,我们需要鼓励儿童使用多种技能,而不是割裂地使用某些技巧,这样有助于阅读。应当教儿童自觉地使用上下文线索和自然拼读的线索。为达到这一目的,推荐使用一种策略。即读句子时在某些地方停顿,让儿童来填补空缺。例如,可以说:"The b_____ flew up to the tree and landed on a branch."(鸟飞到树上并停在树枝上。)提供这个单词的开头辅音字母,无论是声音还是视觉,都会调动儿童使用自然拼读、联系上下文、句法以及语音方面的技巧。

只要有可能,都应当利用自发的教育契机帮助儿童学习文字,举例如下:

克里斯托弗(Christopher)是一名一年级学生,他刚刚在他的画上写下名字就嚷道:"哇,我的名字中间有个 STOP。"他指着他名字的字母并拼写出 STOP。他继续说道:"但是这没有意义啊,难道接下来我的名字要念成 Chri-STOP-her。"教师及时抓住这个契机,指出二合字母 ph,并向克里斯托弗解释单词 STOP 是在他的名字里面,但是当字母 p 和 h 放在一起时,它们就组成了新的音,所以他的名字听着是 Christopher,就像 f 的音。她提到还有其他有着 ph 音的单词,比如 photograph 和 phantom。

明确的单词学习活动

基于儿童学习和大脑运作方式的研究,词族即音标以及与词块相关的活动,包括组词、给词分类,帮助儿童学习单词与发音的关系以及如何解读新单词。单词分类以及由首音和尾音构建单词,让儿童能够关注单词中更大的词块。当儿童学习如何通过观察和使用单词类型来辨识新单词时,他们已经发展出了处理其他未知单词的策略。研究表明,大脑处理学习问题时会搜索已知的模式。它会提取已知模式,并试图将其应用于未知领域。诸如熟悉的单词结尾等类型模式可以帮助儿童解决未知问题(Strickland & Snow,2002)。

造词。造词这一活动就像游戏,儿童在其中学习找到单词中的模式,以及通过改变其中一个或者多个字母从而造出新单词。儿童使用磁性字母、木质字母、毛毡字母或者字母牌。在活动中，教师让儿童从故事、新的词汇、与主题相关的单词等地方选择一个实际存在的单词。这个单词可以被打乱字母顺序或者正确拼写这个单词（Gunning，2003）。

还有一种受欢迎的造词活动类型是使用词头和词尾。教师给幼儿提供一些熟悉的词尾比如 at、an 或者 in，让儿童思考用这些结尾添加不同的开头辅音字母或者复合辅音，从而造出新的单词。例如用词尾 at，儿童可以造出以下单词：cat、sat、mat、rat、hat、fat、vat、pat 和 bat。用字母 a、d、n、s 和 t，可以让儿童完成以下任务："使用两个字母组成 at。加一个字母组成 sat。去掉一个字母组成 at。改变一个字母组成 an。加上一个字母组成 Dan。改变一个字母组成 tan。去掉一个字母组成 an。加上一个字母组成 and。加上一个字母组成 sand。"（Cunningham & Cunningham，1992）

改变一个字母的单词归类。当单词组好后，它们可以用不同的方法归类，或者教师也可以提供一些单词来归类。例如，如果儿童从大的单词"感恩节"（Thanksgiving）中创造了小的单词，例如 thanks、giving、sing、sang、hang、king、thanking、having，可以让他们将所有含有-ing 结尾的单词、押韵的单词、以辅音字母 g 结尾的单词、以辅音字母 s 开头的单词等归类。另一种归类法是按照复合辅音、二合字母以及音节数来分类，这也有助于儿童了解单词的不同类型。单词也可以依据意思上的种类来分类，比如颜色或者食物种类。

使用音标或者词尾也是有助于儿童分类以及组词的重要方法。表 5-3 是一张儿童学习时最为常用的词尾表。

表 5-3 常用的词尾表

ack	al	ain	ake	ale	ame	an	ank	up	ush
at	ate	aw	ay	ell	eat	est	ice	ick	ight
id	ill	in	ine	ing	ink	ip	ir	ock	oke
op	ore	or	uck	ug	ump	unk			

教儿童处理新单词。当儿童学习新单词时，他们需要依靠能帮助他们理解其中一部分的组成元素。表 5-4 是向儿童介绍新单词时可供他们使用的单词学习指导。

表 5-4　告诉你自己和好朋友
单词学习指引
• 这个单词是　Hat＿＿＿＿＿＿＿＿＿＿＿＿＿＿＿＿＿＿＿＿＿＿＿＿＿＿＿ • 当我说出这个单词并拖长音时，它就像这个样子＿＿＿＿＿＿＿＿＿＿＿＿＿ • 我知道单词里字母的数量是＿＿＿＿＿＿＿＿＿＿＿＿＿＿＿＿＿＿＿＿＿＿ • 我听出这个单词的音素数量是＿＿＿＿＿＿＿＿＿＿＿＿＿＿＿＿＿＿＿＿＿ • 这个单词的拼写类型是＿＿＿＿＿＿＿＿＿＿＿＿＿＿＿＿＿＿＿＿＿＿＿＿ • 我知道单词中的元音是＿＿＿＿＿＿＿＿＿＿＿＿＿＿＿＿＿＿＿＿＿＿＿＿ • 有相同的音的单词还有＿＿＿＿＿＿＿＿＿＿＿＿＿＿＿＿＿＿＿＿＿＿＿＿ • 这个单词的音标是＿＿＿＿＿＿＿＿＿＿＿＿＿＿＿＿＿＿＿＿＿＿＿＿＿＿

指导儿童人数较多时，每过一段时间就要让儿童写下他们造的词，这样可以了解他们是否能够理解他们正在做的事情。

单词学习活动角

在幼儿教室创设一个可以用来放置单词学习材料的角落是很有必要的。如果能用有趣的不同材料来表示，那么前文讨论过的造词和单词分类活动可以更类似于游戏。教师可以让儿童使用首音、尾音或者打乱字母的单词来造词，用字母吸铁石和磁性展板来表现。儿童可以使用活动的木质字母、塑胶泡沫字母或者字母闪视卡片。字母闪视卡片上可以写有单词结尾、开头辅音字母或者复合辅音。所有字母的开头可以使用一种颜色，词尾则使用另一种颜色。闪视卡片可以在桌上或者口袋挂图上使用来造词。为了进一步增加活动的趣味性，可以用字母印章和有双面贴的白色石板来组词。有些教师使用活动轮盘来造词。宾果游戏、抽奖游戏、翻牌游戏、糖果乐园等和牌类游戏一起被创造性地使用，让儿童可以利用游戏规则来造词。图 5-6 给出了一些可以放在单词学习角的单词学习游戏的例子。

教师也可以自己创造一些单词学习的游戏，让儿童学习和使用，强化他们知道的内容，当教师单独辅导小组活动时，其他儿童也可以独立进行单词学习游戏。教师可以自制材料，也可以向家长、助教以及高年级学生寻求帮助制作材料。

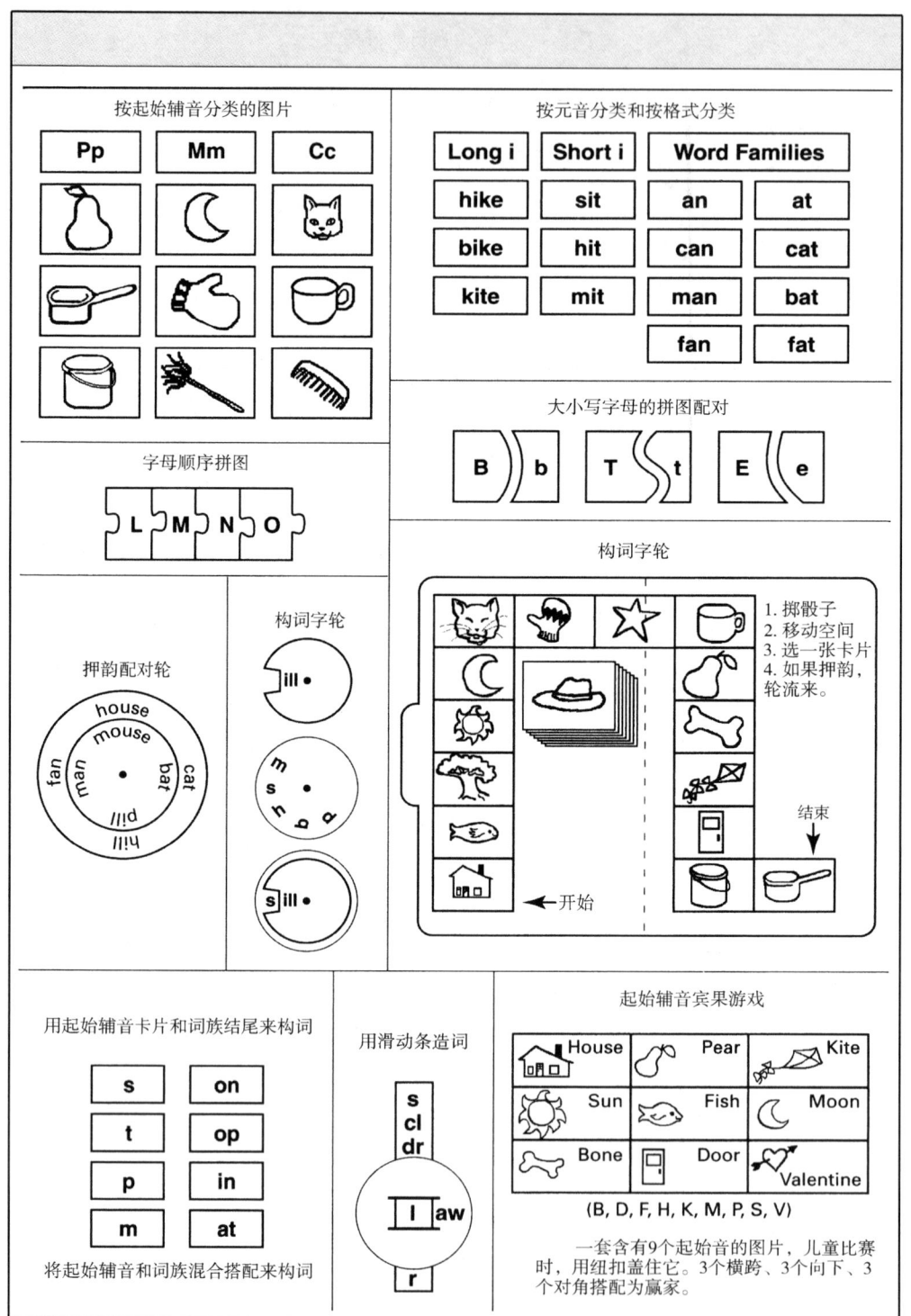

图 5-6　单词学习游戏

使用单词学习角。向儿童介绍过材料的使用方法之后，当指导小组阅读时，罗森老师能够给孩子们布置单词学习的活动任务。下文解释了儿童在使用活动区的时间里所做的活动。

四个孩子试图从单词"感恩节"(Thanksgiving)中尽可能多地造出新词。Thanksgiving 中的字母已经被切割开，放在每个孩子的塑料袋中。除了做好造新词的字母，孩子们还要在作业单中写出单词。

有了字母吸铁石和每个人自己的磁性石板，儿童可以建造单词阶梯。他们以一个字母的单词开始，然后是两个字母的单词，接下来是三个字母的单词，以此类推。每个孩子都有一张索引卡来写下他（她）的单词，从卡片的底部沿单词阶梯一直向上。同伴间会帮助进行检查。

另有一个四人小组研究词尾音标，罗森老师让他们加上词头或者开头辅音来造词。他事先准备了滑动轮盘，即橡木圆盘上面有结尾音标的标签。滑动圆盘，可以和不同的词头组成新词。孩子们用轮盘造出新词并写下来。他们还把自己想出来的单词也写进去。

最后，孩子们用字母和单词印章来造句。印章上都是他们熟悉的单词，他们可以用来造句。

这些活动都是可以操作的。可以让儿童研究来源于单个字、字母词块、单词的开头和结尾以及句子当中的单词。活动也要求儿童一起完成，检查彼此的工作，相互协作。所有活动需要纸和笔的参与来记录所做的工作。例如来自于大词 Thanksgiving 的小词要写在事先发的作业单上。这样教师就可以记录工作完成的情况以及控制儿童负责地完成任务。所有儿童在此期间都有机会使用每一种材料。用于控制活动的作业单很重要，也可以提供练习。我们已经将作业单当作不太重要的材料；但是只要儿童学过多种学习策略，偶尔的作业单就可以提供练习和强化。教师可以和儿童一起使用，并检查来自书中的这些策略。

以口头朗读检查单词学习的知识

我们在早期读写教学的班级让儿童进行口头朗读是有许多原因的。我们可以判定他们的阅读水平，他们已掌握的解读和理解文章的策略类型等，他们犯错的类型，以及他们需要发展的学习策略等。口头朗读让我们知道儿童阅读的熟练程度，而这是由阅读等级、准确性、语言表达、文章的抑扬以及语调决定的。熟练阅读的儿童使用能传达文章含义的口头表达以及语调，并注意顿挫断句。

儿童阅读特定文章的准确程度决定了他们的阅读水平。阅读水平可以说明在指导时、在独立阅读时,应该使用什么样的材料以及判断什么样的材料过于困难。当儿童口头朗读时,我们还可以发现他们是否在监控自己的阅读。例如,当他们犯错时,他们是否自己纠正错误?他们是否通过文章辨认单词?

当我们听儿童口头朗读时,我们可以为独立阅读提供所需的策略。以下是帮助儿童从文章中了解意思的一些提示。这些提示改编自有关学者的著作(Fountas & Pinnell,1996)。

支持阅读者使用信息来源的提示

查看图片。

这有意义吗?

这个单词听着对吗?

这里出了什么问题?(重复儿童所说的内容。)

你知道用这些字母开头的单词吗?

你知道用这些字母结尾的单词吗?

支持阅读者使用自我监控或者自我检查行为的提示:

你刚刚读得对吗?

你为什么停下来呢?

_____在这里合适吗?

_____有意义吗?

检查一下,你认为它看着或者听着正确吗?

你总是这样。看看你能否发现出了什么错。

再试试。

支持阅读者使用自我纠正行为的提示:

我喜欢你这样的处理方式。

你犯了个错误。你能找出来吗?

你差不多都对了。再试试看。

你还能做些什么,可以把错的单词纠正过来?

支持用语言表达并熟练阅读的提示:

你能快速地把这里读出来吗?

把单词连起来念就像说话一样。

Source:Adapted by permission from *Guided Reading: Good First Teaching for All Children* by Irene C. Fountas and Gay Su Pinnell. Copyright © 1996 by Irene C. Fountas and Gay Su Pinnell. Published by Heinemann, division of Reed Elsevier, Inc., Portsmouth, New Hampshire.

读写指导中的阅读材料

当我们讨论读写能力发展时,自然而然地会讨论到公开出版的阅读材料。这些材料被称为基础阅读材料。20世纪90年代初,当时全语言是指导的范例,而儿童文学是读写发展的主要来源,基础阅读材料多为儿童文学选集。这些事先准备好的指导材料在一段时间里更受欢迎,这主要因为当时对于读写指导的关注。这些读写计划正应用于大多数学区并且可能会继续使用,因为它们提供了一套完整的指导材料,可以通过修正,不断加入早期读写发展方面的新发现。以下通用原则可以用于挑选和使用这类材料。

1. 研究材料中的学习目标,并且判定是否与读写方面的早期教育策略的新发现相符。
2. 判定材料是否符合你所在学区或者州订立的教学标准。
3. 判定材料是否包含在你自己的学区中所见的发展性适宜练习。
4. 确保材料适合你所任教的儿童的需要。
5. 城乡儿童和郊区儿童需要的材料不一样。是否有适合将英语当作第二语言的儿童的材料?
6. 检查材料是否能吸引儿童,是否清晰耐用。
7. 分析教师版本是否目标明确,关注计划的描述、课程内容的适合度以及教师使用材料的灵活程度。材料应该考虑到教师对材料的把握,材料不能凌驾于教师之上。
8. 保证包含与儿童阅读能力对应的不同阶段的材料。

同时,关于阅读材料还要问下列问题:

1. 材料中要求的技术条件能达到吗?
2. 有练习材料吗?
3. 教材是否足以代表多元文化?
4. 材料中是否有不同类型的体裁,如大量的说明文、记叙文、寓言、童话、诗歌等?
5. 故事能否和其他内容联系起来?
6. 是否有适合活动区角的可操作的独立活动和独立的任务?
7. 评估能否符合学区的要求?
8. 有没有组织和实施课程的具体计划?
9. 是否有足够的各阶段材料,满足所有年龄段儿童的需要?
10. 教师要严格按照材料中的文本,还是可以灵活使用材料以满足教师自己和班级的需要?
11. 出版商能否提供材料给所有的教职人员?

这些年阅读材料有所改进。它们使用真正的文学作品来帮助儿童从真实语境中的、有意义的文本中学习阅读。那些为了教授特定技能而制作的文本会缺乏意义或者文学品质。但是它们用重复的词汇、有限的单词量和语音元素、图片线索等,为帮助儿童理解所读内容提供了一个有一定顺序的计划方案。部分教育者提出了另一种类型的文本,叫作可解读文本,它有一些特征。在这种文本中,儿童熟悉的"单词—声音"类型的75%在给儿童阅读前就会教授。文本主要关注的是常规语音类型。

基础阅读材料基本上都有年级之分。这种做法的一个问题是,尽管材料可能适合指导某个年级中的大多数儿童,但一些儿童的阅读水平则会高于或者低于他们的年级水平。为了指导有效,材料的水平就至关重要了。

许多教师会判断书的难度水平,从中选择符合指导水平的材料。出版商也会给材料定级。给书定级的目的是忽略年级任务而判定儿童的阅读水平,继而选择合适的指导用书。书籍按照难度定级主要是基于以下几点(Fountas & Pinnell, 1996)。

1. 书的厚度,包括页数和字数。
2. 版面大小和字号。
3. 类型、可预测性以及语言结构。
4. 选文的结构和体裁。
5. 单词的语音类型。
6. 插图在多大程度上可以辅助文本理解。

教师根据这些标准来给所有的书定级。他们让儿童阅读,判定材料阅读的难易度,以此测试图书是否适宜阅读。

选择合适的指导用书,还可以利用第二章关于评估的流量记录的讨论。测试可以根据分级的材料进行。当儿童用某本书得到90%~95%的分数,那么这本书的级别对于他(她)来讲就是阅读指导级别。如果一个孩子得到超过95%的分数,这本书就是独立阅读级别,当分数低于90%就说明这本书对于这个儿童而言太难了,不能阅读。

每个教师都需要在自己指导的课程中,作出关于教材使用的关键决定。你应该控制阅读材料的使用。例如,在最为合适的材料中确定按一定的顺序来使用。你不需要将一本书顺着页码从开头讲到最后。如果某些章节不适合你的学生就删掉。有必要的时候可以重复使用某些部分。我们尚未发现一种出版的教程可以决定所有儿童读写能力发展的成败。是你使用教材的方式、你的基本理念以及整个读写课程的组织,决定了最后的成败。作为教师,你必须依照你自己的读写指导与教学设计来决定使用的材料以及使用方式。研究表明,当教师作为变量,测试不同类型方法时,他(她)是读写教育成功的最重要因素。基础教程仅仅作为读写指导材料是不能有所作为的。它们只能作为教师的跳板,日常教学中,教师必须用文学作品、诗歌、杂志等对其进行补充。

评估单词学习技能的知识

本章中讨论了很多单词学习策略。首先,教师应该关注儿童的语音意识。表5-5中音素分段的Yopp-Singer测试(Yopp,1992),被广泛用作判定儿童划分单词中音素的能力。其中的用法说明指出了要确定儿童说的是发音而不是单词中的字母,因为这是两种不同的技能。

表 5-5　音素分段的 Yopp-Singer 测试 (Yopp, 1992)

儿童姓名＿＿＿＿＿＿＿＿＿＿　　　日期＿＿＿＿＿＿＿＿＿＿

分数(正确的个数)＿＿＿＿＿＿＿＿＿＿

要求:今天我们将要玩一个单词游戏。我会说一个单词,我想让你们划分单词。你们要按照顺序告诉我单词中的每个读音。例如,如果我说"old",你们就应该说"/o/－/l/－/d/"。(考官:确定说的是发音而不是单词中的字母。)让我们一起试几个单词。

练习项(如有必要可以帮助儿童划分音素):ride, go, man

测试项(圈出儿童正确划分的项目;错误答案要记录在项目后的空白线上):

1. dog ＿＿＿＿＿＿＿＿
2. keep ＿＿＿＿＿＿＿＿
3. fine ＿＿＿＿＿＿＿＿
4. no ＿＿＿＿＿＿＿＿
5. she ＿＿＿＿＿＿＿＿
6. wave ＿＿＿＿＿＿＿＿
7. grew ＿＿＿＿＿＿＿＿
8. that ＿＿＿＿＿＿＿＿
9. red ＿＿＿＿＿＿＿＿
10. me ＿＿＿＿＿＿＿＿
11. sat ＿＿＿＿＿＿＿＿
12. lay ＿＿＿＿＿＿＿＿
13. race ＿＿＿＿＿＿＿＿
14. zoo ＿＿＿＿＿＿＿＿
15. three ＿＿＿＿＿＿＿＿
16. job ＿＿＿＿＿＿＿＿
17. in ＿＿＿＿＿＿＿＿
18. ice ＿＿＿＿＿＿＿＿
19. at ＿＿＿＿＿＿＿＿
20. top ＿＿＿＿＿＿＿＿
21. by ＿＿＿＿＿＿＿＿
22. do ＿＿＿＿＿＿＿＿

Source：Hallie Kay Yopp, "A Test for Assessing Phonemic Awareness in Young Children", *The Reading Teacher*, 49(1), September 1995, pp. 20-29.

阅读中的流畅程度、自我监控、正确率、文章难度、自然拼读的知识,加上所犯的错误,可以用流量记录表测定。第二章中描述了流量记录的目的,说明了测定和计分的内容。

除了每日表现、儿童写作和活动作业单的样本外,对儿童阅读行为的描述也应包含在单词的学习评估中。检测清单(如第154—155页所示)对于测试儿童单词学习技能也很重要。例如,为了测试字母表的相关知识,教师可以说出特定的字母,让儿童在一张印有大小写字母的作业单中圈出来。教师还可以使用字母闪视卡片让儿童辨识。基本的即识词汇可以通过使用闪视卡片、在作业单中画圈来测试。为了测定尾韵能力,教师成对地说出单词,并让儿童辨识哪一对押韵,哪一对没有押韵。如辅音字母一类的语音知识,可以通过让儿童圈出以特定字母开头的图片的方法来测试。当让儿童判定图片上对象的开头字母时,要确保这个对象是容易辨认的。例如,有些儿童可能错把"驴子"当成"马",而选择开头字母是h而不是d。除了已经提及的评估方法,有些用于强化的类似游戏的活动也可以用做练习。指导材料也被用作评估儿童的单词学习技能。

检测清单　评估文字和单词学习的概念

儿童姓名＿＿＿＿＿＿＿＿＿＿＿＿＿＿＿＿　日期＿＿＿＿＿＿＿＿＿＿

	总是	有时	从不	评语
知道文字是自左往右读的				
知道口头语言可以写下来并被读出来				
知道单词是什么,并能在页面中指出来				
知道单词间要有空格				
能阅读环境文字				
能辨识高频词				
能列举并辨认出押韵的单词				
能辨识和说出字母的大小写形式				
可以用音素组合成单词				
可以将单词划分成音素				
将辅音字母与其在单词开头结尾处的读音相联系(包括重读音和轻读音 c、g)				
将复合辅音与其发音联系起来				
将元音字母与其相对应的长元音、短元音联系起来(a—acorn, apple; e—eagle, egg; i—ice, igloo; o—oats, octopus; u—unicorn, umbrella)				
知道二合字母的发音(ch, ph, sh, th, wh)				
使用上下文、句法和语义来辨识单词				
能够数出单词中的音节数				
尝试使用图片线索和文字来阅读				

续

	总是	有时	从不	评语
依靠音形一致的知识来猜想与预测单词				
可以辨认单词中的结构元素,例如前缀、后缀和变化的结尾-ing、-ed、-s 以及缩略词				
说明以下语音的通用规则: ① 在"辅音—元音—辅音"结构中,元音字母通常为短音 ② 在"元音—辅音—e"结构中,元音字母通常为长音 ③ 当一个单词中有两个元音字母一起时,第一个为长音,第二个不发音(train、receive、bean)				
使用词族如尾音和音标 an、at、it、ot 以及开头辅音组成的单词(man、can、fan、ran)				

教师意见:

在平时的教学中,我何时教授单词学习的技能？单词学习的教学该用多长时间？如何依据儿童不同的能力水平因材施教？

教授单词学习技能是帮助儿童学习独立、熟练阅读。这些技能应该到三年级时完全掌握,之后要转移到理解力的发展上。理解力的技能在幼儿园直到二年级时也有教授,但是此时更强调学习解读。只要教育契机出现,就该加以利用并强化所教的技能。当你教科学、社会、数学、游戏、音乐和美术时,应有意识地整合这些你所强调的技能。例如,如果你们正在学习开头辅音字母 t 并且也在科学活动中学习四季的不同温度,就指出单词"temperature"中的辅音字母 t,并且提醒儿童他们曾经在自然拼读课上学过这一单词。

小组教学时,判定个体的需要是很关键的。小组学习让你能够发现儿童已经学会了什么以及需要学习什么。小组学习让你能因材施教。当分层次指导时,你对不同小组中的所有儿童都有类似的目标,但是课程的设计是因为有些儿童需要更具挑战性的任务,有的则需要更简单的任务。小组学习能满足个体的需要。

一天中要有一个正式的时间全组教授单词,也要有包含在其他内容的教学中的非正式的时间,并且在小组指导的正式时间中要满足个体的需要。课程长度与儿童的年龄成正比关系。选择的指导材料应该能让个人同样感到有挑战且能够掌握。例如,使用磁性字母学习词头和词尾以及音标的儿童,比那些进步更快的儿童造的词更少也有更多熟悉的单词。材料和技巧对于所有儿童都是有用的。用材料进行小组指导的方式适用于分层次教学,这对于英语学习者来说至关重要。某种情况下,分层次教学可能意味着某个小组领先或者落后,从而让他们区别于班级多数人来学习不同的技能。

> **教学反思**
>
> ### 使用字母书的感想
>
> 我有一套字母书,我觉得对幼儿园的孩子很有用。一年中,我每天都读不同的书,我们根据图书做不同的活动。我最喜欢的活动之一是 Chicka-Chicka-Boom-Boom(Archambault & Martin, 1989)。为了帮助我的孩子学习字母,他们每个人都做了字母表中的一个字母标志牌。他们写了大写和小写字母。当我读故事的时候,孩子们把标志牌挂在脖子上,当他们所代表的那个字母出现的时候,他们就突然插进故事中。每个字母在故事中被提及两次。当我们再次读这本书的时候,孩子们就交换标志牌。我在读故事的时候拍下了照片,然后做成相册,让他们读自己现场版本的 Chicka-Chicka-Boom-Boom。
>
> 除此以外,教师可以让每个儿童做一本自己的字母书。可以做一个彩色的8.5英寸×11英寸的纸质封面并写上:"属于我的字母书,作者:_____"。姓名处的下划线可以让孩子填上他们自己的名字,并把自己的照片贴在封面上。在书的结尾处穿孔的页面上使用照片。为每个孩子写上和复印这样的内容:"_____有一个苹果"。每一个字母的那一页都这样做。找26张底部写有这个句子的白纸并且水平对折订进书中。一次和孩子们完成一页的内容,例如"_____有一个苹果",那个孩子就裁出一个苹果形状并贴在写有自己名字的这页上。字母表中的每个字母都依此处理。孩子们也可以写字母(见表5-5)。使用如S—15页"课堂策略"上的图片。我还有一些其他和儿童一起使用的很好的字母书如下:
>
> 《手绘字母表》(Rankin, 1991)是一本用手势表示每个字母的字母书。我也和任教的儿童一起做。
>
> 《家常便饭》(Shelby & Travis, 1991)是关于儿童去野餐时每个人带的一些东西。开始阿克顿带来了芦笋汤,然后本带来了百吉饼。最后尤兰达带

来了马铃薯和酸奶,而齐克和塞尔达带来了西葫芦砂锅。我们在班上照着这本书做料理。

《大家都在哪里》(Merriam,1989)讲述了社区中不同的、熟悉地方的动物在做着熟悉的事情。例如:"熊在面包房,猫在电脑旁,狗在托儿所。"我们表演字母和动物们在做的事。

《字母表文字》(Yolen,1995)是一套诗集,由不同作家为字母表中的每个字母而作。

露丝·曼德尔,幼儿园教师

图 5-7 我自己的字母书

我自己的字母书

我为我的孙子做了一本字母书。每页都有他的一张表示特定字母的照片。例如,在A这页,我在页面上方写着Aa并在字母下方写上单词Apple。每个字母我都做了一样的事情。例如,Bb,Ball,一张詹姆斯拿着球的照片,还有这样一句话"James has a ball",C就是"James has a car"等。我认为每个儿童都应该有自己的字母书,因此我做了这个为你们开个头去完成。

封面是一幅一个男孩和一个女孩的图片,书的标题是《属于我的字母书》。在图片下是单词"By_____"(意思是"作者:_____")。下划线是让儿童写自己的名字的。教师应该找一张这个儿童的照片并且贴上去。教师可以继续把儿童的脸部照片贴在每一页或者只是封面上。使用剪贴画或者图片作为第五章这一板块的补充,里面有每个字母的图样。把它裁下来贴在相应那一页上。只要简单地多次复印,你可以为所有儿童做一本书。这是儿童可以永久保留的。详见第157页的范例。

莱斯利·M.莫罗
一名教师、母亲以及祖母

活动和问题

1. 回答本章开头的"焦点问题"。

2. 在早期儿童教室中观察环境中的文字。注意你想要从教室和外面的世界中加进去什么。

3. 由早教班级的儿童口述,你听写一张"经验挂图"。如果你接触不到儿童,就让大学里你班上的同学来说,你记录,并做成挂图来完成以下练习。评论挂图的外观,指出你写的时候遇到的问题。自我评估,并找到改进的方法。

4. 从有收集、整理个人词汇的早教班级中选5名儿童。将儿童收集的单词列表。将这张表与你挑选的儿童这个年龄段的初级阅读材料中的词汇表进行对比。观察初级阅读材料的单词和儿童的个人词汇在多大程度上互相匹配。

5. 在p之外选出3个开头的辅音字母。设计课堂体验来教授以及强化音形关系的相关知识。将字母和平常早教班级在科学或者社会活动中学习的主题联系起来。

6. 设计一堂使用单词墙来教授高频词的课。

7. 设计几节使用晨间信息的单词来教授语音技能的课。用口袋挂图和单词卡让儿童完成以下任务。

（1）用词头和词尾来组词。

（2）将单词分类积累。

（3）从单词中找出小词。

使用作业单制作上课的材料。

8. **策略**：在第五章的"课堂策略"中，有音素意识和自然拼读法教学的一些活动。如有必要，可以将那一页的数字和字母放大，涂色或者复印到彩纸上，塑封并且剪下来。然后完成活动。

焦点问题

- 教儿童书籍的概念和阅读理解的目标是什么?
- 怎样的体验能强化儿童对于书籍的概念?
- 给"文本理解"下定义。
- 描述朗读体验的种类以及它们是如何有效开展以促进理解的。
- 辨识和描述发展理解力的策略,例如运用图表和概括的技巧。
- 如何教授文本理解策略?
- 列举并定义记叙文的结构要素。
- 好的说明文的结构要素是什么?
- 当讨论文本的时候,所谓的审美立场和输出立场是什么意思?

词汇: 阅读理解,元认知,说明文,记叙文,成人指导下的倾听和思考活动,成人指导下的阅读和思考活动,分享阅读体验,图表(例如网络图和地图),文学圈,同伴阅读,一帮一阅读,思考—结伴—分享,已知—未知—习得过程,流畅性,心理意象,有声思维。

策略: 从第六章"课堂策略"关于书籍阅读、文学圈以及促进流畅阅读的内容中找到一些活动。孩子们喜欢这些活动吗?

第六章

发展对文本的理解以及对书籍的概念

几乎没有儿童是自己学会热爱书籍的。必须有人去引导他们走进这个美妙的文字世界,必须有人将他们领进门。

——奥维尔·普雷斯科特
(《父亲读给孩子听》,1965)

几个月来,约翰森老师一直在和她所教的一年级班上的儿童讨论不同的作家和插画家。教室里的一张班级挂图列举了他们最喜爱的作家和插画家。今天她让孩子们给这张列表加几个名字,因为他们读了几个以前不认识的作家和插画家所作的故事。首先,她问了作家的名字,于是便听到了以下名字:埃兹拉·杰克·基茨,托米·德·保拉,利奥·莱昂尼和阿诺德·洛贝尔。接着她问他们能否说出几个插画家的名字,于是便有了以下姓名:苏斯博士,埃里克·卡尔和莫里斯·桑达克。杰米举手说:"嘿,发生了一些怪事儿。所有这些作家的名字和这些插画家的名字一样。"克里斯多夫举手说:"这没什么可奇怪的。我知道好多人既是作家同时也是插画家。有我,乔什,詹妮弗,还有帕特里克。"他环视教室,说出了班上所有儿童的名字。当说完班上同学的名字后,他继续说:"我们全都既是作者也是插画作者。我们写书也给书配上插图。书已经出版了,就在班级图书馆里。我们怎么能忘记那个呢?"

约翰森老师制作了一张 T 型图放在白板上(见图 6-1)。一边她写着"苏斯博士",另一边她写着"埃兹拉·杰克·基茨"。她和孩子们解释 T 型图是一种有助于组织和理解所读信息的策略。T 型图可以帮助他们比较和对比作家与插画家的特点,找出他们的共同点和不同特点。然后她通过展示,指导孩子们如何使用 T 型图。她让孩子们说出每个作品插画的特点,然后列举出故事的特点。当他们完成时,便找到了作者共同的特点和不同的特点。另一天,约翰森老师和全班一起又用另外两位作家兼插画家进行了相同的活动。接着她让孩子们两人一组完成 T 型图,而她则在教室里巡视帮助他们。最后孩子们将在独立活动时间完成最后一对作家兼插画家的 T 型图。完成这项任务的时候,教师鼓励孩子们用这些作家兼插画家的书来帮助制作特征清单。在约翰森老师教这项理解策略时,她首先解释了这项策略以及使用这一策略的原因。接下来她示范了使用这一策略的方法。第三步是让儿童结伴合作学习,教师在教室里巡视回答问题,并在儿童练习这一新的策略时集中指导他们。最后,她给儿童机会完善这一技能,并独立进行更多的练习。

作家		插画家	
苏斯博士	埃兹拉·杰克·基茨	苏斯博士	埃兹拉·杰克·基茨
押韵	不押韵	夸张大胆的色彩	明亮的色彩
角色	真实角色	水彩画	拼贴画
虚构的	真实生活的故事	卡通	写实风格
虚构的单词	真实存在的单词		

图 6-1　T 型图

书籍的概念

当儿童非常年幼时,教师会讨论如何拿书、书的各个部分以及文字和图片的不同。有早期书籍体验的儿童已经注意到这些概念的大部分内容了。而没有注意的儿童则需要教给他们。这些关于书籍的概念在儿童学会读写的道路上是很重要的。

发展书籍概念的目标

拥有较好的书籍概念的儿童,有以下几方面特点:
1. 知道书籍是用来阅读的。
2. 能够辨认书籍的封面和封底,以及书籍的上下。
3. 能够按正确的方向恰当地翻页。
4. 知道文字和图片的区别。
5. 知道一页上的图片和文字的内容是相关的。
6. 知道一页的内容从哪里开始阅读。
7. 知道什么是标题。
8. 知道什么是作者。
9. 知道什么是插画作者。

发展书籍概念的活动

我们常假定儿童已经了解前文所说的书籍概念。然而,对于许多2到6岁的儿童而言,这些概念是完全陌生的。在儿童进入幼儿园前,要给他(她)读约1000本书,以帮助儿童掌握书籍概念,这样儿童就做好了体验读写的准备。为了帮助儿童了解书籍概念,利用每次你给他们阅读图书的机会,指出这些概念。例如,介绍故事的时候,你可以一边说一边恰当地指出与所说概念相对应的事物。

我要读的故事的标题是《哈里特,我快疯了》(Fox,2000),在书的封面上有标题。书的作者或者说写这本书的人的名字,是梅姆·福克斯。这儿有她的名字。插画作者,也就是画这些图片的人,是马拉·弗朗兹。在书的这个位置是她的名字。所有图书都有标题、作者,并且如果它们有图片的话也会有插画作者。下次你看到一本书时,看看你是否能够找到标题。它总是在封面上的。再找找作者和插画作者。有些书像这本《不,大卫》(Shannon,1998)一样,写书的人也就是作者同时也是画插图的人,他的名字叫大卫·香农。

不断重复这样的对话,可以让儿童熟悉这些概念,最终他们会理解这些概念。同样的对话有助于解释其他概念。如指着一幅插图的同时指着相应文字,分辨两者,然后问:"我们读的是什么,是图片还是文字?"

当你准备给儿童阅读时,让儿童指出书籍的上和下以及你应该从某一页的什么地方开始读起。你不仅要给儿童学习这些概念的机会,也要同时判定儿童理解哪些概念以及在什么概念上需要帮助。这些讨论可以在儿童独自阅读或者小组阅读时进行。儿童对书籍的独立探索,将会强化你指出和解释的内容。这类教师行为的结果,就是当给儿童阅读故事时会发生以下情形。

当我给一个4岁的孩子读《古纳什小兔》(Willems,2004)时,她对我说:"给我看看什么地方讲到特里克西说'Aggle Flaggle Klabble'这句话的?我想在书里看这句话。"当我指给她这些单词时,她一边指着这些单词一边重复,然后要求在这本书的其他地方再看一次这些词。她继而搜索整本书,试图再次找到"Aggle Flaggle Klabble"那个句子。

大书是读写指导的重要组成部分。它们是加大的故事绘本,大概从14英寸×20英寸放大到24英寸×30英寸。霍德威(1979)提出,这些书中放大的文字和图片有助于儿童专注于书籍、文字的概念以及文本的意义。大书对于下至幼儿园上至三年级的儿童而言都是合适的。无论是在小组还是大组活动的情况下使用大书,都要鼓励儿童主动参与。当使用大书时,教师可以把书放在架子上,因为很难一直捧着。绘画的架子常用来放置大书,可以让儿童看见文字和图片。可以自己制作或者买到班级大书。当制作好大书时,儿童会更加关注书籍概念,因为他们自己也参与到书籍的制作过程中了。图6-2为制作一本大书提供了提示。

大书对于发展书籍概念是很有效的。当教师读这本书并从左往右在一页上追踪文字时,儿童了解书籍是用来阅读的,并且他们知道应该从一页的哪里开始阅读。他们也能了解并分辨文字和图片。他们从教师那里听到的口头语言和书中那页上的文字联系到了一起。他们也很容易看出正确的翻页方法,因为书被放得如此大。标题在封面上以及首页上呈现得很明晰,作者和插画作者的名字也是如此。

约翰森老师在儿童一年级时鼓励他们在阅读文本前,先读出书的标题以及作者和插画作者的名字。一天,在独立阅读和写作的阶段,丹尼思把大书《朋友和我》放在大书架上,他召集了3个孩子坐在他面前听他读书。他先说:"我要读的书的标题是《朋友和我》。"他翻开第一页并开始读起文字来。帕特里克插进来说:"丹尼思,你还不能读呢。你忘记读出作者和插画作者是谁了。"丹尼思用小拳头敲着额头,看起来似乎很生自己的气,并且说:"我怎么能忘记那个呢?让我想想,既然只有一个名字,这儿的作者姓名一定也是插画作者的名字。老师,你能帮帮忙吗?我不会读这个名字。"约翰森老师走过来并读道:"作者兼插画家是莉莎·扬-克拉夫。"

材料
- 用2张橡木牌子做封面(可以从14英寸×20英寸到20英寸×30英寸)。
- 10张或者更多的标签纸或者新闻纸,和用作封面的橡木牌子相同大小,用来做书中的每一页。
- 6个活页环($1\frac{1}{4}$英寸)。
- 打孔器1个。

指导
- 分别在封面和页面的上面、中间与下面打出3个洞。
- 每个洞里放入一个活页环。大书至少要有10页。
- 文字应该有1.5英寸至2英寸大小。

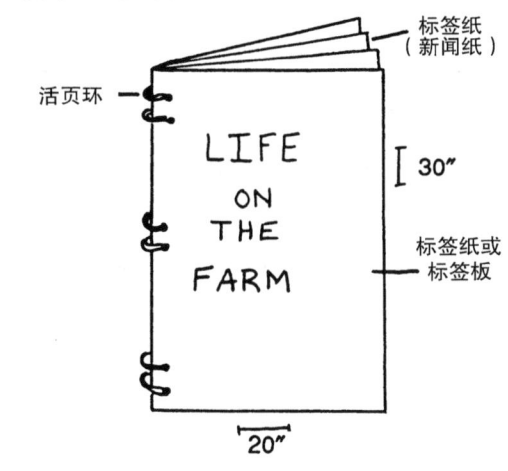

图6-2 制作大书的指导

关于文本理解的理论和研究

理解力是阅读或者倾听并理解文本的能力。理解所阅读的内容是阅读指导中的主要目标之一。英国诗人柯勒律治写了下面的短文,叫作《关于阅读理解》(On Reading Comprehension)。

存在四种阅读者。第一种就像是沙漏,他们的阅读像是沙子,沙子流出来,不留一丝痕迹。第二种则像是海绵,吸收一切,同样的又几乎把一切都吐出来,只是变得更脏而已。第三种就像是一个滤果汁袋,只让一切纯净的东西通过,留下废料。第四种则像是钻石矿工,他们挑出没有价值的东西,保留的只有宝石。

我们如何让儿童在阅读或者聆听一段文章时,去除没必要的信息,只保留有价值的信息呢?

有学者(Pressley & Afflerbach,1995)概述了有良好理解能力、可以进行熟练阅读的阅读者的特点,也就是我们所希望缔造的阅读者的类型。

- 好的理解者既从头至尾地阅读材料,也会跳读寻找有助于澄清内容的信息。
- 好的理解者在碰到他们想要记忆的信息时,会放慢阅读的速度。
- 好的理解者用对于主题已有的认识来推测文章的内容。
- 好的理解者通过总结已经阅读的东西来思考文本的观点。
- 好的理解者参考与重要信息有关的文本来说明问题。

理解的定义强调其是一种主动积极的过程。在这一进程中,阅读者或聆听者根据已有的有关主题的知识,诠释以及建构了他(她)所读、所听的内容,因此可以将旧知识和新知识联系起来(Pressley & Hilden,2002)。这种概念源于对图式理论的研究,该理论提出依据对于一定主题的已有知识,我们拥有特定信息的图式(背景知识)。图式从来都不是完整的,因为关于一个话题总是可以继续学习到更多的东西。例如,如果某人告诉我们关于马戏团的事情,我们就得到了一些信息;而如果我们看到马戏表演的照片,我们即会有更多的信息;如果我们去看马戏表演,我们甚至会了解得更多。然后当我们读到或者听到与此相关的故事时,新的信息会扩展并升华我们的已有认知。对于所阅读或者听到的文本的理解,会涉及儿童对于相关话题的已有认知以及产生新知识的新文本的整合(Pressley & Hilden,2002)。

理解力的发展是儿童在阅读以及写作体验中与他人互动的结果(Rand Reading Study Group,2002)。例如,成人为儿童提供了问题解决的情境,并与其互动,儿童从这样的早期书籍体验中获益。当成人提供必要信息时,会要求儿童作出反应。在这种情况下,儿童与成人互动,对于阅读文本进行整合、构建,从而与文本建立联系。

良好的理解取决于文本的难度以及与倾听者或阅读者能力的匹配程度。因此,要谨记读书给儿童听的时候或者让他们自己阅读时,文本的以下特征决定了他们的理解程度。

- 对文本内容的熟悉程度。
- 理解文本所需的背景知识。
- 文本的写作质量。
- 话题对于听者或者读者的吸引力。

- 文本的句法复杂程度。
- 所含词汇的数量和难度。
- 选择阅读或者听取的文本的长度(Graves, Juel, & Graves, 1998)。

发展元认知能力可以帮助理解。**元认知**(metacognition)就是一个人对于自己正在进行的学习行为的意识。谈及理解力,则意味着儿童可以明确表述他们如何能够理解、他们理解中的问题并且讨论可能如何解决问题。当儿童进行元认知或者自我监控时,他们能够选择恰当的文本理解策略,并可以在阅读时调整、检查以及修复他们的阅读过程(Gunning, 2003)。

在多洛雷斯·德金的一个著名研究(1978—1979)中,他发现小学低年级中极少进行理解力教学。20世纪80年代,乌尔班纳的伊利诺伊大学阅读研究中心进行了大量有关理解力的研究,他们的研究工作以及之后进行的研究工作的结果使得小学低年级的阅读教学得到了更多关注。由位于华盛顿特区的美国教育研究和发展部发表的Rand阅读研究组(2002)的一份名为《为理解而阅读:阅读理解中的研究和发展计划》(*Understanding: Toward a Research and Development Program in Reading Comprehension*)的报告以及国家阅读委员会的报告(2000),讨论了需要教给儿童的阅读理解策略以及教授的方法。两份报告都着眼于成功的阅读理解实践的研究。本章中讨论的目标和策略在很大程度上反映了这些报告中的发现。

发展文本理解力的目标和标准

各个州和国家组织已经订立了有关发展理解力的标准。从文本中得到意义是终极目标。从文本中获取意义的时候,儿童被期待拥有使用自我监控和自我纠正的策略的能力。当儿童在阅读中自我监控时,他们使用句法来理解新单词的意思;对于作者的叙述,他们会提出问题。

当儿童阐述对文本的理解时,会有以下表现:

1. 当阅读有主要情节和次要情节的书籍时,他们能够理解文本。
2. 尝试理解包含主要结构和次要结构概念的非虚构类文学作品,这些结构在作品中通过复杂句和复合句表现出来。
3. 他们掌握修辞表达的意义,例如明喻和暗喻。
4. 他们将一个文本和他们听过或者读过的另一个文本进行比较。
5. 他们解释角色的动机。(National Center on Education and the Economy and the Learning Research and Development Center at the University of Pittsburgh, 1999)

当儿童完成框 6-1 中的活动时,他们就完成了理解记叙文和说明文所设置的目标。

框 6-1 记叙文和说明文的理解目标

1. 试图阅读著名的故事书,最后能够说一个结构良好的故事。
2. 当教师阅读时,通过读出单词或者叙述故事来参与故事的阅读。
3. 参与合作学习活动,建构对文本的理解。
4. 监控自己的理解(元认知)。
(1) 思考你的思考。
(2) 知道你理解了什么。
(3) 知道你不理解什么。
(4) 使用策略帮助你理解不明白的内容。
5. 回答问题并参与以下讨论和活动。
(1) 文学性思考,让阅读者辨识细节如"谁"、"什么"、"何时"、"哪里",然后分类、排序并总结主要思想。
(2) 推理和批判性的思考,让阅读者预测,诠释(将自己带入角色),从背景知识中提炼,将文本和生活联系起来,将文本和世界联系起来,将一个文本与另一个文本联系起来进行评估,并通过比较判定因果关系。
6. 儿童能提出的问题、讨论和活动。
(1) 文学性的思考,让阅读者分辨"谁"、"什么"、"何时"、"在哪里",并进行分类和排序。
(2) 推理和批判性的思考,让阅读者预测,诠释(将自己带入角色),从背景知识中提炼,将文本和生活联系起来,通过评估、比较判定因果关系,以及使用信息和解决问题。
7. 运用图表。主要有:①地图。②网状图。③KWL。④T型图。⑤维恩图。⑥曲线图。⑦表格。
8. 辨识和理解说明文的结构和特点。
(1) 说明文的特点。①内容表格。②标题。③词汇表。④索引。⑤图表。
(2) 说明文的结构。①描述:给阅读者一幅基于故事观察的主题图片。②排序:解释造成一个特定的结果或产品的步骤。③对比和类比:首先是类比,比较相似的类别;其次是对比,一点一点地逐步、彻底地描述相同点和不同点。④因果:因果关系说明了为什么某事会发生。⑤问题的解决:展示一个问题,然后是它的解决方法。需要通过对顺序的梳理去理解这一结构。⑥例证

（原因和例子）：主要思想和论据（Vukelich，Evans，& Albertson，2003）。

9. 辨识和理解记叙文的特点与结构。

（1）背景设置：开篇，时间，地点，角色。

（2）主题：主要角色的问题或者目的。

（3）情节：导致主角问题解决或者目标达成的事件。

（4）结局：问题的解决方法，目标的达成，结尾。

10. 进行总结活动。

（1）复述。

（2）得出结论。

11. 心理意象。

12. 进行合作活动。主要有：①合作反应小组。②思考—结伴活动—分享。③有声思维（think-alouds）。④文学圈。⑤同伴阅读。⑥一帮一阅读。

13. 使用参考策略并学习以下技巧。

（1）字典。

（2）搜索引擎。

（3）SQ3R：审视（survey），询问（question），阅读（read），朗诵（recite），复习（review）。

14. 参与流畅阅读的练习。主要有：①跟读。②齐读。③磁带辅助阅读。④对读。⑤结对阅读。⑥读者剧场。⑦重复阅读。

教授理解文本的策略

当学习阅读理解策略时，儿童用不同方式对文学作出反应，并扮演积极主动的角色。应选择与儿童真实生活经验相关和结构较好的记叙文或者说明文。记叙文材料包括叙述清晰的背景设置、主题、情节和问题解决方法。说明文材料向儿童展示非虚构类文学信息，使用以下结构：描写、排序、对比与类比、因果关系、问题解决和例证。

至少让儿童在合作环境中学习一段时间，这对其理解力的发展是十分有效的。它给儿童提供了互相讨论和学习的机会。已经发现在采取以下步骤的条件下，教授阅读理解的策略最有效率：

1. **解释**：教师解释策略是什么，为什么如此重要以及何时使用。

2. **示范**：教师用直观的展示来说明策略的用法。

3. **有指导的练习**：教师给儿童提供一个练习使用策略的机会。教师引导儿童如何以及何时使用策略。有指导的练习对儿童而言是共同努力的好时机，他们可以彼此相互学习。

4. **独立应用**：教师给儿童提供不在指导下独立练习策略的时间,他们因此可以在没有支持的情况下使用(CIERA,2001)。

5. **反射**：儿童在其他情况下想到如何使用策略。即儿童自己想起来他或她是如何擅长使用这一策略的(Mclaughlin,2003)。

在本章开头的叙述中,约翰森老师在教儿童有关比较作者兼插画作者的特点时,部分使用了上述描述过的形式。

发展阅读理解能力的策略

这一节中,将描述几种可以提升儿童对于书籍的概念以及发展理解力的策略。这些策略可以引入全班的教学,也可以在新的材料中反复使用。当明确教授时,它们也适用于小组指导。教师在阅读小组中应依据参与儿童的需要决定使用哪种策略。

所有的策略都可以用于学龄前儿童至三年级学生。它们需要根据儿童的年龄加以调整。

图 6-3　教师指导下的倾听和思考的练习,应设定一个阅读或者听力的目标,这有助于儿童集中思考。

成人指导下的倾听和思考活动以及阅读和思考活动

当儿童听别人阅读或者自己阅读时,应该有一个阅读的目标。成人指导下的倾听和思考活动(directed listening and thinking activity,简称DLTA)以及阅读和思考活动(directed reading and thinking activity,简称DRTA)为阅读设置了目标,从而有助于指点儿童的思路。教师频繁使用这种策略直至被儿童吸收,当他们倾听或者阅读新材料时,就会加以转换和使用。无论DLTA或者DRTA的具体目标是什么,它的框架结构给听者或读者提供了从文中组织以及回顾信息的策略。以下是《小红母鸡》(Izawa,1968)故事的DLTA—DRTA活动,要求儿童参与两种主要的策略。

1. 将文中事件排序。
2. 推理及作出与文本相关的判断。

在那之后的课堂里,当使用DLTA时,儿童听故事;当使用DRTA时,儿童阅读故事,我使用一个著名的故事举例,是因为大多数读者很熟悉它。

◎ **准备倾听与阅读之前的问题和讨论**

可以先介绍一下故事,建立一个知识背景:"今天我要读一个《小红母鸡》的故事。我们看着图片,看看你们能否说出这个故事要说什么呢?"

鼓励儿童在翻开故事页面时作出反应。你在他们说出自己的意见后可以说:"这个故事说的是一只小母鸡想烤面包并要朋友帮忙的事情。"这个活动被称作"穿越书籍"。

然后,问一些可以为倾听或者阅读设置目标从而增加背景知识的预设问题。如有可能,将预设问题和实际生活联系起来:"你曾经向别人寻求过帮助吗?什么样的帮助?你能够帮助人吗?怎么帮的?这是关于一只红色小母鸡在烤面包时需要帮助的故事。在我读故事时(或者在你读故事时),想想小母鸡在故事结尾时对于烤面包的处理对不对。思考一下你这么想的原因。当我读的时候(或者当你读的时候),尽力记住先发生了什么,第二步发生了什么,第三步以及故事的结尾。"

当儿童得到了足够多的你提供的预设问题的体验后,可以让他们想想他们自己的问题:"既然我已经告诉你们一些关于故事的信息了,我给你们读的时候(当你们自己读的时候),你们还想知道些什么呢?"

◎ **读故事**

确保在给儿童读故事的时候,把图片展示给他们看。停顿一到两次,让儿童反应、评论或提出问题。不要多次停顿来进行讨论。讨论可以留待结束的时候。如果儿童读故事,提醒他们也要研究一下图片。示范并作出一些反应引导儿童思考,始终记住这个特别的DLTA或者DRTA活动的目标:"你们记得到目前为止,小母鸡已经求助哪些事情了?其他动物对于给予帮助有什么反应?"如果儿童没有反应,应该换问题以搭建鹰架或作出示范答复:"这些动物不乐意帮助小母鸡。每次小母鸡向他们求助时,动物们总是回答:'别找我。'"让儿童预测接下来会发生什么。读故事中间,仅停顿一到两次以供讨论。

◎ **读后讨论**

读后讨论要用事先为倾听或者阅读设置的目标来引导:"小母鸡先让人帮忙什么事?接下来为了什么事情求助?"让儿童复述故事。复述可以显示他们对于故事顺序的认识。允许儿童使用书中的图片帮助他们理清顺序。最后,关注第二个目标,进行推理和判断:"如果你是小母鸡,你会做什么?你觉得她对于面包的处理正确吗,为什么?我们从这个故事中可以学到什么?"

DLTA或者DRTA活动可以有许多不同目标。但是,基本框架总是一样的:①对于倾听和阅读的准备——预设问题和讨论。②阅读故事中尽量不要停顿。③读后讨论。这三个步骤是DLTA或者DRTA活动的基本目标。

DLTA或者DRTA活动,关注文学反应(例如对事实和顺序的回忆),推理反应(例如诠释角色感觉,预测结果,并且将故事和真实生活经历联系起来),以及评论反应(例如评估、问题解决和下判断)。它可以集中关注辨识故事结构的要素,是记叙文还是说明文。它帮助幼儿从文字中得出意思。研究已经表明DLTA或者DRTA活动可以增进小读者对故事的理解(Baumann,1992;Pearson,Roehler,Dole,& Duffy,1992)。

分享阅读体验,发展理解力

分享阅读体验(shared book experience)(Holdaway,1979)通常在全班教学中使用,也可以在小组指导中使用。在活动期间,教师为儿童示范流利阅读,帮助儿童发展听力技能。在阅读期间,儿童被要求以某种方式参与其中。

分享阅读通常是在阅读过程中将大书放在每个人都能清楚看见图片和文字的地方,大家共同阅读。如果这本书对班级而言是本新书,在第一次阅读时就让儿童倾听。第二次阅读或是熟悉的材料,则鼓励儿童直接参与。通常教师在给儿童阅读的过程中,用教鞭强调从左往右的顺序以及口语和书面单词的一致。

儿童的参与可以包含一起吟诵,重复故事中的短语,在可以推测下文的部分停顿,以及填入单词和短语或者读出故事中特别的关键字等。分享阅读体验包含跟读:教师读一句,儿童重复一句。大书和普通大小的同类图书,可以在第一次阅读之后让儿童独立使用。

分享阅读体验可以使用录制好的磁带,在听力室中使用。这个活动给儿童提供节奏和音调良好的示范,以供仿效。分享阅读体验可以适用于DLTA形式,其中一个目标是提供可参与和享受的朗读活动。

研究表明,分享阅读体验有益于儿童掌握读写能力。它加强了儿童对背景知识以及对故事结构的感触,并且让儿童熟悉书面语言(Bus,2001;Cullinan,1992;Morrow,1985)。结构良好的故事有背景(开局、时间、地点和角色介绍)、情节(一系列事件中，主角试图解决问题或者达成目标）和结局（目标的达成或者问题的解决和结尾）。听过了许多结构优良的故事，儿童可以根据对于结构的认识预测故事接下来会发生什么。听取情节结构优良的故事，也可以帮助儿童写作或者讲述他们自己的故事。书面语言和口头语言不同，并且提供了写作和谈话的范本。下面的句子来自两本知名的绘本故事，它们证明了这点。

糟糕的一天，一只残暴、迅捷又饥饿的金枪鱼猛冲着穿过波浪。（Lionni,Swimmy,1963）

这些野生动物发出恐怖的吼声，张着它们骇人的牙齿，转动着可怕的眼睛。（Sendak,Where the Wild Things Are,1963）

下面片段来自 E. B. 怀特的《夏洛特的网》（1952），适合一、二年级学生阅读。

最后，威尔伯看见了和善地和他说话的那个生物。一只巨大的灰蜘蛛在门口上方拉开了一张网，挂在网的顶端垂下头来。她差不多有水果糖那么大。她有八条腿，正挥着其中一条腿和威尔伯友好地打招呼。"现在看见我了？"她问。

"哦，确实是的，"威尔伯说。"是的，是这样的！你好啊！早上好！给你问好了！很高兴见到你。请问你叫什么名字？我能知道你的名字吗？"

"我的名字，"蜘蛛说，"叫夏洛特。"

可以预测下文的故事，对于分享阅读体验而言是最为理想的，因为它们允许儿童猜测接下来发生什么，因而鼓励儿童参与其中。对下文推测的能力有多种形式。我特意选择了著名的受人喜欢的材料作为样本来了解这些文本的种类。对于吸引人的短语的使用，例如在《小红母鸡》故事中的"'别找我！'狗说"以及"'别找我！'猫说"等，鼓励儿童吟诵。可以预测的押韵让儿童尝试填词，例如《绿鸡蛋和火腿》（Seuss, 1960）。累积叠加的模式有助于发展儿童预测下文的能力。例如新的事件被加入每个章节，并在下个章节中得以重复，如《你是我的妈妈吗？》（Eastman, 1960）。这本书在主角，一只小鸟宝宝，为了寻找他的母亲，接触不同的动物并询问"你是我妈妈吗？"时，就会重复短语和章节模式。

对话有助于发展预测下文的能力，例如《三只小猪》（Brenner, 1972）。当儿童开始熟悉图书时，所有的图书都可以成为预测下文的材料。因此，重复故事建立了分享阅读体验的全部技能。有着熟悉顺序的图书，例如一周中的七天、一年中的月份以及字母和数字都是可以预测的，如《好饿的毛毛虫》（Carle, 1969）。图书通过良好的情节结构和儿童熟悉的话题，可以让儿童获得预测下文的能力。图片和一页页匹配文字的图书，对儿童而言，更易预测下文，尤其是每个组员都能看见所读故事中的图片时。

无论是在分享阅读体验中还是在独立阅读时，可以预测下文的图书对于新的读者和传统读者都是极好的。它们使儿童的初次阅读体验愉快并且有努力后的成功感。这种即刻的成功鼓励儿童继续努力阅读。（附录 A 中提供了一份可以预测下文的图书列表。）

我们经常在儿童开始自己阅读时，就停止读给他们听了。其实，在他们开始成长时继续给他们阅读是十分重要的。在分享阅读的环境中，可以通过阅读提升儿童已经学习过的各种能力，并且激发他们对教学中所学图书的兴趣。

重复图书阅读，增强读者的理解力

儿童喜欢重复。熟悉的体验是安心舒服的，比如唱一首著名的歌。除了提供熟悉带来的愉悦，反复重复的故事还可以发展有关单词、文字和书籍的概念。在一项关于 4 岁儿童的调查研究中，一组儿童就同一个故事反复听了三遍，另一组听了三个不同的故事。每次读完故事之后的讨论显示，反复听同一个故事的儿童在各种反应的数量和种类上都有所增加，而他们的反应都显著地区别于听不同故事的测试组。他们的反应更具说明性，并且他们开始预测结果，建立联系，判断并且发表深思熟虑的意见（Morrow，1987a）。

他们也开始像教师阅读一样地叙述故事（这是他们的第一次阅读尝试），并且专注于文字的要素，如询问字母和单词。甚至能力较弱的儿童，相较一次阅读，在重复阅读过程中也有更多的反应（Ivey，2002）。

重复阅读对幼儿而言是十分重要的，因为他们可以参与属于他们的阅读活动。能够自己阅读或者参与假装阅读活动中的儿童将会经常选择同一本书，反复地看或者阅读。教师应该重复阅读故事，并鼓励幼儿多次阅读一些故事。他们应该就以前阅读和讨论过的图书再次开展讨论。

以下对话来自于一个儿童对第三次阅读《小红母鸡》的反应，包含儿童开始的评论和提问以及教师的反应。故事的大部分情节有所删减。

教师：今天我要读的故事是《小红母鸡》。这是关于一只小母鸡在烤面包时想向人求助的故事。（教师开始读故事）谁能帮我割麦子？

梅洛尼："别找我。"猫说。"别找我。"狗说。"别找我。"老鼠说。

教师：很好，梅洛尼。你正在阅读呢。（教师继续读）谁能把麦子带到磨坊磨成面粉呢？

梅洛尼："别找我。"猫说。"别找我。"狗说。"别找我。"长着胡子的老鼠说。

教师：非常好，梅洛尼。（教师继续读）

梅洛尼：我想读这个部分，但是不知道怎么读。

教师：试试看。我相信你能做到。我会帮你的——猫闻了闻。

梅洛尼：猫闻了闻并说"嗯"，闻着很香，老鼠也闻了闻，确实很香。

教师：(继续读)谁来吃面包？

梅洛尼：老鼠！狗！猫！

教师：你又说对了，梅洛尼。(教师读完故事)你对这个故事还有什么要说的？

梅洛尼：他不好，所以他没有面包。(梅洛尼翻找着那页)不是这个部分。

教师：找给我看看你说的那个部分。

梅洛尼：就在这儿，差不多在故事结尾的地方。她要做面包了，她问谁要给我烤面包？猫说："别找我。"狗说："别找我。"老鼠说："别找我。"然后她做面包，他们闻到好吃的东西，他们也想要一些，但是他们什么也没拿到。因为他们没有种麦子。

教师：你是对的。他们没帮忙工作，所以他们没有吃到面包。

梅洛尼：什么地方说到"别找我"的？从书里给我找找这几个单词吧。

教师：就在这儿。你能再找找看么？

梅洛尼：(快速地翻页)我在找她烤面包的部分，就在这儿。哦，他闻了闻。老鼠闻了闻。(她翻页)他们来到厨房。而她说："都是我自己做的，我割麦子。都是我做的，我要自己吃掉它。"

教师：太棒了，梅洛尼。母鸡就是这么说的。

梅洛尼：(她指着狗)狗不开心。哪里说到狗的？

教师：是的。他看上去不开心。(指着文字)这里说到了狗。

梅洛尼：就是这个单词，狗、狗、狗。狗看上去怎么样？

教师：他看上去很饿并且气疯了，因为他一点面包都没得到。

梅洛尼：是的。但这是他自己的错。他什么忙也没帮。而这就是结果。

(Morrow，1987a)

这种复杂的反应只有在儿童反复、多次听过同一个故事时才会发生。

儿童喜欢反复听别人给他读同一个故事。我们成年人常厌倦重复，但是这在早期阅读发展阶段极具价值。要有一批书在家或者班级反复读给儿童听，这些书应该是些受欢迎的故事。为了研究自然发生的阅读行为，苏尔齐(1985)观察了2至6岁的儿童如何尝试阅读喜爱的故事书。他们可以参与到活动中，因为他们非常熟悉这些故事。尽管他们并非传统意义上的阅读，儿童常会被要求"给我读读你的书"。苏尔齐发现在他们的"阅读"中，儿童一开始的阅读行为是创造一种可以加以分类的语言；他们使用的这种语言，无论是结构还是语调都和典型的对话有明显区别；在这些"口头阅读"中，还可以发现不同的发展阶段。

从儿童试图阅读故事书的行为中，我们可以发展和判断其阅读行为的特点。因为这种行为是发展的并且最终可以形成读写能力，教师应该让儿童参与其中，鼓励自然发生的读写行为并且加以评价。(见表6-1)

> **表 6-1　苏尔齐关于儿童喜爱图书的读写萌发行为的分类方案**
>
> 1. 关注图片而不是组织故事。儿童通过在书中的图片上作标记和评论,而不是用每页的内容组织故事来"阅读"。
>   是 □　　否 □
> 2. 关注图片并且组织口头故事。儿童通过追随图片"阅读"同时也会按照每页编故事,仿照作者说故事的遣词造句和语调。然而通常,听者要看图片才能理解儿童"阅读"的故事。
>   是 □　　否 □
> 3. 试图综合图片、阅读和故事讲述。儿童看着图片来"阅读"。儿童的"阅读"常在故事讲述者的语气和阅读者的语气间转换不定。
>   是 □　　否 □
> 4. 关注图片的同时组织故事(类似写作语言)。儿童通过看图片来"阅读"。儿童的语言听上去无论是遣词造句还是语调都类似阅读。听者几乎不需要看图片来理解故事。闭上眼睛,听者可以想象儿童正在读的文字,有时可以逐字跟随其阅读。开始关注一些文字。
>   是 □　　否 □
> 5. 关注文字。这有两个类别:
>   (1) 儿童的阅读大多是关注文字,偶尔关注图片并恢复到故事讲述。
>   (2) 儿童可以进行传统意义上的阅读。
>   (1) □　　(2) □

Source：Adapted from E. Sulzby, "Children's Emergent Reading of Favorite Storybooks: A Developmental Study." *Reading Researh Quarterly*, 20(4), 458-481. Copyright © 1985 by the International Reading Association.

小组故事阅读和一对一故事阅读

不能忽略小组阅读和一对一阅读的重要性和优点。尽管它们常被认为在课堂教学中不实用,但一对一阅读和小组阅读有很大的益处,它们必须纳入教学课程中。在家一对一故事阅读,常被称为膝上策略,最突出的好处是其包含的互动行为,以及它成为儿童信息的直接来源渠道。它也让成人可以洞察儿童已经知道了什么和想知道什么。非常年幼的儿童参与小组阅读和一对一阅读最为合适,因为这种环境能令其投入应有的注意力。

一项研究说明学校环境中的一对一阅读对于社会经济背景层次较低的学前儿童有积极的效果,即使儿童此前几乎没有故事阅读和与成人互动的经历。研究中,教师实践了研究家庭故事阅读的学者们发现的互动行为(Applebee & Langer, 1983;Cochran-Smith, 1984;Roser & Martinez, 1985)。教师通过阅读前提供大量背景信息来介绍故事。

教师频繁的阅读加上以下描述的指引,可以增加儿童反应的数量和复杂程度。

故事书阅读过程中的教师行为

1. 控制。
(1) 介绍故事。
(2) 提供有关书籍的背景信息。
(3) 将无关的讨论重新导向故事。

2. 促进反应。
(1) 阅读故事过程中自然停顿,邀请儿童提出问题或者评论。
(2) 如果儿童没有任何反应,可以作出反应让儿童模仿。如"这些动物不是很亲切。他们不帮助红色小母鸡"。
(3) 将这些反应和现实生活中的体验联系起来。("当我准备一个聚会的时候我需要帮助,我的家人就会来一起工作。你曾经向人求助但是没人帮助你吗?发生了什么?")
(4) 当儿童没有任何反应时,问一些不能仅用"是"或"否"回答的问题。("如果你是红色小母鸡,没人帮助你烤面包,你该怎么办?")

3. 支持和提供信息。
(1) 回答儿童询问的问题。
(2) 回应他们的评论。
(3) 将你的反应和实际生活体验联系起来。
(4) 为儿童的反应提供积极的强化。

Source: From L. M. Morrow, "Young Children's Responses to One-to-One Story Readings in School Settings." *Reading Research Quarterly*, 23(1), 89–107. Copyright © 1988 by the International Reading Association.

儿童会提出许多有关意义的问题和评论。首先,他们标记图片。然后,他们更加关注细节,他们的评论更具阐述性和预见性,他们能从自己的经验中加以推断。他们还开始叙述,也就是和教师一起"阅读"或者口述故事。当课程深入,一些儿童开始关注阅读文本的结构元素,注意标题、背景、角色和故事事件。多次阅读后,儿童开始关注文字,说出单词、字母和发音(Barone & Morrow, 2003; Morrow, 1987a; Xu & Rutledge, 2003)。与一对一阅读相比,小组阅读似乎可以鼓励更多更早的反应。儿童倾向重复彼此的议论,并且激发他们对同龄人所说的反应加以详述。

以下是小组故事阅读的录音片段。它说明了参与活动时儿童的问题和评论,以及他们从回应的成人那里得到的大量知识和信息。这个片段还说明儿童已了解的内容以及他们的兴趣所在,这有助于教师设计阅读指导活动。

故事:《好饿的毛毛虫》(Carle, 1969)
(儿童询问书籍概念的问题。)

杰里(指着封面图片):为什么这个上面有图片呢?

教师:图书的封面上有一幅图片,这样你就知道这个故事说的是什么了。你能告诉我这本书是说什么的吗?

杰里:嗯,我想那是一个毛毛虫。书是关于毛毛虫的吗?

教师:是的,很好。这本书是关于一只毛毛虫的,故事的名字是《好饿的毛毛虫》。当你看见书上的图片时,它们会帮助你发现单词说的是什么内容。

故事:《卖帽子》(Slobodkina, 1947)

(一个儿童询问了一个定义。)

教师:我要读一个《卖帽子》的故事。

杰米:什么是无边帽?

教师:无边帽就是戴在头上的小帽子。看,图片里有一顶无边帽。

杰米:我以前都不知道。我只知道帽子,我从没听说过无边帽。

故事:《鸡汤米饭》(Sendak, 1962)

(儿童注意到文字。)

克莱斯特:等一下,先停下来别念。让我再看看这个。(他翻回谈论六月份的那页。)它们怎么是一模一样的?(他指的是单词六月"June"和七月"July"。)

教师:你是指什么?

克莱斯特:看看这些字母,J-U,J-U。它们看起来很像。

教师:再靠近看看单词的结尾处。它们一样吗?

克莱斯特:哦,不,只有前面(一样)。

故事:《卖帽子》(Slobodkina, 1947)

(儿童预测。)

科琳:我在想为什么这些猴子要拿走帽子呢?

教师:我不知道。你觉得是为什么呢?

科琳:好吧,卖帽子的人在睡觉,而那些猴子看着帽子,也许它们觉得帽子是给它们的。或者,我知道了!也许它们冷了,所以想要一顶帽子。

教师:想法不错,科琳。

故事:《玛德琳的营救》(Bemelmans, 1953)

(儿童将文本和真实生活体验联系起来。)

吉米:警察要做什么?

教师：他要帮助玛德琳。警察很亲切。他们总是帮助我们。

吉米：警察才不亲切呢。我爸爸打了多米尼克，警察就来把他带走了，还无缘无故地把他关进监狱。我爸爸都哭了。我不喜欢警察。我觉得他们并不亲切。

由此可见，儿童议论了与字面意义相关的问题，通过讲故事并和自己的生活相联系来诠释或者评论，预测故事接下来会发生什么或者判断角色的行动。在这些例子中，儿童议论的问题和文字相关，例如字母、单词和发音。没有教师在场的时候，儿童在小组中一起阅读，同样类型的问题和议论也会发生（Morrow，1987a）。下面的解读表（见表6-2）有助于这样的分析。

表 6-2　解读儿童阅读故事期间的反应

儿童姓名＿＿＿＿＿＿＿＿＿＿＿＿　　日期＿＿＿＿＿＿＿＿＿＿＿＿
故事名字＿＿＿＿＿＿＿＿＿＿＿＿＿＿＿＿＿＿＿＿＿＿＿

（给一个或者一组儿童阅读。鼓励儿童用问题和议论来回应。磁带录音环节。转录或者听取磁带，通过打钩记录每个儿童的反应项。一项可以打不止一个钩。计算每一项中钩的总数）
1. 关注故事结构
  （1）背景设置（时间、地点）　　　　　　　　　　　　　＿＿＿＿＿＿＿
  （2）角色　　　　　　　　　　　　　　　　　　　　＿＿＿＿＿＿＿
  （3）主题（问题或者目标）　　　　　　　　　　　　　　＿＿＿＿＿＿＿
  （4）故事情节（导致问题解决或者目标达成的事件）　　　　＿＿＿＿＿＿＿
  （5）结局　　　　　　　　　　　　　　　　　　　　＿＿＿＿＿＿＿
2. 关注意义
  （1）标注　　　　　　　　　　　　　　　　　　　　＿＿＿＿＿＿＿
  （2）细节　　　　　　　　　　　　　　　　　　　　＿＿＿＿＿＿＿
  （3）阐释（联系、阐释细节）　　　　　　　　　　　　　＿＿＿＿＿＿＿
  （4）预测　　　　　　　　　　　　　　　　　　　　＿＿＿＿＿＿＿
  （5）从某人的经历中推测　　　　　　　　　　　　　　＿＿＿＿＿＿＿
  （6）寻求单词的定义　　　　　　　　　　　　　　　　＿＿＿＿＿＿＿
  （7）使用叙述行为（和教师一起背诵图书的某些部分）　　　＿＿＿＿＿＿＿
3. 关注文字
  （1）关于字母的问题和议论　　　　　　　　　　　　　＿＿＿＿＿＿＿
  （2）关于发音的问题和议论　　　　　　　　　　　　　＿＿＿＿＿＿＿
  （3）关于单词的问题和议论　　　　　　　　　　　　　＿＿＿＿＿＿＿
  （4）读单词　　　　　　　　　　　　　　　　　　　＿＿＿＿＿＿＿
  （5）读句子　　　　　　　　　　　　　　　　　　　＿＿＿＿＿＿＿
4. 关注插图
  与插图相关的反应和问题　　　　　　　　　　　　　　＿＿＿＿＿＿＿

总计：　　　　　　　　　　　　　　　　　　　　　　＿＿＿＿＿＿＿

在班级里提供一对一或者小组阅读是比较困难的，因为存在时间和人数的限制。请助教、志愿者和年长的儿童来到教室里，帮助进行一对一或者小组故事书的阅读，可以解决这些问题。

回答问题,参与师生发起的讨论

出声阅读的好处在于成人和儿童之间的互动。在课堂环境中进行的研究表明,主动参与文学体验有利于提升儿童对文本的理解和文本的结构感(Morrow, 1985; Pellegrini & Galda, 1982)。

当儿童和他人讨论文本时,他们首先对插图感兴趣,并记住配图的项目或者成年人重复阅读的单词(Bowman, Donovan, & Burns, 2000)。这样的互动行为引导儿童用问题和议论来回应,这些问题和议论随时间推移将愈发复杂,并呈现与文字材料相关的更复杂的思考。最后,儿童对于文本内容的评论表现了他们阐释、联系、预见信息以及详尽说明的能力。他们的观察有时集中于标题、背景、角色和故事的事件(Morrow, 1988; Roskos, Christie, & Richgels, 2003),有时则关注文字特点包括字母、单词和发音等。教师帮助儿童讨论并对文本作出反应,可以通过:

图6-4 在小组故事阅读中,教师应鼓励儿童对文本的有趣回应和详细阐释。

1. 在儿童可以自发回应前,提示儿童回应。
2. 作出回应,儿童可以在自己不能回应的时候模仿。
3. 将回应和真实生活体验联系起来。
4. 回答儿童的问题。
5. 提问问题。
6. 对儿童的反应给予积极肯定的强化。

生成问题。 富有成果的讨论来自好的问题。由问题展开的讨论,参与者不会只给出寥寥数语,这样的讨论也包含了要求给出详细说明、解释、预测和证明的问题。以下是问题的种类列表。

1. 字面上的简单问题,辨识"谁"、"什么"、"何时"以及"哪里"。它们让儿童:
(1) 说清概念。
(2) 给文本排序。
(3) 找到文章的主要思想。
2. 推理以及批判性的问题,它们让儿童:
(1) 从他们的背景知识中提取信息。
(2) 建立文本与生活、文本与世界以及文本与其他文本的联系。
(3) 推测结果。(你认为接下来会发生什么?)

(4) 阐释文本。（设身处地为角色着想。）

(5) 对比和类比。

(6) 判断因果关系。

(7) 应用信息。

(8) 解决问题。

讨论的问题应该反映儿童的兴趣并得到多个适当的回应，而不是只有一个标准答案。偶尔，可以问只有一个正确答案的问题。但是，大多数问题应该引发讨论和清晰的回应，能反映儿童对所读内容的思考和感觉。这些问题需要审美反应，因为儿童必须综合想法、知觉、感觉和意向。这些问题为儿童自己提问提供了范例。最后一个问题让儿童建立文本和生活的联系。以下问题让儿童可以参与审美的讨论：

- 你对这个故事有什么感觉？
- 这个故事对你意味着什么？
- 你对这个故事有什么疑问？
- 从你所读到的故事中，你学到了什么？
- 那篇故事的信息将如何帮助你？
- 你赞成这个角色在故事中的做法吗？为什么赞成？为什么不赞成？
- 生活中有什么和你刚刚读到的故事相似的事情？

(Gambrell & Almasi, 1994)

输出立场通常是针对提供内容信息的说明性文本。要求输出性回答的问题促使儿童记住和分析细节、描写、序列以及因果关系。最后两个问题针对"由文本到现实"和"由该文本到另一文本"的联系。以下是引出输出性回答的一些问题(Gunning, 2003; Rosenblatt, 1988)。

作者想要告诉你的主要内容是什么？
作者用了哪些细节、事实、事件或者例子来解释主要的观点？
你觉得哪个观点最为有趣？
你学到了什么新观点？
你如何能就这些观点了解更多？
如果你能跟作者对话，你想问他（她）什么问题？
与这本书里的信息相似的内容你还知道什么？
你还读过与这本书相似的书吗？

提问时，指导儿童回顾文章，去寻找他们无法回答的问题的答案。我们需要帮助儿童了解详细说明答案的位置；也就是说，问题的答案在文中都是有所说明的。儿童需要能够找到问题的大概答案，虽然答案没有准确说明，但是在文中一些句子中还是能找到的。最后,儿童需要能够回答与文本相关的问题。这些答案不在文中,但是属于儿童背景知识的一部分(CIERA,2001)。

儿童生成问题。当儿童有能力时,我们需要鼓励儿童问些和教师所问的相似问题。当他们这样做时,我们可以发现他们是否能回答他们自己的问题,是否能够练习寻找答案,以及是否可以和其他人合作寻找答案。

运用图表

图表(graphic organizers)是帮助阅读者了解说明文或者记叙文中概念或事件之间关系的视觉插图或者文本信息的展示。它们可以辅助理解所需的许多元素,例如词汇、因果关系、问题解决等。以下是一些常见的图表的类型。我将使用熟悉的图书来说明,这有助于读者轻松地理解这些概念。

地图和网状图。地图和网状图都是用图形表现或者说是图解,用于分类和构造信息。它们帮助儿童理解单词和概念如何相互联系。网状图倾向于利用蜘蛛效应来描绘;而地图是方框里面有着若干标签,将不同地方联系起来。地图和网状图策略建立在儿童已有知识的基础上。它们帮助儿童回忆对于一个话题的已知信息,以及在阅读和倾听文本时使用这些信息。研究已经表明,地图和网状图策略对于发展词汇和理解力是有效的。这项研究已经显示了它在艰苦学习的阅读者和少数族裔以及双语儿童使用该策略的效率(Pittelman, Levin, & Johnson, 1985; Pittelman, Heimlich, Benglund, & French, 1991)。

当地图和网状图被用作发展词汇概念和与某个单词相关的定义时,可以将这个单词写在黑板上或者挂图上。让儿童进行"头脑风暴",集体研讨与该单词相关的概念。例如,读完《雪天》(Keats,1962)后,教师让儿童说出描写"雪"的单词。单词"雪"(snow)被写在挂图或者黑板的中间位置,孩子们说出的单词写在这个词的附近。图6-5显示了一份幼儿园孩子制作的"雪"的网状图。

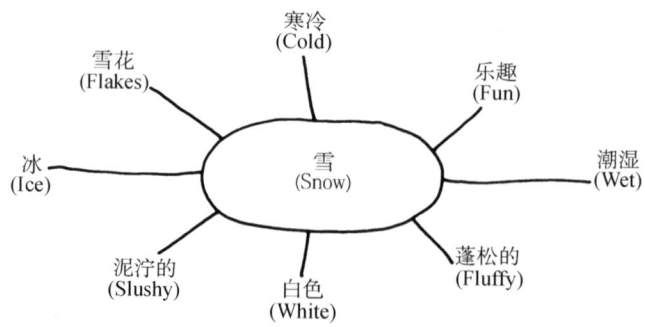

图6-5 拓展词汇的网状图

关于同一个故事,另一种网状图也可用于扩展与雪天相关活动的概念。在图

6-6 中,一个一年级的儿童给出了故事中彼得在雪地里所做的事情,以及我们可以在雪中做的其他事情。

在倾听或者阅读一本书前后,地图提供了不同的信息组织形式。地图可以处理更为复杂的信息,因此,用于不同分类的方框需要用图形方式呈现想法。故事结构可以制作成地图,帮助儿童了解文本的结构元素。事件发生的顺序和对于每个角色的研究,也可以制成地图。

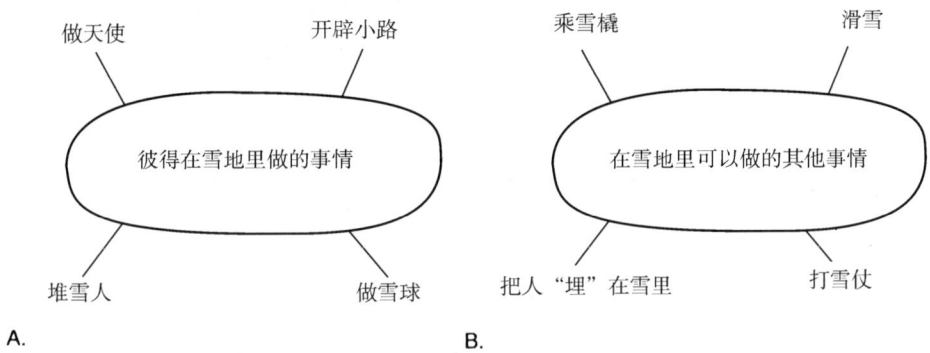

图 6-6 拓展思路的网状图

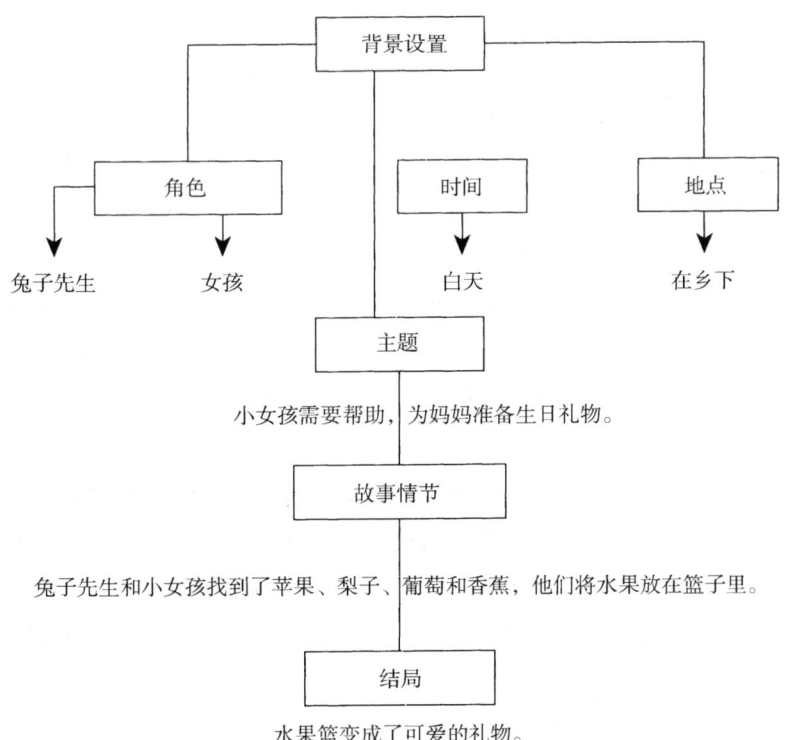

图 6-7 一个故事结构的地图

已知—未知—习得过程(K-W-L)。K-W-L 是一种提升理解力的认知策略,主要用于说明文并且可以调整用于记叙文。它和 DRTA 以及 DLTA 活动有相似之处。K-W-L 代表"我们知道的"(know)、"我们想知道的"(want)以及"我们学到的"(learned)。使用这种策略,儿童利用已有的知识对即将阅读的文本产生兴趣,这有助于为阅读和思考设置目标,并鼓励分享想法。K-W-L 挂图(图 6-8)将 K-W-L 讨论中的各项做成列表,这种方法在用于指导与主题相关的阅读材料时尤其有用(Sampson,2002)。以下就是将这种策略转化为实践时的步骤。

1. 阅读说明文前,儿童进行"头脑风暴",集体讨论他们对一个主题的认识。例如他们即将阅读的书籍是《火山》(Branley,1985),班上儿童列出"我们对于火山的认识"的列表。

主题:火山		
我们知道的(K)	我们想知道的(W)	我们学到的(L)
它们看起来什么样?	为什么会喷发?	其他火山在哪里?
部分火山在哪里?	所有的火山分布在哪里?	为什么喷发?
它们很危险。	我们能阻止喷发吗?	熔岩有多热?

图 6-8 K-W-L 挂图

2. 阅读关于《火山》的这本书之前,儿童列出"我们想知道的"问题。
3. 阅读文本后,儿童做了关于"我们学到的"知识的列表。

阅读完这本书之后,儿童可以将从文本中学习的信息与他们读书前已经知道的信息进行对比。他们可以判断他们读文章后学到的信息,最后,列表上只有他们想学习的东西,因为这些没有包含在书中。

维恩图。维恩图是一种使用两个交叉的圆圈的图示,以此显示两个概念之间的关系。维恩图有助于对比一篇文本中的两到三个概念(Nagy,1988)。当对比两个概念时,我们将每一个概念的主要特点列举在外层圆圈,两者的共同点放在交叉的区域。维恩图可以用于说明文或记叙文。

安娜斯塔西老师给她的班级阅读《青蛙、蟾蜍和蝌蚪》和《也……》(Fowler,1992)。这种拥有丰富信息的故事强调了青蛙和蟾蜍之间的异同。教师在挂图上画了两个有趣的圆圈,一个附上"青蛙"的标签,另一个附上"蟾蜍"的标签。她在圆圈交汇的空白处附上"共同特征"的标签。她让儿童从书中找到青蛙的特征,然后是蟾蜍。孩子们作答后,教师在图表合适的区域写上评论。然后她问有没有什么特征是一致的。如果有,她就把它们放到写有"共同特征"标签的空白处。安纳斯塔西老师和孩子们回顾了文本中可以帮他们了解正在讨论的异同之处的单词。例如,像"相同的"、"同样的"、"像"、"仍然"之类的单词就表示相同之处,而像"相反"、"还要更"、"但是"、"尽管"、"然而"、"取而代之",还有"之类"的单词和短语就表示不同之处(Vukelich, Evans, & Albertson, 2003)。作为延伸活动,安纳斯塔西老师让孩子们一起使用另一篇包含对比和类比概念的说明文制作维恩图。

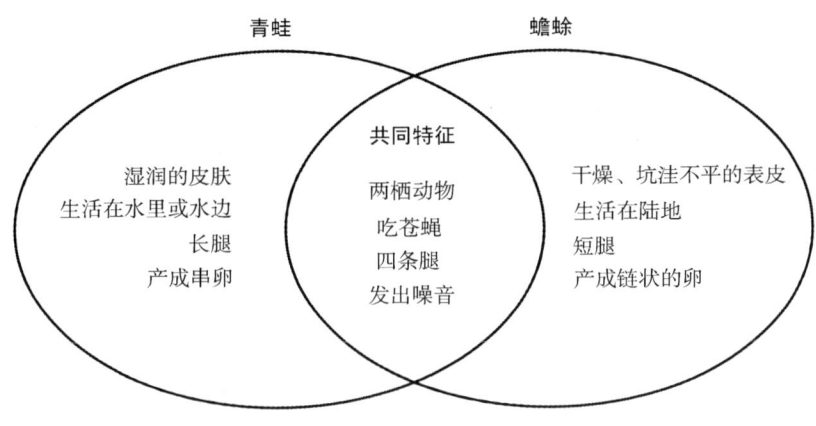

图 6-9 维恩图

用于说明文的图表。图表还可以帮助儿童学习文章结构。在图 6-7 中,我们为一篇记叙文制作了结构地图。儿童需要学习记叙文和说明文的结构,并能够总结两种结构。为了给予儿童更多有关说明文结构的帮助,可以反复使用以下文本结构。

1. 描述:一个_____是一种_____它是_____
一个苹果是一种水果,它是红色多汁又甜的。

2. 类比和对比:__X__和__Y__相似之处在于,两者都_____,但是__X__,而__Y__。
雨和雪的相似之处在于两者都从天而降并且都是潮湿的,但是雨不会附在地上也没有颜色,雪会附在地上而且是白的。

3. 排序:_____开始时是,然后是,最后是……
花朵开始时是种子,我们给它们浇水,它们就会生长;然后它们继续长出茎和叶,最后长成花。

4. 问题解决:_____想要,但是,因此……
孩子们想出去玩,但是因为下雨没法去;因此他们改成在学校体育馆玩了。

5. 因果关系:_____发生是因为……
汽车抛锚没法前进,是因为没油了。

图 6-10 和 6-11 提供了说明文中有关事件顺序和因果关系结构的图表。根据

杜克所言,早教班级几乎没有非虚构类文章,也极少花费时间处理信息类文本。信息类文本在成人生活中比记叙文读得更多。附录 A 中的分类提供了说明文的延伸列表,强调了处理信息类文本的重要性。

姓名		日期	
主题	植物如何生长		
	事件的顺序(重要)		
买种子来种。	找个有土壤、可以照到阳光的地方。	在地上挖洞,种下种子。	
1	2	3	
给种子浇水。	除草。	当它破土而出,开心地看着。	
4	5	6	

图 6-10 有关事件顺序的组织图

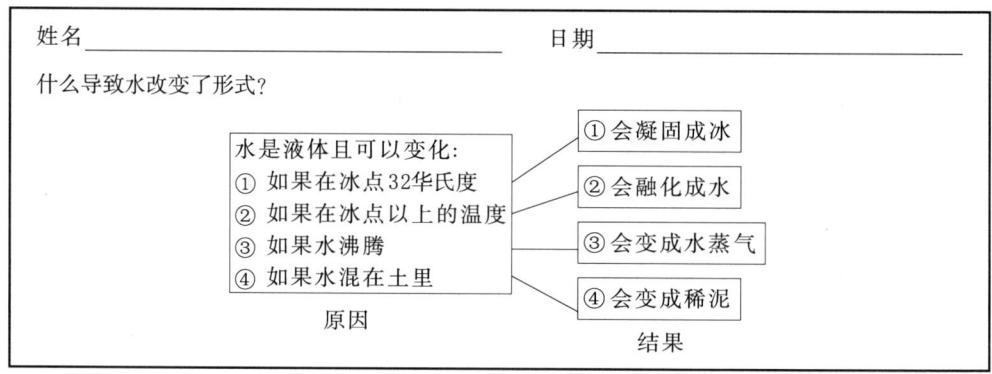

图 6-11 有关因果关系的组织图

在第七章中的"课堂策略"中,S—31 至 S—36 页使用了图表,可以帮助儿童回忆他们读过的说明文和记叙文的信息。

幼儿总结策略:故事的复述和复写

让听者或者读者复述或者复写故事,提供了对于读写体验的积极主动的参与,这有助于提高语言结构、理解力和对故事结构的概念(Ritchie, James-Szanton, & Howes, 2003)。复述,无论是口语或者是书面语,都可以让儿童全盘理解、组织思维。它同时兼顾儿童将自己的生活经历融入复述时的原创想法(Gambrell, Pfeiffer, & Wilson, 1985)。复述练习中,儿童逐渐熟悉记叙文和说明文的"结构"概念。他们学会用故事的开头和结构来介绍叙述性的故事。他们讲述它的主题、情节和结局。在重复故事中，儿童说明他们对于故事细节和顺序（即按时间顺序组织情节）的理解。他们还推理以及解释主角的口气和声音。在说明文的复述中，儿童复习了他们已经学习的内容，并从细节中辨识文本的主要意思。

复述对于儿童而言不是简单的任务，但是练习可以让他们很快进步。为了帮助儿童发展复述的练习，应告诉他们在阅读或者听文章或者故事之前，他们将会被要求复述或者复写(Morrow,1996)。进一步的指导取决于教师针对复述的具体目标。例如，如果目前的打算是教授和测试排序，就指导儿童关注首先发生了什么，其次发生了什么等。如果教授和评估能力的目标是整合信息和从文章中推理，就指导他们思考自己身上发生过的和选文相似的事情。纸板做的人物和文本中的图片可以用来帮助儿童复述。读前讨论和读后讨论有助于发展儿童的复述能力，教师复述给儿童示范也有这样的作用。

复述可以发展多种理解能力，并让成人能够评估儿童的进步。如果你打算评价一次复述，在你介绍选文期间可以告诉儿童，阅读后要复述故事。在评估复述时，不要给出"接下来怎样了呢"或者"关于这个故事你还能想到什么"一类泛泛的提示。记叙文的复述可以反映儿童对于故事结构的概念，主要集中在字面上的回忆，然而它们也能反映儿童推理和批判性思考的能力。评估儿童的复述，可以看故事结构的概念，如首先将故事中的事件划分为四种类型：背景、主题、情节和结局。可以使用"指南"(表6-3)以及分好类的文本框架，记录儿童在复述中涵盖的概念和细节的数目，而无需考虑其顺序。当儿童回忆起一部分或者叙述出一个事件的要点时，就给其计分(Pellegrini & Galda, 1982; Wasik & Bond, 2001; Whitehurst & Lonigan, 2001)。对比儿童复述有关事件以及背景、主题、情节与结局的恰当顺序，据此评价儿童的排序能力，具体分析儿童使用或者忽略了哪些元素、儿童排序的水平以及应该关注什么地方的指导等。对比一年来的复述，可以说明儿童的进步。

表6-3　故事复述和复写的评价指南：量化分析表

儿童姓名	贝丝	年龄	5岁
故事标题	珍妮受到教训	日期	

基本指导：达到一个元素或者一个要点就给1分。提及一个角色或者如"男孩"、"女孩"、"狗"这样的单词就给1分。角色使用复数就给2分(比如朋友们)。

故事结构的概念

续表

背景设置		
(1) 用介绍来开始一个故事		1
(2) 说出主角		1
(3) 说出其他角色的数目	2	
(4) 其他角色的实际数目	4	
"其他角色"得分		.5
(5) 包含时间或者地点的叙述		1
主题		
提到主角的主要目标或者要解决的问题		1
情节		
(1) 回忆事件的数量	4	
(2) 故事中时间的数量	5	
"情节"得分		.8
结局		
(1) 说出问题的解决或目标的达成		1
(2) 结束故事		1
排序		
用结构顺序复述故事:背景、主题、情节、结局(顺序合适 2 分,部分正确 1 分,没有顺序 0 分)		1
可能得到的最高分:__10__ 儿童得分 __8.3__		

Source: From L. M. Morrow, "Story Retelling: A Discussion Strategy to Develop and Assess Comprehension." In *Lively Discussions!: Fostering Engaged Reading*, ed. L. B. Gambrell & J. F. Almasi, 265–285. Copyright © 1996 by the International Reading Association.

以下的例子使用了故事《珍妮受到教训》(Fujikawa,1980)中的一个分类提纲,同时还包括两个儿童复述故事的选段。第一个选段是一个叫贝丝的儿童的叙述量化分析表,之前是一份复述指南(Morrow,1996)。

解析的故事

[背景设置]

1. 曾经有个女孩喜欢玩假扮游戏。

2. 角色:珍妮(主角),尼古拉斯,山姆,苏眉,狗。

[主题]

每次珍妮和朋友玩时,她都指挥他们。

[情节]

第一幕:珍妮决定假扮女王。她叫来朋友。他们过来玩。珍妮告诉他们做什么,表现得颐指气使。朋友们生气了,都走了。

第二幕:珍妮决定扮演舞蹈演员。她叫朋友们,他们再次来玩。珍妮告诉他们该做的所有事情。朋友们生气地走了。

第三幕:珍妮决定扮演海盗。她呼唤朋友,他们来玩了。珍妮告诉他们要做的一切。朋友们生气地走了。

第四幕：珍妮决定扮演女公爵。她呼唤朋友，他们来玩了。珍妮告诉他们要做的一切。朋友们生气地走了。

第五幕：珍妮的朋友拒绝和她一起玩，因为她那么颐指气使。珍妮变得很孤单。于是为自己的颐指气使向他们道歉。

[结局]
1. 朋友们都在一起玩，每个人都做他（她）自己想做的事。
2. 他们那天过得很开心，累得睡着了。

逐字转录（贝丝，5岁）

曾经有个女孩叫珍妮，她叫上朋友扮演女王，到城堡去。他们得完全按照她说的做，而他们不喜欢这样，于是他们就回家了，并且说这样很无聊。扮演女王，做她要你做的事没意思。于是他们七天不和她玩。她知道自己太自私了，于是她去找朋友并且说，很抱歉我那样差劲。还说，让我们扮演海盗，于是他们扮演海盗去抢劫。然后他们假装她是一位高贵的女士。他们喝茶。他们按照他们想的那样玩，都很开心。结束。

5岁孩子贝丝的复述，是她上幼儿园第一学期的记录。为了显示随着练习和时间流逝，她的复述是如何变得复杂并且进步的，下面记录了她在幼儿园即将毕业时的复述内容。这个故事叫作《柠檬树下》（Hurd，1980）。故事叙述了农场里一只住在柠檬树下的驴子看护着所有动物。一只狐狸晚上偷走鸡或者鸭时，驴子就会大声呼喊去保护它们。他吓走了狐狸，但是吵醒了没看见狐狸的农夫和他的妻子。这样的事常常发生，农夫受不了这噪音了，就将驴子移到了远离农场的一棵树下，驴子在那里很不高兴。狐狸回来偷走了农夫宝贝的红色公鸡。其他的动物吵起来，最后吵醒了农夫，农夫去追狐狸。当狐狸经过驴子时，他又发出响亮的声音，吓得狐狸丢下红色的公鸡。农夫意识到驴子一直在保护他的动物们，于是把他带回了原来的柠檬树下，驴子在那里很高兴。

以下是5岁孩子贝丝复述的《柠檬树下》。

曾经有一头驴子，他住在农场里。他在一棵靠近农场动物的柠檬树下生活。他靠近鸭子、小鸡和公鸡。一天晚上，红狐狸进了农场找东西吃。驴子"呃——啊，呃——啊"地叫起来，然后鸡也"咯咯"地叫起来，鸭子也"呱呱"地叫着。然后农夫和妻子醒了过来看向窗外，可是什么也没看到。他们不知道那天晚上什么进了农场。他们说："我们这头驴太吵了。天黑时我们要把他带到远处去。"于是当天越来越黑时，他们把驴子带到一棵大树边。驴子只好待在那里。他自己一个人睡不着。那天晚上，红狐狸又进了农场想找东西吃。所有的鸭子都呱呱叫，火鸡咕咕叫。农夫和妻子醒来说："那只吵闹的驴子又回来了么？"他们跑到窗边，看见狐狸把红色的大公鸡叼在嘴里，于是叫起来："停下，小偷，回来。"狐狸从驴子身边经过，驴子叫着"呃——啊，呃——啊"。红狐狸听到后，丢下公鸡就跑走了。农夫和妻子说："有全世界最吵的驴子不是很幸运吗？"他们捡起公鸡，用一只手抚摸驴子。他们一起回家了，并把驴子拴到了原来那棵柠檬树上。

　　复述可以从多种不同的理解力任务中加以评估。请儿童复述前，要先给出提示，分析方法应该和目标相符。表 6-4 提供了一种评估口头以及书面复述的分析表，其中使用勾选的方法，而不是通过计数儿童口述包含的元素意识来判定一段时间的进步。表中也提供了对解释以及批判性反应的量化评估。表 6-5 提供了一张儿童口头和书面复述的评估表。与教师、同伴一起或者独自一人进行自我评估，是早期读写学习过程中的一个重要部分。

表 6-4　故事复述和复写的量化分析

	是	否
儿童姓名＿＿＿＿＿＿＿＿＿＿＿　日期＿＿＿＿＿＿＿＿＿＿＿		
故事名称＿＿＿＿＿＿＿＿＿＿＿＿＿＿＿＿＿＿＿＿＿＿＿		
背景设置		
（1）用介绍来开始故事	☐	☐
（2）说出主要角色	☐	☐
（3）列出其他角色＿＿＿＿＿＿＿＿＿＿＿＿＿＿＿＿＿＿＿		
（4）含有关于时间和地点的叙述	☐	☐
主题		
（1）涉及角色的主要目标和要解决的问题	☐	☐
情节		
（1）回忆的情节	☐	☐
（2）列出回忆的情节	☐	☐
结局		
（1）包含问题的解决或目标的达成	☐	☐
（2）给故事一个结尾	☐	☐
排序		
（1）按顺序叙述故事	☐	☐
阐释和批判性的讨论：在复述或者复写的过程中阅读，并将儿童作出的阐释性或者批判性的讨论记录列表		

表 6-5　儿童口头或书面复述自我测评表		
儿童姓名＿＿＿＿＿＿＿＿＿＿＿＿　日期＿＿＿＿＿＿＿＿＿＿＿＿		
故事名称＿＿＿＿＿＿＿＿＿＿＿＿		
背景设置	是	否
(1) 我用介绍来开始一个故事	☐	☐
(2) 我说明了主要角色	☐	☐
(3) 我谈论了其他角色	☐	☐
(4) 我说出了故事是什么时候发生的	☐	☐
(5) 我说出了故事是在什么地方发生的	☐	☐
主题		
(1) 我说了故事里的主要问题或者角色的主要目标	☐	☐
情节		
(1) 我回忆了故事里的一幕幕情节	☐	☐
结局		
(1) 我说了问题是如何解决的或者目标是怎样达成的	☐	☐
(2) 我给出了故事的结尾	☐	☐
排序		
(1) 我的故事是按照恰当的顺序复述或者复写的	☐	☐
改进意见:下次我的叙述应该包含＿＿＿＿＿＿＿＿＿＿＿＿		

合作反应小组

已经讨论过的发展理解力的策略,都是教师作为指导者,在全班、小组或者一对一背景下进行的。以下策略中,儿童参与彼此的合作,无需教师在场。国家阅读委员会认为合作在发展理解力中是一种重要的策略(2000)。这些策略常作为**反应小组**而被提及,因为它们能够让儿童建设性地参与有关文本阅读,且个人化的对话反应小组可以让儿童交换想法、倾听彼此、提炼想法,对他们所读或所听的文章相关内容进行更具批判性的思考。因为在幼童能够参与和同龄人、教师指导背景下的小组之前,教师需要为这种反应小组作出示范。以下是对于不同反应小组的描述。

文学圈。文学圈(literature circle)包括一组儿童读同一本书并讨论这本书。儿童在没有教师的情况下独立讨论。教师需要示范文学圈活动,这样儿童可以独立、成功地进行这些活动。文学圈可以组织成下文这样。

教师分配小组,儿童从教师提供的书单中选一本书来阅读和讨论。小组成员定期见面讨论。

教师使用此前章节中有关促进图书对话的相似提示,帮助儿童进行讨论。

给组内儿童分配工作,例如:

- 讨论指挥者:负责开始和结束,提醒成员引用图书内容来找到支持他们评论的论据,并且保证每个人都参与。讨论指挥者提出小组将要讨论的问题。
- 知识渊博者:负责选择书中的部分内容让小组出声阅读。节选部分应该是滑稽的、悲伤的、有趣的等。
- 插画者:绘画与阅读相关的东西。
- 创造性的联结者:发现所读的书和外部世界的联系。这些联系可以是儿童自身、书籍、教室以及和家庭、朋友相关的内容。
- 词汇丰富者:找到书中的重要单词。可以是新单词。
- 总结者:写阅读的小结。可以简明扼要。
- 调查者:搜集与书中话题相关的更多信息。(Daniels,1994)

对于幼儿园和一年级的儿童,教师可能需要引导文学圈活动,担当讨论指挥者角色,并询问以下问题:

- 说出故事中你最喜欢的部分。
- 说出故事中你不喜欢的部分。
- 如果你是作者,你会怎样结束这个故事?

儿童可以在书页上放置即时贴来记住讨论项目。可以让小组成员翻到他们应用的那页。儿童可以针对一个问题议论,问其他的问题或者要求清楚说明,以让他人更好地理解。这种练习要求教师指导并且在部分儿童身上使用。

一帮一阅读。一帮一阅读通常是一个高年级儿童与一个幼儿园或者一、二年级儿童结伴的情形。高年级儿童事先接受了如何给儿童阅读的指导。在一周特定时间,他们一起读故事书并讨论。

同伴阅读。同伴阅读是同龄人一起阅读。简单来说是儿童轮流给彼此阅读,或者他们挨着坐在一起阅读。教师可以和文学圈活动一样,组织某些主题相同的读物,给两人小组一些问题,要求在互相阅读之后回答。

思考、结伴、分享。思考、结伴、分享策略,需要教师提出问题让儿童回答前思考。儿童和同龄人结伴,讨论他们对问题的回答。他们可以回到大组中,分享他们两人一组时讨论的答案(Gambrell & Almasi,1994)。

心理意象和有声思维。心理意象(mental imagery)和有声思维(think-alouds),让儿童单独、结伴和教师一起以及在没有教师参与的情况下,使用几种策略。心理意象要求儿童阅读或者听别人读一篇文章后去想象画面。我们要求儿童"脑中有一幅图片,帮助记住、理解你阅读的或者你听人读的东西"。心理意象之后,我们让儿童进行"有声思维",并且和同龄人或者教师讨论他们的想象。我们还可以让儿童预测故事接下来会发生什么。让儿童询问自己有关故事的问题，并在需要弄清某些想法或者记起忘记的细节时重新阅读。我们常通过问他们是否有过和主角相似的经历，当时他们是怎么做的，让文本阅读更个性化。想象画面以及口头表述这些意象，有助于儿童弄清信息并增进理解（Gambrell & Koskinen，2002）。具体参见第六章"课堂策略"S—22至S—27页中的"文学圈"和"阅读日志"。

流畅

流畅（fluency）是需要在读写指导中格外强调的技能。根据国家阅读委员会的报告（2000），帮助儿童流畅朗读对其读写能力的发展十分关键。流畅是阅读时准确性、自发性和语调韵律的综合。简单说，流畅阅读的儿童能够自动并准确地解读文本。他（她）不必在每个音上费力。而且，这个儿童可以用恰当的停顿和声调来阅读。这个方面即语调韵律。语调韵律说明儿童理解文本，因为他（她）使用正确的声调和节奏阅读（Kuhn & Stahl，2003）。阅读指导的最终目标就是儿童能够流畅阅读。

研究表明以下策略有助于发展阅读流畅性。

跟读。 当我们让儿童跟读（echo reading）时，教师或者更擅长的阅读者读一句话，儿童也读出同一句。当儿童阅读能力提高了，可以增加阅读的句数。阅读时，确保在准确性、停顿和语调上作出好的示范，并且确定儿童阅读单词时也在看着这些单词而不是边听边重复。让他们边看边用手指指着文字。尽量一周进行数次跟读。

齐读。 进行齐读（choral reading）时，全班或者一小组儿童和教师齐读全文。教师要确保提供抑扬顿挫的优秀范本。短文和诗歌是很好的齐读材料。齐读时，儿童在熟练阅读中感受正确的停顿和语调。尽量一周进行数次齐读。

结对阅读。 结对阅读（paired reading）是同一教室或者其他班级中较好的阅读者作为不熟练的阅读者的阅读榜样。当他们一起阅读时，较好的阅读者作为指导者。阅读不够熟练的儿童应该阅读对其而言容易的材料。阅读者可以轮流阅读。例如，指导者可以读一段，然后不熟练的阅读者重复同一段。他们也可以轮流一页一页地阅读。指导者在准确性、节奏和语调上帮助不够熟练的阅读者。

读者剧场。 读者剧场（reader's theater）是口头的短剧阅读。儿童自主分配角色，并且练习表演这个角色。这样的练习是流畅阅读的范本。邀请父母到校听班级表演读者剧场的片段，并利用机会给他们介绍流畅阅读的概念。通过让他们加入到你和他们的子女的行列，教给家长一些策略。这些活动是简单的，不用花费很多时间，并且很有效。也可以看看"课堂策略"中读者剧场的剧本以及角色面具的使用。

对读。对读(antiphonal reading)是分组进行的齐读。诗歌,尤其是有对话的诗歌,本身就要对读。将你的班级分成两组、三组甚至四组,给每组分配一个角色朗读。每个部分先分别练习,然后一起阅读。

磁带辅助阅读。边看文字边听磁带中流利的朗读,是儿童绝佳的范本。磁带可以是买来的,也可以是由教师、家长和其他儿童制作的流畅阅读的范例。

重复阅读。一周阅读同一本书三到四次。当一个故事被重复以及熟悉,它因其熟悉度提供了熟练阅读的机会。当儿童可以熟练阅读一篇文章,他们可以体会到文字感。第一天,将文章读给儿童听。第二天,进行跟读。第三天,进行齐读,第四天,则是一帮一阅读。因为有你在支持文本的阅读,因此应使用词汇量丰富、对儿童有挑战性的图书。

儿童应该参与每天的流畅阅读活动。这些活动容易进行,不会占用很多时间而且有趣。阅读流畅性的练习,可以从幼儿园进行到三年级。幼儿园儿童可以参与到所有促进流畅阅读的活动中,但是作为听力而不是阅读。他们接触流畅阅读的押韵、停顿和音调。他们可以重复地说,而不是跟读。教师朗诵并且重复。齐读有利于记忆诗歌。可以让较为年长的儿童听磁带或者重复阅读的故事书优秀范本。

评价阅读的流畅性。听儿童阅读符合其学习水平的文本。儿童可以给你阅读,或者你用磁带录下来,随后进行评价。

1. 将每分钟阅读单词和该儿童年级水平的期待值进行对比。
2. 用流量记录或者错误分析来判定干扰流畅阅读的错误类型。
3. 使用一种非正式的流畅性测量尺度来描述阅读,例如:

(1) 逐字阅读。
(2) 单词间有较长停顿。
(3) 遗漏许多单词。
(4) 一个声调阅读;几乎没有使用停顿,以显示对文章的理解。
(5) 节奏慢且费力。

以下是一、二、三年级儿童的恰当阅读速率:一年级儿童平均每分钟阅读单词量在12月是54,2月为66,5月为79。秋天时二年级儿童平均每分钟阅读单词量是53,冬天时为78,春天时为94。三年级儿童秋季时平均每分钟阅读单词量是79,冬天时为93,春天时为114。

一年四次,让儿童评估他们自己的阅读流畅性。他们可以听阅读录音并依照以下方法进行评估。

1. 合格:逐字阅读,慢,有起伏不定,会丢失单词,没有足够的音调变化以显示对文本的理解。

2. 良好:阅读的节奏较慢,但是没有起伏不定。大多数单词发音准确,显示了对文本的部分理解。

3. 熟练:阅读抑扬顿挫恰当。所有单词准确解读并且有音调,说明对于所读文本的理解。

流畅性训练的材料。阅读指导用的材料,例如基础的选段或者分好级的图书都是较好的流畅性训练材料。介绍新的文本时,可以使用跟读和齐读作为常规指导的一部分。有对话的图书,例如寓言,是读者剧场的好题材,因为可以让儿童分角色朗读。短文和诗歌是齐读、跟读、重复和同伴阅读的最佳材料。玛丽·安·霍伯曼的诗歌集《你读给我听,我读给你听》(2001)是部快乐的诗歌集,里面的每首诗至少有两个角色对话。诗歌中名为"我喜欢"的部分,一个角色用紫色标出,一个用粉色标出,蓝色是代表共同朗读的内容。

我喜欢苏打。	我喜欢牛奶。
我喜欢缎子。	我喜欢丝绸。
我喜欢小狗。	我喜欢小猫。
我喜欢分指手套。	我喜欢连指手套。
我喜欢滑行。	我喜欢旋转。

我们从来不曾达成一致。

Source:From *You Read to Me,I'll Read to You* by Mary Ann Hoberman. Copyright © 2001 by Mary Ann Hoberman. By permission of Little,Brown and Company.

关于书籍概念和文本理解的评估

本章中涉及的策略是意图通过说明文和记叙文的使用,发展书籍概念以及对故事的理解。以下"检测清单"中列举的技能,可以通过多种策略在不同语境中的运用得以发展和评估。为了判断儿童对书籍的认知程度,例如它们的封面、封底、上和下;哪个部分是文字,哪个部分是图画;如何翻页;阅读从什么地方开始;标题、作者、插画者是什么,可以观察幼儿平常如何拿书;一对一地采访儿童;在全班、小组或者个人互动中询问并鼓励其反应;或者使用本章中描述的任意一种策略等。儿童的反应可能是依照字义的、诠释性的或者批判性的。它们可以反映简单的回忆、细节、排序、联系、预测、判断和评估等。儿童对故事的理解,可以通过他们阅读中的故事复述、复写,喜爱书的阅读尝试,角色扮演,图片排序,使用玩偶和纸板玩偶来演绎故事,以及提问和议论等来显示和评估。如有可能,保留阶段性的活动表现样本,例如故事的复写和复述的音频、视频记录。

本章提供了评估策略的标准。这些材料可以放进儿童个人的档案袋,以评估儿童的书籍概念及其对文本的理解。儿童的原始数据可以从学期伊始，每 6 到 8 周反复进行测量。

检测清单	评估书籍概念和对文本的理解				
儿童姓名 _____ 日期 _____					
书籍概念		总是	有时	从不	评语
知道书籍是用来阅读的					
能够分辨书的封面、封底、上和下，能恰当翻页					
知道文字和图画的区别					
知道一页上的图片是和文字内容相关的					
知道从什么地方开始阅读					
知道什么是标题					
知道什么是作者					
知道什么是插画者					
文本理解		总是	有时	从不	评语
试着阅读故事书，并能说出结构完整的故事					
在教师阅读时，通过叙述参与故事阅读					
复述故事					
故事复述中包括以下记叙文结构要素：					
（1）背景设置					
（2）主题					
（3）情节					
（4）结局					
在读或听后，以简单的字面评论或询问对文章作出反应					
能够概括所读内容					
在读或听后，用诠释性的评论或询问对文章作出反应					
在读或听后，用批判性的评论或询问对文章作出反应					
产生与文本内容相关的、有目的的以及批判性的问题					

续

在以下过程中参与和回应	总是	有时	从不	评语
使用图表				
一帮一阅读				
同伴阅读				
文学圈				
心理意象				
有声思维				
讨论				
思考、结伴、分享				

词汇发展	总是	有时	从不	评语
学习日常口语中的新词				
在写作中使用新词				
辨认和理解说明文的特点：				
(1) 内容表格				
(2) 词汇表				
(3) 索引				
(4) 图表、挂图				
说明文结构，例如描述、排序、对比和类比、因果关系、例证等				

教师意见：

在平时的教学中，我何时教授文本理解的策略？教学上花费多少时间？我如何依据儿童不同的能力水平因材施教？

理解力的教学可以从学前直至大学。应基于标准以及所在学校确立全班理解力方面的校本课程，并制定日常课程。利用可以强化所教策略的每一个教学契机。有目的地整合你正在强调的策略，实施于科学活动、社会活动、数学活动以及游戏、音乐和美术活动等任何课程。例如，如果你正在读"天气"这个单元关于雨的文本，可以让儿童谈论他们生活经历中与雨相关的滑稽、可怕或者有趣的事，将文本和生活联系起来，因为这是你在早前班级里强调的策略。

根据小组教学从而判断个体的需要是十分重要的。小组教学能让你发现儿童已经学会了什么以及他们需要学什么，从而能因材施教。此时你对不同组的儿童有着相似的目标，但是为儿童设计的活动有时需要更具挑战性，有时需要更简单的任务。小组教学可以满足个体的需要。在因材施教的小组教学中，有着更多诠释性的谈话提供给可以应对的儿童，而对有学习困难的儿童则较少这样的谈话，因此他们理解起来比较容易。

每天有全班正式的理解力教学时间，既有非正式的内容教学，又有在正式时间进行小组指导的因材施教。课程长度取决于儿童的年龄。幼儿教学时间短，年长的儿童教学时间长。理解技能应该对儿童有挑战性，但是也要足够简单，让儿童能够达成目标。例如，小组中需要练习将文本和实际生活联系起来，能干的儿童和苦于复述的儿童都可以努力完成。小组教学的因材施教对于英语学习者很重要。某种情况下，因材施教可能意味着一个小组很超前，比起班上大多数儿童，他们处理的不同技能更具挑战性。

教学反思

运用图表

这个活动适用于二年级或者三年级，可以处理各种文章结构，既有记叙文，也有说明文。图表的创作适用于所有儿童尤其是英语学习者，因为它提供了一个具体的、视觉上的、简化的文章表述。我通过复习不同的文章结构和有助于概括与理解文章的图表开始这一活动。我告诉儿童可以制作他们自己的有创造性的图表，帮助他们理解、组织和记忆所读内容。

儿童从一系列不同阅读水平的文本中选择一本书。如果你们正在学习一个特定的主题，书籍最好和这个主题相关。教师帮助每个儿童选择适合其阅读水平的图书。应该有不同种类的文本结构，尤其是排序、支持主要思想的细节、因果关系和问题解决等，要在儿童的选择中有所体现。

儿童阅读他们的文本，并且判断最符合哪种结构特点。将多种图表的例子写在黑板上。一旦儿童选定了结构，他们将使用一个适当的图表来总结文章。例如，读记叙文的儿童可能会做一个故事地图，里面有背景设定、角色、问题、情节和结局。阅读由主要思想支持细节的结构的说明文，儿童会将主要思想放在方框上方，将支持的细节写在方框下方。在儿童制作时，我巡视教室并大略看了每个人的工作，确定他们都在正轨上。儿童也许想在完成他们的图表设计前,写出一个草稿。他们可能选择两人一组以体现合作优势,也可能独立完成。

朱莉·安娜斯塔西,三年级教师

活动和问题

1. 回答本章开头的"焦点问题"。

2. 让 2 岁、4 岁和 6 岁的儿童分别读一本他们喜爱的故事书。描述他们尝试的阅读行为。他们的表现中有阅读发展的不同证据吗?

3. 约见一个 3 岁到 8 岁之间的儿童。每次见面,让这个儿童练习复述一个故事。用磁带记录每次内容,并用文字转述。使用图 6-3 和图 6-4 提供的形式,分析磁带中的故事结构要素、细节和顺序。这个儿童从第一次到第三次的复述有进步吗?

4. 选择一篇说明文和记叙文。准备讨论的问题,然后将这些问题转换成活动(例如故事的角色扮演或者毛毡故事),这样有助于儿童说明他们对故事的理解。

5. 准备两个不同的教师指导的倾听和思考的活动以及教师指导的阅读和思考的活动,包含读前讨论和读后讨论。为每个 DLTA 或 DRTA 活动选择不同对象。将你的计划用于小组指导。

6. 使用另一种理解策略,比如图表,设计一堂课教授这种策略(应用于说明文和记叙文)。

7. 选择一种策略来提高阅读的流畅性,并设计一堂课教授这种策略。

8. 继续你所选择的某一儿童的档案袋评估,重点评估第四章中的语言发展。观察儿童时,使用本章中有关书籍概念和文本理解的"检测清单",以及其他评估方法。

9. 继续你第四单元开始的主题性单元。在书籍概念方面选择两个对象,在文本理解中选择两个对象,在流畅性中选择两个对象。描述适用于活动主题的每个对象的活动。

10. **策略**:撕下第六章"课堂策略"中的活动,并带到你的班级以及你任教的班级。试试文学圈、阅读日志和支持故事的读者剧场剧本,并反复使用。使用本章中的图表以及第七章中的 S—31 至 S—36 页来组织并回忆所读信息。

11. 下面的段落描述了三个不同的教师教授的小组阅读指导课。每堂课都使用了促进文本理解的策略。在阅读这些段落时,思考以下问题:

（1）教师设置的问题是否促进了事实性的或者批判性的思考？
（2）是否强调了对于所提问题的理解？
（3）这是一个灵活改变的还是业已决定的计划？
（4）有采取和同龄人互动的方式解决问题的时间吗？
（5）气氛是受限的、受控制的、支持的、温暖的或者有奖励的吗？
（6）儿童能提出问题吗？
（7）要求儿童预测和分析吗？
（8）强调深层次的思考还是字面层次的思考？

阅读教师 A 和教师 B 的材料，然后回答问题。如果你必须选择成为其中的一个教师，你会选择谁？为什么？回答问题后，阅读教师 C 的材料，然后回顾并再次回答所有问题。

教师 A

教师 A 开始活动前，先向小组成员介绍了他们要读的故事——《金发女孩和三只熊》(Daley & Russell, 1999)。教师指导儿童浏览全书，看着图片讨论每页发生了什么，让儿童进一步熟悉故事。阅读故事前，她告诉孩子们她想让他们记住故事中的重要细节，比如主角；故事在哪里发生；首先、其次、然后发生了什么；故事是怎么结尾的。她把信息写在"经验挂图"上。

教师让孩子们一起读故事。快阅读完时，她让孩子们自己翻书去复习文本。为了检查他们的理解，教师问了关于文本的事实性的问题，例如"谁是故事主角"以及"在她到熊的家时，金发女孩首先做了什么"，她针对全文问了相似的问题。

讨论后她给孩子们一张作业单。设计这张单子主要是用以强化故事细节以及扩大词汇量。上面的问题要求儿童圈出正确答案。儿童完成作业单时，活动也结束了。

教师 B

教师 B 通过要求儿童分享他们做的错事来开始她的阅读指导活动。在儿童叙述他们的经历之后，教师问他们为什么会这么做。然后她给孩子们介绍了故事《金发女孩和三只熊》。阅读前她让孩子们看图片浏览这本书。她让儿童预测他们认为不同的书页上发生了什么，以及这个故事是关于什么的。教师让班里的儿童在阅读时思考故事里谁做了坏事。孩子们从头到尾朗读了这个故事。之后她问了一些问题，以弄清儿童对于故事主题理解的信息。她问："故事中主要发生了哪些事？书中谁做得对，谁做得不对，为什么？他们为什么是对的或者是错误的？金发女孩未经邀请就进入熊的房子里可以吗？为什么可以（或者为什么不可以）？"让儿童讨论故事中最喜欢的部分，并将其读给班上的同学听。"图片对故事而言重要吗？它们有助于叙述故事的一部分吗？"

教师给儿童提供了三个与故事有关的选项，让他们选择想要的拓展活动，例如，画一幅与故事有关的图画、表演故事或者做一个拼贴画故事并讲述。孩子们决定画和故事相关的图画并做成班级图书。故事的不同部分被分给每个儿童。他们在自己的书页上写着发生了什么。书拼在一起后，全班共同阅读。

（提示：回答案例研究开始时的问题，然后阅读教师C案例。）

教师C

教师C以询问儿童在家有没有什么特别的东西是他们喜欢的来开始指导阅读活动。他问如果某人来带走或者使用他们这些特别的东西而不事先询问，还弄坏了这些东西，他们会有什么感觉。他介绍了《金发女孩和三只熊》的故事，并让孩子们翻书寻找熊的那些被使用和弄坏的特别的东西。他们一起出声阅读。教师让班上的孩子讨论：他们对于熊回家后发现有人来过他们的房子时的感觉有什么样的想法。所有的意见都可以接受，教师要解释没有所谓正确答案和错误答案。

教师让孩子们编一个关于金发女孩的全新故事。允许儿童选择合作的伙伴。他们两人一组进行"头脑风暴"，并且编好故事、配上文字和插图。完成任务后，大家一起分享故事。

现在回答在教师C的活动例子开始时的问题，读完三个案例后判断你想成为哪一位教师。通过论证支持你的答案。

焦点问题

- 叙述如何习得早期书写的理论。
- 叙述反映儿童尝试早期书写的类型,并与拼写发展的阶段进行对比。
- 什么样的目标适合促进幼儿期书写发展?
- 什么策略可以应用于出生至 2 岁时的儿童书写发展?
- 什么策略可以应用于幼儿园至三年级儿童的写作发展?
- 写作进程中包含什么步骤?
- 儿童学习书写时,什么技巧很重要?
- 如何评估写作?
- 运用什么策略可以促进儿童对拼写的掌握?

词汇:写作工作坊,叙事性写作,描述性写作,论说性写作,说明性写作,日志写作,诗歌写作,应用性写作,过程写作法。

策略:在班上或者教学中尝试第七章"课堂策略"中的活动,并反思如何运用它们。

第七章

写作、拼写和读写能力发展

儿童想要书写。他们上学的第一天就想写字了。这不是偶发现象。在他们上学前,他们就用蜡笔、粉笔、钢笔或者铅笔,任何能用来做标记的东西,在墙上、马路上和报纸上留下标记。儿童所做的标记想说——"是我"。

——唐纳德·格雷夫斯
(《写作老师和孩子们在上课》,1983)

关于写作发展的理论和研究

阅读和写作的关系

读和写的目的是一样的,都是为了建构意义。阅读者通过对所读内容进行反馈来处理意思。作者通过构建文本来处理意思(Bromley,2003)。阅读和写作时,儿童做着相似的活动。读写实践可以让他们:

1. 组织想法。
2. 生成想法。
3. 监控想法。
4. 解决问题。
5. 修正对这些想法的思考。

儿童学习读写的方式是近似的。他们实验并假装读写,同时在练习他们已经习得的读写能力中试误。儿童在学习读写时是很有创造力的——他们装饰字母、符号和单词;他们将图画和文字混杂在一起;他们用各种形式和形状创造信息(参见图 7-1)。同样的,当他们阅读时,他们创作出他们认为的文本内容,他们创造出书中角色的声音,预测故事的结果并创造出自己的结局。我们教授儿童自然拼读法的技能,这样他们就可以独立解读文本。当儿童写字时,他们需要使用相同的自然拼读法技能来创造他们的作品。让儿童意识到读写在多大程度上相似,以及让

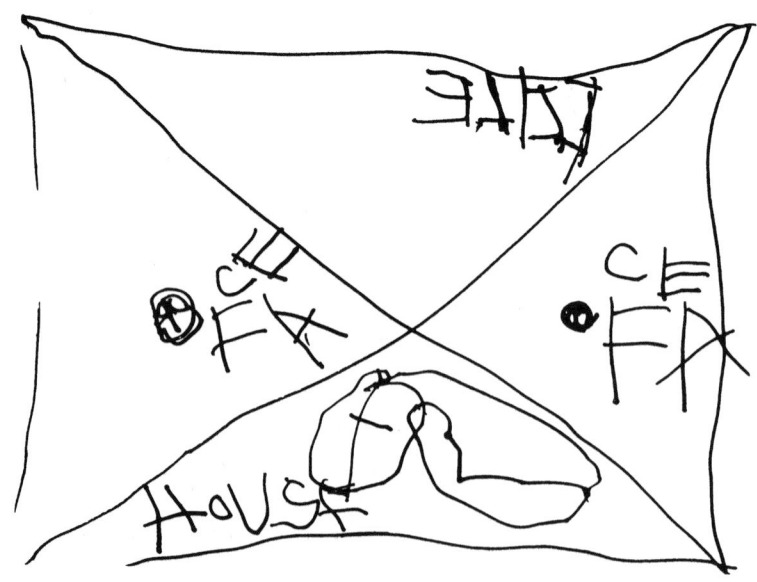

图 7-1 在这一书写样本中,5 岁的麦克用书写作为绘画的装饰。

他们日常参与读写是很重要的。当儿童阅读时,他们正在加强阅读技能;当儿童写作时,他们也在加强阅读技能。

早期书写是如何掌握的

儿童早期的读写体验来自于家庭和社区中熟悉的场景与真实的生活体验(Ritchie, James-Szanton, & Howes, 2003)。事实上,我们已经发现,因为这些读写时间如此自然,以至于很多父母在儿童指给他们看之前,对于他们的子女的读写体验都不了解(Schickedanz & Casbergue, 2004; Soderman & Farrell, 2008; Taylor, 1983)。家庭成员日常需要做的很多事情都包含读写实践。他们彼此写些便条,他们写要做的事情的清单,他们寄出问候卡片,他们写一些说明,等等。

早期书写发展有着儿童从游戏时在纸上做记号,发展为在纸上交流信息,再到写成文本的特征。儿童首先不在意自己的"书写"作品;他们几乎一写完就对此丧失了兴趣。但是,一旦他们开始理解所做的记号是有意义的并且有创造的乐趣,他们就决定要学习如何书写(Tompkins, 2000)。

儿童在学习书写形式前,先知道书面语言的用途(Bromley, 2007; Gundlach, McLane, Scott, & McNamee, 1985)。观察儿童涂鸦和创造原始的"文本"时,研究者发现儿童在较为了解如何用正确形式的书写之前,似乎知道书写是做什么用的。给亲友的信、问候的卡片、他们制作的符号,并不是传统意义上的书写形式。儿童似乎是受对书面文本功能的理解所驱使。(参见图 7-2)

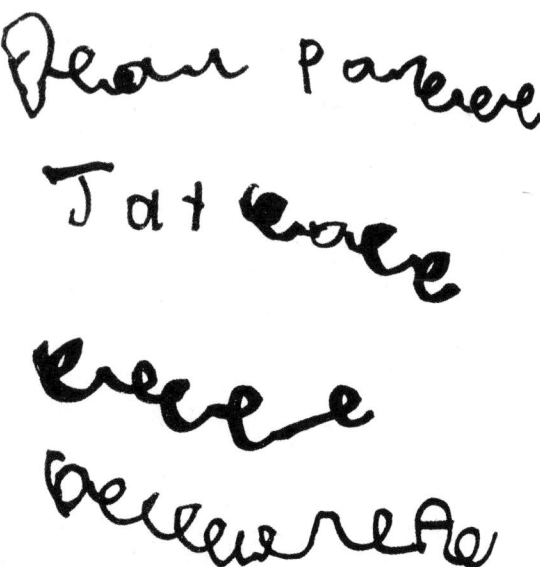

图 7-2　5 岁的杰,在给朋友彼得的信中尝试使用应用性的书写。

儿童的书写通过书面语言的持续创造和再创造得以发展（Calkins，1994；Dyson，1986；Graves，1994；Spandel，2008）。儿童创造了制作字母、单词和文章的种种方法，从原始的形式到更为接近传统方式的形式（Hansen，1987；Jalongo，2007）。幼童的父母和教师需要显示出对这一早期书写的兴趣，并接受和支持这些原始形式的作品。儿童从他们对于环境文字的观察中创造了书写的形式，他们会观察、模仿周围书写能力更强的人，并且与他们进行互动。

儿童通过教师明确的指导以及观察比自己更有经验的人的做法来了解书写。儿童需要成人的指导和教授，他们也会观察成人的举动。更擅长书写的人在儿童书写发展中起到了重要的示范作用（Jalongo，2007；Temple, Nathan, Burris, & Temple，1988）。

儿童需要独立书写。当他们独立书写时，他们练习书写的各方面——字母的形式和区别，书写和绘画之间的异同，拼写与停顿等。当儿童进行独立书写时，他们对于自己的认识更有知觉。（参见图7-3、图7-4）

儿童需要在社会背景中书写。儿童和同伴、儿童和教师或者和更擅长读写的人一起书写时，他们会分享彼此的书写，并且他们会模仿更擅长书写的那个人。社会化的互动对于书写的学习是十分关键的。

图7-3　3岁半的珍妮弗，通过在一页纸上从左到右重复相同的字母形式来练习书写。

图 7-4 3 岁的罗伯特在自己的练习中,用圆圈将书写和绘画分别圈出来,从而将两者分隔开来。

写作的发展是儿童读写发展进程的一部分(Vygotsky,1978)。儿童读写学习的主要来源是他们用符号表示经验的方法,以及通过这些符号来相互交流的知识。这种理论的结构可以总结如下:

1. 读写能力发展包含阅读、写作、听力、口语和观察的发展。
2. 读写能力发展包含学习使用包含阅读、写作、听力、口语和观察的符号。
3. 在读写能力发展中的符号表征也包含社会以及文化意义的发展。

对大多数儿童来说,书写发展过程是连续的。自然条件下,儿童早期读写能力发展始于学习交流,先是非语言的,然后是通过说话,接下来是通过符号的游戏,最后是使用绘画。每个新的阶段都基于前面的阶段,并形成一个源于交际的新网络。

读写学习始于家庭和社区生活互动的发展。在这一过程中,儿童从以书面语言为消遣到使用其来进行交流。他们创造并再创造新的形式。当儿童首先开始在纸上制造符号时,大多是在对书写符号系统特性一无所知的前提下这么做的。很快,他们看到字母就想到现实的人和物。等到儿童意识到书写表示语言已经是很久以后的事了(Spandel,2001)。

书写能力的发展

在游戏尤其是读写的社会环境中,儿童通过假装在纸上做记号来模仿成人的范例,他们学习了很多关于读写的知识。很快这些符号变成了书面信息,从中儿童可以发展自己眼中和他人眼中的认同意识。这一过程从以书写和绘画为消遣到通过书面信息来交流,再到写记叙文或者说明文,反映了基本的早期读写能力发展的理论(Dyson,1993;Halliday,1975;Schickedanz & Casbergue,2004;Turbill & Bean,2006)。

研究者已经记录了多种幼儿期书写发展阶段的描述(Dyson,1985;Soderman & Farrell,2008;Sulzby,1986b;Teale,1986;Tompkins,2007)。多数人都同意尽管存在若干阶段,但是难以很好地界定或者按照一定的顺序发展。戴森(Dyson,1986)认为幼儿书写发展有两个宽泛的阶段。从出生到3岁,幼儿开始通过涂鸦探索书写的形式。然后,3岁到6岁的阶段,"他们由有控制的涂鸦逐渐发展成为他们可以说得出的认识的物体,也就是说涂鸦逐渐具备文字的特征,包括直线性、水平的方向性以及类似字母的形式"。

萨尔兹比(Sulzby,1985)界定了六种幼儿园时期儿童的大致书写类型,并提醒这些类型并没有反映发展的顺序,但是它们描述了儿童早期书写的尝试。

1. 通过绘画来书写。儿童会使用绘画来代表书写。儿童能分辨绘画和书写的关系,不会混淆两者。儿童将绘画型书写当作特殊的、有一定目的性的信息交流方式。参与绘画型书写的儿童会阅读他们的绘画,仿佛上面有文字一样。(见图7-5)

图7-5 通过绘画来书写:当被要求写一些东西的时候,詹姆斯(2岁半)画了一幅图画,其中的"J"代表名字James。

2. 通过涂鸦来书写。儿童涂鸦,不过是装作在书写。儿童常常表现出书写的样子,从左往右进行涂鸦。儿童想像成年人一样运动铅笔,发出类似书写的声音。涂鸦作品也类似书写。(见图7-6)

3. 通过写出类似字母的形式来书写。一眼看上去,儿童写出来的形状类似于字母。但是仔细观察就会发现只是看上去类似字母。它们是结构很糟糕的字母,是原创的。(见图7-7)

图 7-6 通过涂鸦来书写：当凯蒂(3 岁)被要求书写时，她随机地涂鸦。她从左往右涂鸦，然后有意在句子的结尾作出句号的符号。

图 7-7 通过类似字母的形式来书写：奥丽维亚(4 岁)从左往右写了类似字母的形状。

4. 通过再创造已知的字母组合和字符串来书写。儿童通过学习他(她)自己的名字这样的来源来学习字母顺序。儿童有时会改变这些字母的顺序，用不同的方法写同一个词，或者随机写出一长串字母。(见图 7-8)

5. 通过自创拼写来书写。儿童使用多种形式和阶段的自创拼写。儿童在不知道某些单词符合规则的拼写时，就会自创这些单词的拼写。当使用自创拼写时，一个字母可能代表一个完整的单词，有时单词会部分重复或者放置于不恰当的位置。

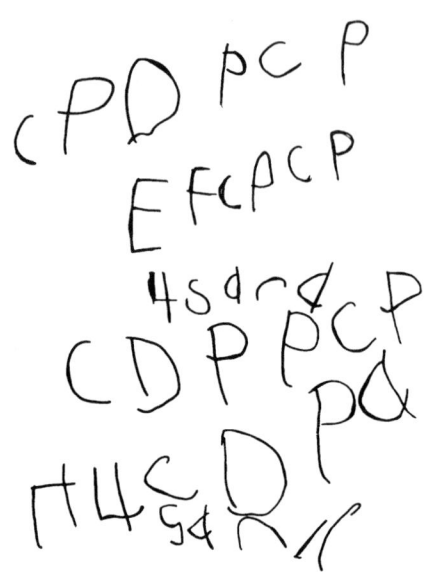

图 7-8　通过写出连续的字母或一串字母来书写：布莱恩（4 岁）
　　　　在一页上从左向右书写这些字母。

当儿童的书写逐渐成熟，单词会更类似符合规范的书写，其中也许只有一个字母是自创的或者被省略。

6．使用符合规范的拼写来书写。儿童的书写近似于成人的书写。（见图 7-9）

图 7-9　"早上好，红组。今天是周三，我们上学的时候
　　　　想念妈妈了。"爱丽丝，5 岁零 1 个月。

这一笼统的关于早期书写的描述，在父母和教师观察与描述儿童的书写时很有用处。然而应该注意，这些类型不是按照顺序固定不变的。

促进写作发展的目标

关于写作发展的思考在 20 世纪 70 年代发生了变化。我们原先鼓励儿童使用蜡笔和纸发展身体的机械协调,为书写做准备,但是从未想到将书写作为两岁孩子早期书写计划的一个完整部分去传递一定含义。现在我们在婴幼儿、幼儿园儿童和一年级儿童的日常安排中整合了书写的策略。我们认为,甚至有些年幼的儿童在早期是尝试在纸上书写而不是随机的符号。这一概念在读写发展的早期教育计划中是必需的。

总而言之,支持幼儿语言和读写发展的最佳方法是提供指导以及创造有意义的环境。这一原则在家中、儿童看护中心、幼儿园、学前班、一年级、二年级甚至三年级同样适用。以下促进写作发展的目标来自于儿童在不同情形中(例如,在游戏和交流中),通过有目的地使用语言来学习语言包括读写的观点。

◎ **写作发展目标**

1. 为儿童提供环境,让他们可以在其中有规律地接触各种文字。
2. 儿童体验文字,作为一种娱乐来源。
3. 儿童定期地观察成人为工作或休闲而书写。
4. 给儿童书写的机会和材料。
5. 帮助儿童决定写什么,但要允许其自己做决定。
6. 儿童的书写尝试,无论是何种形式,都应该视为有意义的交流(例如涂鸦式的书写、类似字母的形状、随机的字母、自创的拼写)。
7. 指导并鼓励儿童为不同的目的写作,例如编故事,进行说明性写作、论说性写作、描述性写作和日志写作,以及应用性写作如清单、信件、签名和通知等。
8. 教授并指导儿童阅读各种结构的记叙文和说明文,作为写作的示范。
9. 通过课程整合书写和写作实践。
10. 在教室写作时,让儿童体验建设性的活动,并给出清晰的写作技巧指导。
11. 教师要评估儿童作品,儿童也要参与到他们自己作品的评价工作中。
12. 教授儿童手写以及连笔的书写方式。
13. 通过儿童的书写,教师要利用机会指出:口头语言转化为书面形式时,音形应一致。
14. 教授并让儿童接触标点符号的使用,如句号、逗号和引号。
15. 接受儿童的自创拼写,并视之为向符合常规的书写转化的阶段。
16. 教师要提供拼写指导。

写作区

家庭、儿童看护中心、幼儿园以及学前班应该提供书写环境——舒服的地方,配有地毯、符合儿童身型的桌椅——以及存放写作材料的地方。后者可以是记号笔、铅笔、蜡笔和粉笔。这些材料应该是供应充足的,还应有各种大小的没有格子的纸(报纸就不错),还有黑板。材料应该一直存放在一个地方,以供书写所用。这样儿童就可以学习如何选择材料以及独立地去摆放好。

教室内部专供读写的区域应该包括专用于写作的地方。这是一个容易进入、有吸引力并且吸引人的地方。这个区域可以是图书角的一部分,也可以是桌子、椅子,加上让幼儿可以伸展以及在地上写字的地毯。书写用具应该包括大量的彩色记号笔,大大小小的蜡笔、铅笔(标准的和彩色的),以及粉笔和黑板。也应有各种类型的纸张,如有横线或者没横线的、白色的或者报纸用纸,大小从 8 英寸×11 英寸到 24 英寸×36 英寸不等。

儿童收集、记录的个人词汇卡也要放置在写作区。每个儿童应该有一个写作的档案夹来收集一学年中的作品。还需要一些用于文字处理的电脑。要用的制作图书的材料,包括做封面的彩色美术纸,做内页的普通白纸,一个订书机和剪刀。教师可以准备空白的书,以备不时之需。例如雪人形状的空白书,外面是美术纸,里面订有 5 到 6 张普通白纸,提供空白,儿童可以在这里写故事、诗歌、体验或者对家庭成员的冬日问候(见图 7-10、图 7-11、图 7-12 关于空白书的准备)。为特殊的计划存放一些空白的书(有硬纸板封面,里面没有文字内容),以及用来测试的蓝色的书。这些书通常有 12 至 16 页,正适合幼童的原创故事。尽量买有学校附近大学、学院名称或者儿童熟悉的大学名字的蓝书。它让儿童在上面书写有特别的感觉。提供有趣的图片、海报、杂志和报纸,这些可以发挥启发、装饰的作用,或者给儿童的写作提供插图。

字母表挂图也要放在视线所及的地方,可以帮助儿童在写作有需要时辨认以及写出字母。塑料、磁铁、木制以及毛毡字母也是掌握语言技能中需要的材料。这些材料有助于发展手眼协调,也支持辨识和构造字母。小的白色石板有利于练习新学的单词,并用这些单词写句子。小的布告栏可以让儿童展示他们的作品,并给他们一个张贴通知或者收发私人信息的空间。儿童收发"信件"的信箱可以放置在写作角。笔友项目中的邮箱将在之后的功能性写作章节中讨论。写作角应该有"作家角"标牌或者其他儿童自己选择的名字做的标牌。

用于书写的基本用具和材料,也应该存放在教室里每一个其他的学习区中。随时能拿到这些材料,也可以鼓励书写(Bromley,2003)。一个儿童可能回想起在科学区记录室外温度,用"严禁触摸"的标牌来保护积木搭成的建筑,或者抄写社会研究或者科学区中的个人词汇。一个小组决定将戏剧表演变成牙医诊所,里面要有记录日期、时间和病患姓名的预约簿,预约卡,病历,以及开药的处方等。

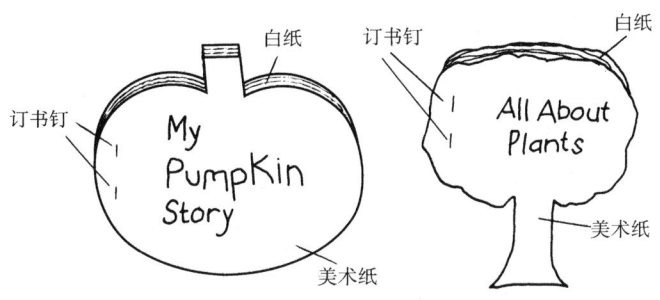

图 7-10 折叠、线缝以及胶粘的书

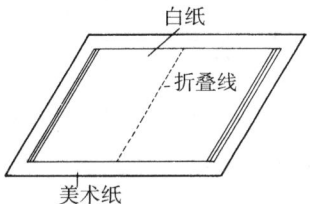

①将 8.5 英寸×11 英寸的 10 张普通白纸和底下一张 9 英寸×12 英寸的彩色美术纸叠放，中间用线缝订在一起。

②向下放置一张 11 英寸×14 英寸的有黏性的贴纸或者壁纸。将两片 6 英寸×9 英寸的橡木片或者纸板订在贴纸上，两张纸之间有 1/4 英寸的空白，边上则留有 1 英寸的空白。将贴纸的每个角对折到橡木板上形成一个三角（如果用壁纸的话就用胶水粘贴）。

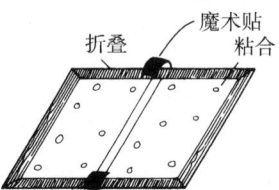

③将贴纸的空白处对折到橡木板上（如果用的是壁纸就用胶水粘贴）。放一片 12 英寸的魔术贴在贴纸中间，覆盖住刚才留下的空白。在两张暴露出来的橡木板上以及中间的空白处涂上胶水。

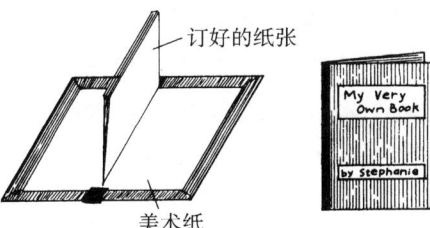

④将折好线缝的美术纸和普通白纸放在涂有胶水的空白处。将美术纸贴上橡木板并覆盖住贴纸边缘做内衬。

图 7-11 折叠、线缝以及胶粘的书

以上描述的用于写作区的活动,应该介绍给全组儿童。它们可以在写作工作坊以及独立书写的活动区时间中运用。既然活动要独立完成,教师此前要给儿童示范如何使用这些材料。有了事前准备,儿童就可以将写作活动作为交流方式而非常自然地参与其中。

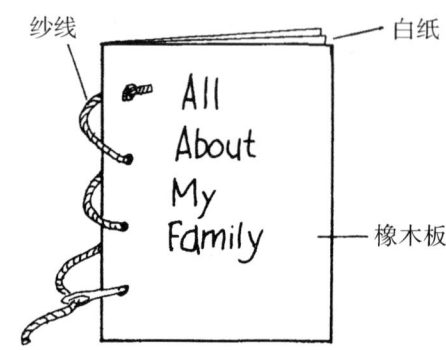

图 7-12　线缝书:在橡木板和白色的书写纸上打洞,再用纱线缝在一起。

出生到 2 岁期间的书写发展策略

此前的章节已经描述了父母用以支持儿童口语发展以及早期阅读的策略。其中部分策略可以直接用于儿童早期书写发展,其他的则需要调整使用。有些策略尤其利于书写的发展。关键要记住说、读和写在儿童的阅读发展中是有联系的。当我们支持儿童口语发展时,我们通过增加他们的语言经验,促进他们读写能力的发展。同样地,阅读发展有利于说和写,而写的发展有利于说和读。这种认识构成了综合语言技能方法的基础。

我曾目睹我的孙子开始他的读写世界的探索。家里在同一个地方总放着大的报纸以及蜡笔供他使用。15 个月大时,他开始在纸上做记号。当他开始涂鸦时,他的作品在整张纸上不规则地蔓延。20 个月大时,我们看见更多有控制的涂画、点和波浪线。他在模仿连笔的草书。他书写的时间在 2 岁时有所增加。现在他可以花上 10 分钟来书写。在写字的时候,他也开始用自己的方式念念有词,仿佛他在用自己写的东西讲故事。之后,他开始试图写一些熟悉的单词中的字母,例如 McDonald's 和 Mummy 中的 M。观察儿童的读写发展是很重要的,这样我们就能记住与未来相关的那些里程碑。父母、儿童看护者、幼儿园教师采取这种关注是很重要的。

如果我们用这种方式和儿童互动,尤其在他们 2 岁开始,到了他们尝试写一个或者更多环境中学到的字母作为涂鸦的一部分时,我们便准备好去支持他们了。事实上,部分儿童会在 18 到 24 个月时进行第一次尝试,尽管大部分儿童在两三岁前都未开始。

图 7-13 一些儿童会在 18 到 24 个月时进行第一次书写尝试，而大部分儿童在两三岁前都未开始。

我们可以在他们开始尝试在纸上做记号的时候给予帮助。通常在儿童开始涂鸦时（部分儿童 18 个月大时），他们用书写的工具在纸上敲击。当他们更为熟悉书写时，他们会开始使用更平稳、更精细并且协调的动作来做记号。当儿童到达涂鸦的第一个初始阶段的时候，我们可以给他们展示如何拿记号笔或者蜡笔。我们可以引导他们的手指向纸张，不要为他们做记号，而是帮助他们理解纸张是书写的地方。

我们对儿童早期涂鸦的反应很重要。最好不要催促儿童写特定的东西。他们应该自然地做记号，并且自己决定何时要用这些记号来表示某些事物。千万不要强迫他们告诉我们其中的记号是什么意思或者代表什么。最好这样说："我喜欢那个。"然后问："它是什么？""你能再写一些吗？"这也是一种有益的反应，但是如果儿童拒绝，就不要坚持提问。无论儿童的早期记号是否像是书写，都要自然地表现出满意，并将其视为长期发展阶段的重要一步，这将鼓励儿童继续尝试。通过持续"书写"，他们可以在较为复杂的日常读写事件中学到相关文字。

除了给儿童积极的回应，我们还可以为他们作出书写的示范。可以让他们看着我们写信件、清单、便条以及填写表格。在这样做的时候，我们可以和他们进行互动。例如："我正在写一封信邀请你们的父母来幼儿园。你们知道我要说什么吗？你们想在纸上给他们写些什么吗？"写字时，可以邀请孩子们一起坐，看着你，问一些问题，试着亲手写一写。这给了儿童观看我们如何书写的机会，并理解我们书写的东西可以传递意义。

我们支持儿童书写发展的另一种重要方法是用环境提供体验，包括他们在电视上、食物罐头和箱子上、标牌上、电脑上看到的文字。我们需要通过讨论、询问，鼓励他们辨识与记忆符号、字母和脱离常规环境中的文字部分（例如，M 出现在除 McDonald's 以外的地方），与儿童讨论他们关于环境文字中的体验。

邮寄广告宣传品也是可以激起书写兴趣的环境文字形式。儿童喜欢在宣传单、宣传手册、广告、通知和表格中写字或做记号。他们会在空白部分写满文字。也许,文字的样子和分布给了他们示范,并激发他们作出自己的记号。

重复押韵和歌唱也有助于儿童的早期书写。也可以使用手偶玩一些玩具和游戏,比如有些拼图,可以拆分和还原回去。很多对敏捷度有要求的游戏,也有帮助儿童发展写好字母所需的动作的功能。玩黏土、面团、手指画,使用黑板以及在画板上作画等,都有利于建立动作的协调性。当然,给儿童阅读不仅可以帮助他们发展口语,促进早期阅读尝试,如前文所述,还可以激发儿童去仿效书写或者制作他们自己的图书,无论开始的尝试多么粗糙,父母和儿童教育工作者都应该在墙上、门上和各种器具上展示儿童早期的书写作品,欣赏但不要评论和修改它们。

早教机构中的写作能力发展

学前阶段

父母和教师可以预计到 2 岁到 8 岁是儿童书写与写作的快速发展期。正如我们所见,这一时期的大多数儿童从涂鸦→写出随机的字母→写正确的字母→用原创拼写来写单词→开始使用符合规范的拼写来书写→写作。他们将会开始在单词中间正确停顿,并学会使用部分标点符号。他们倾向于写长的作品,并且他们的作品通常可以代表多种用途和形式。当儿童突然显示出对写作活动的兴趣时,也许同时会突然产生对阅读活动的兴趣。因此,教师在此时感受到儿童的写作需要和兴趣,并知道如何与他们互动,支持他们的努力、学习和成长是很重要的。

幼儿园和学前班的儿童更享受书写的过程而不是结果。书写动作本身就是他们的兴趣所在,尽管他们也逐渐开始关注结果。例如,当他们假扮服务员时,要拿"菜单",他们会注意到别人可以"读"它。同样的情况也会发生在给亲友寄便条或者问候卡片的时候。有迹象表明儿童开始注意到收信人能够读他们的信息——也许因此他们就可以回复。几乎没有写字经历的儿童也许到了幼儿园的年纪也拒绝在纸上做标记,也许因为他们已经意识到他们的标记是不符合规范的,可能不会被人接受。让儿童了解到即使不符合规范的书写也会被接受是很重要的。部分儿童也许需要规范的拼写,并且除非确定写的东西是正确的,否则就不会写任何东西。他们应该得到他们所需要的帮助。

我们必须意识到,幼儿写的是什么以及如何掌握书写,比他们的书写技巧(拼写、手写、停顿、空白)更为重要。学习写作包含学习创作能传递意思的文本。当儿童得到写作的体验后,他们将会通过练习和指导学习写作的技巧。

当儿童以不符合规范的方式自由写作时,例如之前所说的自创拼写,他们正在提升语音的意识并最终知道了自然拼读法。当儿童写作时，他们必须将口头单词转换为书面语言。这一过程促进了儿童对口头语言结构以及口头语言如何和书面语言相联系的理解。儿童写得越多，他们划分音节以及将其组成单词的能力就越好，这不仅提高了他们的写作能力，也同时提高了他们独立阅读的能力。

如果某一情形对儿童而言有意义，儿童就会选择写作。如果我们始终将自己对书写内容选择的想法强加给他们，我们是不会得到积极的结果的。将这些基本概念记在心上，我们可以创造出帮助儿童写作的策略和合适的环境。其中一个针对性的策略是听写。

听写。很多幼儿园的儿童有很多话要说，因为他们还不能很好地书写，我们听写下他们的话。听写儿童的话曾经是一种常见的语言经历法，特别是在年幼儿童以他们自己不合常规的方法写作时可以使用这种策略。但是听写在书写发展中确实有重要作用。在儿童能够依照常规阅读前，我们为儿童阅读就是给儿童示范阅读；我们也可以通过偶尔听写的方法给他们作出书写的示范。当教师听写时，儿童可以有机会看着成人的示范，在他们的书写能力上得到更多发展。以下的想法在教师听写时是很重要的：

1. 以讨论开始，激发想法。
2. 使用标准的拼写，将儿童所说的内容准确写下来。
3. 确保儿童可以看见你书写。
4. 写得清楚。
5. 写完时，将听写内容读给那个儿童听，在你读的时候指出对应文字。
6. 鼓励儿童自己读或者将听写内容读给同伴或者成人听。

进入一年级到三年级

到目前为止，我们讨论的策略大多适用于学龄前和幼儿园儿童，但是也可以在一到三年级使用。教师常想知道儿童如何从一个写作能力阶段进入到下一个阶段，或者从不符合规范的书写到规范书写的阶段。这在一定程度上是因人而异的，但是基本趋势是突然显现的。首先，我们要给儿童提供尝试书写的氛围。儿童因为认为自己不会而拒绝书写时，可以给他们展示同龄人的作品，这样他们就会看到不合规范的书写也可以被接受。我们要培养这种接受度，这样儿童才会尝试写作。当幼儿进一步了解音形一致时，他们开始意识到他们创造的拼写是不合规范的拼写。这时，在他们发展到符合规范的书写阶段时，他们开始询问正确的拼写。看上去似乎他们倒退了一步，因为突然他们没有过去写得那么多那么自然了。他们对于正确书写的关注影响到他们的表现。这一情况在他们词汇量发展的同时会持续一段较短的时间，他们学习如何使用字典，并且会向朋友和教师寻求帮助。符合规范的书写是循序渐进的过程，其中儿童在规范和不规范的书写中间时而进步、时而倒退，直到书写被认为完全符合规范，掌握了足够的熟练度为止。

尽管一年级到三年级的儿童需要和幼儿园以及学前班儿童相似的写作体验，他们也需要更为清晰、指向性更强的指导。这有助于我们教授这些年级的儿童写作时形成一个写作定义：写作时构思概念并将其写成文本，于是它就有了意义和目的，在上下文中当他人阅读时可以容易理解。既然写作是创造给他人阅读的，因此写作是一种社会活动。以下列表将帮助教师理解需要教什么以帮助儿童理解他们学习的内容。

- 好的作者写他所知道的事物。
- 好的作者写他感兴趣的事物。
- 好的作者思考他正在写的事物。
- 好的作者写作时心中有一个明确的目的。
- 好的作者用更少的单词而不是更多的单词写作。
- 好的作者使用有趣而多变的词汇和句子结构。
- 好的作者一段接着一段写。
- 好的作者写的作品有着事件发生的逻辑顺序。
- 好的作者作品中有开头、经过以及结尾。
- 好的作者让读者相信他所写的内容。
- 好的写作需要回顾检查。
- 好的写作要经过编辑。
- 好的写作包括好的拼写、停顿、语法和书写。

通过多种策略以及教师清晰的教学、示范和提供的经验，包括指导下的写作、分享写作、互动写作、独立写作等，儿童将会成为上文所述的"好的写作者"。以下环节将会具体介绍这些策略。

写作工作坊

一个写作工作坊（writing workshop）就是一段专门用来进行任意一种写作指导的时间，如独立写作、互动写作或者日志写作。在写作工作坊期间，教师会提供迷你教学时间，这是一段写作时间，也是一段分享写作成果的时间。一天至少应有 30 分钟用于写作研讨。随着儿童年龄增长，他们应该在写作上花费更多时间。在写作研讨中，要确定一个研讨目的，要有迷你教学、写作时间和分享作品时间。之后可以挑选一天重新回顾写作作品。

目的。 在写作工作坊中，需要有事先确立的目的以及即将完成的作品的受众。

这一目的应该是有意义的并且和儿童有关。

迷你教学。 教师可以教授一种类型的写作技巧,例如信件的写作或者说明性的写作。授课为 5 到 10 分钟。让儿童为使用新的技巧练习写作进行准备。这堂课可以包括和儿童分享互动写作体验,同时教师展示这种写作技巧。既然是一个清晰的关于特定写作技巧的课程,迷你教学也指的是明确指导下的写作。这些课程可以是全班或者小组教学。全班教学时,课程中的技巧应该是该年级水平的,并要教给全体儿童。当在小组中进行迷你教学时,教学技巧要符合一些儿童的特定需要。

写作时间。 教师布置儿童小组教学后的写作任务。可以几名儿童合作或者搭档合作,讨论他们要写的内容或者合作写作。儿童写作时,教师提供非正式的指导,并可以和一两个儿童进行有关他们使用新技巧写作的碰头会。鼓励儿童和同伴合作,彼此协商讨论工作。记住留有写作的时间。

分享写作。 写作工作坊以儿童完成一个书面作品,与搭档、同组或者全班同学分享来结束。通过分享建设性的讨论,就会出现例如"我真的喜欢你在故事中描绘马的方式"、"我脑中可以想象他的画面"等表述。议论应和当堂课强调的技巧相关。

回顾。 有时一篇习作在研讨时没有完成,儿童在以后的教学中回顾他们已经写的内容。一些写作工作坊可以创造出成品,有时则不行(Routman,2005)。

早期教育中的过程写作法

过程写作法(process approach)让儿童意识到写作包含思考、组织和作品完成前的改写。他们意识到第一次写作仅是一个成品。这一方法的典型步骤包括写作准备、草稿、协商、回顾以及编辑(Calkins,1986;Fletcher & Portalupi,2001;Tompkins,2007;Turbill & Bean,2006)。

写作准备。 这也许是写作过程中最重要的部分。写作准备帮助儿童选择要写的主题,弄清写作的目的,以及决定作品的受众。写作准备活动中,可以做出关于写作要采取的形式的决定,如诗歌、书信或者说明文。写作准备也可以包括获取写作所需信息以及组织写作(Tompkins,2003)。写作准备活动包含和主题相关的"头脑风暴"、网状组织想法以及框架结构。写作准备可以是和全班、同伴、教师一起完成,也可以独立完成。

草稿。 在写作过程的第二部分,写作者初次尝试在纸上写。在写作准备阶段准备的清单此时可以用作指引。草稿期间,想到要写的内容比拼写、停顿、正确语法等都更重要。粗略的草稿可以用电脑或者亲笔写就。手写时每行中间空一行,以便以后有足够空间进行编辑。

协商。 协商可以和教师或者和同伴一起进行。这段时间回顾已经写的内容,以决定是否需要修改。关于修改的讨论基本都和内容有关。为确保协商顺利进行,教师可以说:

- 请告诉我你的写作怎么样了。
- 你接下来要在文章中写什么呢?
- 你能否想到用其他方式来描写这个角色呢?
- 我喜欢你说你的角色很滑稽,你能举个滑稽的例子吗?

教儿童仔细考虑自己的写作以及同龄人的写作。我们可以教他们彼此间关注这些问题。

回顾。这一步骤对概念做了大量修改,并且寻找方法让习作更具描述性或者增长见识。这意味着改变周围事物或者尝试不同方法让它们更好,也意味着和朋友或者小组分享写作并反复阅读。

编辑。作为过程法中的最后一个步骤,"编辑"要求对作品做细微修改,主要是一些技巧如停顿、语法的改进、拼写和书写等。

自我规划表对写作准备的指引以及回顾,对于一年级后期以及以上年级的儿童十分有益。(见表7-1、表7-2)

表 7-1 写作准备指引表
作者_____
我为谁写作?
为什么要写这个?
要解释什么?
发生了什么?
· 首先
· 其次
· 然后
· 接下来
· 最后

Source:Adapted from Thomas Gunning, *Creating Literacy Instruction for All Children* (4th ed.)(Boston:Allyn & Bacon, 2003). Copyright © 2003 by Pearson Education. Adapted by permission of the publisher.

表 7-2 回顾指引表
作者_____
我喜欢我的写作什么?
· 为什么?
我:
· 说了要解释什么吗?
· 修改了需要修改的地方了吗?
要修改什么?
· 列一个清单。

Source:Adapted from Thomas Gunning, *Creating Literacy Instruction for All Children* (4th ed.)(Boston:Allyn & Bacon, 2003). Copyright © 2003 by Pearson Education. Adapted by permission of the publisher.

对于过程法的顾虑。过程法应该谨慎使用,并且仅在儿童幼年期偶尔使用。写作准备阶段贯穿各个年级,可以通过和幼儿讨论与列单词清单来完成。写作准备阶段通常包括选择要写的主题。我们应尽量让儿童自己选择主题。多数儿童似乎无法作出这样的选择。选择主题的时候有一个写作活动的目标是有帮助的。例如,写作活动应该有一个特定的形式,如写一个藏头诗;活动也可以是学习写一篇结构良好的说明文。确定写作文体之后,选择主题会更容易一些。对于那些仍然有困难的儿童,围绕班上已经学习过的笼统的话题也是有帮助的,如"雨林"。然后儿童可以更容易选择他们特定的主题。有了这样的辅助,儿童最终可以更擅长独立选题。

各个年级甚至是非常年幼的儿童也可以完成草稿,但是依据儿童发展的不同,草稿的成品也会不一样。草稿可能是完整的故事,或者一系列的字母组合。教师引导儿童讨论他们的作品时,各个年级和不同年龄段的儿童可以完成协商的步骤。可以询问年长的儿童他们是如何改进其作品的。不应该让多数年幼的儿童去回顾。对多数儿童而言,编辑是乏味的。这取决于教师对儿童发展状况以及对任教学生的了解。部分儿童会因回顾和编辑而产生挫败感,尤其是不得不反复誊抄自己的作品时。在挑选让什么儿童去使用过程法上要有选择性。只能让那些可能掌控的儿童参与,并尝试过程中的一到两个步骤。当儿童的技能发展的时候,可以使用更多的步骤。

教师和儿童之间可以有数次写作商讨,以讨论儿童的习作,在写作上鼓励儿童,并通过观察和评论儿童档案袋中收集的作品来评估过程。在商讨期间,教师可以听写或者在一个单词、标题、图片或者出版活动上给予帮助。这是教授能够处理写作过程中任意步骤的儿童以及鼓励不愿写作的儿童的好时机。

儿童早期的写作教程应该在刚入早教机构就开始。教师可以称儿童为作者或者作家,这样他们自己也会有这样的自觉。教师需要使用公告栏中的信息、给家长的便条、给儿童的感谢便条以及听写儿童的"经验挂图"来做写作的示范。抗拒写作的儿童需要鼓励去用"他们自己的方式"写作(Bromley,2003;Martinez & Teale,1987;Sulzby,1986b)。年幼的孩子需要明白,他们的作品不必像成年人写的一样。给他们看看其他孩子写作的范例,包括绘画、涂鸦式写作以及随机的字母,帮助他们认识到他们可以做到同样的事情。如果儿童无法或不愿自己写作,成人需要通过听写、拼写单词,出示儿童问到的字母,以及回答写作期间出现的问题等方法,来支持儿童的写作尝试。和读写能力的其他方面相似,如要促进发展,书写和写作要求社会性的互动。因此,教师需要给儿童回馈意见,鼓励并加以积极的肯定。

互动性写作。互动性写作为儿童提供范例,这样他们在独立写作时就知道要做什么。互动写作时,教师和儿童共同努力创作作品。在全班教学或者小组教学中,教师在课上指导并在大的挂图纸上写作。有时儿童在普通的格子纸上或者自己的白板上写作。白板有不错的效果,因为在这一过程中需要编辑,而白板易于进行编辑。互动环境中可以进行任何一种写作,如写一封信、一篇记叙文或者信息类作品(McCarrier, Pinnell, & Fountas, 2000)。互动写作有一定的指导目的,目标是最终有一篇内容和形式都比较好的文章。

写作主题是教师根据班级儿童的反应情况制定的。选择写作一些对班级学习有目的或者包含写作课程部分内容的选题比较好。例如,如果班上正在学习"水",就可以列一个有关水的用途的清单作为单元的总结。这样除了可以记录他们已经学习的知识,还可以学习如何列清单。

任何人都可以开始写作。当儿童提供一个想法时,他(她)就可以将其写在挂图上,随后讨论。如果儿童在拼写、概念或者某句话更好的表述上遇到困难,教师可以逐字指导。全班都可以在讨论中促成写作的修改。

詹金斯老师想教孩子们学习谦恭有礼以及写感谢信。她想教他们感谢信的内容和格式。作为优良、健康学习习惯的一部分,班里一个做护士的孩子母亲被邀请作为客座演讲人。詹金斯老师以此为由,要求写一封给这位护士的感谢信,并决定以互动写作体验的形式给全班讲授。在写信时,进行了第一段第一个单词要首行缩进的讨论。他们还讨论了除了感谢这个人之外还要写什么其他的内容。他们决定可以说他们很喜欢那次演讲展示,并且他们想问是否可以再次邀请她。他们讨论了新的结尾的不同方式,例如使用单词"爱你的"或者"真诚的",他们还讨论了这两个结束语应该如何选择。活动中完成了两个任务:教授礼貌的行为,以及了解感谢信的内容与格式。

教儿童不同文体的写作

儿童需要学习为不同的目的而写作。以下是应该教授的不同的写作文体,同时要有辅助练习每种文体的体验。

叙事性写作(narrative writing)包括写原创的故事,基本上是小说类或者复述儿童读过或者听别人读过的故事。记叙类故事可以是有关儿童生活中的事件。好的故事包括开头、中间以及结尾。要遵循以下基本的故事结构:

1. 开头的背景设置介绍角色、时间和地点。
2. 主题,即主角的问题或者目标。
3. 故事情节,即帮助主角解决问题或者达成目标的过程。
4. 结局,即问题的解决、目标的达成或者故事的结尾。

提供叙事性写作的有关活动有:

1. 写原创故事前,先让儿童填写故事结构图。故事完成时,他们可以检查,看是否所有的要素都具备了。(参见第六章故事结构中的"图表"。)

2. 写儿童听过或者儿童自己阅读过的故事,并让儿童检查是否所有的故事结构要素都在改写的故事中。

3. 让儿童一起写他们事先讨论的故事。当基本构思都完整时,每个儿童都分担故事结构的一部分并写完故事。分享故事,并且鼓励儿童给出建设性的反馈意见以改进故事。

4. 儿童为熟悉的故事创造新的结构要素,例如另一个背景设置、主题、情节或者结局。

描述性写作(descriptive writing)包括使用准确的描述性语言进行写作。当我们帮助儿童描述时,我们让他们使用各种感觉:听觉、视觉、嗅觉、触觉和味觉。我们练习使用不同的单词描写相同的事物。让儿童描述一朵花,对比两个事物,使用五个句子来描写一个特定的话题等,都有助于描述性写作。

论说性写作(persuasive writing)尝试让某人接受你的观点。我们使用一种充满感情的或者讲述事实的方法来写作,要写得令人信服。例如,书评就是试着说服某人去读一本书。其他活动还包括为一个产品制作海报或者广告,以及写影评等。

说明性写作(expository writing)包含各种类型的体验。说明性写作通常是非小说类的并且使用某方面的学科信息,如社会学或者科学。在这种写作中,儿童需要收集和总结信息。报告不包含个人观点,应该是讲述事实的。这种类型的写作可以包含提供完成一项任务的指示,或者完成讨论因果关系的任务。当我们要求儿童进行这类写作时,我们也许要让他们写一个对某人的采访,准备一篇信息类文章的报告,总结一个单元的学习或者写一个传记。说明文的结构在第六章中有所讨论。需要教给儿童并让他们练习的结构如下。

描述:向读者展示了一幅基于观察的主题画面。

序列:解释了造成一个结果或产品的步骤。

比较:包括同类事物的对比,先类比再对比。在点对点的比较中,描述事物的相同点和不同点。

原因和结果:因果关系说明了某事为什么会发生。

问题的解决:先提出问题,随后是解决方法。在理解这一结构时,有必要懂得事件发生的时间顺序。

例证:也被称为理由和例子。用支持性的论据来说明主要思想(Vukelich, Evans, & Albertson, 2003)。

为了帮助一年级儿童学写说明文,教师给孩子们上了一堂"关于书的一切"的活动。儿童四人一组合作,每组分配到书籍的四页。第一页叫作"不同种类的狗"。这页有四个矩形,每个矩形下方有两条横线。儿童先想出四种狗,小组中的一个人在每个矩形下面写出一种"狗",然后画出这种狗的图片。第二页叫作"狗的不同部分"。这页上有一只狗的图片。儿童讨论狗的不同部分,一个儿童写出一个部分的名称单词。第三页叫作"如何照顾一只狗"。这页上有四个矩形,边上有横线。儿童为这页想主意,一个儿童画一幅相关主题的画并写上文字说明。最后一页是"如何遛狗"。儿童再次一起想主意。负责这页的儿童在一个矩形旁边的横线上写文章并画图。教师准备一个记录内容的表格。故事就是这样创作的。

关于狗的一切

目录

第一章　不同种类的狗

第二章　狗的不同部分

第三章　如何照顾一只狗

第四章　如何遛狗

第一章　不同种类的狗

我们知道的不同种类的狗有卷毛的狮子狗,毛又短又粗的梗犬,有黑白斑点的斑点狗,以及不止一种血统的杂种狗。

第二章　狗的不同部分

一只狗有以下部分。它有头、耳朵、眼睛、鼻子、牙齿、嘴、腿、脚趾、脚、臀部、尾巴和背部。

第三章　如何照顾一只狗

如果你想要一只健康的狗,你需要好好照顾他。你应该给它新鲜的水。你应该给狗一张漂亮舒服的床睡觉。为你的狗选择好的狗粮,而且不要给他糖果。带它定期做检查。

第四章　如何遛狗

狗需要遛。最好的遛狗方法就是拴上狗链。如果室外寒冷就给狗穿件外套。带狗出去让它自己方便。遛狗结束后好好喂喂它。

这种结构化模式有助于儿童成功掌握如何写这类说明文。类似的课程利用不同的指示可以指导其他类型的写作(Calkins,1994)。

应用性写作(functional writing)是为明确的真实生活的某些目的而写作。班级的写作计划要有一定的目的性,包括生日、节日或者其他场合给父母、祖父母、兄弟姐妹、亲朋好友的贺卡。给客座演讲者、帮助过班级旅行的成年人、动物园的向导、陪同班级儿童的图书馆工作人员的感谢信。写准备一个聚会、一个特殊的节目或者一次班级旅行所需要做的事情的清单。制作班级成员通讯录。给父母的学校活动通知。鼓励儿童给父母写信说明他们在学校做的特别的事情等。

收集和使用个人词汇，提供了写作和模仿的机会。使用教室里儿童书写的环境文字也是一个好的写作任务。

单词墙也有助于写作，因为儿童能够将不会拼写的单词从单词墙上抄写下来。部分幼儿园、学前班和小学的教室中也建立了邮件服务和笔友计划（Edwards, Maloy, & Verock-O'Loughlin, 2003；Teale & Gambrell, 2007）。还可以给儿童找笔友定期通信（一周一次为宜）。教师或者助教必须帮助儿童写信或者听写他们的信。鼓励儿童利用他们已有的写作能力，即使他们无法进行符合规范的写作。教师还要给不能很好阅读的儿童读那些来信。给笔友发送电子邮件也是儿童出于实用目的与他人交流的方式。电子邮件给儿童提供了给周围世界的人写信的机会，而且几乎可以立刻收发信息。

用于交换信息的布告板也可以促进应用性的写作（McGee & Morrow, 2005；Newman, 1984）。开始的信息可以是儿童给彼此一些图片。教师需要通过给某个人或者全班留言的方式提供示范。与学校或者班级事务相关的内容是比较合适的。当写班级信息或者给个人留言时，唤起对布告板的注意是很重要的，这样儿童就会有在上面寻找信息以及留言的习惯。还需要留有私人信息空间。可以在布告板上留一个信封或者儿童信箱。有的教师会在每个儿童的书桌旁放置一个棕色小包，用于接收私人信息。有时教师可以检查儿童是否在写信息。

日志写作。 日志写作可以在早教班级中成功实现，可以每天一期或者至少一周几次。日志可以写在笔记本上，也可以将纸订在一起做成一本书。鼓励儿童依据其自身发展水平在日志中自由写作。部分儿童的日志可能包含图片而非文字、涂鸦式的写作、随机的字母或者自创的拼写等。教师示范日志写法，可以写个人的信息，如"我今天很兴奋。我的女儿今晚要出演一部戏剧，我要去看她"。通过范例，儿童了解到什么样的形式是适合的。部分儿童会在他们的日志中画画或者写故事，有人会描写他们的个人经历，有人会写他们学到的信息。日志的内容可以与学习的话题相关，如记录种植的种子的生长情况，记录每日气温挂图，或者重述读过的故事等。慢慢地，日志也可以采取对话形式，教师给出评论，对儿童的作品作出回应。如果儿童写："我去野餐了。"教师可以回应："那听上去很有趣。你吃了什么？"儿童日志的长度和流畅性反映了一学年持续的活动中的收获（Gunning, 2003）。

因为日志有多种名称，对于应该使用哪一种常会令人困惑。日志写作的概念本身很重要，那就是，将某人得到想法和早期的写作尝试记录在纸上而不用管写作技巧。为了分辨不同类型的日志，以下段落中提及了其中的几类。

个人日志是私人日志,儿童在其中写下关于他们的生活以及他们自己感兴趣的内容。这类日志只有儿童选择与人分享的时候才能这样做。这类日志不倾向于做拼写、停顿等修改。

对话式日志可以写任何话题,但要与教师或者同龄人分享。这类日志和对话相似,只是它们是写出来的而不是说出来的。对话式日志可以和写对话的教师或者同龄人分享。它其实是两个人之间的真正的对话,其中一个人写给另一个人并期待回应。书面对话为儿童提供了有关他们想法的反馈。

读后感日志就是儿童对所读的记叙性或者知识类文本的反应。他们把对故事或者与知识有关的感受写下来。教师要阅读这些读后感日志。

学习日志通常涉及内容领域,如社会学或者科学。儿童记录所学的信息,如制作鸡蛋生长过程的挂图。儿童对这类课程学习得越多,他们要写的就越多。这类写作可以采取多种形式,如挂图或者总结信息。

日志还有很多其他的标题,如家庭日志、某方面主题的日志等。日志写作让儿童成为更熟练的写作者,也帮助他(她)学习要发展的主题,学习写作技巧,反映想法以及阐述清楚。无论名字是什么,日志体验应该包含教师或者同龄人对儿童日志的反应,某些反应和读写有关,有些和所学内容有关。

儿童文学和写作

◎ 儿童文学可以刺激写作

儿童文学是一个自然的媒介,既可以鼓励口语和阅读发展,也可以鼓励写作(Tompkins,2000;Vukelich,Evans,& Albertson,2003)。阅读同一个作者或者插画作者的几本书可以促成一封班级信件,如询问作者是如何得到写作灵感的,或者询问插画作者使用的是什么材料。最好选择会给出回应的作者或者插画家,能得到回应是非常重要的,即使回应是来自出版商。

受人喜欢的老故事或者系列丛书——那些在多个故事中使用相同角色的书籍,如《玛德琳》(Bemelmans,1939),《好奇的乔治》(Rey,1941),《哈罗德和紫色的蜡笔》(Johnson,1981),可以激发儿童写他们自己的书或者关于角色的班级图书。如《小黑鱼》(Lionni,1963)和《亚历山大和可怕的、恐怖的、一点不好的、非常糟糕的一天》(Viorst,1972)这类书,在一系列的冒险中或者故事发展过程的不同事件中都有相同的主角。可以让儿童为这个角色再写一章或者一次冒险。这些故事本身就是描写个人经历的。

分享阅读和小组故事阅读(第六章有所描述)都引向写作体验。

可以预测下文的书籍提供了一种模式,让儿童可以用自己的写作来模仿并不断重复积累这一模式,如《我认识一个老妇人》(Westcott,1980);重复的语言如

《你是我妈妈吗?》(Eastman,1960);熟悉的顺序如《好饿的毛毛虫》(Carle,1969)等。(参见附录 A 此类图书的列表。)

希瑟、金和蒂娜决定写一个他们喜爱的棒球英雄的故事。希瑟担心他们从杂志上搜集的信息不够。她建议他们应该查字典。金告诉希瑟字典是用来查单词拼写和定义的,百科书是来查信息的。她们在百科书中找到了更多的信息并摘抄下来,继续她们的工作。这些儿童正在收集信息,他们之后要组织和总结这些他们在写作工作坊中已经学到的关于写说明文的技巧。

◎ 儿童文学激发的分享写作

儿童需要和某个读者分享他们的写作。当他们知道要分享作品时,他们会为了"读者"而写作并有了更好的写作目标。在一天中一个指定时间,通常是上课即将结束的时候,在班会讨论一天发生的事情,一个儿童被选作当日作者来分享他写的东西(Graves & Hansen,1983;Rog, 2007;Routman, 2005)。可以不止读一篇作品,也可以选不止一位当日作者。一周中选出来阅读作品的当日作者,可以在写作角中的布告栏中展示所读作品,还可以附上他们的照片。分享作品的时候,儿童可以坐在标有当日作者的椅子上。要鼓励坐在听众席的儿童对他们的朋友的作品发表意见,如"我喜欢你写的东西"或者"有一次我也摔下来伤了我的膝盖"。因为开始时儿童没有准备好要议论,教师需要为"听众"示范如何评论,他们很快就会模仿这种行为。

这次轮到史蒂文坐在当日作者的椅子上了。他坐下来,组织好材料,说道:

我一直在写一个系列故事。它们都是关于同一个主角的,而且每个故事里他都经历一次冒险。它有点像那套《克利福德的大红狗》。我的故事是关于一只猫的,第一个故事叫作《一只叫伯斯特的猫》。我称它为第一章;我已经有了第二章和第三章。第二章叫作《当伯斯特遇见普雷泽尔》。普雷泽尔是一只狗。第三章叫作《伯斯特迷路了》。我要给你们读第一章。

在读完故事的第一章后,菲利普说:"我可以读一个吗?"史蒂芬回答:"当然,但是你应该读完所有的。它们是成套的。"菲利普继续说,"我现在只想读第一章。"史蒂文说:"好吧,但是你不知道你将错过什么。"

写诗歌

还有一种受到儿童欢迎的写作形式就是诗歌。年幼儿童组成的班级,可以用分享写作体验的方式在挂图纸上写诗歌。押韵的诗歌是最为人熟悉的类型。很多类型的诗歌都受到儿童欢迎。藏头诗尤其如此。即一页中纵向开头有一个主题词。这个单词可以是一个儿童的名字、季节、一个地名或者一样东西。诗歌使用主题词的字母写成。你可以仅仅使用一个单词、一个词组或者一个句子。例如,以下是我写的关于我孙子詹姆斯(James)的藏头诗。

  James
  Jolly(快乐的)
  Adorable(可爱的)
  Magnificent(神奇的)
  Enthusiastic(令人惊喜的)
  So sweet,so silly,so special(这么甜蜜,这么傻,这么特别)

  三角诗也遵循特定的格式。第一句的第一个单词是一个名词,第二行是两个形容词组,然后的两个单词是"ing"词,第四行和最后一行是一句话。以下是关于春天的一首诗。

      Spring
      New pretty
      Dancing playing
      It's so nice to be outdoors

  俳句是一种来自日本的诗歌形式。俳句的主题往往与自然有关。一首俳句有三行以及17个音节。第一行是五个音节,第二行是七个,第三行是五个。以下是关于树的俳句。

The trees above me
Swaying across the blue sky
Make a pretty sound

  有个活动可以发展词汇和句法,还能创作诗歌。即选择一个你们正在学习的主题,如"雨"。确定主题词出现在诗歌中。用"头脑风暴"的方式讨论雨是什么样的,做了什么。例如:

雨(Rain)
大的(Heavy)
小的(Light)
冷的(Cold)
暖的(Warm)
落下(Falling)
随风飘落(Blowing)

这是一首可以唱诵的诗歌。再进一步，可以将"雨"这个单词和列表中的单词结合起来，并且朗诵。

大的雨（Heavy rain）

小的雨（Light rain）

随风飘落的雨（Blowing rain）

冷的雨（Cold rain）

暖的雨（Warm rain）

落下的雨（Falling rain）

独立写作。 第八章讨论了独立读写阶段，这给儿童提供了参与读写活动的机会。在独立读写期间，儿童可以从不同选项中挑选活动，他们可以选择单独或者合作完成。既然写作需要花费时间，可以给予独立写作时间，允许儿童练习他们想写的任何东西，或者写一篇文章并不断改进。将阅读和写作分开是困难的，尤其是在独立完成的时间里，儿童要控制他们自己的行为。但是在独立读写期间观察儿童时，有趣的发现是时间是平均分配在两种活动中的。当儿童决定读写时，通常是一起完成的。在此期间，儿童有机会从读写活动中进行选择，例如：

1. 独自阅读或者和一个朋友一起读一本书、杂志或者报纸。
2. 在听力室戴上耳机听一个故事。
3. 用纸板和故事中的角色来阅读或者讲述一个故事。
4. 使用木偶来阅读或者说一个故事。
5. 录下阅读的一个故事。
6. 独立或者和一个朋友一起写一个故事。
7. 写一个故事，并用纸板来表现。
8. 写一个故事，并为听力室录制这个故事。
9. 写一个故事，并用木偶表演这个故事。
10. 根据写的或者读的故事表演一个短剧。
11. 把写的故事加入书中，在班级图书角展示，让别人阅读。
12. 参与活动区的读写活动。

以下描写的是我在观察一个二年级班级独立读写期间发生的趣闻。它印证了阅读和写作的关系有多紧密。儿童选择做的很多事情都是他们读过或者听人读过的内容引发的。在写作时，他们常通过阅读更多其他来源的东西寻找信息。

听老师读了《我的猫，世上最笨的猫》（Bachelet，2006）之后，斯蒂法妮、杰森、凯文和尼基决定为这本书做一张广告海报，展示关键图片和标题。他们已经在工作坊学过了论说性写作，正在将这些技巧应用于实践。这些儿童分配了任务。他们做出了海报的标题并称之为"《我的猫,世上最笨的猫》的若干场景"。他们从故事中选了几幕,并为每幅图片想了标题。海报用了几天时间完成。(独立读写的一个特点就是活动需要较长时间完成。)海报完成后,孩子们在全班面前展示作品。斯蒂法妮和杰森拿着海报,凯文和尼基是演讲者。凯文说明小组是如何想用不同寻常的方式来展示故事,最后决定使用海报的。凯文和尼基轮流指着他们画的图片,并读出他们为每幅图片所配的标题。

受魔幻故事启发,扎拉和谢克拉决定写他们自己的叫作《亚历山大的魔法鱼》的故事。谢克拉让扎拉写故事,而谢克拉建议她来画画。谢克拉还提出帮忙思考要写的单词。扎拉开始写下第一行:"有一条会说话的鱼叫亚历山大。"谢克拉让扎拉给句子添上"他有魔法"。扎拉说:"魔法,我不知道那个单词是否正确。我觉得他有力量。"谢克拉说:"我想魔法和力量是一样的东西。"女孩们达成了一致,然后继续讨论起词汇的问题。

新闻和儿童读到的书籍也可以激发写作。乔伊正在读关于美国内战的书。他让老师给班上同学读,老师照做了。乔伊决定写一个他自己的关于内战的书,克里斯多弗也加入其中。克里斯多弗给书起名为《美国的萨拉托加》。在他们画图时,他们发出了爆炸的声音。乔伊突然说:"等一下,这有点奇怪。我们在内战里用航母战斗。"两个男孩交换了想法,决定写一本关于现在会发生的战争的书。这些男孩搜集和整理自己的想法,这是他们在写信息类文章时学到的技巧。

独立读写期间的这些事件反映了儿童关注对象范围较广。我们也许没想到要让儿童去写这样的主题。即使我们想到了,儿童也不会有那样的热情了,因为不是他们自己选择的主题。我们不知道儿童的所有兴趣。他们可能选择的主题有一部分较为复杂。儿童从他们变化的丰富的生活经历中提取了原创的想法。他们所选的主题对他们而言是有意义、具有实用性的,因此他们可以自由写作,也充满了热情。

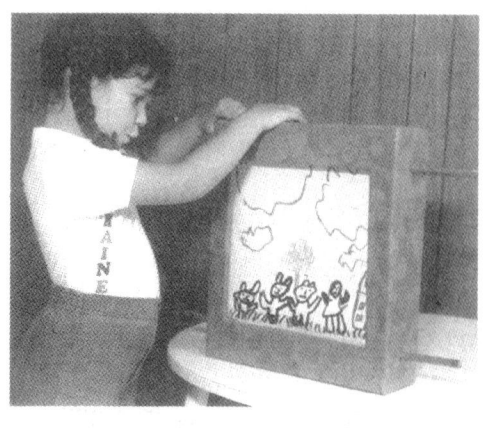 

图 7-14 斯蒂法妮将她的故事转化为滚动小电影。 同时,她对写的书的封面做最后润色。

独立写作活动可以针对儿童的特殊需要进行修改再使用。儿童可以给其他有相同问题的儿童写信。就像一位教师认为的,"在独立读写阶段,人人——有天赋的儿童、基础班的儿童、学习英语的儿童,都有事可写可读"。

儿童需要参与不同种类的写作体验。儿童独立写作的中心时间是儿童练习所学写作技巧的重要时间。儿童练习不同的写作文体,如应用文、日志、记叙文和说明文,以及使用"过程法"的写作。在儿童进行任何一种文体的写作之前,教师应该知道对他们有什么样的期待。

发表儿童的作品

儿童的作品应该发表。"为什么发表"差不多就回答了问题"为什么写"。"写作是公共行为,意味着要与很多受众共享"(Graves,1983)。当儿童知道他们的作品会发表时,他们就会为了确定的目标写作。当作品要发表时,它就变得特别了;它需要认真完成。儿童可以用许多方式发表他们的作品。最受欢迎的是将写好的作品放入书中,投放在读写角并且放在开放书架上供他人阅读。(见图7-10、图7-11和图7-12中制作书籍的三种方法。)

其他的发表方法还有做成纸板故事或者滚动小电影、给同学讲故事、表演写的内容或者用木偶戏方法表现故事等。和班上的儿童或者任教班级的儿童一起尝试S—37至S—39页的课堂写作活动。

写作技巧:拼写和停顿

本章目前为止已经强调了提升儿童写作兴趣,给他们写作机会,让他们感觉那是一种享受的重要性。这一小节关注的是写作技巧部分。

书写。尽管教幼儿园以及学前班儿童正确的字母形式的特点是不必要以及不明智的,但是仍应鼓励他们学习有所控制,如拼图、可以增强他们精细动作协调力的线缝卡片等。在先前读写区的讨论中,提及的其他有助于书写以及辨认字母的材料还有字母磁铁,字母描红,以及练习写字母、单词和句子的白板等。字母表中的字母应该展示在儿童能看得见的地方,教师可以示范手写大小写字母的正确形式(见图7-15)。清晰应该是书写的主要目标。知道单词间有空格是很重要的,这样单词就不会彼此混淆。手写时只要学习一些线条和几种形状。包括横线,竖线,对角线,左边、右边、上边或者下边开口的半圆,以及完整的圆(见图7-16)。书写中这些直线被称作"小棍"。所有线条都要从上往下写。写字母 h、m、n、r 和 u 的时候,从小棍开始,不用将铅笔提起离开纸完成。写 h 时,先从上面开始一根小棍,向下形成直线,然后向上返回到小棍中间画出一个开口向下的半圆。字母 b、d、g、 p 和 q 是由圆开始,然后写出小棍。

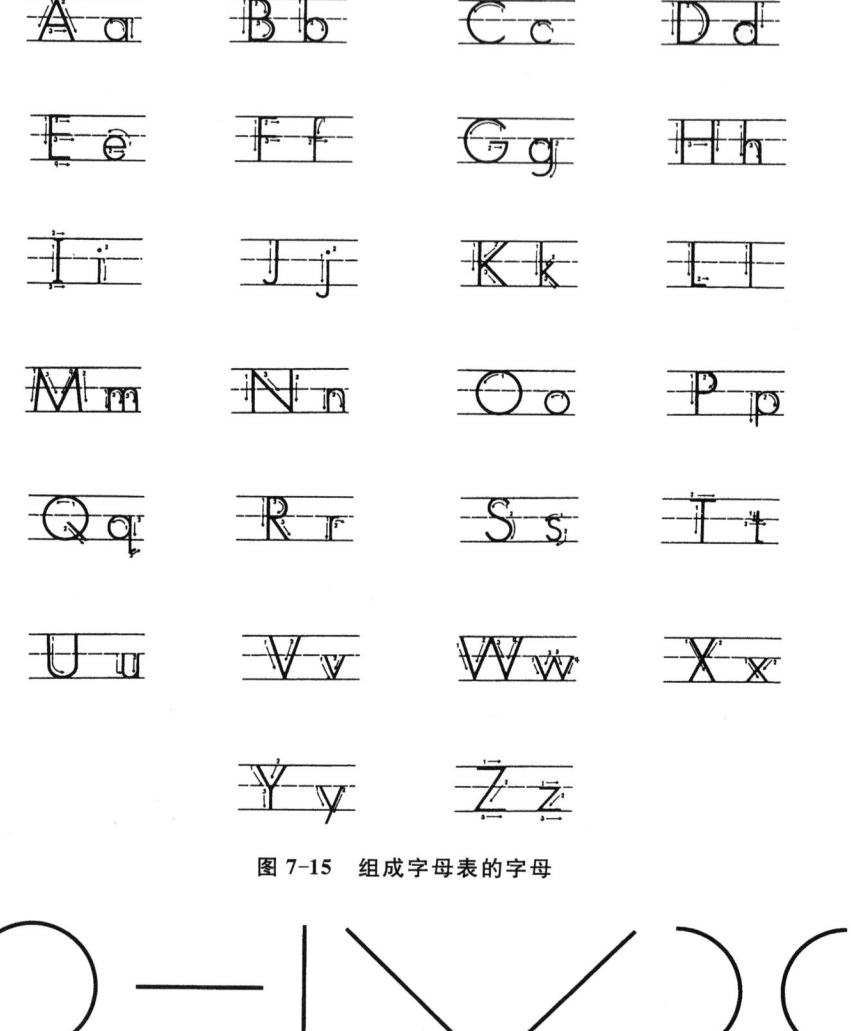

图 7-15　组成字母表的字母

图 7-16　手写的形式

应教儿童如何在单词以及字母间留有空格。一条好的规则是单词中间宜留有一指宽的空格。儿童可以并且将会发展出他们特有的书写风格,但是他们需要了解无论他们的风格如何,正确的书写对于那些要阅读他们所写的内容的人是一种礼节。开始书写是在没有格子的纸上。当儿童已经发展出足够的敏捷度,他们就可以在格子纸上书写了。这一阶段在学前班结束升入一年级时可以达到。

拼写和停顿。拼写和停顿应该在需要的时候进行教学,并且应该在迷你教学期间系统地教授。有时需要使用到逗号、句号、分号和大写字母。例如,在阅读晨间信息时,以及自然地谈论到写作技巧的时候。拼写和停顿已经成为有关早期写作中原创拼写等认可度的范畴。很多教师不确定什么时候开始正式教授拼写、停顿以及纠正那些原创的形式。在儿童开始尝试的时候,应该鼓励儿童用自己力所能及的方式写作。但是他们需要认识到"这是儿童的写法,不是成年人的写法"。当儿童可以自在地写作或者用他们自己早期尝试的方式自由地写作时,教师应该开始指出拼写和停顿的要素,以帮助儿童从原创的拼写和停顿过渡到符合规范的方式。表 7-3 概述了拼写发展的阶段。

表 7-3 拼写发展的阶段

初步交流的拼写
- 儿童使用涂鸦。
- 儿童用涂鸦发展方向性的感觉。
- 儿童写一些字母。
- 儿童写出随机的字母串,夹杂着数字以及毫无关联的字母、符号。(例如,表示房屋的"L4TZMP"。)

半语音拼写
- 辅音开始代表单词,并和单词读音联系起来(例如,TIMGTAK——Today I am going to the park. 今天我要去公园)。
- 可以包含辅音字母做开头以及结尾(bg—bug,bd—bed)。
- 一个单词中有一到两个音节是正确的。

语音拼写
- 儿童按照读音拼写单词(例如,sokar—soccer)。

过渡拼写
- 儿童所写的大多数单词都是正确的,剩下的单词拼写使用了某种拼写的常用规则(例如,afternewn—afternoon)。

符合规范的拼写
- 儿童使用英语拼写中的的基本规则,且所写的单词 90% 都是正确的。

Source:Adapted from J. Johns, S. D. Lenski, and L. Elish-Piper, *Early Literacy Assessments and Teaching Strategies*. Dubuque, IA: Kendall/Hunt, 1999, pp. 139-140.

以下是鼓励使用符合规范的拼写以及停顿形式的建议。

1. 当你听写儿童所述内容时,你可以对一些不同寻常的单词的拼写以及合适的停顿进行评论。

2. 当儿童在写作中始终使用某种特定的拼写和停顿的原创方式时,在 3 英寸×5 英寸的单词卡中给出正确的形式,让儿童下次使用那个单词或者停顿时模仿。让儿童养成遇到不知道如何拼写时求助于索引卡片的习惯,帮助他们制作自己的单词拼写表。

3. 当使用大书以及追踪文字时,强调所使用的单词拼写或者停顿方式。

4. 使用晨间信息教授拼写和停顿。在信息中写出新单词的拼写,让儿童写作时可以抄下来。留下一些空白,给儿童选择当周新的拼写的单词来填写。你也可以使用错误的拼写和停顿,让儿童假装当小侦探来纠正错误。还可用全部小写的字母写信息,让儿童在适当的位置使用大写字母。在单词或者句子之间留出错误的空格,从而提供讨论这些写作技巧的对话机会。这种活动可以通过告诉儿童如何在单词间留一指的空间、在句子之间留两指的空间,提供支持儿童在自己的写作中恰当留空的机会。

5. 鼓励儿童自由写作,其结果是促进儿童对拼写和停顿的认知。

6. 教授有关词族以及音形关系的自然拼读法课程,有助于儿童习得拼写。让儿童意识到他们应该在拼写单词时使用音形关系的知识,以及要学习音标、词尾或者如 ch、sh 等二合字母。

7. 在和儿童的写作研讨中,提供机会让他们形成编辑意识,包括正确的拼写。

8. 让儿童有拼写来源的意识,如字典。

9. 教儿童如何使用电脑中的拼写检查程序。

10. 使用不难拼写的常用词列表,如 the、this、but,让儿童记忆。一周可以学习拼写单词列表中的几个单词。儿童年龄越大,每周布置的单词也应该越多(表 5-1 是一种高频词列表)。

11. 将主题单元中的单词加入拼写列表中。

12. 鼓励儿童在拼写和停顿方面互相帮助。

重要的是让儿童在纸上自由写出他们的想法,而无需考虑写作技巧。当他们准备好时,则要让他们写得正确。需要有数次自由写作以及数次编辑。儿童应该知道每一种文体都是可以接受的,但要取决于不同的环境。第五章单词学习中有关语音的讨论,提供了通过单词促进拼写发展的活动。以下是一些课堂上易于利用的拼写游戏,可以强化所教的单词拼写(Rosencrans,1998)。

字母盒:将本周要拼写单词的 5 到 6 个字母放进一个盒子中。儿童可以使用这些字母来组成单词。

混合打乱顺序的单词:打乱字母顺序,写下要拼的单词,让儿童正确写出单词。

有关拼写的拼贴画:让儿童在一张 9 英寸×12 英寸的纸上尽可能随机写满要拼写的单词。让儿童找到单词,用记号笔或者蜡笔涂上颜色做装饰。在布告板上展示拼写拼贴画。

拼写侦探:在各种交流方式中,如单词墙、晨间信息、区域活动指示或者任务描述中,犯一些拼写错误。儿童的工作就是每天找出错误。

单词狩猎:让儿童定期寻找他们在班里以及在家中要拼写的单词。例如,数学书、科学书、报纸、作为兴趣阅读的书、家里的食物清单等。

描出单词:让儿童在同伴背后用指尖"写"出要拼写的单词。同伴来猜测单词。

隐藏单词:准备一张要拼写的单词清单,周围有其他字母。然后让儿童找到并圈出,或者给要拼写的单词上色。

儿童写作能力发展评估以及写作环境

与读写能力的其他方面一样,儿童写作能力的评估应该贯穿整个学年。这样教师可以判定儿童的发展水平,监控其进步,并相应地对教学进行计划。第236—238页的"检测清单"为教师评估儿童的写作发展特点和班级的写作环境提供了来源。

评估检测表用于分析一年中收集的个别儿童写作样本的某些特点。表7-4提供了另一种方法,用以评估儿童所写的原创故事以及口头听写故事中的故事结构意识,以及是否含有诠释性以及评论性想法的情况。第六章中的表6-3和表6-4为听过或读过故事后的故事复述、复写提供了质与量的评估。有关儿童说明性写作的评估见表7-5。

表7-4 评估口头以及书面原创故事

儿童姓名_____ 日期_____
故事名称_____

	是	否
背景设置		
(1) 故事以介绍开始。	☐	☐
(2) 出现一个或者更多的主要角色。	☐	☐
(3) 提及其他的主要角色。	☐	☐
(4) 故事的时间有所提及。	☐	☐
(5) 故事的地点有所提及。	☐	☐
主题		
(1) 开始发生的事件引发了主要角色的问题或者其要追寻的目标。	☐	☐
(2) 主角对问题作出反应。	☐	☐
情节		
提及与主角解决问题或者达成目标相关的一个事件或者一系列事件	☐	☐
结局		
(1) 主角解决问题或者达成目标。	☐	☐
(2) 故事以结束性的陈述结尾。	☐	☐
顺序		
故事结构的四种类型以典型的顺序展示。(背景、主题、情节、结局)	☐	☐

诠释性和批判性想法:通篇阅读录制的口头故事以及原创故事,将说明诠释性以及批判性想法的议论和反应记录下来。

检测清单　　评估写作能力发展

儿童姓名＿＿＿＿＿＿＿＿＿＿＿＿＿＿＿＿　日期＿＿＿＿＿＿＿＿＿＿＿＿＿＿＿＿

教师为每一名儿童填写检查表	总是	有时	从不	评语
使用书写材料进行探索				
让人听写想写的故事、句子或者单词				
抄写字母和单词				
不考虑写作的水平，独立尝试写作以表达意思				
会写自己的姓名				
根据儿童的写作水平打钩（√）				
＿＿用涂鸦来书写和绘画				
＿＿分辨书写和绘画				
＿＿使用涂鸦式书写				
＿＿使用类似字母的形状书写				
＿＿随机使用已学过的字母书写				
＿＿使用自创的拼写书写				
＿＿使用符合规范的拼写书写				
在写作体验中与他人合作				
不同文体写作：				
记叙文（故事）				
说明文（个人或者提供信息的报告）				
为实用目的写作				
切题				
为受众考虑				
明晰说明观点				

教师为每一名儿童填写检测表	总是	有时	从不	评语
给出细节和例子				
按顺序说明				
包括开头、中间和结尾				
使用各种单词和句子				

续

写作技巧	总是	有时	从不	评语
清楚地写出大写字母				
清楚地写出小写字母				
自左向右书写				
单词之间留有空格				
如有必要，使用大写字母				
正确使用停顿				

拼写发展	总是	有时	从不	评语
根据儿童的写作水平打钩(√)				
____初步交流的拼写				
____半语音拼写				
____语音拼写				
____过渡拼写				
____符合规范的拼写				

教师意见：

表 7-5　评估说明文

说明文包括以下特点：	是	否
1. 对比和类比 　注意异同点	☐	☐
2. 排序 　适当列出所发生的事实性的信息	☐	☐
3. 因果关系 　描述事情是如何发生的以及为什么会发生	☐	☐
4. 例证 　提供原因和例子	☐	☐
5. 描写 　给出与特定信息相似的图片	☐	☐

　　写作评估的测定方式以及本章的"检测清单"，为教师提供了儿童使用的语言、写作中所含的概念、写作目的以及所用的写作技巧的信息。"检测清单"提供了有关写作通用规则的信息。它们将说明儿童表现的书写或者拼写的阶段，也可以表明所用的写作技巧如大小写和停顿。故事复写和原创故事的写作测定，将会判断儿童在写作中使用意义和结构的情况。所有这些评估工具有助于判定恰当的指导

以及开展儿童所需要的练习,以促进儿童的写作能力发展。

检测清单	评估写作环境	
	是	否
为读写区提供的空间	☐	☐
读写区中的桌椅	☐	☐
儿童展示自己书写作品的海报和公布板	☐	☐
书写工具(钢笔、铅笔、蜡笔、记号笔、彩色铅笔等)	☐	☐
打字机和/或电脑	☐	☐
书写材料(不同大小的各种纸张、小册子和便笺本)	☐	☐
儿童给班里教师和其他成员留信息的信息板或者私信区	☐	☐
存放"个人词汇"的空间	☐	☐
儿童放置书写或写作样本的档案袋	☐	☐
制作图书的材料	☐	☐

教师应该有一个有关儿童写作发展材料的档案袋,如儿童书写时的观察笔记、儿童一段时间书写或写作的样本、与儿童谈话的笔记、与儿童父母谈话的笔记以及所完成的检测表等。档案袋中既要有儿童的最佳作品,也要有其需要改进的部分。可以在与家长以及儿童或下一任教师参与的会谈时使用。儿童要有自己的档案袋,他们可以将自己全年的作品放入其中。儿童也应通过参与教师与家长的会谈,或者与教师的谈话来评估发展进程。表 7-6 提供了给儿童评估自己写作兴趣和能力的大致方法。

表 7-6 儿童写作的自我评估

姓名 _____

我写作的优点在于:
在我写作时,我不喜欢的是:
我本该写得更好,如果我:
我使用了正确的拼写:
我使用了最好的书写:
写得困难还是容易?
对我来说,写作是有趣的,还是无趣的?
写作可以更好,如果我:
下一次写作时,我将努力做以下事情以更好地完成作文:

对于年幼的儿童,可以使用更为简单的自我评估。他们可以和同伴或者教师一起评估自己的作品是"哇"、"优秀"或者"良好"。教师说"哇"的时候要用充满激情的口吻;说"优秀"的时候则比较平稳;而说"良好"的时候就该使用相应的语气。

评估的时候,可以讨论为什么要用某一个评价词。评估也是建立在儿童的能力基础上的。共同评估时,检查儿童是否在插图上花费时间?他们的书写是否反映其最佳水准?所有这些建议有助于评估的目的,从而既提升教师对儿童写作能力的认识,又有助教学计划,还能帮助儿童和父母理解儿童的进步,有助儿童的写作更上一层楼。

根据不同州的标准,写作评估不仅在课堂中进行,也要进行常规的写作测试。为了评估儿童的写作,各州常制定一些规则。规则是计分指示,也是儿童和教师理解他们应该在写作中努力的有用的工具。对儿童而言,去看有着出色的规则评估的写作样本,有助他们的写作发展。这些测试大多在三、四年级时初次进行。然而,对于测试的准备工作,儿童要被问及的与写作表现相关的内容,应在幼儿园就开始进行。典型的标准测试可能会为儿童提供图片或者提示来完成 30 分钟的写作任务。简单而言,提示可能是"编一个图片里发生的故事并说服受众接受你写的作品的观点"。对于写作的评估如下:

1. 儿童对于提示的反应的清晰和准确程度。
2. 他们用恰当的细节支撑他们的写作吗?
3. 对于作品的组织是否包含介绍、恰当的转折以及结论等。
4. 评估作品中适合受众阅读的细节的写作状况。
5. 评估各种句子结构以及词汇的使用状况。
6. 评估有关书写和文学形式的规则的使用状况。
7. 评估适合受众的语言的使用状况。

评价量规可以用在此 7 项的评估中。例如"新泽西注册整体评分标准"对于儿童进行评估,每项都有 1 到 6 个等级。儿童的评估结果为不合格得 1 分,写作能力有限得 2 分,掌握部分评估项目得 3 分,合格的写作得 4 分,对于写作有较强的控制力得 5 分,超常的写作能力则得 6 分。因此,如果对儿童进行有关提示反应的清晰以及准确性的评估,可以从评价者那儿得到 1 到 6 分不等的评价。以下是针对幼年写作者的"检测清单",以检测其写作水平(New Jersey State Department of Education,1998)。

检测清单　　　　　**写作的自我评估**

你记得:
_____ 切题吗?　　　　　　　　　　_____ 使用多样的单词和句子吗?
_____ 考虑你的读者吗?　　　　　　_____ 能清晰地表达你的意见吗?
_____ 给出细节和例子吗?　　　　　_____ 正确使用大写以及停顿吗?
_____ 按顺序写作吗?　　　　　　　_____ 恰当地写作吗?
_____ 有开头和结尾吗?

教学反思

幼儿园儿童和一年级学生的笔友

附近的幼儿园儿童写信询问我所带的一年级班级学生，打听小学是什么样的。我们以班级名义回了一封信，还附上了我们的照片。一周后，我们收到了回音。现在我们已经将通信变成了一项日常活动。班里的孩子们在挂图纸上轮流写上信的一段。我们经历了写信的过程——为我们的读者进行"头脑风暴"、修改、编辑和改写。三个孩子负责写，其他孩子一起完成这封信。接下来，再选择三个孩子修改和编辑。最后，另有三个孩子重新改写。当需要及时给笔友们传递信息时，我们也会使用电子邮件。做笔友已经成为我们写作课程的一部分。我们在年尾还邀请了幼儿园的孩子来享用点心和写作准备的讲习。幼儿园的孩子们也反过来邀请我们参加他们的野餐。我们和这些小朋友发展了友谊，一年级学生学习了包含有一定目的和回复技能的信件写作。此外，幼儿园的孩子也熟悉了我们的学校，他们中的大多数人很快也会成为学校的学生。

唐纳·M. 纳盖，一年级教师

不同体裁的写作

帮助儿童学习不同文体以及不同目的体裁的最好方法，就是阅读不同的体裁并讨论其特点。儿童应该练习写作不同体裁的文章。我任教的二年级班级中，我们学习了"变形"并在教室里养了毛虫。我读了各种有关毛虫的非小说类文本。孩子们进行"头脑风暴"，讨论了他们在这些非小说类文本的内容和文体中观察到了什么。这些说明文有时对于英语学习者来说更容易理解，因为里面没有文化特性，而且他们也不擅长习语。像"变形"和"蝶蛹"这样的长单词对于儿童而言更容易记忆，因为它们如此与众不同。我让儿童每天观察毛虫并在科学日志中做记录。经过一段时间的观察后，再让他们在笔记基础上拓展，作为"科学家"记录他们所观察到的。如有儿童写出像"佩德罗正在睡午觉。佩德罗不开心。"这样的句子时，我会解释科学家式的作者仅记录他们观察到的，而不加任何诠释。我对他们说："我们不确定毛虫是否开心，所以让我们试着思考些我们观察后能确定的事。"使用这样的指导性对话，儿童就会开始理解不同体裁的区别，而他们的写作也会更加有目的性。

乔安娜·雅各布森，二年级教师

活动和问题

1. 回答本章开始的"焦点问题"。

2. 让三个不同年龄的儿童，例如 3 岁、5 岁和 7 岁的儿童，写出他们最喜欢的食物、电视节目、故事书或者游戏。将他们在写作中的行为记录下来，分析他们写作的样本，以判定每个儿童书写或写作的发展水平。

3. 本章有很多实用性的有意义的写作体验。尝试思考本章未提及的体验活动，并让你的学生参与。

4. 思考在早教班级中使用的几种戏剧表演主题，例如饭店。每个主题，可以考虑提供给儿童那个游戏区域的写作材料。

5. 继续使用第四章中你选择的儿童档案袋，评估儿童的语言发展情况。观察儿童使用本章提供的写作发展测评表的情况。收集课程中儿童数月来的写作样本。对其进行评估，判定儿童一段时间以来在写作上的发展。

6. 继续你自第四章开始的主题单元。选择写作发展方面的三个目标，并描述根据你的主题，可以适用于每个目标的三个活动。确定你的活动可反映出实用性和有意义的写作任务。

7. 开展一个提升幼儿拼写和停顿意识的活动。

8. **策略**：和你班上的同学或者你所任教班级的儿童一起使用 S—30 至 S—40 页的"课堂策略"。尝试使用网状组织图作为写作的准备，尝试 K-W-L、维恩图、写说明文等。

焦点问题

· 什么目标和标准可以帮助引导并发展儿童对读写活动的积极态度,并因此促进儿童的读写能力发展?

· 吸引儿童使用的设计优良的读写区的特征是什么?

· 命名并定义不同的儿童文学类型。

· 描述利用儿童文学激发儿童读写兴趣的策略。

· 描述读写区的活动,并解释如何组织活动以提高儿童读写的独立性。

· 现代技术如何促进儿童的读写能力发展?

· 游戏如何促进儿童的读写能力发展?

词汇:读写区,图画故事书,知识类书籍,概念图画书,传统文学,现实主义文学,简易读物,寓言和民间故事,无字书,诗歌,小说,传记,大书。

策略:使用 S—41 至 S—44 页上第八章的"课堂策略"来建立餐厅,并把它作为配备设施的游戏中心,吸引儿童参与读写行为。

第八章

用各种技能促进读写能力发展

　　对那些仅在不得不去读写时才这样做的儿童,我们并没有教会他们对读书的热爱。成功的读写教育的标志是儿童对读写的迫不及待。

　　对读写的热爱不是被教授的,而是被创造的。
　　对读写的热爱不是被要求的,而是被启迪的。
　　对读写的热爱不是被强制的,而是被示范的。
　　对读写的热爱不是被苛求的,而是被激励的。
　　对读写的热爱不是被给予的,而是被激发的。

——罗素·斯托弗,1980
(选自威尔逊图书馆公告)

在独立读写期间,7岁的特丽莎和杰西卡选择了一个用毛毡道具的故事《你是我的妈妈吗?》(Eastman,1960)。当他们一起读故事并操作故事中的毛毡角色时,发生了下面的故事。

杰西卡:我可以读这个故事吗?

特丽莎:可以。

杰西卡:(她开始充满热情地读故事,此时特丽莎在毛毡板上摆弄故事中的角色)小鸟宝宝问母牛:"你是我的妈妈吗?"

特丽莎:(她把牛放在毛毡板上)哞——

杰西卡:哞——(杰西卡继续读书)

特丽莎:看看这幅画。(她指着小鸟宝宝,两人咯咯笑了起来)

杰西卡:我在这儿呢,妈妈!(她提高了声调读道)妈妈,妈妈,我在这儿!

特丽莎:我喜欢他对拖拉机说:"你是我的妈妈,哼,哼(拖拉机的声音)。"

杰西卡:哼,哼!我想我有妈妈。(此时她把手放在头上,用小鸟宝宝的声音说,同时摇来摇去假装在哭)

特丽莎:(她模仿杰西卡把手放在头上)我想我有妈妈!

杰西卡:(她指着毛毡板)你读我来表演好吗?(他们交换位置,特丽莎开始读。她为两只鸟配上了戏剧化的不同声音。特丽莎读得太快了,杰西卡来不及把毛毡角色放到毛毡板上)

杰西卡:等等,等等,你能等一会儿吗?特丽莎。(她把狗放到毛毡板上,特丽莎继续表演)等等,等等,等等!(她把鸟妈妈放到毛毡板上)

以上是孩子们参加读写区活动时进行的对话。儿童在课堂气氛下练习读写技巧,而课堂气氛会激发儿童在积极的读写活动中进行实践的欲望。

激发读写积极性的策略

有关教师的调查表明:激发儿童读写积极性的排名靠前(O'Flahavan,Gambrell, Guthrie, Stahl, & Alverman, 1992)。教师已经认识到动机在发展儿童读写能力时的重要性。他们非常关注学习新方法,以提升儿童的读写兴趣。关于这个话题,我已用了一整章的篇幅。因为我认为这是教授儿童学会读写的必不可少的组成部分。我以动机理论开篇,然后选取了若干使用该理论从而能在课堂上激发儿童积极性的主题。本章讨论的内容包括设计读写中心、在课堂里利用儿童文学材料,以及在科技、读写和游戏方面的新能力。

动机被定义为开始并维持一项特定的活动。它被认为是持续尽义务以继续完成任务的倾向（Brophy，2004；Gambrell，Palmer，Codling，& Mazzoni，1996；Guthrie，2004）。一个有积极性的读者因许多不同的原因选择规律性的阅读。研究人员已经发现，这样的经历给儿童提供了选择、挑战、社会协作以及可能增强动机的成功。

选择

为儿童提供机会选择参与哪项读写任务，这能给予他们责任心和对环境的控制力。选择应涉及多种学习模式，即读写能力发展可把传统的涉及纸笔经验的活动与使用科技、戏剧或视觉艺术的现代模式结合起来。然而，提供的选择也不要太多，否则会令儿童感到困惑。选择逐渐使儿童获得内在动机（Gaskins，2003；Guthrie，2002）。

挑战

儿童必须理解活动必然存在某种挑战，但这是他们可以完成的挑战。任务既不应过于困难，也不能过于简单。当儿童认为任务过于简单时，他们就会失去兴趣。如果任务过于困难，则会感到受挫（McKenna，2001；Stahl，2003）。

社会协作

通过提供社会协作机会的活动可增强动机。当儿童有机会在涉及与教师或同龄人协作的社会环境中学习时，他们有可能比独自学习时做得更多。他们也能享受到社会互动的经历（Guthrie，2002）。

成功

当儿童完成一项任务时，他们会认为取得了成功。儿童经常会以一种并不完全正确的方式完成任务，但如果他们自认为成功了，内部动机就得以加强（Ritchie，James-Szanton，& Howes，2003）。当儿童完成了部分任务但并未完全成功时，例如把单词 read 拼作 reed，我们应对其拼对的那一部分予以肯定。毕竟，4 个字母中有 3 个都是对的。我们应注意到儿童的成功，但同时他们也需要在帮助下正确拼写单词。我们并不希望误导他们。

图 8-1　儿童和同龄人一起独立阅读。

激发读写动机的目标和标准

- 应给儿童提供一个富于读写信息的环境,他们可以自由选择富于挑战但能带来成就的文本材料。
- 教师应提供读写行为的示范,以供儿童模仿。
- 我们在读写时应给儿童参与社会协作的机会,也应给儿童单独读写的机会。
- 儿童参加读写活动时应有选择的机会。
- 儿童应有机会在愉悦、轻松的氛围下倾听教师或同龄人讲故事。
- 教师应允许儿童通过讨论、角色扮演、使用木偶重述故事等,对文学作品作出回应。
- 儿童需要有从教室的读写区将图书带回家的机会。
- 儿童应感受不同风格的文学作品。
- 教师应使用儿童文学作品帮助儿童学习单词分析技巧和理解技巧。
- 教师需提供涉及科技和游戏的读写经验。

由不同州和校区制定的读写成绩标准,似乎通常是以技能为衡量标准的。然而,大多数标准涉及这样的读写者,他们不仅要发展读写技能,而且要发展读写兴趣。焦点是激发儿童读写,以获得快乐和信息的需求。以下是来自匹兹堡大学国家教育和经济中心以及学习研究和发展中心的读写习惯标准(1999)。

阅读习惯

当儿童常有机会独立阅读时,好的阅读习惯就会建立起来。我们应该给儿童读这样的书:图书应具有较高文学品质,使儿童感兴趣,代表多种风格,且比儿童能够独立阅读的程度稍难一些。我们希望儿童在幼年时,为了养成阅读习惯,他们有机会:

1. 阅读各种风格的文学作品,例如诗歌和故事,应用性文本(记号、信息和标签),以及叙述性和说明性文本。
2. 在班级的独立阅读时间读几本简短的故事书。
3. 倾听孩子每天在班上听到的故事并讨论故事书。
4. 和父母一起听故事和读故事。

写作习惯

当儿童常有机会独立写作时,良好的写作习惯就会建立起来。儿童应倾听彼此的作品,还应实践多种不同的文体写作,例如应用性写作、说明性写作和叙事性写作等。

为了养成良好的写作习惯以增强写作动机,我们期望儿童在幼年时会:

1. 大量写作并倾听他人的作品。

2. 独立写作。

3. 用广泛的文本写作，例如诗歌和故事，应用性文本（记号、信息和标签），以及记叙文和说明文。

4. 倾听他人的作品，并就彼此的作品进行讨论。

5. 在家写作。

曾有人评论，独立阅读和写作是浪费时间，因为孩子可能无法完成任务。因此，安排时间以帮助儿童从活动中获益，这一点至关重要。本章后面的文字将论述如何安排独立阅读和写作。

创设丰富的读写环境

柏拉图曾说："一个国家会培养以之为荣的事物。"以培养读写能力为荣的教师证实了这一看法。他们通过在教室内创设一个丰富的读写环境，以培养儿童阅读图书的习惯。儿童在教师态度和课堂氛围的同化作用下也会以发展读写能力为荣。

教室的读写区是非常重要的，它使儿童可以直接接触文学资料。那些教室中有图书的孩子比教室中没有图书的孩子多读多看了50％的书籍。用来建立教室读写区的努力有了回报，那就是儿童对书籍的兴趣增加了（Guthrie，2002）。莫罗（Morrow，1978b）发现设计优良的教室读写区极大地增加了在自由活动时间选择参加文学活动的儿童数量。被认为有特定设计特征的幼儿园、学前班和一、二年级的读写区，与儿童在自由活动时间使用此区域有关。相反，设计不佳的读写区是自由活动时间幼儿活动室中最不受欢迎的地方（Morrow，1982）。教室读写区的物理特征对激发儿童的有效参与起到了极为重要的作用。

设计优良的读写区的特征

教室需要多个区域，让儿童对学到的技能进行实践以及独立学习。第四章描述了满足此要求的活动区域。教室应有读写区，它包括图书角和写作区。本章将讨论读写区的图书角。第七章和第九章将讨论写作区。

物理空间

教室读写区应为中心区，可以一进入教室就能看到并且充满吸引力。为了私密性和物理分隔，可以在它的两面或三面放置书架、钢琴、文件柜，或独立布告板。中心面积可依教室面积而定。一般说来，读写区应能容纳5到6个儿童舒适地活动。读写区（见图8-2）应配备：

图8-2 教室中的读写区

- 小地毯。
- 枕头和/或豆袋椅。
- 小桌椅。
- 耳机和故事磁带。
- 一张摇椅（既可供教师给孩子讲故事,也可供孩子为同伴读普通图书、自己的习作,或供特邀嘉宾用来为全班朗读或传达其他信息）。这把摇椅是读写荣誉椅。
- 柔软的东西,如内有填充物的动物玩具。
- 可能的话,配备与填充动物相关的图书,如在填充兔子旁放一本《彼得兔的故事》(Potter,1902)。
- 配有故事角色的毛毡板。
- 滚动电影盒（像电视一样有着图片窗口的盒子,上下用暗榫接合,用纸张画下故事并贴在暗榫上,见第266页上的照片）。
- 木偶。
- 来自儿童书籍委员会（www.cbcbooks.org）以及美国图书馆协会（www.ala.org）的招贴画。
- 写作区,或写作中心,这已在第七章中详细叙述。

许多儿童喜欢独处,他们有时会在衣橱里或书架下读书。因为读写区与房间有所分隔,所以在这里孩子们可以有些隐私。用耳机听录制的故事可以提供更多的隐私。而涂色或以贴纸覆盖的超大纸板箱,则可形成一间舒适惬意的独立阅读室。

写作区是读写区不可或缺的一部分。它通常包括：

- 桌椅。
- 彩色毛毡尖钢笔和蜡笔。
- 各种大小的有横格线及空白的白纸。
- 一台或多台电脑。
- 制作书本的材料。
- 彩色手工纸。
- 订书机和剪刀。

儿童应参与读写区的计划和设计。他们可以指定使用规则,负责卫生工作并进行整理,还可以为它取名,例如图书角。

图书角

读写区设计优良的图书角有若干藏书方式。一种方式是把书脊对外放在书架上,这样可以储藏大量图书。另一种是将封面展现出来使其可见;这种方式可以让某些特别的书籍引起儿童的注意。特色书应定期更换,将封面朝外放在书架上,便于取阅。另一种展现书籍封面的方法是循环线架,这在书店里很常见。这些架子和展现封面的书架应突出有关正在研究主题的书籍。当主题更换时,书籍也随之更换。书架用以突显新书和特色书籍(Tafa, 2001)。

书籍应分类摆放。可以根据书籍类型用颜色做标记。比如,在动物类图书的书脊上用蓝点标记并将它们集中摆放,书架上用旁边带有蓝点的动物标签做标记。更简单的方法是用塑料板条箱或硬纸盒将书籍分类,前面贴上标签,写明盒中书籍的种类。

在图书馆中的书籍应达到每人 5 至 8 本,并覆盖三到四个年级。书籍应包括记叙文和说明文。过去,幼儿图书几乎都是叙述性书籍。非小说类作品应占到教室图书馆书籍总量的三分之一到一半(Moss, Leone, & Dipillo, 1997)。

即使是已经过期的儿童杂志和报纸也属于教室图书馆。为了节约邮寄和运输成本,有些出版商和当地杂志社会把过期的期刊捐给学校。

为了保证孩子们的兴趣,教师需引进图书角的新书和资料,并再循环其他书籍。每两周应引进约 25 本新书,替换掉 25 本已阅读了一段时间的旧书。这样,"旧"书在几个月后又会成为新朋友。再循环也可以补偿有限的预算。

每次,图书角的书籍可让儿童办理登记手续后取走,并带回家一周的时间。登记系统应简单易行。幼儿应有特定的时间把要借的书拿给教师,由教师登记日期、孩子姓名和书名。有些幼儿园孩子被教会自己登记,他们将书名和日期记录在写着自己名字的卡片上。另一些孩子则喜欢通过钥匙环串起的索引卡上记录的书名和日期来查找被借阅的书籍。另一种方法是使用活页本。每个孩子用一页来记录借阅和归还的书籍。图 8-3 提供了登记借阅图书的笔记本上的页面样本。

姓名 Talmika Jones

书 名	借书日期	还书日期
Green Eggs and Ham	Feb 10	Feb 17
Carrot Seed	Feb 20	Feb 26
Curious George	March 3	March 9
Where the Wild Things Are	March 15	March 21

图 8-3　书籍借阅登记活页笔记本中的一页

图书角中的书籍

入选图书角的书籍和其他资料应能吸引有各种兴趣的孩子,并覆盖多个年级。我们建议多收藏几本流行图书。有时候儿童会因为朋友正在阅读一本书而喜欢上这本书(Morrow,2002;Pressley,Allington,Wharton-McDonald,Block,& Morrow,2001;Roskos,Tabors,& Lenhart,2004)。以下几种儿童文学形式应被呈现。

故事图书是我们最熟悉的一种儿童文学形式。其文本与插图紧密相关。有各种主题的故事图书,其中许多都是著名的优秀图书。

考尔德科特奖章每年颁发给为故事图书做出杰出插图的绘画者。许多这样的图书都成了经典之作,其作者也因此享有盛名——苏斯博士、埃兹拉·杰克·基茨、汤米·狄波拉、莫里斯·桑达克和夏洛特·佐罗托等,这仅是其中几位。每个孩子都应享有听这些故事的权利。然而,刚开始阅读的孩子经常觉得词汇和句法太复杂,以致无法自己独立阅读。高品质的故事图书包括背景、定义明确的主题以及紧扣主题的情节和结局。

信息类书籍为读者提供了非小说类文学书籍。有段时间,我们图书馆里很少有说明性文本,那是因为我们认为幼儿更喜欢叙述类文本。作为成人,我们阅读的资料大多是非小说类的。因此,我们需要有阅读这类文本的丰富经历。信息类文本涉及外国、社区、恐龙、名人等。这类文本拓宽了儿童的背景知识,帮助他们探索新观点,并经常引起儿童对特定主题的深层次兴趣。高品质的说明性文本有明确的结构。好的结构包括描述、序列、对比和对照,原因和结果,问题和解决,以及例证等。

概念图画书适于年龄较小的幼儿阅读。虽然通常有动物或玩具这样的主题,但是大多数概念图画书并没有故事情节。每页上都有图画,且配有文字。许多图书由卡片、布或树脂塑胶做成,非常耐用。字母和数字图书也被认为是概念图画书。

传统文学包括儿歌和童话以及大家耳熟能详的故事,这来源于讲故事的口语传统。我们认为儿童很熟悉《金发女孩和三只熊》(Daley & Rusell,1999)以及《三只小猪》(Zemach,1991),然而很多幼儿没接触过这些传统故事,并不了解这些故事是他们的老朋友。

现实主义文学也是处理真实生活问题的故事图书。例如芭芭拉·海森

图 8-4　读写区对儿童直接接触书本至关重要。

的《困境》(1983)，描述了一个家庭是怎样应对父亲失业时出现的问题的。他试着向儿子解释这一情况，以便让儿子理解何谓"困境"。这类书籍涉及了许多儿童会提出的问题，例如睡前恐惧，或当一个新生命在家庭降临时产生的问题。如果这些问题是大家所共有的，许多都是可以向全班儿童宣读的。应为全班儿童读怎样的故事，这是教师必须谨慎处理的。教师可向有困难的儿童家庭推荐特定主题的书籍。

寓言和民间故事以图书形式为幼儿重新讲述了许多神话和传统故事。许多故事源于其他的国家和文化，因此丰富了儿童的经历，并拓宽了他们的知识面。

无字书不用文字而用图画讲述明确的故事。我们通常认为它适用于年龄较小的幼儿，且易与图画书混淆。他们不是为婴幼儿设计的，而是为3岁及3岁以上的儿童设计的。儿童通过图画来创作故事，其中有些故事是很复杂的。

诗歌是家庭和学校的儿童文学书籍中常被遗忘的体裁。许多主题诗集是为幼儿编纂的。这是读写区的重要组成部分。

小说是分章节的篇幅较长的书籍。我们可以给年幼的儿童读小说，以使他们接触这种体裁。小说往往具有吸引力，孩子们迫不及待地想开始阅读。儿童把小说称为"章节"书籍。

图 8-5　按类别装在筐中的儿童文学资料，贴上标签，以便取阅。

传记是另一种适于幼儿阅读的体裁。有历史人物、体育明星和电视演员的简单传记。

大书(big books)通常是较小故事图书的较大版本或原本就是大开本。它大于一般书籍，放置在架子上以便阅读，其目的是为了让儿童在听故事时能阅读文字，建立起口语和书面语之间的联系，并明白怎样从左到右念出页面上的文字。

除了这几种书,幼儿还喜欢笑话和谜语书,技能书,烹饪书,涉及触觉、嗅觉和操作的参与型书籍,围绕个人的系列书籍,以及适龄的且与电视节目相关的书籍等。杂志和报纸也应成为图书角中的阅读选择。杂志和报纸提供了不会引起焦虑的文学样式、多样的主题,适于不同阅读能力级别的读者,并且包括多文化的素材。

儿童尤其喜欢可预测的文学,因为这会帮助他们更轻松地理解故事情节,且使他们能在成人讲故事时跟着一起阅读。可预测的文学包括儿歌;重复;引人注意的文句;对话;熟悉的序列,例如星期一到星期日或数字;累积型模式,其中的事件随着故事的发展被重复或增加;熟悉题目的故事;熟悉或流行的故事;和文本匹配的简要说明;以及结构完整的故事(背景、主题、情节和结果)等。

附录 A 中提供了几类儿童文学的列表,其中包括有特殊需要儿童的书籍和多元文化的书籍。附录中我们特别强调了信息类书籍,这是因为过去我们忽略了这类文本。

以下是一些儿童书籍的奖项,这为我们提供了更多的文学资源。

儿童图书奖

考尔德科特奖章(美国图书馆联盟)

儿童书籍展(儿童书籍委员会)

纽伯瑞奖章(美国图书馆联盟)

读写区的其他资料

读写区需为促进儿童读写能力发展配备相应的语言艺术资料。读写区应有专门的地方放置材料,以帮助儿童学习字母、儿歌,辅音字母、二合字母,以及了解长短元音字母的发音与字母符号的关联。这些材料可为磁性字母、谜语、宾果游戏以及在盘上玩的游戏等。还可使用教师制作的资料。(这种类型的资料可发展儿童技能,第五章对此有更为详尽的描述。)读写区也需配备增强理解力的资料。本章稍后将描述一些技巧,如讲故事时使用毛毡板和故事角色,用木偶来表演,让儿童说明故事情节的顺序和结构,以及阐述细节、预测结果、解释文本等。这些都是发展和增强文本理解力的技巧。

对读写区的反应

教师和儿童对我设计的教室读写区有以下反应。一些教师说他们起初担心教室中的读写区没有足够的空间,却惊奇地发现所有的读写资料都能放进去。最后,教师自己为读写区提供了更多空间。教师们评论说读写区的实际存在向儿童说明读写能力是极其重要的,因为该区域是从教室中开辟出来的空间。教师们一致称儿童被读写区的材料所吸引,如毛毡板故事和木偶。他们发现摇椅、地毯、枕头和内部有填充物的玩具为读写区营造了更轻松舒适的阅读环境。一位教师说:"读写区成了具备各种读写能力的孩子混杂的地方。这一社会交往背景似乎为合作学习提供了一种氛围。孩子们每天都期盼着在那儿度过时光。"

一个孩子这样评论:"我喜欢抱着书靠在枕头上,或者爬进私人区,或在摇椅上边摇边读书。你可以把书本直接从教室里带回家。"

孩子们把读写区称作特别的地方。他们觉得读写区应该通过增大空间、增加书籍和使用时间来改进。一个孩子这样评论:"读写区唯一缺少的东西是快餐柜。"

教师是激发兴趣的榜样

教师在影响儿童对阅读和自愿阅读的态度方面起到了重要作用。

研究表明,阅读困难有一个非常明确的原因,那就是在阅读和愉悦之间没有联系。教师在激发儿童自愿阅读方面的作用,可能是成人对孩子所有影响力中最有效力的(Irving,1980)。

有些项目把愉悦的经历与文学融合在一起,这增加了儿童对书籍的兴趣和热情,而这种兴趣和热情又使他们更加自愿地使用书籍(McKenna,2001)。在儿童早教的其他具体活动中,教师应每天为他们朗读或讲述故事。当我们在讲故事前后都对故事进行讨论时,特别是当故事与反映儿童真实生活经历或当前的校园话题相关时,他们的兴趣就增加了。甚至在学龄前就可以引入字面上的和推理上的讨论。我们可以用愉悦而有意义的方式轻松地将技能发展融入读故事的活动中。下面的例子描述了一次关于《金发女孩和三只熊》的讨论,在讨论中,4岁儿童的推理和批判式理解得以发展。

在读了《金发女孩和三只熊》后,我问:"谁是好的,谁又是坏的?"孩子们的小手在空中挥动着。詹尼弗答道:"金发女孩是好的,熊是坏的。"当我问詹尼弗为什么时,她说:"嗯,熊吓到金发女孩了。"

另一只小手举了起来,蒂姆说:"不,这不对。熊是好的,金发女孩是坏的。金发女孩在熊不在家时闯进了熊的家。她未经允许就吃掉了熊的食物。"

"是的,"梅甘说,"她弄坏了熊的椅子,未经允许就睡在熊的床上。"

图 8-6　读写区为小作者们提供了易使用的资料。

克莉丝插嘴说:"是的,金发女孩真的很坏。她做了很多坏事。因为她没经过别人的同意就这样做了。"

"你会进入一个陌生人的房子里去做金发女孩做的事情吗?"我问。大家齐声答"不——"我问:"为什么不呢?"萨拉回答:"因为这是不对的。就像偷窃一样。她很淘气,如果警察发现了,我想警察会抓她的。"

关于作家和插画家的讨论也能激发兴趣。阅读同一位作家的不同故事或关于同一个角色的系列书籍,如《青蛙和蛤蟆是朋友》(Lobel,1979)或《阿米莉亚·贝迪莉亚》(Parrish,1970),也能增加儿童的兴趣。为全班同学读不同的文学种类,并尽可能频繁地把故事和讨论的话题搭配起来。如果话题是春天,带一个蚕茧来,讨论蝴蝶的生命周期,并在讨论后讲《好饿的毛毛虫》(Carle,1969),这是一只毛毛虫变成蝴蝶的故事。定期进行集体朗读和背诵诗歌。请较大的孩子、校长、学监、护士、图书管理员、父母和祖父母来帮忙为全班同学、小组和个人讲故事。鼓励儿童与他人分享书籍。从家中带来的书籍应与小组分享,同时应鼓励儿童把书从学校带回家。

许多流行的民歌被制作成故事图书,比如《去告诉罗迪阿姨》(Quackenbush,1973)和《老麦克唐纳有个农场》(Quackenbush,1972),为儿童读这些书特别好,因为儿童熟悉歌词并想假装他们自己在读书。烹饪是另一项可与文学相联系的快乐的活动。许多图画书以食物为特征,例如《弗朗西斯的果酱面包》(Hoban,1964)。读完故事后,全班可以制作果酱面包或适宜的食物,也可以通过读故事来激发艺术活动。读完《下雪天》(Keats,1962)后,可以让孩子们在蓝色手工纸上用棉花、羊毛、小型装饰桌巾、粉笔和银线圈创作一幅冬天的拼贴画。读完《野生动物在哪里》(Sendak,1963)后,要求幼儿园儿童想一个野生动物,并把它画下来。把画作收集起来做成一本班级图书。班级图书成为孩子们的最爱,并被频繁阅读。孩子们还喜欢滚动影片和视频,这些都能激发他们阅读相关书籍的兴趣。

用说明性和叙事性文本读故事与讲故事

让读故事变得有趣

给儿童讲故事可以帮助他们建立起对读写的积极态度。关心儿童的成人读故事时带给他们的温暖超越了讲故事这一经历。它涉及习惯、分享和相互的情感。有些书通过重复或因为是成人或孩子最喜爱的书而被赋予了特殊的意义。女儿和我与《亚历山大和可怕的、恐怖的、一点不好的、非常糟糕的一天》(Viorst, 1972)这本书有着特殊的关联。我第一次读这个故事是在斯蒂芬妮4岁的时候。每当事情出错时,我发觉自己会说:"我猜今天对你来说是可怕的、恐怖的、一点不好的、非常糟糕的一天。"很快,当我不太顺利时,她也会对我说同样的话。当斯蒂芬妮7年级时,有一天她放学回家时只穿着一只运动鞋,看上去很不安。

"怎么了?"我问。

她答:"有人偷了我的一只鞋;当朋友在班上问我问题时我回答了她,有人因为我们的交谈向我吼叫;我有成吨的家庭作业,记录作业的笔记本还被弄丢了。"

"我猜今天对你来说是可怕的、恐怖的、一点不好的、非常糟糕的一天。"我说。

她微笑着说:"是的,所以我想我会搬到澳大利亚去。"

"即使是在澳大利亚,也会有这样的日子,"我回答。我们都笑了。

一个新近的习惯始于我的外孙詹姆斯和《奶奶嚷什么:一个近乎睡前的故事》(Lum & Johnson, 1998)。在书中,帕特里克第一次在奶奶家过夜。她说现在该睡觉了,但是他没有床,于是奶奶砍树为他做了一张床。同样的场景延续着;他没有枕头,于是奶奶从鸡窝的母鸡那里取了些羽毛,等等。每一次奶奶说该睡觉时,帕特里克总会发现少了什么东西,例如:"但是,奶奶我没有毯子。""什么!"奶奶嚷道。结果,一夜过后的早餐时间,当我们布置餐桌时,詹姆斯说:"韦斯卫奶奶,您忘记了餐巾。"我说:"什么!"然后假装跑去拿餐巾。詹姆斯咯咯地笑个不停。

来自熟悉书籍上的熟悉文字可以建立起特殊的习惯。从读故事获得的有益情感会转移到阅读行为本身(International Reading Association, 2006; Dickinson, De Temple, Hirschler, & Smith, 1992)。

在以下的讨论中,"故事"一词只对记叙文和说明文使用。故事是对一个或一系列虚构或非虚构事件的阅读、讲述或报告。有段时间,幼儿所使用的几乎都是叙述性故事,只接触很少的说明文。对小学课堂的调查表明,朗读材料中的说明文不足15%(Yopp & Yopp, 2000)。其原则是儿童必须在低年级阅读叙事性文本,之后才能在高年级阅读说明性文本以获取信息。这种不自然的分割使儿童在四年级时学习重心转向他们不熟悉的说明文时感到困难。成人读写的非小说类文本比叙事性文本要多一些。但是在早期课堂中,儿童却较少接触说明文。有这样一个错误概念,即 3 至 8 岁的孩子太小了,以至于看不懂也不喜欢说明文。因此,在以下的讨论中,我们将谈论读故事和讲故事,故事中既有说明文也有记叙文。

为了使读故事尽可能地愉悦和享受,应选择优秀的文学作品。优秀的记叙文具有以下要素:

- 背景中有详细描写的角色、时间和地点。
- 精心设计的主题,且与主角的目标问题相关。
- 情节,一系列与剧情相关的帮助主角解决问题或达到目标的事件。
- 结果,解决问题或达到目标。

优秀的说明文被选读的频率应与记叙文一样,且应具备明确的结构。儿童应接触的说明文包括描述、序列、比较、原因与结果、问题的解决以及例证等要素(参见第七章第 223 页的有关论述)。

好的说明文和记叙文有清晰而简洁的插图、引人注意的文句、押韵和重复等。

教师应在指定的讲故事场所,在轻松的氛围下为儿童讲故事。每天读故事的时候让不同的孩子靠着你坐,其他孩子坐成单排或双排半圆形。如果你有摇椅,就坐在上面讲故事。因为孩子喜欢在讲故事的时候看到插图,所以把书页对着孩子或者读故事的时候适时暂停,以便孩子能看见插图。在给孩子讲故事前,先大声读给自己听。

读的时候要富于表现力,当不同的角色讲话时,应改变嗓音和面部表情,突出特殊事件。讲故事就像是戏剧性的演讲。应慢慢地、生动地读故事。把你的朗读音频或视频录制下来,以便评价和改进技巧。开始讲故事前,像下面的文字一样作个介绍:

今天我要讲一个故事,故事讲述了一个小姑娘,她想为妈妈的生日准备一份礼物。她想不出来,于是请兔子帮忙。故事的题目叫《兔子先生和可爱的礼物》(Zolotow, 1977)。作者名叫夏洛特·佐罗托,插图者是莫里斯·桑达克。当我讲故事的时候,想一想你最喜欢礼物的什么地方。

当你读完故事后,讨论这个问题,例如:"你们谁想告诉我,你最喜欢礼物的什么地方?"

讲故事的创造性技巧

讲故事深深吸引着孩子们,使他们对书籍产生强烈的兴趣(Ritchie, James-

Szanton,& Howes,2003)。讲故事具有读故事所没有的魔力,因为讲故事者可以自由使用创造性的技巧,同时还有保持和听众近距离的优势。讲故事时听众会产生直接的反应,这无疑会使讲故事者和听故事者之间关系融洽。篇幅较长的文学作品可进行删减,这样即便是幼儿也可一次听完整个故事。大多数人都精通讲故事这门艺术。对于有着各种背景的儿童来说,讲故事是极为重要的技巧。许多儿童的文化背景中,讲故事较之读故事是更为普遍的行为。这一策略让儿童很舒心,他们喜欢它,也能从中学习。

你不必记忆故事,但必须熟悉故事。使用故事中所有重要的文句和引用语。富有感情地读故事名单,别让你的戏剧性技巧掩盖了故事本身。直视观众,并注意他们的反应。当儿童注意力集中的时间较短时,你可以缩短故事。讲完故事时手边有本原文书是很重要的,这样儿童就能再次看到并欣赏其中的插图和文字。

讲故事的创造性技巧使得故事更加生动。它可以激发想象力,使听众参与,促使儿童想要尝试自己讲故事并发展讲述技巧。有些故事适合用木偶,有些则适合用毛毡板,还有一些适合用粉笔边写边讲。

有故事角色的**毛毡板**是教室中受欢迎的重要工具。你可以自己制作故事角色或购买。用美术纸制作你自己的角色,表面用透明材料塑封。在剪下的图样背面贴上毛毡条或砂纸,使其可以粘在毛毡板上。有贯穿全篇的少量角色或少数概念的记叙文和说明文,适合用毛毡板重述。

木偶用在有丰富对话的故事中。木偶的种类繁多,有手指木偶、手套、木棍牵线木偶和面具。害羞的孩子用木偶讲故事时会觉得更有把握。像《姜饼男孩》(Galdone,1983)和《小红母鸡》(Pinkey,2006)这样的故事就很适合用木偶,因为故事较短,角色不多,有重复的对话。信息类书籍也可用木偶来重述。

声音—故事技巧允许讲故事者和观众在有需要时提供音效。这些声音可用人

图 8-7 儿童戴着木偶面具表演《三只小猪》。

声、节奏乐器或音乐来制作。当准备讲这样的故事时,首先选出需要使用音效的故事片段,然后决定要做哪些声音和由谁来制作。讲故事时,儿童和讲故事者适时插入指定的声音。把讲演录下来,然后把录音及原书一起放在读写区。易用声音—故事技巧改编的书籍有《太吵了》(McGovern,1992)和《布朗先生会哞!你会吗?》(Seuss,1998)。

故事道具较易制作。只要收集内有填充物的动物、玩具和其他代表故事中角色和物体的东西即可。在讲故事时展示道具的次数要恰当。三只填充玩具熊和一个金发的娃娃即可用于《金发女孩和三只熊》(Daley & Russell,1999)的故事。几列玩具火车可帮助我们讲《能干的小引擎》(Piper,1990)故事,并可与关于火车的信息类书籍一起使用。

粉笔谈话是另一种能吸引听众的技巧。讲故事的人一边讲一边画。在大黑板上可以把故事从头到尾边讲边画下来,因而显得尤为有效。这种技巧也可用于挂在墙上的挂图纸;讲故事者只要用彩色蜡笔或毛毡尖记号笔代替粉笔即可。粉笔谈话的技巧还可稍作变动后,应用于画架、记录纸或是投影仪。选择一个简单的插图故事。讲故事的时候只画几幅精选图。有些故事,如《哈罗德和紫色蜡笔》(Johnson,1981),可以边讲边把整个故事情节写下来。

耳机和故事磁带在读写区也很受欢迎。讲故事是频率最高的活动,但我们也可以把故事录成磁带给儿童听或跟读。这对英语学习者很有帮助,因为它提供了正确英语的示范。耳机和故事磁带对学习困难的读者也有益,他们可以边听着流利的朗读边跟读。最后,儿童也可为他人录制磁带。

因为不计其数的讲故事技巧没有提及,你可以自行纳入列表。所有讨论的资料都需要为儿童做出示范,这样儿童就会自己讲故事。示范后,儿童可进行以下活动:

1. 使用一项教师使用的技巧,重述教师做过示范的故事。
2. 为教师选择且大家熟悉的一个故事创造一个讲述技巧。
3. 向全班讲述整个故事。
4. 原创一个故事,为讲故事创造一个讲述技巧。完成后,向全班讲述并放在读写区供他人使用。

讲故事这一活动使儿童理解文字,因为他们必须懂得故事的顺序、细节和要素。他们必须在制作材料、删选故事时解决问题。在把完整的故事讲给全班听时,他们还要解读角色的声音。

具体技巧的教授可嵌入教师对讲故事技巧的陈述中。比如,如果你需要教写信技巧,《致艾米的信》(Keats,1998)就是极佳的选择。这个故事讲述了一个男孩想邀请一个女孩参加生日聚会,但他担心被朋友笑话。于是他向女孩发出邀请函,想知道她会不会来以及之后会发生什么。书中包括了大量关于信件的讨论。我的一个学生教书信写作，并通过在毛毡板上讲述《致艾米的信》来介绍这一技巧。毛毡板上用到的一个道具是一个信封，其中有封写得非常好的信，它有正确的标题、格式等。孩子们用此做范例写邀请函。

独立读写

研究显示，儿童在校内和校外所作的自由阅读量与其阅读成绩相关。对小学生的大规模调研表明，那些在校外每天阅读 2 分钟的儿童在标准化阅读测试中比 30% 的受试者分数高；阅读 5 分钟的儿童比 50% 的受试者分数高；阅读 10 分钟的儿童比 70% 的受试者分数高；阅读 20 分钟的儿童比 90% 的受试者分数高（Anderson, Fielding, and Wilson, 1988；Taylor, Frye, & Maruyama, 1990）。自愿阅读的儿童建立了终身积极阅读的态度。

持续的默读和放下一切、专心阅读的时间被定义为儿童进行默读的时间。班上的每个儿童选一本书，单独坐着读书。因为默读允许儿童练习所学到的技巧并聚精会神地进行理解，所以它是很重要的。然而，有人批判这一阅读时段的有效性。因为儿童将花许多时间选书，最终坐下来阅读时，他们经常快速翻阅，并没有读多少书。此外，我们没有衡量儿童到底读了多少书。

为了更有成效，独立读写时段可聚焦于活动区主题，该主题是孩子们正在研究的作者或插图者，或是一种特定的儿童文学体裁。例如，如果正在学习动物，教师可说明只能选择关于动物主题的书籍进行独立阅读。教师应在书架上把这些书和其他书分开放。书架上可设置独立阅读书籍专区，或将这些书放在专门的筐中。限制书籍的数量，使选择任务更为简易快捷（Ritchie, James-Szanton, & Howes, 2003）。测算儿童的阅读量可使孩子们完成任务，为了达到这一目的，可用日志记录独立读写时段儿童完成阅读的页数，写一个关于所读内容的句子，或从书中抄一个喜欢的句子。任务应简单且不太耗时。但是，有了这项任务，儿童更可能在独立阅读时集中注意力而不是开小差。教师应设立规定并在独立读写开始之前温习这些规定。以下是部分规定：

1. 迅速选书。
2. 一次只读一本书。
3. 在日志中记录书名和阅读日期。
4. 就你喜欢的部分给书的作者写一句短评。

由教师发起的文学活动

应当由教师示范和发起文学活动,以鼓励儿童的兴趣。以下是一些激发儿童兴趣的建议,可定期执行。

每日执行
- 给儿童读或讲记叙性和说明性故事。
- 讨论所读故事中的文字性或阐释性问题。
- 允许儿童在教室图书馆外查阅书籍。
- 让儿童了解所读书籍。
- 让儿童保持图书角整洁有序。

每周执行其中的几项
- 让校长、学监、护士、助教或家长在校为儿童讲故事。
- 讨论作者和插图者。
- 给作者写信。
- 让年龄较大的孩子给较小的孩子读书。
- 让儿童互相读书。
- 播放故事的 DVD。
- 在活动区课程中使用跨学科的文学资料。
- 对书籍作出艺术性的回应(例如,在一位插图画家的示范下,用特有的艺术技巧为故事画壁画)。
- 用创造性的技巧讲故事。
- 让儿童使用或不使用道具讲故事。
- 让儿童表演故事。
- 准备与故事相关的食谱(例如,在读了《石头汤》这一故事后做"石头汤")。
- 阅读与电视相关的故事。
- 制作班级书籍和个人书籍,并装订起来放在图书角中。
- 唱书中的歌曲并在手边备有该书。
- 在布告板上写与书籍有关的信息。
- 让儿童为他们读过的好书写广告。
- 讨论如何保护和使用书籍。
- 读、背并写作诗歌。
- 一周进行几次 10 到 20 分钟的独立读写。

定期执行
- 在书面朝外的书架上突出并介绍新书。
- 介绍图书角的新增书籍。
- 每两周在图书角循环 25 本新书。
- 开办校内书店,以便儿童定期买书。

如有可能,一年执行几次
- 给儿童提供书签。
- 给每个儿童一本书作礼物。
- 召开小作者会议(共享儿童写的书,装订书籍,邀请作者、插图者讲故事)。
- 书籍庆祝日(如装扮成书中角色,彼此讲故事,放映电影和幻灯片故事,创造性地讲故事等)。
- 让儿童从书籍俱乐部订书。
- 邀请一位作者或插图者为儿童讲述作品。

与学校文学项目相关的家长活动
- 一年发送几次家长信,告知有关阅读的活动。
- 要求父母参与学校内与文学相关的活动(例如,为孩子读书、协助装订、为买书募集资金等)。
- 为家长举办关于学校文学项目重要性、目的和活动的研讨会。
- 为家长举办关于如何参与独立的家庭阅读项目的研讨会。
- 为家长开书单,并提供有关家庭图书收藏的建议。

利用读写区时间激发读写积极性

读写区作为激发儿童读写积极性的来源,是教室的重要组成部分,可用多种方式使用。

1. 用来让儿童一到学校就进行有效的读写作业。
2. 当有些儿童提前完成作业,可用以举行有趣的活动并强化学到的方法。
3. 读写区让儿童进行有成效的独立作业,这样教师就有时间进行小组的引导式阅读教学、一对一教学和评估。
4. 读写区允许儿童在社会交往背景下和特定的读写时间选择与分享读写活动,以便娱乐和获取信息。这些活动的目的是发展终身的阅读者和写作者。

有助于激发儿童读写积极性的因素包括选择、社交互动、挑战和成功。当儿童在读写区学习时,他们有活动的选择权。这些活动是儿童在社会交往背景下和同龄人玩得最多的活动。它们富于挑战,但通过努力就可以成功。

安排读写区时间

在读写区时间,儿童自己决定要做什么以及和谁一起学习。表 8-1 中的指导原则可供参考。这些指导原则被贴在教室里,并在每一次读写时间之前进行温习。

表 8-1 读写区时间使用资料的规则

1. 想一想和谁一起学习,否则就独自学习。
2. 从读写区选择一项读写活动。
3. 只做一两项活动。
4. 可在读写区内外使用资料。
5. 爱惜资料。
6. 轻声说话;勿干扰他人学习。
7. 将资料先放回原处,再拿其他资料。
8. 尝试你以前没做过的活动。
9. 尝试和你以前没合作过的同伴合作。
10. 准备好将活动成品与全班分享。
11. 把完成的任务记录在日志里。
12. 保持读写区整齐。

表 8-2 读写时段小组的协作规定

有助于小组协作的事项:
- 选出一名领导者以开始小组活动。
- 给每个人分配任务。
- 共享资料,轮流发言。
- 倾听朋友的谈话。
- 不要离开你的小组。

有助于小组协作的话语:
- 我能帮助你吗?
- 我喜欢你的作品。
- 你做得真棒。

检查你的作业:
- 你说了有益的话吗?
- 你们互相帮助了吗?
- 你们共享材料并轮流发言了吗?
- 你们都分配到任务了吗?
- 任务完成得怎样?
- 下一次我们怎样改进?

除了有关使用资料的规定,我们还教授表 8-2 中的合作技能,这被张贴出来供儿童实践。它包括读写区时段每个人说和做的有益的事(Morrow,1997)。

第一次使用读写区时,有些教师把儿童分成 2 至 3 人的小组,确定儿童参与的活动,并指定 1 名组长来帮助组织活动。有了规定的任务和分组,儿童最后能够自己决定要做什么。为了帮助儿童选择活动,在读写区时段可进行的活动被张贴和温习,如表 8-3 所示。此外,解释如何进行每项活动的卡片也被张贴出来(见表 8-4)。

表 8-3　读写区时段应做的事
1. 阅读或看书、杂志或报纸。 2. 给朋友读书或与朋友分享。 3. 听别人给你读书。 4. 一边听磁带上的故事一边看书上的文字。 5. 用毛毡板和毛毡角色讲故事。 6. 配合故事使用滚动电影。 7. 写故事。 8. 为你读的故事画画。 9. 为你写的故事制作一本书。 10. 为你读的书或写的故事制作毛毡故事用具。 11. 写木偶剧并为朋友表演。 12. 为你读的书或写的故事制作录音磁带。 13. 为你要带回家阅读的书办理手续。 14. 对你选择的任务按照指示使用活动卡。

表 8-4　活 动 卡
1. 为你的小组选组长。 2. 选一本书并找出相配的毛毡角色。 3. 决定谁来读故事或讲故事以及谁来使用毛毡角色。 4. 轮流读故事和在毛毡板上放毛毡角色。 5. 准备好为全班同学陈述故事。 6. 在你的日志上记录活动(日志样例见图 8-8)。 7. 检查作业: 　 你的故事讲得好吗? 　 小组合作得如何?

对于刚开始阅读的儿童,教师经常用活动卡来展示活动图片,以帮助儿童理解阅读规则和作用。然而,教师需要带领儿童温习这些规则,以使儿童明白其内容并开始阅读。

在读写区,儿童实践学到的技能并学习独立参与读写活动。项目早期,有些孩子会开小差。几星期后,大多数孩子都能够完成活动。

儿童经常在读写区花很多时间完成任务,这可能延续好几天。当读写时段结束时,我们提供地方供儿童存放未完成的作业。每个儿童在读写区时段结束时记录日志,说明在读写时段完成的任务。

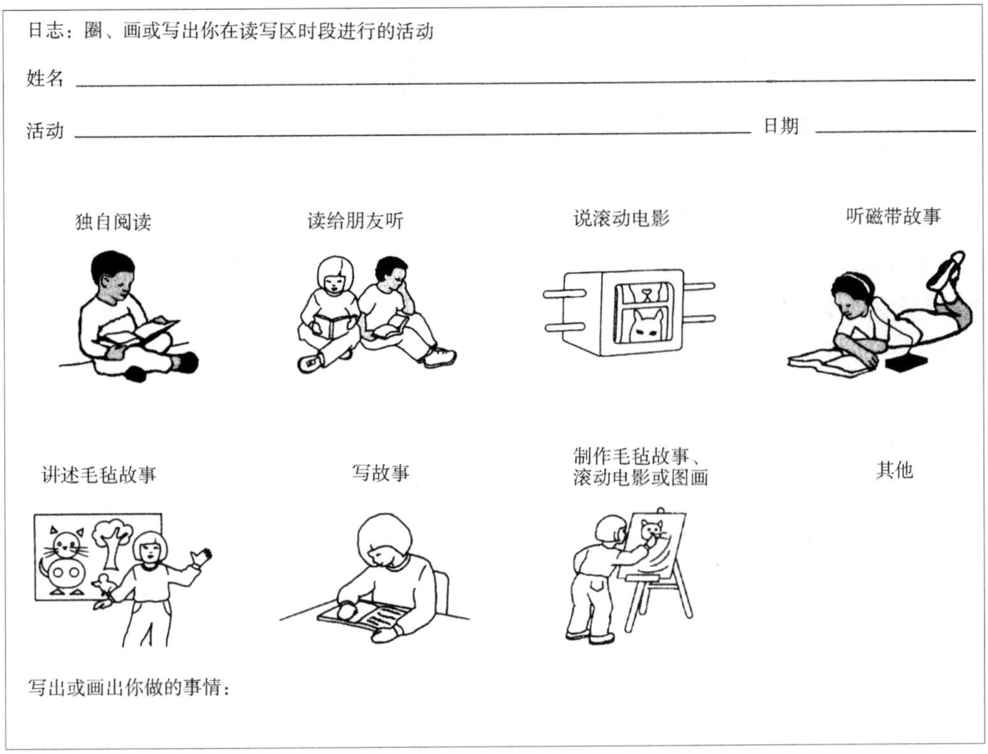
日志：圈、画或写出你在读写区时段进行的活动

姓名 ________

活动 ________ 日期 ________

独自阅读　读给朋友听　说滚动电影　听磁带故事

讲述毛毡故事　写故事　制作毛毡故事、滚动电影或图画　其他

写出或画出你做的事情：

图 8-8　日志样例

Source: Adapted from *The Literacy Center: Contexts for Reading and Writing*, 2nd ed., by Lesley M. Morrow, copyright © 2002, with permission of Stenhouse Publishers.

教师应与其他班级共享读写区资料，以增加资料储备。儿童可以参与制作读写区的资料。他们可以录制故事，制作毛毡故事和滚动电影，以便他人在听力站使用。他们还可以原创故事并把故事制作成书籍，放在图书角中。参与这些活动，增强了儿童的主人翁意识，也增强了他们对读写区的尊重(Morrow，1997)。

读写时段的教师作用

除了准备好读写区的环境，教师在读写时间段之前和之中也起到了重要的作用。教师要先做示范，引入读写活动，以确保儿童熟悉这些活动。教师应帮助儿童开始活动，并在儿童需要帮助时和他们一起参加活动。然而，这一时段的目的是让儿童在活动中进行自我指导。

当教师为小组儿童指导阅读时，帮助儿童独立使用读写区的努力将是极为有益的。在做这种指导时，除了少数几个教师正在辅导的儿童外，其他儿童都需要富有成效地参与独立读写活动。

图 8-9 在读写区时段，儿童可能会选择讲一个滚动电影故事或听磁带录音。所有活动都与文学相关，并配有原文。

读写时间段发展的技能

若干有关读写区时段的儿童研究所收集的数据表明，儿童参与许多不同的活动（Morrow，Sharkey，& Firestone，1994）。这些活动是由儿童自我指导的，儿童要自己决定做什么以及如何按照计划执行。儿童读书、写故事、从事各种活动，比如为他们所写或所读的故事排演木偶剧。大多数活动是由两到三个人的小组完成的，这些活动涉及同龄人之间的合作和指导。小组由单一或混合性别构成。儿童控制自己的学习并进行口头阅读、默读和写作，同时在文字和推论的讨论中表现自己对文本的理解。

读写区活动让儿童以多种形式读写并给他们选择的机会。这些活动为激发儿童的读写兴趣建立了积极的途径，并提供了练习和学习技能的时间。因为有选择的因素，每个人——有天分的孩子，中等程度的孩子，以及有特殊需求的孩子，都可以参与进来。不同背景的儿童由于相似的兴趣一起工作。有语言差异的儿童参与木偶表演和毛毡故事表演小组时受到欢迎，并被给予他们能够参与的角色。

我定期与教师们一起工作，实施与我描述的项目相似的活动。我在期末的最后一天去了林奇老师的教室与孩子们道别。她和我看着孩子们在读写区学习时，一种自豪感油然而生。我们看到有些儿童蜷缩在毯子上或躺在枕头上，阅读自己所选的书籍。

路易斯和雷蒙紧紧地挤在摇椅上，共读一本书。马塞尔、帕特里克和罗斯安琪拉舒服地躺在书架下——一个装满填充物玩具的"私人场所"。他们轮流读书。

泰莎和蒂凡尼在地板上，用毛毡板和《姜饼男孩》（Galdone，1983）中的拼图角色，轮流朗读和操作："跑，能跑多快就跑多快！你抓不着我，我是姜饼人！"

4个孩子用耳机听莫里斯·桑达克的故事磁带《皮埃尔》（1991），每个孩子都拿着书的原文，跟着磁带一起读："我不在乎，我不在乎。"

泰伦拿着一本大书，并把较小版本的复印件分给几个孩子。泰伦扮演教师给其他孩子读书,偶尔停下来问有谁想要读书。

利昂把自己写的故事读给塔麦卡听。读完后,塔麦卡提议用木偶表演利昂的故事,然后他们一起表演。在表演的过程中,利昂表现得像个戏剧导演。他了解故事和角色,想按照自己的意愿来演绎。

在此讨论的多数信息代表了涉及从幼儿园到二年级课堂观察和干涉的研究结果。这些儿童参与了包括本章所述活动的读写项目。他们在阅读理解测试中的成绩、重述和重写故事的能力以及用故事结构元素编构口头和书面原创故事的能力,比那些没有参与读写项目的儿童更出色。参与项目的儿童在词汇和语言复杂度方面也显示出极大的进步(Morrow, 1990, 1992,; Morrow, O'Connor, & Smith, 1990)。

对读写时段的反应

我们采访了教师和儿童,以了解他们对读写时段和项目的总体态度。

教师评论儿童特别喜欢读写区时段,是因为他们能够:

1. 选择他们想要的活动。
2. 选择他们想读的书。
3. 选择独处或与他人合作。
4. 选择操作用具,如木偶和毛毡故事。

教师说儿童在读写区时段可以学到:

1. 彼此协作。
2. 独立做决定。
3. 为听到和阅读的故事找出故事结构。
4. 新词汇。
5. 对所读到的和别人读给他们听的故事有了更深入的理解。
6. 欣赏各种体裁的儿童文学书籍和知识。
7. 同龄人可以相互教授,并乐于如此。

通过参与项目,教师说他们学习到:

1. 以读写区时段创造的家庭交流氛围引导儿童学习。
2. 儿童能够合作,也能独立读写。
3. 在读写区每个人都能参与,不管是优秀的学生,还是有困难的学生。让儿童在读写区学习,使教师更灵活自如、无拘无束。他们成了学习的支持者而不总是教导者。
4. 那些并未真正参与读写的儿童也是如此。这也许是因为他们自己决定要做什么。

在对儿童的采访中,儿童被问到在读写项目中学到了什么,他们回答:
1. 学到了阅读是愉快的。
2. 因为大量阅读而提高了读写水平。
3. 学会理解读物,并学会了许多新单词。
4. 因为知道如何阅读的朋友会帮助我们,所以读得更好了。
5. 了解了作者和插图者,他们都是和我们一样的人,我们也可以成为像他们一样的人。(Morrow,1992)

评价读写区时段

读写区时段的主要关注点是帮助那些容易开小差的儿童。一般说来,一个班大约 85% 的儿童都能很好地独立学习。读写区时段的一大优点就是你能看见谁没在完成任务。当我们对整组儿童进行教学时,我们无法了解这一点。儿童会装作他们在学习。为了帮助儿童集中注意力完成任务,我们可以帮助有困难的儿童组织活动。确保这些活动里包括需交给教师的、完成的任务。

在读写区时段,教师观察全班同学以了解哪些儿童在完成任务、哪些需要帮助开个头,以及儿童选择参与的是什么活动。他们定期对读写区时段的管理作出变更,以提高成效。

教师记录活动轶事并收集写作样本。为正在工作的小组以及成品的表演制作音频和视频。儿童参与评价自己的活动。他们讨论合作得如何以及完成任务的质量。当完成的活动被呈现出来时,儿童提出积极的批评。我们问儿童对改进项目的意见,并确认他们想要增添到读写区的资料和书籍。

教师讨论读写区的设计以及如何改进,以提高成效。教师还把读写区从教室的一个区域搬迁到另一处,因为他们发现那里更宽敞明亮也更安静。他们添置书籍和操作材料,给儿童更多选择。表 8-5 为评估读写区提供了评价表。

表 8-5 读写区评价表		
	是	否
1. 儿童参与图书角设计的某一方面(制定规则,为其取名,制作材料等)。	☐	☐
2. 读写区位于教室中安静的区域。	☐	☐
3. 可直接看到并进入该区域。	☐	☐
4. 读写区的部分区域与其余部分隔开。	☐	☐
5. 可将书放在书架上,书脊向外。	☐	☐
6. 有组织、有系统地在书架上存放书籍。	☐	☐

续表

7. 将新的特色书籍封面朝外，放于书架上。	☐	☐
8. 每个孩子有 5 到 8 本书。	☐	☐
9. 应有许多横跨不同年龄段的书籍，且覆盖以下种类：①图书，②故事图书，③传统文学，④诗歌，⑤现实主义文学，⑥信息类书籍，⑦传记，⑧小说，⑨易读书，⑩谜语和笑话书，⑪互动类书籍，⑫系列书籍，⑬无字书，⑭与电视相关的书籍，⑮小册子，⑯报纸，⑰杂志。	☐	☐
10. 每两周循环引进新书。	☐	☐
11. 有书籍借阅/归还系统，供儿童每日借书。	☐	☐
12. 有小地毯。	☐	☐
13. 有靠枕。	☐	☐
14. 有摇椅或豆袋椅。	☐	☐
15. 有耳机和故事磁带。	☐	☐
16. 有关于阅读的宣传单。	☐	☐
17. 有内有填充物的动物。	☐	☐
18. 该区域贴有班级选取的名称标签。	☐	☐
19. 有毛毡板、故事角色和相关书籍。	☐	☐
20. 有滚动电影和相关书籍。	☐	☐
21. 有写作故事和制作成书的材料。	☐	☐
22. 角落的私人区域，如可爬进去阅读的盒子。	☐	☐
23. 有查找书籍的系统。	☐	☐
24. 面积占教室的 10%，可轻松容纳 5 至 6 人。	☐	☐

用科技促进儿童读写能力发展

新的读写能力一般包括有关电脑、因特网和技术的印刷资料。科技在早期儿童课堂里极为重要；它是我们生活的一部分，也是读写教育的激励源泉。科技为儿童提供了发展读写技能的机会。电脑让儿童在社会交往和独立的读写背景下学习知识，他们学习单词或研读文本意义（Labbo & Ash, 1998）。例如，人们发现电子书能激发儿童阅读，并在分析单词、记忆故事细节和建立故事结构感方面提高成绩（Kinzer & Mckenna, 1999；Stine, 1993）。

因特网使儿童能接触到全世界的海量信息。作为幼儿教师，我们得知道电脑能做什么，这样我们就能帮助儿童使用科技，以发展其读写能力。

电脑软件

电脑软件是教师最为普遍应用的方法。在选择软件时,应遵循以下规则(Wepner & Ray,2000):

1. 给儿童的指示应简洁、清晰,并易于执行。
2. 活动很具吸引力,使得大家积极参与,并令儿童感兴趣。
3. 内容与儿童的学习课程相匹配,并有所扩展。
4. 该项目促使儿童实践所学概念。
5. 文本被叙述和突显,以帮助儿童独立进行活动。
6. 关于教师引入和使用软件有指导说明。
7. 提供评估。

每种读写技能都有高质量的软件,如发展音素、基础语音、理解、写作和词汇的软件。韦普纳和雷(Wepner & Ray,2000)指出,应使用以下标准来选择优质软件,从而发展儿童的拼写和音素知识。

1. 以可预测的顺序教授技能。
2. 重视及时反馈。
3. 有重复反馈的机会。
4. 儿童对软件的态度是积极的。

另一种软件是电子书。电子书使用了最优秀的儿童文学作品,并以多种方式呈现。人物形象被搬上了屏幕,配以朗读和清晰呈现的文字。因为故事成了动画,所以儿童很感兴趣。电子书的另一优点是书中嵌入了如 K-W-L 的技能发展技术,强调了故事结构的发展,并使用了引导性阅读思考活动的模式(Wepner & Ray,2000)。

用软件来发展写作,对刚开始写作的儿童、精细运动控制未充分发育和手部有残疾的儿童极有帮助。发展写作的优质软件可以支持儿童创作文本,并鼓励他们对文本进行扩展、修改和编辑。

使用软件时,确保你非常熟悉它,且儿童知道如何使用电脑和软件。我们可通过投影的方式介绍软件,以便全班都能看见。你的目的决定了你选择如何使用软件,但大多数时间,当教师忙于对阅读小组进行教学时,电脑作业也是一项与区域活动类似的完美活动。应有时间让儿童讨论使用软件时可能遇到的问题,并分享成果。

许多商业公司为电脑编写了整套阅读程序,然而,更有效也更普及的是为阅读困难者设计的干预程序和练习程序。在这些程序中,经测试评估后,电脑会选择基于儿童需求的电脑活动项目。当然,电脑不能代替教师。

因特网

另一种在班级中使用新读写技能的方式是利用因特网。这赋予了我们无限的可能。笔友通过电子邮件在世界范围内实现即时通信。无论儿童在研究什么,因特网都提供了无限的信息资源。

比如,在研究外层空间时,教师可为这堂课从因特网上收集小说和非小说类书籍的名称及其出处。它将帮助孩子们找到适当的网站,以获取更多信息。有些网站供儿童在读书和使用软件之前进行考察,或查看电子书。此外,学校和班级可出于各种原因创建自己的网站。

网站可张贴儿童的作业,发送"告家长书",并提供空间让儿童在课后讨论学习内容。

教师有责任帮儿童找到对他们有用的网站,并帮助儿童学会自己找其他网站。《儿童最佳 1001 网站》(Kelly,2004)是一本有用的参考书。为儿童选择网站时,韦普纳和雷(Wepner & Ray,2000)给出了如下建议:

1. 网站的下载速度较快。
2. 标题页有所有内容的概要。
3. 网站内容符合你的目的。
4. 有图标链接到所需网页,并可能链接到其他相关网页。
5. 图片具有吸引力并能增强理解。
6. 叙述清晰,并能增强对所学概念的理解。

用游戏促进儿童读写能力发展

我们必须持续使用的课程内容是通过游戏来促进读写学习。在游戏背景下,儿童以小组互动合作。当设计课程以促进读写行为时,戏剧表演区与社会研究和儿童正在学习的主题相协调,以使经历被赋予意义。我们提供读写资料以支持游戏主题,在游戏过程中,儿童以功能性的方式阅读、写作、说话并倾听。

虽然早期儿童教育家已经意识到游戏对于发展社会性、情感和身体的价值,但在过去,人们并不认为游戏场所或游戏时间是可以促进读写的。现在,游戏作为实践读写行为的手段已越发重要,因为它提供了重复的、有意义的、功能性的社会交往背景。读写发展要求儿童积极参与合作并与同龄人协作,它以儿童已有的知识为基础,并在他人的帮助和指导下得以发展。游戏提供了这一背景。在对儿童游戏的观察中,我们可以看见儿童将读写功能的使用融入游戏中。我们发现儿童尝试与同伴合作进行传统阅读(Morrow,1990;Neuman & Roskos,1992;Roskos & Christie,2000)。为了证实读写活动发展社会交往、合作和互动能力的重要性,我们参观了一个教室，那里的哈特老师设计了一个兽医办公室，以配合聚焦于宠物的动物主题。这一戏剧活动区还配有候诊室；椅子；桌子，上面放着杂志、书籍以及有关宠物护理的小册子；有关宠物的海报；办公时间通知；禁烟标志；以及建议访客"到达时在护士处登记"的标志等。护士桌以写字夹板存放病人表格，还放着电话、电话地址簿、预约卡、日历和用于记录约会与病人记录的电脑。办公室里有病人文件夹、处方簿、白大褂、面罩、手套、棉花棒和玩具医用工具箱，还有一个充当病人的填充玩具等。

哈特老师指导儿童使用兽医办公室的各种资料。比如，提醒儿童给候诊室的宠物读书，填写处方表和预约表，以及写有关动物身体状况和治疗信息的表格。除了作指导，在第一次介绍材料时，哈特老师还通过和儿童一起做游戏来进行示范。

以下轶事是我们在这一背景下观察到的行为，书籍和写作材料提供了读写元素丰富的环境，教师做读写示范，儿童则观察和模仿，儿童有机会在有意义和功能的真实生活情境中练习读写，并与同伴合作进行读写。

杰西卡正等着看医生。她告诉她的玩具狗山姆不要紧张，医生不会伤害它的。珍妮和她的玩具猫小松饼也在候诊。杰西卡问珍妮她的猫怎么了。这两个小姑娘因为宠物生病极为苦恼。过了一会儿，她们不再交谈了。杰西卡从桌上拿起一本书假装为宠物狗山姆读故事《你是我的妈妈吗？》，杰西卡边读边给山姆看图画。

珍妮跑进了医生办公室大声嚷道："我的狗被车撞了。"医生用绷带为小狗包扎了受伤的腿，然后两个孩子决定要将这起事故向警局报案。打电话报警前，她们拿来了电话簿，用地图找出了小狗被撞的地点。然后，她们用玩具电话报了案。

图 8-10　在检查了玩具熊后，戏剧表演区里的"小兽医"写道："这只泰迪熊的血压为 29。他应每小时服用 62 片药丸，直至康复。注意保暖，卧床休息。"

表 8-6 戏剧表演区兽医办公室的表格

预约卡
姓名：_____
有预约_____
☐周一 ☐周二 ☐周三 ☐周四 ☐周五 ☐周六
日期_____ 上午/下午_____点

处方
病人姓名：_____
处方：_____
替代品：_____
用药说明：
　　　　　富兰克林·A. 莫罗

病人记录表
病人姓名：_____　动物种类：_____
主人姓名：_____　来访日期：_____
地址：_____　　　电话号码：_____
病史和检查结果：　　　治疗：

普雷斯顿检查了克里斯多夫的泰迪熊，然后在病人文件夹中写报告。他高声读出潦草的报告："这只泰迪熊的血压为 29。他应每小时服用 62 片药丸，直至康复。注意保暖，卧床休息。"读的时候，普雷斯顿把所写的报告给克里斯多夫看，以便他明白要做什么。普雷斯顿叫护士把要点录入电脑。

当儿童学习动物单元时，戏剧表演区被设计为兽医办公室。表 8-6 展示了可以在该办公室使用的表格。

刚刚讨论的游戏种类为英语学习者和多种背景的儿童提供了极佳的机会。他们将学会如何在真实环境中和其他儿童相处。有了道具的帮助，再加上这种非正式经历的特性，儿童参与时会感到更加自在。

以下是在另一年级促进读写的游戏背景：

1. **报社**：包括电话、号码簿、地图、电脑、纸张、铅笔，以及聚焦于体育、旅游、一般消息和天气的区域。

2. **超市或当地杂货店**：包括贴了标签的货架和单元，有标签的食品容器，收银机，电话，电脑，发票，收据，购物优惠券，以及促销传单。

3. **邮局**：是儿童寄信的场所，包括纸张、信封、地址簿、钢笔、铅笔、邮票、收银机、电脑和邮箱等。邮递员的帽子和包对于通过读取姓名、地址来递送邮件是非常重要的。

4. **机场**：要有到达和出发的标志，机票，登记证，行李标签，候机区的杂志和书籍，飞机上的安全信息，飞行服务人员的姓名牌等。可用电脑登录因特网来订票。

5. **加油站和汽车修理店**：可设立于街区。玩具汽车和卡车可作为道具。应有收据，指示不同目的地方向的公路地图，汽车和卡车的修理手册，汽车设备的广告海报,以及用于站内所售各种产品的空容器等。

　　为了充分发挥读写材料的潜力,教师需使用来自儿童生活环境中的自然道具。背景中设置的用具能实现真实功能且为儿童所熟悉。一次不要设置数个戏剧主题,而应让戏剧表演区与儿童正在学习的主题相匹配。当开始新的主题时,变更该区域。教师应在初次使用材料时进行示范指导(Barone, Mallette, & Xu, 2004; Neuman & Roskos, 1993)。

　　戏剧表演区的材料应有明确的标志并容易取得。我们应接纳所有读写发展阶段的儿童,任何读写尝试都应被视作合理的读写行为。记录儿童参与的读写活动中发生的趣事,也许会对教师有帮助。

　　在对游戏的讨论中,我主要探讨了合作式学习,以鼓励儿童的读写能力发展。人们一般认为游戏是学前和幼儿园活动;然而,一至三年级的儿童同样也可以进行游戏。年龄较大的儿童通过游戏参与较高级的读写行为。比如,因特网可作为新闻故事、航空旅行路线等的信息源,应用于许多游戏场景中。请参见创建游戏场景的"课堂策略"。

儿童对书籍态度的评价

　　在儿童独立听故事、读故事或看故事时,观察其行为是评价儿童对书籍态度的有效方法。对于正在看或阅读的书籍,儿童倾注了多少注意力?他们仅仅是浏览吗?他们快速翻动书页,对文字或图画心不在焉吗?他们在看图和文字的时候能持续集中注意力吗(Martinez & Teale, 1988)?你还应该注意在有其他选择时儿童选择看书的频率。在与个别儿童的偶尔面谈中,询问他们在班级和在家中最喜欢做的事,可能揭示其阅读兴趣。开会时询问家长,孩子是否会自愿阅读或在给他们讲故事时集中注意力。同时,询问家长他们给孩子读故事的频率是多少。收集有关家庭读写环境的事实,这会帮助你了解儿童对书籍的态度。

　　对读写态度的评估清单见第 275 页,评价档案袋中的"动机采访"如表 8-7 所示。这是了解儿童读写兴趣的有效工具。

表 8-7　动机采访

说明:告诉儿童你想要了解更多他们喜欢做的事以及对读写的感受。在采访中询问每个问题并读出各选项。
1. 你想要老师多久为班级朗读一次?
　　(1)每天　　　　　　(2)几乎每天　　　　　　(3)偶尔
2. 你喜欢自己读书吗?
　　(1)喜欢　　　　　　(2)一般　　　　　　　　(3)不喜欢

续表

> 3. 你最想要什么?
>   (1) 一本新书　　　　　　(2) 一个新游戏　　　　　(3) 新衣服
> 4. 你会把你读过的书和故事讲给朋友听吗?
>   (1) 经常讲　　　　　　　(2) 有时　　　　　　　　(3) 从未
> 5. 当你大声读给别人听时,感觉如何?
>   (1) 很好　　　　　　　　(2) 一般　　　　　　　　(3) 不太好
> 6. 空闲时你喜欢读书吗?
>   (1) 是的　　　　　　　　(2) 一般　　　　　　　　(3) 空闲时我不读书
> 7. 如果有人送你一本书当作礼物,你感觉如何?
>   (1) 高兴　　　　　　　　(2) 一般　　　　　　　　(3) 不太高兴,有点失望
> 8. 你从学校把故事书带回家读吗?
>   (1) 几乎每天　　　　　　(2) 有时　　　　　　　　(3) 偶尔
> 9. 你为家人大声读书吗?
>   (1) 几乎每天　　　　　　(2) 有时　　　　　　　　(3) 偶尔
> 10. 你是怎样的读者?
>   (1) 我是很棒的读者　　　(2) 我很一般　　　　　　(3) 我不擅长阅读
> 11. 学习阅读
>   (1) 很简单　　　　　　　(2) 有点难　　　　　　　(3) 非常难
> 12. 你喜欢写作吗?
>   (1) 是的　　　　　　　　(2) 一般　　　　　　　　(3) 我宁可做其他的事
> 13. 你空闲时写作吗?
>   (1) 大量写作　　　　　　(2) 较少写作　　　　　　(3) 从不写作
> 14. 你最喜欢读什么?
>   (1) 书籍和杂志　　　　　(2) 学校作业　　　　　　(3) 不喜欢读书

Source: Adapted from L. B. Gambrell, B. M. Palmer, R. M. Coldling, & S. A. Mazzoni, "Assessing Motivation to Read", *The Reading Teacher*, 49(7):518-533. Copyright © 1996 by the International Reading Association.

检测清单　　读写态度和自愿读写评价

儿童姓名＿＿＿＿＿＿＿＿＿＿＿＿＿＿　　　　日期＿＿＿＿＿＿＿＿＿＿＿

教师评价儿童	总是	有时	从不	评语
在校自愿看书读书				
要求别人为他读书				
别人读故事时认真听				
讨论故事时用有关故事的问题和评论回应				
带书回家自愿阅读				
在家自愿写作				
在校自愿写作				

教学反思

以下是我任教于一个儿童年龄不同的小学班级时的经历。这一经历尤其适合于多样化的课堂,因为它涉及自尊或自爱。

毛毡板故事

我想给儿童介绍毛毡板,用它来重述故事并用毛毡角色来创作故事。我选了一个易于表演的故事和能引起阐释性对话的主题,还鼓励孩子们为故事写续集。故事讲的是一只名叫奈特的兔子,他很活泼,胖乎乎的,还可以变换颜色。在故事中反复出现韵文,在韵文的最后要打响指。故事中的兔子是灰色的,他并不喜欢自己的颜色,因为这颜色太平常了。他能改变自己的颜色,但每次这样做时,他就会遭遇不愉快的历险。

当我为孩子们介绍故事时,我要求他们仔细听奈特每次变换的不同颜色和他遇到的问题。然后我在讲故事时,用不同颜色的毛毡角色来辅助。故事讲完了,我们讨论了奈特和他不同的颜色。我们还讨论了故事的结局及其含义,并尝试与孩子们的经历相联系。我们讨论了他们是否想要成为不是自己的其他人,为什么要这样做,以及这样是不是真的更好。

讨论后,我要求儿童再想出一种颜色和与之相配的遭遇,就像在故事中一样。然后我要求他们写下自己的故事,画画,给兔子涂色后添加到我们已有的毛毡故事中。兔子是用美术纸制作的,在背面贴上毛毡条就可以粘在毛毡板上了。

7岁的林赛写道:"我是一只名叫奈特的兔子,我很活泼,胖乎乎的,还可以像那样变换颜色。突然,奈特变成了红色。像苹果一样红,像樱桃一样红,像救火车一样红。突然一群蜜蜂飞来了。他们看见了红色的奈特,以为奈特是个苹果。这群蜜蜂飞到了奈特坐的地方想要吃掉他。奈特看见了蜜蜂。他跑啊跑,但是蜜蜂一直跟着他。于是他边跑边对自己说:'变成红色也没那么好,但我是一只名叫奈特的兔子,我很活泼,胖乎乎的,还可以像那样变换颜色。'"

在这个活动中,孩子们参与了故事的讨论和创作。故事的主题涉及自我形象,这是一个重要话题,它能帮助儿童理解他人的优点、缺点和需求。以下是故事中名叫奈特的兔子和兔子图案(见图8-11)。

毛毡故事样例

讲《一只名叫奈特的兔子》（改编自无名故事）时，每次讲到兔子，先停下来，再把着色不同的兔子放到毛毡板上。

材料：

画五只一样的兔子，用以下颜色着色：灰色、蓝色、绿色、黄色和橙色。图 8-11 是兔子的图案。

图 8-11　故事中一只名叫"奈特"的兔子毛毡角色

故事内容：

从前有一只小灰兔，他的名字叫奈特。有一天他看看周围，发现他所有的兄弟姐妹、表亲和朋友都是灰的。他想要与众不同。于是他说：

"我是一只名叫奈特的兔子，

我很活泼，胖乎乎的，

还可以像那样变换颜色。"（打响指。）

突然奈特变成了蓝色。他像天空一样蓝，像大海一样蓝。他像黄昏和黎明时一样蓝。奈特感觉变成蓝色非常酷。他决定去池塘照一照。奈特匆忙地跑到池塘边，欣赏自己水中的倒影。他的身子倾斜得太厉害了，啪的一声，他掉到了池塘里。奈特掉到了深深的蓝色池水中，他不会游泳。奈特害怕极了。他大声呼救。朋友们听见了，可是当他们赶到池塘边时却看不到奈特，因为奈特就像池水一样蓝。幸运的是，一只乌龟刚好游过，把奈特安全地送上了岸。奈特感谢了乌龟。他断定自己不喜欢蓝色，于是他说：

"我是一只名叫奈特的兔子,

我很活泼,胖乎乎的,

还可以像那样变换颜色。"(打响指。)

这一次,他变成了什么颜色?是的,他变成了黄色——像太阳一样黄,像黄水仙一样黄,像金丝雀一样黄。黄色看起来是多么快乐的颜色啊。他为他的新颜色感到骄傲,于是决定去丛林里散步。你猜他在丛林里遇到了谁?他遇到了表亲,狮子和老虎。狮子和老虎看了看他黄色的皮毛说:"你怎么会有黄色的皮毛?我们是丛林里唯一的黄色动物。"他们凶猛地咆哮,兔子奈特害怕地一路跑回家。他说:

(重复诗歌。)

这一次他变成了什么颜色?是的,他变成了绿色——像青草一样绿,像树叶一样绿,像蚱蜢一样绿,像草地一样绿。成了绿兔子的奈特想,其他的兔子一定很羡慕他。他想和其他的兔子朋友在草地上做游戏。因为他和草地上的青草颜色一样,他的朋友看不见他,朋友们从奈特身边跑过跳过,要么没看见他,要么错把他当成了蚱蜢。于是兔子奈特变成绿色时没人和他一起做游戏。绿色不太好玩儿。于是他说:

(重复诗歌。)

这一次他变成了什么颜色?是的,他变成了橙色。他像胡萝卜一样,像落日一样,像南瓜一样橙黄——这是所有颜色中最明亮的。他决定出去和兄弟姐妹以及朋友一起玩。但是你猜发生了什么?当朋友们见到奈特时,他们全都停止了游戏大笑起来:"哈哈,有谁听说过橙色的兔子呢?"没有人想和他一起玩。奈特再也不想变成橙色了。他也不想变成蓝色,因为掉进池塘没人能看见他,也就没法救他。他也不想变成黄色,因为他害怕狮子和老虎。他也不想变成绿色,因为那样他就像草地一样,没有朋友能看得见他。于是他说:

(重复诗歌。)

你知道奈特这一次变成了什么颜色?是的,猜对了。他变回了灰色。现在他是灰色的,所有朋友都和他一起玩。没人向他咆哮或嘲笑他。他像乌云一样灰,像大象一样灰,像褪色柳一样灰。灰色让他觉得既温暖又舒适。从那以后,兔子奈特觉得做一只灰兔子很开心,他终于明白了做自己才是最好的。

活动和问题

1. 回答本章开头的"焦点问题"。

2. 选择一项适合你所教儿童的读写技能来教授。选一篇提供技能范例的儿童文学，选一项有创造性的讲故事技巧，该技巧需适用于故事和技能（比如毛毡角色、用粉笔画图讲故事、磁带故事）。为故事制作材料并讲给一组儿童或你的同伴听。根据本章讨论的讲故事标准，评价你的表现，以及你的技能教授得如何。

3. 用表8-5评价早期儿童教室的读写区。列出读写区所有反映本章所描述标准的特征。列出需要包括的项目。

4. 在三个不同场合观察一个早期儿童教室。列出所有教师执行的，你认为有助于发展积极读写态度的读写活动。

5. 对你选择的孩子进行持续的评价。并用本章提供的有关读写态度的评价清单来观察儿童，并用动机调查表（见表8-7）进行采访。

6. 继续你在第四章中开始的主题单元。为建立积极的阅读态度选择三个目标，你所选取的主题应满足每个目标。请描述这三项活动。

7. **策略**：用S—41至S—44页的"课堂策略"，在你的教室或你教学的地方创建一个餐厅。那里将会发生真实生活的读写活动。

焦点问题

- 描述读写材料丰富、支持最优读写教学的教室环境。
- 通过使用主题单元将读写学习与活动区教学相整合,这一做法意味着什么?
- 如何将读写发展整合到以下活动区的教学中:美术、音乐、数学、科学、社会和戏剧表演?
- 确定能照顾儿童个体需要的不同的分组方法或组织方式。
- 描述一个能包含平衡式读写项目所有方面的语言艺术专区。
- 如何将读写学习融入儿童的一日活动中?

词汇:主题单元,读写区,图书角,写作区,活动区,集体教学,小组教学,一对一教学。

策略:用S—45和S—46页上第九章"课堂策略"中的专区卡片,标明你的班级教室或者你实习教室的相关区域。

第九章

组织和管理读写课程

一个国家所崇尚的东西必然会在那片国土上得到滋养。如果教师重视读写发展,那么在他(她)的教室里,读写就会成为学校课程的一个不可或缺的组成部分。

——柏拉图

任何计划的成功在很大程度上都取决于它是如何组织、设计和管理的。如果缺乏细致的计划、环境的准备、课程的组织和日常事务的管理，就连那些知识渊博、富有创造力的教师也会困难重重。本章将总结要成功实施书中阐述观念所必须具备的前提条件，具体如下：

1. 客观环境的准备，包括材料的选择及其在教室中的摆放。
2. 在校的一天当中，将读写活动融入所有活动区教学中。
3. 分组练习，以满足儿童个体的需要。
4. 能提供全天读写体验的一天活动计划。

本章讨论针对 2 岁半到 8 岁孩子（幼儿园儿童、学前班儿童以及一至三年级儿童）的教学。（第十章将讨论适合婴儿和学步儿童的家庭读写环境与日常生活安排。）

客观环境的准备

人们发现，教室里的环境设计会影响儿童对活动的选择（Jalongo,2007; Morrow & Tracey,1997; Morrow & Weinstein,1986; Otto,2006）。教室的设计应该与教学的组织和策略相呼应。培养早期读写的课程要求有读写氛围浓厚的环境、跨学科的训练方法以及对个体差异和发展水平的认识。

下面的例子展示了在激发读写兴趣的材料和空间的环境下，儿童是如何参与功能性的读写活动的。

谢弗老师的幼儿园正在学习关于社区工作人员的话题。讨论到新闻记者的时候，孩子们表示想在戏剧表演区设立一个新闻办公室，在那里他们可以出版自己的报纸。于是老师帮他们设置了这样的一个中心，里面放着书写纸、电话、电话号码簿、打字机和电脑。还有一些小册子、地图和其他合适的阅读材料，供报纸的不同版面使用，比如体育、天气和每日综合新闻。全班儿童做好了第一期报纸，头一个月由亚辛负责发放。他有一个送报纸的袋子，每份报纸上都有一个孩子的名字。作为送报纸的人，亚辛必须能将报纸上的名字与同学们格架上的名字对应起来。他还将报纸送给园长、保育员、门房以及幼儿园的所有老师。后来，当孩子们读到自己的报纸时，他们都以极大的热情与人分享。每个孩子都对报纸有所贡献，比如，一幅画、一则故事或者一首集体创作的诗。他们还把报纸带回家与家长分享。

关于读写氛围浓厚的客观环境的理论和研究

从历史上来看，研究儿童早期发展的理论家和哲学家都强调学习与读写发展中客观环境的重要性。裴斯泰洛奇（Rusk & Scotland,1979）和福禄贝尔（Froebel,1974）描述了能激发幼儿学习的现实环境。他们都对能促进读写发展的操作性材料作了描述。蒙台梭利（Montessori,1965）描述了精心布置的、旨在激发自主学习的教室环境,她还建议环境中的每一件材料都有其具体的学习目的。

皮亚杰（Piaget & Inhelder,1969）发现儿童通过与外部世界或者环境的互动而获取知识。理想的环境应该接近现实情境,所选材料要为儿童提供探索和实验的机会。杜威（Dewey,1966）推崇跨学科的方法。换句话说,通过对活动区的整合达到学习效果。他相信在主题区投放材料能激发兴趣、鼓励学习。

基于以上讨论,教室的设计如果以提供浓厚读写氛围和最佳读写发展为出发点,都会配备丰富的读写以及口头表达材料。这些材料会被储备在读写区。读写发展与活动区教学的结合体现在活动区各个区域所提供的材料上。整个教室里的材料和环境都出于精心的设计,模仿现实生活中的经验,让儿童体会到读写的意义。它们会以儿童已经掌握的知识为基础,具有一定的功能性,这样儿童就能懂得读写的需要和目的。对教室视觉效果与客观环境的注意,有助于教学计划的成功实施。教室环境的布置往往在计划教学时被忽略。教师和课程开发者更多地关注教学因素和人际因素,而对教学和学习发生场所的视觉与空间环境却考虑较少。他们将精力花在改变教学策略上,而环境却一直保持不变。环境需要配合和支持教学活动,否则教学达不到应有的效果（Weinstein & Mignano,2003）。

教师之所以刻意布置环境,是因为他们认识到客观环境对自己和班上儿童的活动与态度起着积极的影响作用。恰当的家具摆放、材料选择和视觉审美品质有益于教学与学习（McGee & Morrow,2005；Morrow,1990；Morrow & Tracey,1996；Morrow & Weinstein,1986；Tompkins,2003,2007）。比如说,单是空间安排的设计就会影响教室里儿童的行为。隔成小空间的教室比大的、开放的空间更有助于同伴间的互动、想象与合作。在精心布置过的教室里学习的儿童比那些在随意安排的教室里的儿童表现出更强的创造力,其语言活动的效果也更佳（Moore,1986；Reutzel & Cooter,2004）。

针对那些以教学主题为基础,重视读写的戏剧表演区所起作用的研究,表明环境能激发语言和读写活动,还能加强语言技能（Morrow,1990；Neuman & Roskos,1993,1997）。这些研究者还发现配有故事道具的戏剧表演能改善对故事的创作和理解,包括细节的回忆以及整理和诠释的能力。

创设丰富的读写环境

对教室环境设计的调查研究表明,通过有意识地安排空间和材料,教师能创造出对教学产生积极有效影响的读写环境。教育者必须将教室视为能传递明确信息、营造视觉气氛的地方。基于前面几章的讨论，以下部分将直观地描述能激发阅读和写作的多元读写环境。

◎ **教室里的印刷品**

重视读写的教室里到处可见实用的印刷品。物品上的标签以及各种标志都在传递着实用的信息或给出指示，比如"请安静"和"用完请放好"等。教室里有些图表，上面标有"小助手"、"常规"、"出勤"和"日历"等字样（McGee & Morrow, 2005; Schickedanz, 1993）。每个活动区以及每个孩子的格架上都贴有便于识别的标签。如果班里有不同文化背景的儿童，最好在标签上使用多种语言。

放在教室显眼位置的一块布告板，可以用来跟儿童进行写作方面的交流。利用经验表和晨间信息展示主题教学、班级食谱和做过的科学实验中的新词。单词墙上展示的是学过的高频词、新的拼写词、即识词和能体现所教过的读音法要素的单词。教师与儿童讨论和使用这些印刷品，确保儿童注意到这些内容。儿童被鼓励阅读，并且在写作中使用这些来自印刷品的单词（Ritchie, James-Szanton & Howes, 2003）。

户外环境同样也应该考虑促进儿童的读写能力发展。除了常见的操场设施，能反映单元教学的新材料也让儿童对户外游戏更有兴趣。比如，在四季分明的地方，春天应该种花，秋天应该提供耙子让儿童收集落叶，冬天则准备桶、铁锹和其他工具让他们玩雪。还应提供一些创造性的材料，比如纸板箱、盒子、塑料容器、牌子、绳子和球，激发他们在玩耍中发挥创造力。这些材料在玩耍和课堂讨论的过程中能生成语言，为创作经验图和班级图书提供信息。

◎ **班级里的读写区**

读写区包括图书角和写作区，应该是班级里的核心区域。儿童如果能随时接

图 9-1 高频词汇帮助儿童独立地读写。

触到读写材料,就能更普遍地参加在园、在校期间的各种读写活动。读写区的这两个区域要做到既显眼又诱人,但同时也要保证互不干扰、意义明确。读写区要能较宽松地容纳4到5个孩子。这个专区给儿童的信号是:作为老师我们很看重读写,正因为如此我们把读写摆在教室里如此重要的位置。材料有难度的差异,这样就能满足个体不同的需要,也能照顾到发展水平参差不齐的儿童。每套材料都放在固定的地方,要求儿童用完后物归原位。读写区配有包括阅读、写作、口头语言发展和单词学习技巧发展等几个方面的材料。读写区的不同组成部分在前面的章节中已经有过讨论(图书角见第八章,写作区见第七章,口语区的材料见第四章,促进单词读写发展的材料见第五章)。关于图书角和写作区,本章将再作描述,以便将它们联系起来。

◎ **图书角**

图书角应该将书摆在传统的书架上,只露出书脊。架上的图书分类摆放,使用某种编码系统。编码可以让儿童认识到,在正规的图书馆里,为了查找方便,图书的摆放是有规律的。其他书架上的书则将封面显示在外,这样可以吸引儿童的注意力。有关教学主题的书籍可以这样摆放,同时每几个星期更换新的内容。可以将书放在贴有类别标签的塑料箱里。我们也将书按难度放在贴有难度等级标签的塑料箱里。为了让进入读写区的儿童每个人都有事可做,要保证每个孩子有5到8本能代表儿童文学不同类别的分属3~4个等级水平的图书。儿童都爱读的书要多备几本,因为他们喜欢在一起读同一本书。

给图书角铺上小地毯,准备几个枕头。放一个摇椅,这是读写荣誉主席的位子,教师或其他人可以坐在上面读书给孩子们听。这个区域供儿童享受阅读的乐趣,读书给同伴听,或者将自己写的故事与全班分享。给儿童提供一个舒适安静的角落来读书。教师可以把装家具的大纸盒涂成彩色,或贴上一些纸,儿童可以爬到里面,快乐地读书。

要使用鼓励阅读的海报和布告板来装饰这个区域。想办法让儿童从图书角把书借回家读。为儿童提供能激励他们积极参加故事书朗读和讲故事的材料,比如配有故事人物的毛毡板、滚动影片、木偶和听故事录音的耳机。这些材料大多是训练语言和阅读理解技能的。引导儿童进行学习单词的操作性游戏和活动,包括造词和根据字母形状将单词分类等,以训练他们的独立阅读能力。

◎ **写作区**

写作区里要求有一张桌子和多把椅子,还有毛毡头的彩色记号笔、大大小小的蜡笔、铅笔(黑色和彩色)、粉笔、黑板,以及各种尺寸、类型和颜色的纸张。准备没画线的白纸或者不同型号的新闻纸。准备索引卡片,以随时记录儿童自己的词汇、高频词或者需要练习写法的单词。为每个孩子准备一个写作文件夹,统一收在一个大盒子里。写作区还需备有电脑。另外还要准备制作书籍的材料,比如纸、打孔机、订书机和彩色美术纸。教师和儿童一起准备好空白书，可以根据特殊需求由儿童来完成。将儿童的作品展示在布告板上。同样有价值的做法是：将布告板用来给儿童相互之间或者是师生之间交流信息。

动员儿童参与设计和管理读写区。他们能帮助制定使用规则，从而保持它的整洁和秩序。

◎ 设计活动区，满足个体需求

促进早期读写发展的课程要求创设丰富的读写环境，应强调使用综合方法进行读写学习的必要性，并对儿童的个体差异和不同发展水平有清楚的意识。活动区内有配合当前学习主题的材料，也有一般用品和资源。材料通常具有很强的操作性，是为活动而准备的。设计材料时要考虑儿童可以独立使用，也可以小组集体使用。用装材料的家具分隔各区域，使它们相对独立。各区域应有标志，其材料应存放在桌上、架子上、盒子里或者布告板上。各区域的每件设备都应放在固定地方，这样方便教师向儿童发出指令，儿童也容易找到和归还。新学年开始时，各区域只需配备少量材料，随着学习的进展再逐渐添加新的材料。教师应对新添加的每件材料的目的、用法和位置予以介绍。

活动区可用于社会研究、科学、美术、音乐、数学、读写、戏剧表演和建构等教学活动。区域内配有相关的材料，再根据当前的学习主题添加材料，比如营养或动物。每个主题中心也包含读写材料，如阅读材料、写作材料以及用来听和谈论的材料。这些材料能激发兴趣，生成新的词汇和概念，也提供了参加读写活动的理由。随着新的主题的引入，可以添加新的书籍、海报、工艺品以及音乐、美术、戏剧表演材料和科学材料来激发新的兴趣。第四章描述了每个活动区的一般材料，也讨论了如何针对特定的学习主题增加材料。图9-2和图9-3中的教室地面规划描述了从幼儿园到五年级的这一类学习环境。

注意图9-2所描述的幼儿园到一年级的规划中，美术区安排在水池的旁边，这样儿童用水比较方便。儿童的格架也摆在同一区域，里面可以存放个人的作品。因为幼儿教室里大桌面比小书桌能更好地满足作业的需要，所以应另外为儿童提供存放物品的空间。图中所示的各区域的内容在第四章中曾有过描述。除了所有方便儿童使用的材料，每个区域还应摆放书籍和写作材料。比如，音乐区可以准备由歌曲改编的图画故事书，如莫里斯·桑达克的《鸡汤米饭》(1962)。孩子们除了看书，还可以套用故事中的词汇。当然，社会研究和科学区应该准备与学习主题相关的知识类书籍和儿童文学作品。美术区应该提供教儿童制作的书籍，里面有文字说明和图示。对于戏剧表演区来说，书籍也是必要的。如果班级讨论外太空，该区应该提供关于太空和太空故事的书，在儿童表演看护孩子的时候读给他们的"孩子们"听。建构区可以放一些提示儿童如何搭建的书。内有地图或者社区规划的

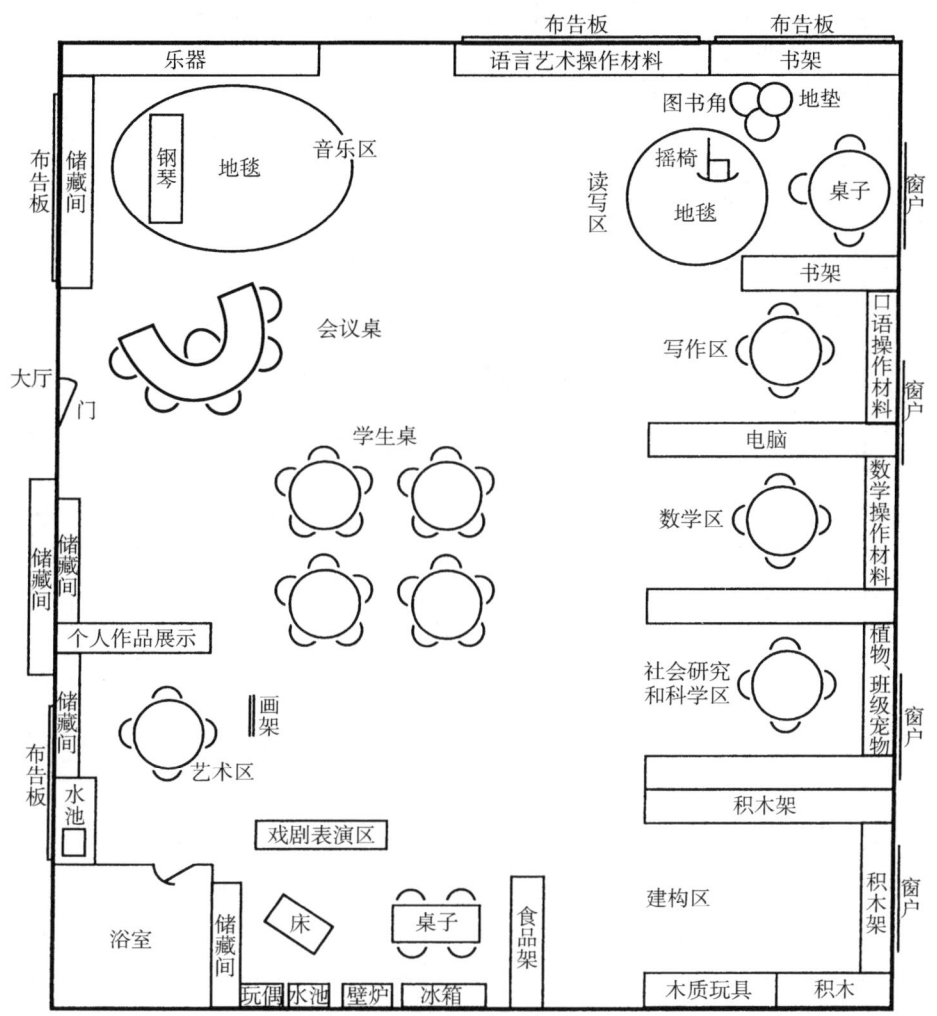

图 9-2 幼儿园到一年级的教室地面设计图

书,可能会激发儿童在玩积木时搭出类似的社区。

除了营造读写氛围浓厚的环境和采用跨学科的方式,教室的设计还要迎合不同的教学方法、组织策略、分组方案,这样才能照顾到儿童之间的差异。各区域为独立学习、群体学习、探索和自主学习提供了空间,如教室地面设计图(见图 9-2)。圆桌供集体教学时使用。音乐区里的空地上铺有小地毯,儿童可以坐在上面集体上课。教师的会议桌是个体学习或者小组教学的场所。当然所有的家具都是可以移动的,以便配合其他的教学安排随时调整。各小组的位置安排要考虑到创造安静、相对学术和活跃玩耍的不同区域。比如,包括图书角和写作、口语活动的读写区紧挨着数学区。因为儿童在这些区开展的一般都是要求相对安静的活动,所以可以靠得很近。相反地,戏剧表演、木工手艺和搭积木都是较为喧闹的活动,所以这些区被安排在与

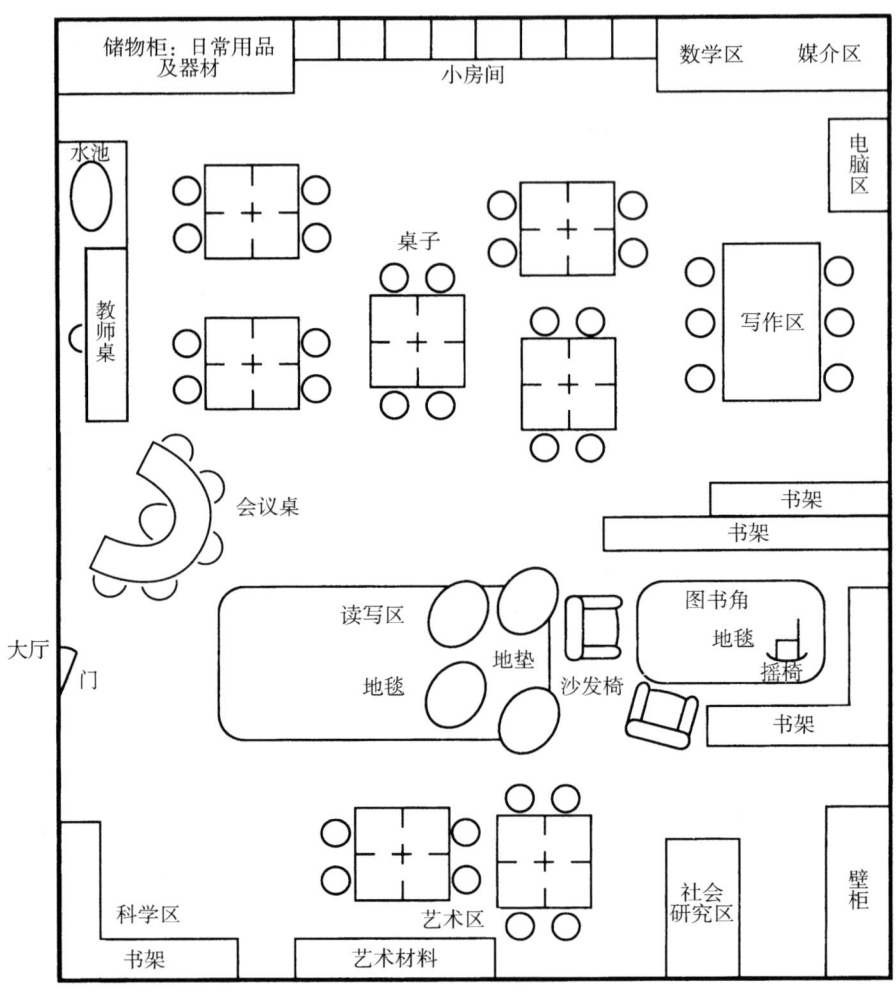

图 9-3　二至五年级的教室地面设计

安静区域相对的教室的另一端。艺术区也比较吵，所以要与那些安静的区域隔开。教师的会议桌被摆放在安静的区域，同时让教室的其他区域也处在教师的视线中。当教师在会议桌边进行个体或小组教学活动时，班级其他儿童在独立活动。会议桌的位置让教师在给少数儿童上课的同时，能用视线监管到所有的孩子。

许多托儿所、幼儿园和小学的一、二年级都在使用该教学环境规划。我们假定这种规划适用于年幼的孩子。一、二年级的教师应该考虑采用这样的方案，因为它们能激励儿童的读写学习。图9-4是一张计划表，你可以在表里填上活动区所需的一般材料，还有针对具体主题的附加材料。并根据第290—292页上的"检测清单"来评估你创设的读写环境。

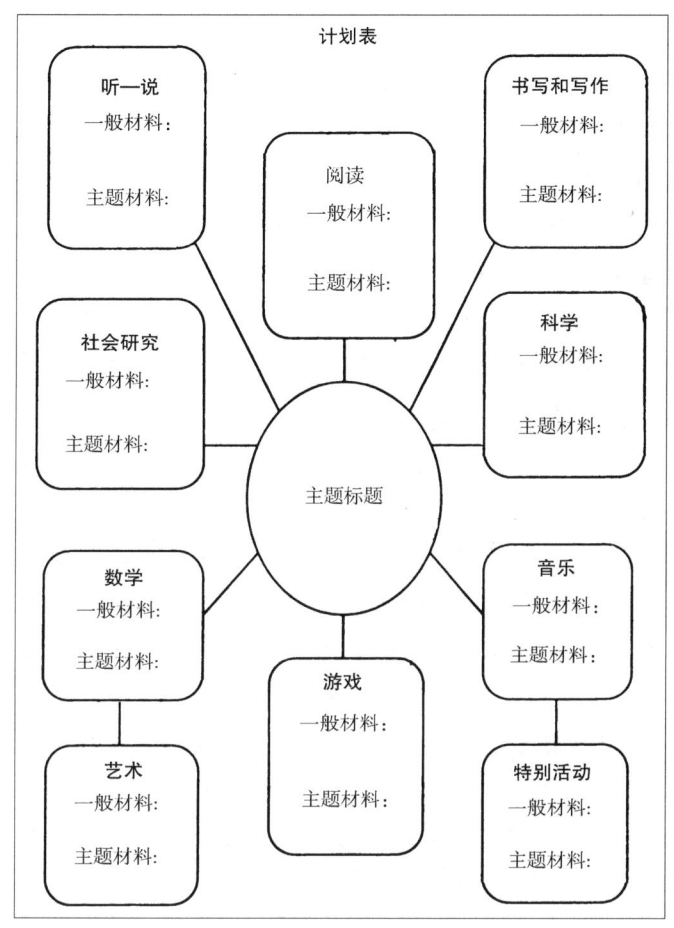

图 9-4　一般的活动区材料和区域主题材料

主题单元：将读写学习整合到活动区教学中

在使教育者重视跨学科教学方法这一方面，杜威（Dewey，1966）起到了关键的作用。这种方法，亦称一日生活整合，即在当前教学话题或主题的大环境下通过所有活动区的教学传授技能。教学主题来自儿童在现实生活中的经验和他们感兴趣的话题。学习体验重视社交互动，重视过程，给儿童充分的时间用不同的材料进行探索和实验。比如，如果一个班级正在学习恐龙，儿童谈论、阅读和写作的内容都与恐龙有关，所做美工也与恐龙有关，这样他们既学到了关于恐龙的知识，也发展了其他活动区所要训练的技能。

读写活动可以整合到贯穿全天的主题教学和所有活动区的教学当中。这里要描述几种前面几章所讨论的读写发展策略，它们可以运用到课程教学其他区域的活动（Morrow，2004；Pappas，Kiefer，& Levstik，1995）。

美术教学的目标

早期的美术教学应该为儿童提供以下机会：

1. 接触不同的美术材料。
2. 用这些材料进行探索和试验。
3. 通过美术表达情感。
4. 通过视觉美术形式再现生活体验。
5. 用不同的美术形式获得他人的欣赏。
6. 说出并讨论美术内容如线条、颜色、质感、形式、形状等。
7. 在美术活动中体验读写学习。

美术教学允许儿童用有趣的材料进行探索和试验，比如手指画颜料、水彩、印刷、线画、海绵画、彩色铅笔、毛毡头记号笔、蜡笔、彩色美术纸、纸巾、金属薄片、透明塑料纸、糨糊、剪刀、纤维纱、布片、黏土和油泥。如果鼓励儿童在使用这些材料的时候对它们加以讨论，那么儿童的语言将得到很好的发展。例如，全神贯注于手指画的孩子会用到"烂糊的"、"松软的"、"流动的"和"波浪线"这样的词汇；玩油泥或者黏土时会说到"捣"、"挤"、"搓"、"压"和"折"这些动词；水彩画会让儿童发出这样的评论："哎呀，湿淋淋的。""颜料像水一样在往下流。""看看这些颜色是怎么混在一块儿的。红色正在把蓝色变紫。""我的画像天上的七彩彩虹。"教师可以趁机将美术活动中生发出来的语言编成词汇表，鼓励儿童分享并谈论他们正在做的工作。每个儿童自发使用的词汇都是个人词汇的来源。

检测清单　　评估和改进读写环境

教师使用该检测项目表来评估自己的读写环境创设。

读写区

	是	否
儿童参与了区域设计（如制定规则、为区域起名字、开发材料）		
设置在教室的安静区域		
容易看到，方便进出，同时与教室的其他区域有所隔离		
有小地毯、小靠垫、摇椅、豆袋椅和毛绒动物		
角落里有一个私密空间，比如一个可以钻进去阅读的大纸箱		
占用教室大约10%的空间，适合5到6个孩子使用		

图书角

	是	否
可以将书竖放、让书脊向外的书架		
书架上，书籍摆放有序		

续

（1）书籍按种类摆放		
（2）书籍按阅读水平摆放		
将专题书平放的书架		
每个孩子有 5 到 10 本书		
代表以下类型，分为 3 到 4 个等级的书籍：①图画书，②图画故事书，③传统文学，④诗歌，⑤现实主义文学，⑥信息类书籍，⑦传记，⑧小说，⑨易读书，⑩谜语和笑话书，⑪互动书，⑫系列书，⑬无字书，⑭与电视相关的书，⑮小册子，⑯杂志，⑰报纸。		
每两周有 20 本新书供传阅		
方便儿童每天将书带走的借还制度		
耳机和故事磁带		
毛毡板和与书配套的故事人物		
用毛毡制作故事的材料		
其他制作故事用的材料（例如滚动电影、木偶、相关书籍）		
记录所读书籍的系统		
同一本书备有数册		
写作区（作者区）	是	否
桌子和椅子		
写作海报和供儿童展示自己作品的布告板		
写作用具（如钢笔、铅笔、蜡笔、墨笔、彩色铅笔）		
写作材料（各种尺寸、多种类型的纸，小册子，便笺簿）		
计算机		
写故事、把故事做成书的材料		
供儿童粘贴信息给教师和同伴看的布告板		
积累个人词汇的地方		
给儿童存放自己写作样品的文件夹		
供儿童互相传递私密信息的地方		
教室其他地方的读写环境		
教室的所有区域都应含有读写材料。材料应该经常更新，以反映当前学习的主题。比如，科学区应该有关于本单元话题的书籍，音乐区则应备有与教学主题相关的歌曲海报。表演区应用主题剧和读写材料来反映单元主题。所有的区域应该配有以下内容：		
环境中的文字，如与教学主题相关的标志、指示、规则、功能信息		

续

日历		
时事布告板		
适当的图书、杂志和报纸		
写作用具		
不同类型的纸		
供儿童展示读写作品的地方		
供教师和儿童互相留信息的地方		
单词墙		
代表班级中多元文化群体的印刷品		

现有的活动区□（圈出活动区）
□音乐　□美术　□科学　□社会研究　□数学　□戏剧表演

儿童总是急于展示自己的成果。这样的做法可能会令他们互相询问作品是怎么做出来的。接下来互相描述的过程则为读写发展提供了绝好的机会。儿童有时会请对方口述或写一些句子和故事来介绍他们的美术作品，也可能他们自己就会写下来。关于相似话题的个人美术作品可以装订成册，配上文字说明、标题或者故事。美术活动也能帮助强化一些概念，比如字母"p"，可以通过使用"purple"（紫色）和"pink"（粉红色）的"paint"（颜料）、"paper"（纸）和"play dough"（油泥）来加以强调。

音乐教学的目标

在儿童早期，音乐教学应该包括：

1. 积极参与到音乐中，对音乐作出反应。
2. 接触不同形式的音乐（乐器、歌唱、各种音乐），能对不同音乐形式加以辨别和赏析。
3. 需要听、唱、动作、表演和创造性的音乐活动。
4. 通过音乐活动表达情感。
5. 在音乐活动中体验读写学习。

音乐为读写能力发展提供了丰富的渠道。儿童在歌曲中认识新的单词，从而扩充了词汇量。歌曲强化了单词模式和音节模式，这正是儿童应该注意到的。歌曲可以写在图表上让大家对着唱，唱的时候教师在页面上从左向右一个字一个字地点过去。由歌曲改编而来的图画故事书为幼儿提供了可预测的阅读材料，如《老麦克唐纳有个农场》（Quackenbush，1972）。听古典音乐往往能在大脑中生成具体形象，是训练描述性语言的丰富源泉。儿童可以创作关于音乐的故事，描述他们的感觉或者描述不同乐器发出的声音。

社会研究和科学教学的目标

社会研究和科学的主题大多为学习提供意义和作用,对于读写学习更为如此。这些主题为针对感兴趣话题的读写提供了理由,使阅读技能在一定的语境中得到了训练,而不是局限在单一的技能学习。

早期的社会研究教学应该包括:

1. 培养自尊。
2. 学习用得到的社会交往技巧,如分享、合作、与人交流。
3. 认识和尊重他人身上的相同点与差异。
4. 增进对其他文化、种族、民族的了解。
5. 通过学习历史、地理和经济学,增进对社会现实的了解。
6. 利用社会研究的语境来促进读写能力发展。

早期的科学教学应该包括以下活动:

1. 观察、假设、记录数据、总结、分析和得出结论。
2. 对下面的几个方面增加了解:①生物科学,对生物的研究。②物理科学,包括对以下学科的研究,即天文学——天体和它们的运动,化学——地球上发现的物质及其所发生的改变,气象学——天气和空气,物理学——物质和能量的性质。
3. 利用科学活动促进读写发展。

科学和社会研究可能是为读写发展提供机会最多的两个活动区。它们的内容通常都能赋予读写技能运用以热情、意义和目的。如关于农场的单元,可以通过对农场劳动、不同种类的农场和农场动物的讨论来促进口头语言的发展。可以列出一个关于农场动物、庄稼和农活的词汇表。农场风景的图片、去农场的游玩或者农民的来访都能成为讨论、阅读和写作的契机。为了鼓励儿童对书籍的积极态度,教师可以精心挑选一些关于农场的优秀儿童文学作品读给全班听。《矮牵牛花》系列(Duvoisin,2002)讲的是一只住在农场的快乐的鹅的故事。《小红母鸡》(Galdone,1973)、《彼得兔的故事》(Potter,1902)、《谷仓笑话》(Fleming,2001)和《鸡蛋还是小鸡?》(Fowler,1993)就是几个与农场相关的优秀儿童文学作品。教师还应该挑选一些关于跨文化贸易的书。

图 9-5 配有以调查为目的的实验和有趣材料的科学主题,将读写教学整合到活动区当中。

这些书能吸引儿童自发地拿起书阅读、复述、表演以及彼此分享。儿童可以用故事或绘画的形式回忆他们游玩农场的经历,然后装订成班级图书;还可以在语言经验图表上回忆,或者在个人词汇中反映出来。教师可以将农场词汇中的字母和发音与儿童名字或者环境文字联系起来。

科学实验和食物的准备,为讨论与交流有趣的词汇提供了机会。建构区也能激发读写活动。例如,当开始关于交通的单元时,教师可以为建构区添加玩具卡车、火车、小汽车、小船和飞机,同时也准备一些旅行车票、行李和货物标签、地图、旅行指南、旅行宣传册、旅行海报,以及机场、火车站和公交汽车站常见的标志,比如门牌号码、运输车的名称以及到站、离站的信号等。

数学教学的目标

早期的数学活动应该包括以下内容:
1. 应对数学材料和问题的大量机会。
2. 从依赖具体物体到习惯抽象思维的过渡。
3. 分类、比较、排序、测量、绘图、计数、鉴别、写数字和用数字计算的机会。
4. 运用数学词汇。
5. 用数学来促进读写能力发展。

在所有其他活动区,教师把社会研究和科学活动的主题单元教学与音乐、美术、表演和读写发展整合在一起,教师对于自己是否提供了一个相当充分的学习方案比较自信。然而,数学是一个比活动区单元需要更多关注的特别区域。不过,许多活动还是可以通过单元话题给数学赋予意义,也可以涵盖读写训练。如可以读与数字相关的故事;儿童可以在点心时间数饼干,看看够不够分给全班吃;还可以让儿童负责收牛奶钱并且数清楚。学习天气的时候,可以画一幅每日温度的图表,引导幼儿观察每天气温的差异等。

正如这里所描述的做法和方法,当读写技能以整合的模式得到发展时,儿童看到了读写的目的和理由。如果我们教读写技能的时候不能反映现实生活经验、缺乏内容的话,他们不太可能体会到它们的用处。当我们以整合、跨学科的模式教授技能时,不管是在家里还是在幼儿园,不管是在学习还是在游戏,儿童为了能尽兴地参与他们感兴趣的体验,会主动要求学习他们所需要的技能(Manning, Manning, & Long, 1994; McGee & Morrow, 2005; Purcell-Gates, Duke, & Martineau, 2007; Walmsley, 1994)。在我的幼儿园班上,当我们进行到"交通"这一单元时,我在几个活动区为孩子们准备的材料不够他们使用,他们向我要求更多的材料。孩子们要求读到区域所没有的关于太空旅游的书,还有不同地方的地图。许多孩子的个人词汇都有所扩展。儿童在准备他们想去地方的标志和显示通往不同目的地里程数的高速公路标志时,纷纷向教师寻求帮助。有些孩子在口述旅行指南。通过准备这些能反映有趣的现实生活体验的环境,儿童产生了对读写信息的需要。在这样的情境下,学习在很大程度上是自发的。

戏剧表演的目标

早期的戏剧表演应该包括给儿童提供以下机会:

1. 解决问题。
2. 取得新的理解。
3. 表演现实生活中的经历。
4. 应对需要分享和合作的情况。
5. 通过表演发展语言和读写。

戏剧表演通过使用口头和书面语言以及阅读,为读写发展提供了无限的可能。戏剧表演区里的典型材料和活动能激发大量语言的运用,而添加新道具和材料为持续发展提供了机会。戏剧表演为使用印刷品提供了现实背景和功能性目的。社会研究和科学活动的新单元为添加文字材料提供契机,从而激发了阅读、写作和口语发展。社区助手是幼儿教师非常熟悉的一个主题,这个单元必然导致对消防员、警察、超市职员、医生、护士、邮递员和办公人员的讨论。对其中任何一类人的讨论都是向戏剧表演区添加读写材料的好机会。

比如,表演超市时要添加食品包装盒、洗涤剂瓶子、玩具收银机、假钱、记事手册、电话和电话号码本、商店标志、营业时间、广告,以及宣传食品和其他产品的海报等。教师或者助教可以去附近超市为班里的孩子记录那里的印刷品,收集一些过时的标志和海报。超市经理很愿意把这些不再需要的材料送人。在超市表演的材料中,必然要有一个出售杂志和书的书架。所有这些材料都会帮助儿童在表演超市经理、职员和顾客时进行会话。他们读海报、书籍、标志和杂志,写购物单、订货单,当需要时写新的标志等。

许多主题都会自动引发表演和对读写材料的补充。如对医疗人员的学习会使儿童有兴趣设置一间医生办公室。可以设一间等待室,里面摆上关于健康的杂志和小册子供病人阅读。可能有一个"禁止吸烟"的标志,一个显示医生工作时间的牌子,墙上还可能贴着关于养成良好健康习惯的海报。应该有护士用的预约本、一个用来记录预约信息给病人带走的便笺簿、一个开处方的便笺簿、装有待填表格的病人文件夹和一个记有病人地址和电话的本子等。

学习"交通"的时候,班级可以布置一家旅行社。里面有地图、旅行海报、介绍旅游胜地的小册子,还有飞机票、火车票等。

儿童喜欢这样的情境表演,因为这些活动让他们获得有意义的体验。在戏剧表演中,儿童自愿地参与阅读和写作。

人们认为戏剧表演适合幼儿园和学前班的孩子,但是,我们很少留时间给一、二年级的儿童来进行表演,也没有把表演看作是能促进学习的领域。在那些将主题内容与6至8岁儿童的戏剧表演整合起来的教室中,我们能看到极其复杂的阅读、写作和口语训练在进行。因此建议一、二年级的教师把表演融合到他们的课程中。对二、三年级的儿童来说,当表演"旅行"主题时,他们在互联网上搜索火车、飞机路线信息,先进的技术让他们更方便地参与到表演中来。儿童还可以利用互联网为任何表演专题找到其他信息。

准备一个主题单元

主题单元(thematic unit)可以由教师和儿童一起选择。让儿童对自己将要学习的内容有选择的机会十分重要。选择好主题后,引导儿童集体自由讨论他们想要了解什么。你可以在开始的时候向儿童提示他们该关注的类别,让他们在大类别下填入副标题(Katz & Chard,2000;Rand,1993;Tompkins,2003)。在准备一个关于"营养"的单元时,我请幼儿园一个班级的孩子来帮我决定他们可能喜欢学到什么内容。我用图表把他们的想法列出来,让他们以营养为主题,关注四个方面的问题:食物为什么重要?什么食物对你有好处?我们从哪里获取食物?不同的食物是怎么做出来的?图9-6说明了儿童的反应和该单元将要学习的内容。

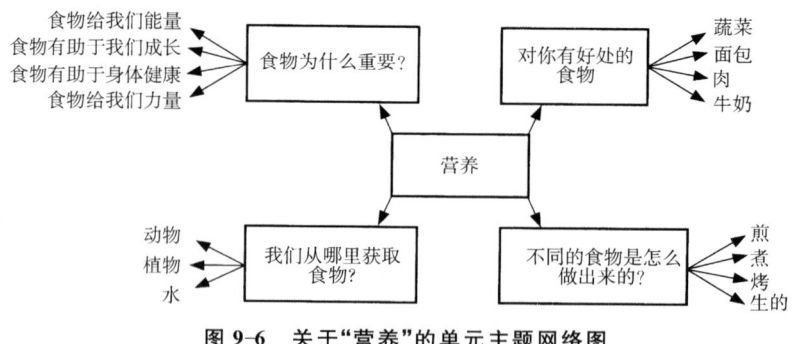

图9-6 关于"营养"的单元主题网络图

在计划一个单元时,教师需要兼顾所有活动区的活动。制订一个计划,从不同活动区选择与单元主题相关的活动,对一日活动时间进行合理分配。以下是一位一年级教师所写的迷你单元。如你所见,她将全天的活动区活动进行整合,都与单元主题相关。

主题教学:好的食物

有趣的主题可以让儿童的学习不再死板。当我们以食物为主题,以爆米花为我们一周的焦点时,我们的课堂真是十分热闹。有几种有趣的方法可以让关于爆米花的学习变得好玩,同时又植入了活动区的教学。

上周五:我们把玉米种子种在围有纸巾的烤盘里。把玉米种子铺在烤盘里,给种子洒水,用塑料薄膜把盘子蒙起来。几天后,玉米种子长出了芽。(科学)

周一:我们用日志的形式把周末嫩芽生长的情况记录下来。我们读了托米·德保罗的《关于玉米的书》(1978)。我们讨论了美洲原住民将玉米种植介绍给殖民者的内容。我们从"玉米"这个合成词联想到其他与食物有关的合成词,如"纸杯蛋糕"、"奶昔",然后把它们写在一张表上。每次有儿童想到或碰到一个合成词,他(她)就会把它写在表上。到周末的时候,这张表已经填满了。(科学、语言艺术、社会研究)

周二:我们制定了做爆米花的实验表。我们问自己:"我想发现什么?"(一颗玉米种子是如何变成爆米花的呢?)"我觉得会有什么发生?""我要怎样去搞清楚?""实际上发生了什么?""我学到了什么?"我们回答了前两个问题。我们用爆米花气锅爆出玉米花,然后完成实验表,回答剩下的问题。我们还把爆米花当点心享用。我们把种子种在盛满土的纸杯中。(科学)

周三:我们做了更多的爆米花来为数学准备一次估算课。每个孩子从大碗中抓一把爆米花,然后猜猜他(她)的手里有多少粒。然后我们用一张简单的记录纸把估算记录下来。接下来我们数出实际数量。我们再试一次,看看是不是能估算得更准确些。(数学)

周四:美洲原住民爆玉米的一种方法是把一根穗上的干玉米穿在棒子上,放到火上烤,直到玉米粒爆开。另一种方法是把玉米粒扔到火里,直到它们爆开蹦得遍地都是。还有一种办法是用装满热沙子的土罐子,把玉米粒埋在里面,直到它们终于炸到罐子表面上来。我们分析了哪种是最好的方法,写下几个句子说明为什么我们那样想。我们讨论了土著人怎样用爆米花做成项链。我们用周三做好的爆米花试了一下。我们用又大又钝的针和粗线,做出了一些"项链"。(写作、美术、社会研究)

周五:作为结束课,我们请了家长志愿者到班级来做爆米花球。我们检查了玉米生长的情况,在科学日志上记录下信息。(科学、烹饪)

请参考附录C,内有一个题为"世界上的动物"的整合式语言艺术单元。

组织教学以满足个体需要:教师指导下的读写活动

组织教学有多种方法。可以全班集体教学,也可以分成几个小组,还可以针对个体教学。根据能力、需要和兴趣,儿童可以被分到相同的小组中,也可以被分到有差异的小组中,或者他们可能被分成合作学习的同伴小组。使用多种组织方法很重要,因为有些孩子在某种环境中比在另一种环境中受益更多。在同一个班级使用几种不同的分组方案,也能消除单一分组制度的弊端。多样化的分组使得儿童有可能与所有人都进行互动。

全班、小组和一对一的学习环境

集体教学在孩子 3 岁前是不合适的。更小的孩子难以集中注意力,不具备坐在很多人的环境中听无论多长一段时间的能力。集体教学,有时被称为分享式教学,只有在需要将信息介绍给所有孩子、教师的讲解能被全体接受的时候才适合使用。在早期读写发展中,成人朗读故事书、合唱、班级讨论、集体自由讨论等环节,都是适当的集体教学形式。

当需要与儿童近距离互动、进行明确指点和评估时,小组教学就比较适合,比如指导读写。小组教学也适用于需要儿童不依赖教师、合作完成的项目。教师应该采用多种类型的分组方法,比如明确指点技能的阅读指导小组,按友情或兴趣来分组,还有独立读写小组等。在本章结尾的语言艺术课程的描述中,可以看到多种类型的分组方案。不同的分组方式是为了让儿童有机会与更多同伴合作,避免了只与固定几个组员互动的弊端。分组的时候,有必要让儿童能参加多个小组,小组布局也要不时更换。

以一对一的形式给儿童上课,让他们独立完成任务,是个体化教学的形式。虽然儿童需要与同伴和成人合作,他们也需要独自解决问题和完成任务。一对一教学给教师提供了对儿童加以个别关注、更好地了解儿童情况的机会。当教师与儿童单独互动时,教师可以为评估做动态记录,也可以进行故事复述的教学和评估。儿童能够在感到困难的具体技能上得到帮助,教师可以进行故事听写或者讨论儿童的一份新习作。

我在教学生涯之初就体会到了与儿童一对一交流的好处。班上一个孩子的母亲告诉我她儿子喜欢缺课。我听了觉得不安,心想她的儿子在我的班上一定不快乐。这位母亲说她儿子喜欢缺课是因为他回到学校时可以获得"与老师单独在一起的时间"。我习惯与缺课的孩子单独会面,跟他们分享缺课那天我们所完成的功课。从那时起我意识到了儿童喜欢与老师单独交流。而且,通过单独授课,我对儿童的学习需要、情感需要和他们的兴趣都有了更多的了解。

小组式读写指导:显性的技能教学

教师需要为大多数儿童提供直接的技能指点。直接指点针对个体需要而设计,可以在全班教学、小组教学和一对一教学的环境下发生。在读写教学中如果没有直接指点的成分,有些孩子会学不到很多重要的技能。教师意识到儿童的个体需要,通过适当平衡教学策略来满足这些需要,不管是直接的还是开放式的,这一点至关重要。

研究者对更多以显性教学为目的的小组学习进行了研究。在小组教学时,教师更容易获得和保持儿童的注意力。小组教学提供了更多儿童参与的机会(Combs,2006;Lou et al.,1996;Slavin,1987;Sorenson & Hallinan,1986)。另外,教师改变教学方法和材料,以满足小组中每个儿童的需要。当小组成员性质相似时,教师有可能提供更多适当水平上的个体化教学(Jalongo,2007;Slavin,1987)。在小组中,教学节奏可以随着儿童学习程度调整,教学风格也可以为了迎合儿童不同的学习风格而调整,这样儿童就更容易控制(Combs,2006;Hallinan & Sorenson,1983)。

分组教学也有一些不利之处。比如,来自少数种族背景的儿童常常被不相称地安排在低能组。如果分组是固定不变的,那么一旦某个儿童被安排进一个小组,在其整个学校的生活阶段这种安排将不会改变。这种做法会影响儿童自尊心以及他(她)所接受的这种教学的效果(Antonacci & O'Callaghan,2004;Slavin,1987)。分组教学的另一个问题是很多情况下仅仅一种措施就决定了儿童的分组去向。小组的数量通常是固定的,比如说三组,那么所有孩子必须适合其中的一组。

指导性阅读是小组教学中经常出现的一种显性教学形式。方特斯和平内尔(Fountas & Pinnell,1996)对其定义如下:

在指导性阅读时,教师给一个小组的儿童上课。小组里的儿童在阅读过程发展方面情况相似,能阅读同样难度的文本。教师向儿童介绍故事,在他们阅读的过程中给予指点,帮助他们明确独立阅读的一些方法。每个孩子要读完整篇文章,目的是让他们独立、安静地阅读。重点要让儿童读书的难度不断提高。儿童的分组与再分组是一个机动的过程,教师在这个过程中不断对他们加以观察和评估。

而施皮格尔(Spiegel,1992)这样写道:

指导性阅读的总目的是使儿童任何时候阅读都在寻求意义。它要完成多种技能训练和多项目标的系统教学。活动设计要针对目标的实现。技能教学不能靠一时顺带,而要得到确保。虽然有系统的计划,但是指导性阅读应该留有"适合讲授的时间"。

教师根据儿童的技能需要为小组阅读教学选择材料。文本可以是任何类型的,比如选自阅读教材或者儿童文学;但是,它们要符合儿童的学习水平,不能太容易,也不能太难。分级的阅读书,通常被称为"小小书",是阅读指导最常用的材料。

这些书在难度上分级,方便教师为特定的小组选择他们所需要的级别。文本还要符合儿童的阅读水平。这意味着儿童在阅读文本时要达到90%至95%的准确率(Clay,1993b)。如果文章太容易,就没有机会教儿童新的方法;如果文章太难,儿童不理解他们所读的内容,那么阅读就成了解释单词的活动,而不是寻求意义。针对早期教学的分级书是阅读教学的指导材料。它们的出版就是针对这个目的,但并不能取代优秀儿童文学读物的作用。

为儿童选择小组

因为有这么多不同的分组方式,许多教师会问:"我到底该怎样将孩子们分配到不同类型的小组里呢?"儿童可以自己决定参加某些类型的小组,比如按友情和兴趣分的小组。读写的小组教学是由教师来决定的,因为这些小组是根据儿童相似的需要、学习水平和成绩来分的。每个小组教学的材料和风格都互不相同。

为选择指导读写小组,我们需要大量的信息来判断儿童的需求和能力。在本书中我讨论了几种评估类型,应该能够对儿童形成综合印象,从而帮助决定其分组去向。最重要的信息之一就是教师的评判。能够帮助分组的其他类型的评估包括以下几种。

决定文章阅读水平的动态记录,单词分析、流畅性和自我调整方面的长处和短处类型(见第二章)。

字母识别测试(见第五章)。

高频词测试(见第五章)。

理解能力评估(见第六章)。

标准化测试分数(见第二章)。

交替等级排序是将儿童分组的另一种方法。这种方法的主要依据是教师的评判。把班里所有的儿童排列成序,将你认为具有最高读写能力的孩子排在第一,依次类推,把你认为能力最低的儿童排在最后。分组时,选择第一和最后一名的孩子开始分成两组。将第二名分进第一名的那一组,将倒数第二名分进最后一名的那一组。依次类推,每次问问自己这些分在一组的儿童是不是很相似。如果回答为否,那么分出一个新的组。最终你要将你的班级分成4到6个小组,每组大约5个孩子。上过几次课后,如果某些孩子不适合在那一组里,就进行重新分配。定期评估儿童,他们的分组去向也可以随之改变。

在阅读指导课上组织小组教学

在第八章中,我讨论了组织和管理独立读写活动时段或者读写区时间。小组教学中的独立作业与之相似,但是更有条理。这项小组作业的目的是让儿童学会不依靠教师、在与同伴合作的社交环境中学习。这是儿童练习已学技能的机会。在读写区时间,儿童进行自选的读写活动,这时他们是没有教师指导的。教师起到支持的作用,在必要的时候回答问题,督促他们完成任务。在指导读写时,教师忙于小组教学,不能被打扰;因此,不在小组中的儿童需要明确地知道该做什么、什么时候做、在哪里做。第八章中的独立作业管理计划是为强化读写技能而组织和管理活动的好的模式,其中包含选择和轮换系统。然而,当儿童在接受明确的小组教学时,这个模式需要作出一些调整。谢伊老师的二年级班为符合阅读指导课模式的独立作业组织提供了范例。

谢伊老师为班级独立作业所设计的活动往往与技能和主题相关。学年开始的时候,她向儿童介绍各个区域以及区域所涉及的活动。她让全班练习不同的活动。这时,谢伊老师在独立活动时间并不进行小组指导,她帮助儿童,以使他们最终能够独立地完成作业。

儿童接受一些任务,有时候他们完成指定活动时会有多种选择。这些任务使儿童通过读写来促进能力发展。谢伊老师将第1、2、3、4项活动(见下)分配给所有儿童。他们在她组织的同类小组中工作。这些小组在相同时间在同一区域完成任务。他们完成指定任务后,可以选择第5或第6项活动。这时他们可以不必再与小组成员一起做。

1. 合作阅读时,孩子们两个人一组,一起读同一本书。他们也可以读不同的书,然后互相讲书里的故事。因为班上在学习关于动物的话题,儿童要在开放书架上挑选关于动物的故事类或知识类书籍。鼓励儿童讨论读过的内容。每个儿童必须填写索引卡片,上面写上所读图书的名称和关于该故事的一句话。

2. 写作活动要求儿童改写谢伊老师晨间读给大家听的《小丑鱼》(LaReau & Magoon,2006)的故事。儿童在改写时要包括讨论过的故事要素,比如背景、主题、情节事件和结局。必要时他们可以参考教室里的几本《小丑鱼》。每天都有一项与读过故事相关的不同的写作活动。

3. 单词活动要求儿童在教室里找含有"sh"和"ch"字母组合的单词。他们要把找到的单词写到一张纸上,完成对单词的归类。儿童也可以翻书来寻找这样的字母组合。

4. 听力站有关于动物的故事磁带。每个故事都附有一张纸,上面提了一个儿童要回答的该故事的问题。磁带上的两个标题是《你妈妈是美洲驼吗?》(Kellogg,1989)和《亚瑟的宠物生意》(Brown,1990)。

5. 艺术区有一些杂志，里面有很多动物图片，儿童可以用来做动物拼贴画。

6. 电脑区有读写软件和写作活动。

谢伊老师有一张将儿童分到各区的安排表。轮换随着小组教学的需要而进行。如果儿童在小组轮换之前已经完成任务，那么他们可以开始自由选择的活动，或者如果别的区有空间的话就进行下一项任务。有一个篮子专门放做完的任务，每个区有报到单，而且要求儿童上交完成的作品。

在学年开始时，一些教师会采用有计划的方式分配区域时间。他们分配小组和任务。随着儿童学会独立工作，可以给他们机会自己做决定，选择要参与的小组和要完成的任务。

区域时间的管理对于它的有效运作至关重要。儿童必须了解：

1. 如何使用区域的所有材料。

2. 要参加的活动。

3. 关于材料选择、小组活动和独自工作时可能发生的状况等管理活动参与的规则。

4. 做完某一区域的任务后，将成品放到指定地点。

儿童可以帮助制定关于独立活动的标准和规则。表8-1（见第263页）列出了儿童独立活动时要遵守的规则。以下规则对于阅读指导时间的独立活动也十分重要。

使用材料和完成任务的规则如下：

- 在做可选任务之前完成所有必做的任务。
- 讲话要轻声，以免影响他人。
- 材料要物归原位。
- 爱护材料，别人还要用。
- 将完成的作品放到指定地点。
- 在任务表或者日志中记录完成的任务。
- 如果有问题，遵守"先问三个人再来找我"的规则。向被指定为帮手的其他同学求助，然后再去问正在给阅读指导小组上课的教师。

合作规则如下：

- 在合作活动时分享材料。
- 按顺序轮流做。
- 朋友们说话的时候注意听。
- 如果与你合作的人需要的话，给他们帮助。
- 完成一项活动时，问自己是否对他人有帮助，是否与他人分享了材料。

表 9-1　阅读指导时间要做的事
必做的活动要先完成。 **必做的活动** • 阅读复习你读过的书。 • 练习教师认为你需要加油的任何技能。 • 根据晨间读的那本书，写一篇关于冬眠动物的知识性文章。在你的文章中使用你新学会的高频词。 • 从单词学习中心选择教师展示的材料，使你能通过将开头辅音和尾音相结合的方法来练习生成新词。 • 听磁带《冬天的故事》，回答纸上所附的问题。 **可选的活动** • 用故事人物和毛毡板讲一个毛毡故事。 • 创编一个与所学主题相关的故事。 • 在艺术区制作一幅关于冬天的拼贴画。

如表 9-1 所示，有些教师提供了活动清单，供儿童在小组阅读时使用。这份清单指明前面几项活动是必做的，其他是有多余时间的时候可以选择的。有些教师允许儿童从一项活动转向表中的下一项活动。在这一制度下，儿童必须在活动区提供的一张表格上签到（见表 9-2）。只有当专区有空座位的时候，他们才能使用，这是避免出现拥挤的一条规则。当儿童完成了一项任务后，他（她）要将作品放到指定地点。所有独立的活动必须有一些与之相关的可说明性记录，这样教师能了解儿童在做些什么。另外，儿童要在任务单上汇报所完成的任务（见表 9-3 的儿童任务单和图 8-8 的儿童日志）。

表 9-2　专区签到表		
听力站		
班级名单	日期：11/18	把你的名字写在这里：
1. 萨拉·安德斯		
2. 巴里·杜克		
3. 凯瑟琳·卡林		
4. 纳瑞恩·伊瓦特		
5. 詹姆斯·盖拉		
6. 梅根·汉德		
7. 乔瓦恩·哈里斯		
8. 克里斯廷·金		
9. 迪伦·科特		
10. 凯瑟琳·莱文		

续表

11. 艾琳·洛佩斯	
12. 约翰·麦克尼尔	
13. 安德里·佩恩	
14. 扎卡里·皮尔斯	
15. 阿历克斯·萨克斯	
16. 吉纳-玛丽·蒂尔	
17. 迈卡·尤拉尼	
18. 麦克斯·瓦利	
19. 布兰登·温布什	

指定独立任务的另一种方式是使用"专区表"。这种制度有多种变化形式。图9-8所示的"专区表"（见第306页）是由方特斯和平内尔（Fountas & Pinnell，1996）的任务板改编而来。它为3到4个同类分组的儿童提供了几个选项。"专区表"用厚纸做成，上面有一列图像代表不同的区域活动，每一列最上面的一栏是儿童贴名字的地方。图像是可移动的，名字卡片也如此，它们可以用双面胶贴到表上，或者表上附有几个口袋。（更多关于区域管理的办法，请参考第九章"课堂策略"。）

表 9-3 任务单活动

任务单		
姓名 _____ 日期 _____		
要做的事	具体活动	已完成
	阅读	
	写作	
	口头语言	
	语言操作	
	听力站	
	数学操作	
	其他活动：	

有些教师喜欢用更有条理的办法来分配独立任务,尤其是在学年初。教师可能将儿童分配到不同区域,然后随着小组教学对象的轮转,儿童轮转到下一个区。

实践一堂阅读指导活动

教室里的每个儿童都与众不同。他们在社会性、情感、身体和认知等能力上都有差别。他们的背景经历不同,因此在入园(校)前已经学成的东西和在园(校)可能学到的东西都不同。以小组的形式对需求相似的儿童进行因人而异的引导是至关重要的。

小组活动应该根据小组中儿童的需要,系统训练有待发展的一系列技能。课堂上,利用很多体验活动在语音、句法、语义和写作方面给儿童以帮助(Reutzel & Cooter,2004)。教学目标,比如文本的选择,取决于儿童的阅读成绩和需要。

今天课堂上的小组阅读教学有以下特点:

1. 儿童定期得到评估。当他们阅读能力有所改变时,他们的分组去向随之改变。他们并不永远固定地在哪一个组。

2. 一天中,教师有意采用其他类型的教学分组方案,这样儿童不会只与自己的小组成员合作互动。

3. 所分小组的数量不是固定的;它取决于教室里所呈现的不同能力水平的层次数量。一般来说,可分为4到6个小组。

4. 所选的教学用书要满足儿童的需要,而不管他们的年级水平。

5. 小组教学的设计是为了使儿童掌握技能,从而成长为独立、流畅的阅读者。

6. 给那些不在阅读指导小组的儿童提供的活动往往在区域里进行。儿童积极地从事既有趣又有成效的活动,练习他们在阅读指导课上学到的技能。

图9-7 教师每周给阅读指导小组上三到五次课,进行技能的直接指导。

图 9-8 专区表

Source: Adapted by permission from *Guided Reading* by Irene C. Fountas and Gay Su Pinnell. Copyright © 1996 by Irene C. Fountas and Gay Su Pinnell. Published by Heinemann, Portsmouth, New Hampshire. All rights reserved.

阅读指导活动可以以任何形式进行,关键是要能满足小组中儿童的需要。一些特别成分与一堂阅读恢复课(Clay,1991)之后的阅读指导有关。这些成分如下。

1. 开始上课时,儿童朗读容易、熟悉的东西。这能让他们流利地朗读,表现出良好的语音、语调和语流。

2. 教师向儿童介绍一本新书,在读之前带领他们浏览全书,了解一些背景知识。这能帮助儿童对书的标题预先有所了解,从而能更好地理解要读的内容(Anderson & Pearson,1984;Jalongo,2007;Tompkins,2007)。浏览全书的典型步骤如下:

(1)请儿童预测故事中可能将要发生的事。

(2)请儿童读出标题、作者的名字和插图者的名字。

(3)教师可以简短地概括故事。

(4)教师可以用板书介绍书的风格。

3. 对年幼些的儿童来说,第一次读书要大声朗读。不是大家轮流的循环朗读,也不是齐声朗读。每个儿童以自己的速度读自己手里的书。大一些的儿童可以在教师读了其中一个部分、给出了好的阅读模式之后默读。

4. 儿童读书的时候,教师注意听,当有人分不清某个词的时候给以指导。教师还要记录儿童读书的长处和短处。教师在上课时可以每次让小组中不同的儿童坐在自己旁边,这是教师要记录最多的那个儿童,这样使得记录更为容易。第二天另外一个被关注儿童在阅读指导时间坐在教师的旁边。

5. 第一遍读完后,儿童重读,要注意流畅和理解,这在第二遍读时更容易做到,因为他们不用集中注意力去认词。同一篇课文的多次阅读能帮助儿童成为更熟练的阅读者(Clay,1991;Frey & Fisher,2006;McGee & Morrow,2005)。

6. 读完之后,教师根据小组的需要选择具体的技能进行集中训练。可以从课文当中选出一个频繁出现的词根,比如单词"frog"中的"og",用这一词根拼出其他的词。教师为学习这一技能安排了几项活动,比如让儿童集体造出以"og"词根结尾的新的单词,比如"log"、"fog"、"jog"等;还可以给儿童含有"og"词根在内的磁性字母,让他们在自己的小磁板上拼出带"og"的词。为了进一步强化这一概念,教师可以请儿童选出一个"og"单词,把它写进一个句子,注意其标点和拼写。然后教师将每个句子分割成单独的词,让儿童排序、朗读并加以练习。

7. 教师在阅读指导期间往往会给家长写条子让儿童带回家。条子上说明了儿童的家庭作业和家长如何帮助他们完成作业。

8. 阅读指导活动的最后一个成分是动态记录。这通常是在个人基础上完成的。一个孩子被要求课后留下来,读一段话来让教师判断他(她)的进步。教师评估孩子的阅读需要和阅读水平,判断这孩子是否应该留在原来的组里,或是否应该移到一个作业更简单或更难的组里。对动态记录管理和评估的描述可见第二章,里面有评估表的样本。

在小组阅读活动中,教师不仅教学,还要判断儿童的强项和弱项,注意到这一点非常重要。每次上阅读指导课都有一个不同的孩子坐在教师的旁边，方便教师进行观察。教师可以在这个孩子跟着全组读书的时候进行动态记录。孩子档案中应该收集和保存的其他类型的评估内容，通常是写作样本和关于其阅读行为的观察笔记。教师应该利用本书每一章里针对读写能力发展不同方面的检测项目表。为了使你更好地理解阅读指导的小组运作，以下是基夫老师对6岁儿童实施阅读指导的讨论和描述。

基夫老师坚持认为小组教学很有必要，它能发现作为个体的儿童学到了什么、还需要学什么。她把那些阅读需求、阅读技能掌握、阅读水平接近的儿童放在一起，把全班分成了5个小组，每组4到5个人。根据基夫老师对他们进步情况的持续评估，儿童的组别在频繁地调换。基夫老师每个星期给每个小组上3到4次课，每次10到20分钟的时间。一堂课通常包括：①流畅、成功地读熟悉的东西。②训练单词分析的一项技巧。③介绍一本新书以及与之相关的认词、理解技巧。④在教师和同伴的支持下读新书。⑤讨论故事。⑥做一项写作的活动。每一次小组教学，基夫老师通过对朗读进行动态记录、记录错误以判断技巧需要、听儿童的故事复述以检查理解水平等，来评估一到两个儿童的阅读发展情况。

通常情况下，基夫老师先让儿童完成独立的任务。当儿童在做自己的功课时，她召集第一小组来上阅读指导课。开始她先让儿童读一本每个人小袋子里都有的熟悉的书。她把这本书称为"袋子里的书"，儿童每天都要把它带到阅读小组课上来。她用熟悉的文本让儿童读得很流畅，让他们体会成功的感觉。儿童轻松地读这位"老朋友"，情绪非常愉快。

接下来，基夫老师给他们上一节小课，帮他们训练一项需要学习的技巧。她让儿童通过上下文和其中的语音线索来辨认新词的意思。她在一块小白板上写下一个句子，有意空出一个词，然后请儿童看看填什么词能使句子意思通顺。她请儿童把词写在他们的白板上。基夫老师准备好了一张练习纸，上面有另外三个需要填空的句子，但是要填单词的首字母已经给出来。她让儿童两人一组讨论该填什么单词。

然后，基夫老师向儿童介绍一本关于动物的新书。这本书是从符合该组儿童阅读水平的一套分级教材中选出来的。她将一些新词写在卡片上，向儿童介绍。儿童背新词的时候，她把卡片放到口袋表中。儿童把新词抄在自己的白板上。她还准备了一些纸条，上面写着从新书的课文中摘出来的句子，句子里那些新词都被去掉了。她把句子纸条放入口袋表中，儿童用正确的词汇卡片来填空。

第一遍读新书时，基夫老师让全组一起大声读。儿童并不用齐声读，他们可以以自己的速度读。她仔细地听，对那些有困难的儿童给以提示。第一遍读完后，她请儿童再读一遍，但这次是独立地读。因为他们都是新读者，所以朗读时声音很轻。她选出一个当天受关注的儿童,为他做动态记录。下次她再给这个组上课时,另一个儿童会坐在她身边,接受她的评估。

第二遍读完之后,大家一起对故事进行讨论。基夫老师问一些关于课文细节的问题和一些要求儿童将故事与他们的实际生活相联系的问题。

阅读活动结束的时候,基夫老师给每个孩子的家长写了个条子,汇报他们的进步、他们在学习的内容、他们需要帮助的地方以及他们要完成的家庭作业。家庭作业可以是读一本熟悉的书,向家长展示自己的成功,或者与家长一起读一本新书,表现一下自己的进步。要求家长就孩子完成任务的情况签字。当小组课结束了当天的任务后,所有组员把书和家庭作业条放进自己的塑料袋中。他们把自己的材料放进窗台上自己的盒子里,直到回家时再去取。

接下来基夫老师再给另一个小组上课,给他们看的书是根据他们的阅读学习水平选定的,教学方式也适合他们的需要。午饭前她要给另外两组孩子上课。

这些关于阅读教学的讨论,包含了对早期读写教学产生过重要影响的两份文件里提出的一些做法。这两份文件由伯恩斯、格里芬和斯诺(Burns, Griffin, & Snow)编写。一份题为《预防阅读困难》(1998),另一份题为《赢在起跑线:促进儿童阅读成功的指南》(1999)。

图 9-9　把书放在盒子里或口袋表中,是存放儿童文学书籍的理想做法。

组织和管理读写教学:日程安排

规划托儿所、幼儿园、学前班和一至三年级的日程安排必须考虑儿童的社会性、情感、身体和认知发展水平,同时还要反映出理论家们有关早期教育模式的精华,包括皮亚杰、福禄倍尔、杜威、蒙台梭利,行为主义理论家,还有维果斯基。环境创设要使学习能够自然发生,但同时还要有指导和教学来帮助儿童发挥出他们最大的潜能。

年幼的孩子很难坐很长时间,因此他们的日程安排要多样化。对坐和听要求较高的全班教学必须少而短。儿童需要大块的时间来探索周围的环境。他们需要表演情境、操作材料、学习中心和户外活动。要求坐和听的活动的后面应该安排可以"动"的活动。安静的活动后面应该安排可以喧闹的时间。为了提高读写水平,教师必须全天渗透丰富的读写体验,让儿童使用并愉快地体会语言的各种形式和功能。

在安排一日活动时,一定要包括全班、小组和一对一这几种学习环境。应该既有教师指导的体验,又有儿童独立参与的活动。儿童应该有机会朗读、默读书籍和自己的作品。他们要有时间进行分享阅读和分享写作体验。应该安排时间进行阅读指导、写作指导以及独立读写。儿童应该有机会与同伴合作读写,在正式和非正式的情境下表现自己的读写成果。表 9-4 提供了关于组织教学的自我分析表。表格上有空间来记录已上过的课的情况。它还要求将课归类为全班、小组或一对一,由教师指导或者独立完成。表格上有空间记录课上使用的材料以及在教室什么位置进行活动等。如果你连续几天记录这些信息,它们就能帮助你分析正在使用的教学策略,从而发现那些可能需要加以启用的策略。

表 9-4 对教学策略和组织的评估

规划一日活动:主题＿＿＿＿＿＿＿＿＿＿＿＿＿＿＿＿＿＿＿＿＿＿

(分为教师指导、独立活动、全班、小组、一对一)

如果需要更长或更短的时间可以修改时间安排

9:00 至 9:30　活动和活动区 使用材料: 活动进行的地点: 教师指导还是独立活动: 全班,小组,一对一:	9:30 至 10:30　活动和活动区 材料: 地点: 教师指导还是独立活动: 全班,小组,一对一:
10:30 至 11:30　活动和活动区 材料: 地点: 教师指导还是独立活动: 全班,小组,一对一:	11:30 至 12:30　活动和活动区 材料: 地点: 教师指导还是独立活动: 全班,小组,一对一:
午餐:12:30 至 13:30	
13:30 至 14:30　活动和活动区 材料: 地点: 教师指导还是独立活动: 全班,小组,一对一:	14:30 至 15:00　活动和活动区 材料: 地点: 教师指导还是独立活动: 全班,小组,一对一:

下面的日程安排范例说明了什么时间、什么地点可以提供促进读写的具体机会。日程表提供了全天的常规和计划，看起来儿童能舒适地接受。请记住，没有一份日程表适用于所有的班级。这些是应该包含的内容、活动和组织模式。日程和描述在下一部分，以下列顺序呈现：

1. 幼儿园至三年级的语言课程。
2. 全日制幼儿园和学前班。
3. 半日制幼儿园和学前班。
4. 婴儿和学步儿童的看护中心。

教学反思

幼儿园至三年级的语言课程

以下是对组织和管理早期读写语言课程模式的描述，来自纽约州立大学英语语言艺术和成果中心所做的对模范一年级教师的研究（Morrow & Asbury,2003）。研究中涉及的教师经过教学考察而被视为模范。他们的教学也得到了其他教师、家长、学生和儿童读写测试成绩的肯定。下面描述的教师（化名特蕾西）是我们经过观察所发现的许多教学模范中的一个典型。这个描述包括了本书讨论的多条理论和策略。

8:30—9:00 儿童一走进特蕾西老师的班级，就开始了他们的读写活动。他们把名字和照片放到出勤表上，将照片正面朝上，表示他们的出勤。订购午餐的孩子在午餐表上将名字登记在他们选择的食物下面。然后儿童就集中注意力完成日常工作表上的任务，每天放学后特蕾西夫人都会更换这张表上的名字。那些领到早晨任务的人很快忙碌起来。达米安给植物浇水，安杰尔喂小兔子。帕蒂和阿什利合作把日期写到日历上，在周历上把星期几填好。凯利负责完成天气图，请多尔顿帮她。斯蒂法尼和詹姆斯是小记者，他们的工作是用一到两句话写下当日的新闻，比如在学校的那天将要发生什么事情。

那些没有领到早晨任务的儿童可以从三个活动中任选一个：写日志，独立阅读或与好朋友一起阅读，解决当天的单词问题。安杰莉卡选择写作她将要在外面过夜的事。戴伦完成了他的日志，开始读一本关于冬天的书，这是正在学习的活动区主题。当他们解决了当天与主题相关的单词问题后，戴维和乔尔异口同声地喊道："做完了！" 8:55的时候，特蕾西夫人用手拍出一种节奏，这意味着儿童有5分钟的时间收拾好东西,到地毯上跟她一起上早课。

9:00—9:40 在全班早课上,数学和语言概念被融入关于日历和天气的讨论中。儿童数了数一月份过去了多少天,还剩多少天。他们用木签写日期,用10个一捆和单个的冰棒棍代表它。对日历的讨论会涉及与冬天这个主题单元有关的丰富词汇。两位当日"记者"大声读出他们的新闻。

然后特蕾西老师开始写与主题相关的晨间信息,包括即将去溜冰场的消息。她示范了印刷文字的书写规范和好的书法,给她写的东西加上标点符号,同时还解释了印刷文字是怎样起作用的。因为她正在教儿童学习标点符号,所以她在信息里加入了一个问题和一个感叹句。于是,问号和感叹号以及它们的恰当使用就得到了讨论和解释。

信息写好、读完之后,特蕾西老师请大家集中注意力看印刷材料,问他们有没有发现信息里面有想要向全班指出来的内容。"sh"字母组合是他们讨论过的词根。戴维说他注意到了"shiver"里有"sh",于是在信息里把它圈了出来。莎娜亚注意到单词"rink"里藏着另一个单词"ink"。特蕾西夫人趁机强调在一个不认识的单词寻找你认识的一个小单词是阅读时一个很好的技巧。她请儿童看看"rink"是否在单词墙上"ink"词根的那一栏里。莎娜亚自告奋勇地把"rink"加到表上,还配上了插图。

接下来,两个孩子跟全班同学分享从家里带来的东西。在两周一次的家校联系上,特蕾西老师已经向家长解释了孩子们正在学习冬天这一主题。她请他们帮助孩子们挑选与冬天有关的某样东西带到学校,还要写出关于他们所选东西的三条提示。东西和提示装在一个纸袋里带到学校,上面标着"秘密"和"免看"。每个孩子从袋子里取出提示,小心翼翼地不把东西露出来。他们大声读出每条提示,读完就请一个同学猜是什么东西。

然后特蕾西老师读了一篇与主题相关的儿童文学作品《疯狂的雪橇之旅》(Reid & Fernandes,1992),讲的是一天当中的最后一次滑雪橇,成了一个小男孩、他的祖父还有一些惊讶的雪橇滑手的一次稀奇古怪的经历。她选这篇文章是因为它一连串的小故事和反复出现的语言模式。在读故事之前,她发起了关于如何从雪山上下去的讨论。儿童自由讨论有哪些办法可以从雪山上下去,与此同时特蕾西夫人把他们的点子列了出来。她指着封面上的插图,解释平底雪橇是雪橇的一种。"平底雪橇"一词被添到墙上贴的"冬天"词汇表上。

接着,特蕾西老师使用了有指导的边听边想的形式。她为读书设置了一个目的,让孩子们在听她读的时候要了解谁在滑雪橇,为什么这次雪橇之旅是"疯狂的"。在大声读书的时候,她鼓励孩子们跟她一起读那些重复出现的词和词组。

故事之后,全班讨论了谁滑了雪橇,他们是怎么加入这次雪橇之旅的。当他们提到故事里的人物时,特蕾西老师把孩子们所说的关于人物在故事里充当什么角色的话写到了句子纸条上。然后她请孩子们读纸条上的内容,让他们按故事发生的顺序将它们排序。她向孩子们介绍了"首先"、"接着"、"最后"这几个词,告诉他们这些词语可以用来表达故事的顺序。她解释说孩子们将要写他们滑雪或玩雪的一次经历。她给孩子们看了一张顺序图表或者故事地图,告诉他们这些词语可以用以整理故事的顺序。故事地图依照句子纸条活动的模式。地图的复印件放在写作区,孩子们写自己的故事反馈时可以使用。

9:40—9:50 分享阅读和写作之后,特蕾西老师开始了她所称的阅读工作坊。她解释和示范了孩子们在她上小组指导阅读课时要参加的区域活动。以下是孩子们在阅读工作坊期间可以做的活动。

独自阅读或者与好朋友一起阅读。孩子们选择一本关于正在学习的主题的书,独自或者跟好朋友一起读完之后,在卡片上写上推荐该书的话。

写作区。孩子们在写作区写下他们对分享阅读的《疯狂的雪橇之旅》的反馈。该区放有先前示范过的顺序图表,帮助孩子们整理自己的故事。孩子们写的时候与一个同伴合作。他们完成图表之后一起讨论,检查他们的故事顺序是否清晰,他们使用的表示顺序的单词是否恰当。

听力站。在听力站,孩子们用耳机听故事磁带。特蕾西老师在该区已经准备好了几本与主题相关的按体裁分类的书。有《帽子》(Brett,1997)、《兔子对雪的愿望:一则美国本地传说》(Tchin,1997)、《当冬天来了》(Maass,1993)和《海牛的冬天》(Zoehfeld,1994)。她还准备了两台录音机,孩子们可以录下自己读的最喜欢的故事和诗歌,然后自己听。她发现这是一个促进儿童提高阅读流畅性和表达能力的好方法。听完读的东西后,他们对自己读的情况进行评价。

单词学习。单词学习区里有一份冬天词汇表的复印件。今天,特蕾西老师请孩子们从词汇表中选出一个词,然后用字母卡片看看用所选单词的字母能拼出多少单词。他们要把新单词写在记录纸上。完成的记录纸放在一个做了标志的文件夹里。"正在进行中"的记录纸放在另一个文件夹里,留待以后使用。

电脑区。全天有两台电脑可以使用。这天早晨,两个孩子正在抄写关于冬天的诗歌,这是本周早些时候学过的。特蕾西老师经常在主题读写教学中用诗歌来配合儿童读物。她发现诗歌能提供丰富的语境,适合教单词词根、高频词、语音和押韵。她也很看重诗歌在趣味方面的价值。许多孩子已经开始编自己那本叫作《我最喜欢的诗歌》的书。他们经常用电脑把想收进诗集的诗写下来并配上插图。

科学区。特蕾西老师计划那天晚些时候带全班同学做一个实验。孩子们要计时，看看不同的冰冻物要多长时间融化。她要孩子们在实验之前思考一下，把他们的预测写下来并做出解释。然后给他们一张记录纸，把预测的结果在实验前做好统计并在图表上标出来，实验后再加以核实和讨论。

艺术区。本区有孩子们用来做木偶的材料。特蕾西老师选择了三个冬天的故事，它们都有顺序清晰的情节故事供分享阅读时使用，即《疯狂的雪橇之旅》（Reid & Fernandes,1992）、《就是喜欢凯拉》（Johnson,1990）和《连指手套》（Brett,1989）。孩子们选择故事中的人物做成木偶，在复述故事的时候使用。他们要排一出木偶戏，在关于冬天的单元结束时表演给幼儿园的弟弟妹妹们看。

孩子们被提醒要做两项活动：独自或与好朋友一起读书以及写作反馈。他们至少要花20分钟在每项任务上。然后他们在阅读工作坊剩下的时间可以选择他们想去的区域。因为那天下午有科学实验要做，特蕾西老师提醒那些还没有完成预测的儿童抓紧时间做完。

9:50—11:15 孩子们进行自主活动时，特蕾西老师在给小组儿童上阅读指导课。她把班级分成了5个小组，每个小组由4到5个在阅读行为、阅读方法掌握和阅读水平方面相似的孩子组成。孩子们经常从一个组换到另一个组，这是特蕾西老师根据对孩子进步情况的不断评估作出的安排。她每周给每个小组上3到4次课，每次20到30分钟。每一组上课之后，她会选出一个孩子加以关注，通过进行动态记录、听其复述故事来评估孩子的阅读发展水平。

这天早晨的第一组阅读指导活动是以关注印刷文字的小型课开始的。特蕾西老师观察到这些孩子只注意新单词的首字母，而不会弄清楚印刷文字里发现的所有信息。她要求孩子们学会查证印刷文字的信息，看看他们使用的词在句子里是否通顺。她在小白板上写下一个句子，空出其中的一个词。她请孩子们猜猜空白处填什么词会使句子通顺。然后请他们猜猜这个词会是什么样子，并把它写在自己的小白板上。于是他们一起给句子填入正确的单词。这样做完三个句子以后，孩子们与特蕾西老师讨论在阅读过程中这个方法对他们有何帮助。

接下来一本新书被介绍给这个小组。每个孩子都有自己的一本故事——《疯狂的被子》（Avery & Mcphail,1993）。特蕾西老师的大部分阅读指导教学都是使用一套分级书。她用红字标题给一些容易读的关于冬天的班级图书定级。适当的时候她会使用这些为阅读指导教学所定级的书。她与孩子们逐页浏览了全书,讨论了必要的背景信息和词汇,这是在为孩子们的独立阅读做准备。浏览完后,她指示孩子们开始读书。因为这些孩子是新读者,他们用很轻的声音在朗读。他们朗读的时候,特蕾西老师在专心听,必要的时候给以指点。

孩子们读完两遍之后,特蕾西老师表扬了她所观察到的好的阅读技巧的使用。她特别强调了核对检查和对故事信息的全面注意。然后孩子们模仿故事中反复出现的句型造了一个句子。即先将句子分割,然后再一个词一个词地拼起来。接下来她从句子中挑出两个单词,先分开,再合并,她再一次强调注意单词中所有书写信息的重要性。小组解散的时候,每个孩子把书放回自己的书筐,在独立或与好朋友一起阅读的时间再去读。特蕾西老师把孩子们在阅读指导小组课上的表现记录在带夹笔记板上。她在上课中间或者过后记下简短的事例。她还给每个家长写了个条子,让他们知道孩子在阅读指导课上学到了什么、孩子要做的家庭作业以及他们该如何帮助孩子。条子装进孩子们的小袋子里带回家。阅读工作坊于 11:20 结束。

11:20—11:30 整理东西,上厕所。

11:30—12:20 阅读工作坊后的午餐和休息。

12:20—12:30 孩子们休息回来后,特蕾西老师给他们朗读《小北极熊,带我回家!》(deBeer,1996)。

12:30—13:15 这天下午的活动以写作工作坊开始。特蕾西老师先用 10 分钟的时间讲了大写字母和标点符号的使用。在与儿童的写作会谈期间,她注意到他们需要复习大写字母的使用问题。尽管大部分儿童在不断使用句号和引号,她想让他们坚持使用问号和感叹号。

她把从《小北极熊,带我回家!》上摘下的一个段落写在了幻灯上,段落中的大写字母和标点符号空着。孩子们编辑这个段落时,集体讨论什么地方、为什么要插入大写字母和标点符号。然后孩子们解散,去拿他们的写作文件夹,用剩下的 35 分钟时间写东西。许多人选择写与冬天主题相关的内容。

因为孩子们独立作业,他们的写作处于不同的阶段。一些人在为新故事打草稿,另一些人已经在电脑上编写、修改他们的终稿。研讨会期间,特蕾西老师与孩子们单独会谈,讨论他们取得的进步,并帮助他们计划写作过程的下一步骤。因为特蕾西老师的小课经常讲同伴间的相互指导,孩子们能够积极、有效地互相指点。

13:15—14:00 写作工作坊之后,特蕾西老师给全班上关于融化的科学课。

14:00—14:45 科学课之后是 45 分钟的数学工作坊。

14:45—15:00　一天的学习以10分钟的班会结束,会上两个孩子的成绩受到表扬:保罗和琳达已经完成了书的"出版",第二天将与全班分享。特蕾西老师最后提醒家庭作业和交回许可条的事。孩子们收拾东西,放学。

幼儿园儿童(3至4岁)的一日活动

有些学前儿童无法在集体教学时坐很长时间。这时,要有助教为那些无法参与的孩子提供帮助。随着学期的进展,应该要求他们更多地参与集体活动,尤其是4岁的孩子。

8:00—8:30　到校,问好,存放外衣。安静的活动和一段很短的集合时间(解释当天新的区域和活动)。

8:30—9:30　对学习区域和当日特别活动的探索时间。

9:30—9:40　整理东西,洗手。

9:40—10:10　全班音乐、运动和游戏。

10:10—10:30　上午点心。

10:30—11:00　小组阅读指导。其余人在各区域做任务。

11:00—11:30　区域游戏,或者如果天气好,进行户外游戏。

11:30—11:40　整理东西,准备吃午餐。

11:40—12:15　午餐,进行户外游戏或发展综合运动技能的其他活动。

12:15—12:45　故事书分享阅读,创编故事,复读故事,表演,分享阅读,使用"大书"。

12:45—13:45　听音乐的休息时间。

13:45—14:20　区域游戏。

14:20—14:45　集中时间。总结一天的活动,为第二天做计划,分享从家里带来的与当前主题相关的东西,歌曲,故事。

14:45—14:55　整理东西,准备放学。

学前班儿童的一日活动

我们应该注意到一日活动能安排出大块的时间和更多的时间,让儿童通过探索和操作材料来学习。

8:30—9:00　到校,存放外衣。进行安静的活动。

9:00—9:30　全班早课,早锻炼,晨间信息,讨论单元话题,与单元话题相关的歌曲和音乐运动,每日新闻,计划一天的学习。

9:30—9:50　全班上语言或者数学活动,每天轮换,之后布置能延续到下一阶段的任务。

9:50—10:15　小组阅读指导。其他同学在这段安静的时间或者完成全班布置的任务，或者进行个人任务单上的工作，也可以在指定的区域活动（读写、数学、社会研究、科学）。

10:15—10:45　自由活动。所有区域开放，包括戏剧表演、积木建构等。艺术区每周设立一次特别美术或烹饪项目给小组独立完成。

10:45—11:00　整理东西，吃点心。

11:00—11:30　故事书分享阅读，创编故事，复读故事，表演，分享读书，使用"大书"。

11:30—12:15　读写区时间。儿童使用读写区（图书角、写作区、口语区、语言艺术操作）的材料，包括个人词汇。

12:15—13:15　午餐，如果时间和天气许可，进行户外活动。否则，在体育馆里做运动。

13:15—13:45　全班科学或社会研究课，融合语言、音乐或美术。

13:45—14:15　活动区时间（读写、数学、科学、社会研究）。这些区域可以设置特别项目给小组按星期轮换进行。教师给小组上数学或读写技能课。

14:15—14:50　全班集中时间。总结一天的活动，为第二天做计划，分享从家里带来的与学习单元有关的东西，表演孩子们自创的作品，歌曲，成人讲故事。

14:50—15:00　准备放学。放学。

幼儿园儿童（3至4岁）的半日活动

有些3至4岁的儿童无法在集体活动中坐很长时间。这时，要有助教为那些无法参与的孩子提供帮助。随着学期的进展，应该要求他们更多地参与全班上课，尤其是4岁的孩子。

8:00—8:30　到校，问好，存放外衣。进行安静的活动。有简短的集中时间，介绍当天新的区域和活动。

8:30—9:30　学习区域和每日特殊活动的探索时间。

9:30—9:40　整理东西，洗手。

9:40—10:00　全班音乐、运动和游戏。

10:00—10:20　吃点心。

10:20—10:50　小组读写指导。其他人在读写区活动或进行特别项目。

10:50—11:40　自由活动或户外活动。

11:40—12:00　全班读故事书，使用不同形式，包括分享读书经验、表演、创造性地讲故事。总结一天的活动。

学前班儿童的半日活动

8:30—8:50　到校,存放外衣。进行安静的活动。

8:50—9:20　全班早课,早锻炼,晨间信息,讨论单元话题,与单元话题相关的歌曲和音乐运动,每日新闻,计划一天的学习。

9:20—9:40　全班上语言、数学、社会研究或者科学活动,每天轮换,之后布置能延续到下一阶段的任务。

9:40—10:00　小组阅读指导。其他同学完成全班布置的任务;儿童进行个人任务单上的工作,也可以在指定的活动区活动(读写、社会研究、科学或数学)。

10:00—10:35　活动区时间。所有区域开放,包括艺术、建构、戏剧表演、读写、科学和社会研究。不同的区域可以设立特别项目,比如美术或科学。儿童独自或以小组形式活动,没有教师的帮助。

10:35—10:50　整理东西,吃点心。

10:50—11:10　读写区时间。儿童使用读写区(图书角、口语区、写作区)的材料。

11:10—11:30　如果天气许可,进行户外活动,或者在体育馆进行运动。

11:30—12:00　全班读故事书,使用不同形式,包括分享读书经验、表演、创造性地讲故事。总结一天的活动。放学。

儿童看护中心

婴儿和学步儿童的一日活动

6:45—7:45　到校,照顾婴儿的需要(换尿布、喂食)。做这些常规工作时,育婴师跟婴儿说话,唱儿歌,背诗,刺激婴儿的反应。

活动课包括(小组为单位或一对一)玩积木、玩动手玩具、看书,或者用纸张和蜡笔画画。教师和助教以识别材料、谈论它们用处的形式提供语言示范,通过让孩子尝试口语表达、看着书、在纸上用蜡笔画的方式,积极地强化读写活动。

7:45—8:30　学步儿童的早餐时间,有歌曲或诗歌做背景。(婴儿在需要的时候喂食。)

8:30—9:00　自由活动。

9:00—9:15　整理东西。清洗,换尿布,照顾婴儿的需要。成人通过对话、唱歌或儿歌的形式,与婴儿口头互动。

9:15—9:30　上午点心时间。

9:30—10:30　学习区域探索时间。这个时间段可能包括一堂简短的集体活动。

10:30—11:00　户外活动。

11:00—11:45　午餐。谈话包括口味、气味和食物的质感。

11:45—12:00　上厕所,洗手洗脸。为婴儿清洗、换尿布准备午睡。

12:00—12:15　读故事书。

12:15—14:15　午睡时间或者安静时间。唱一首歌开始午睡,过程中有安静的背景音乐。

14:15—14:30　孩子醒来后,再次照顾他们的需要,提供小点心。

14:30—15:40　户内和户外活动。不管哪一种环境下,成人与小组一起活动,读故事,鼓励孩子们的反应,认读印刷文字。

15:40—16:00　教师尝试小组课,可以唱一首歌或者朗读一本书。一天的最后10分钟,为孩子离开做准备——如厕、换尿布和一般护理。

正如本章序言中所指出的,儿童看护中心如果要保证婴儿和学步儿童在读写方面的自然发展,需要尽可能模仿并营造读写氛围浓厚的"家庭"环境。

活动和问题

1. 回答本章开头提出的"焦点问题"。

2. 规划一个反映平衡式读写教学的一日活动。选择一个年龄等级,范围是学前至三年级。

(1) 布置能提供丰富读写材料的环境,呼应当前的主题单元。

(2) 准备一封给家长的信,告知课堂上进行的活动,邀请他们参与。关于家庭的第十章里有信的样本。

(3) 包括阅读指导教学以及阅读指导时间的专区独立活动。

3. 观察一个早期教育课堂,评估它的读写环境。使用本章提供的"评估和改进读写环境"的检测清单。

4. 回顾你在学年开始为某个孩子开设的评估档案里所收集的样品材料,针对这个孩子现阶段的读写发展水平、这几个月里所取得的进步所收集的材料,写一份总结,包括你对这个孩子的教学建议。

5. **策略**:参考第九章的"课堂策略",为你的班级或者实习班级做新的活动区标志。

焦点问题

- 说出"家庭读写"概念所包括的诸多内涵。
- 家庭里应该准备哪些读写材料？应该将它们放在哪里，才能有助于促进儿童的读写能力发展？
- 家庭可以安排哪些读写活动，促进儿童的读写能力发展？
- 家长在学校可以做些什么，来支持孩子读写和辅助学校老师的工作？
- 多元文化、跨文化人口家庭的读写计划应该有哪些考虑？
- 学校成功的家庭读写计划有哪些要素？

词汇：家庭读写，跨代读写，家长参与计划。

策略：参考 S—47 至 S—50 页上第十章"课堂策略"中与家长分享材料的方法。

第十章

家庭读写的配合：
家庭和学校的合作

你也许有说不尽的财富：
一盒盒的珠宝和满柜子的金子。
但你永远都没有我富裕——
我有一位读书给我听的母亲。

——斯特里克兰·吉利恩《读书的母亲》
（选自《美国人最喜爱的诗歌》）

博尔顿夫人把报纸铺在地板上,她的两个孙女,6岁的阿达莎和4岁的乔内尔开始摆颜料罐、水桶、刷子和纸准备画画。两个女孩做这些很容易把家弄脏的事时,博尔顿夫人总是用报纸来保护地板。她在铺报纸的时候说道:"我们来看看今天地板上铺的报纸是哪一部分内容呢?""嘿,看!"阿达莎说:"是吃的。讲的是夏天的健康食品。"博尔顿夫人说:"报纸上说水果和蔬菜夏天长得最好,我们每天都需要每样吃一点。"她总是让孙女们注意地板上报纸的内容。孩子们也总是会继续探究报纸上的内容,几乎忘了他们的黏土或颜料。有时她们会把刚读到的内容画下来。博尔顿夫人在利用家里的印刷材料,这是孩子们生活中很熟悉的内容,她使之成为一件能丰富孩子读写知识的愉快的活动。

罗克珊娜,我研究生课上的一个学生,讲过这样的家庭故事:

我不记得小时候有人给我读过书。我记得的就是讲故事。我记得一遍又一遍地听父母、祖父母和亲戚们讲他们的故事,有好玩的,也有悲伤的,但都是家里真实的事。每个人都会开口讲故事,不断补充他们觉得遗漏了的内容。这是一项最受人喜欢的特殊的家庭传统,每个星期天从教堂回来,我们围坐在祖母厨房里的饭桌旁吃午餐时,便是讲故事的时候。我记得自己很盼望这一时光。故事总是那一套,但我喜欢听他们一遍又一遍地讲。

关于家庭读写的理论和研究

家庭读写是一个复杂的概念。根据几方面的研究成果,我们对其描述如下(Bus, Van Ijzendoorn, & Pellegrini, 1995; Donanue, Finnegan, Lutkus, Allen, & Campbell, 2001; Melzi, Paratore, & Krol-Sinclair, 2000; Morrow, Paratore, & Tracey, 1994)。

1. 家庭读写包含家庭、孩子和大家庭成员在家里与社区里运用读写的方式。
2. 家庭读写在常规日常生活中自然发生,帮助成人和儿童"把事情做好"。
3. 家庭读写的例子包括用画或写的东西来分享观点,写便条或信来交流信息,做记录,列清单,听从书面指示,或者通过谈话、阅读和写作分享故事与思想。
4. 家庭读写可能由一位家庭成员有意发起,也可能在家长和孩子在日常生活中做事时自动发生。
5. 家庭读写活动还反映出所涉及家庭的种族和文化传承。
6. 家庭读写活动可以由学校发起。这些活动的目的是为儿童和家庭提供学校读写学习和发展的支持。这些活动包括故事书阅读、写作和帮助完成家庭作业。
7. 家庭读写包括请家长来学校参加返校夜、家长会和有儿童参与的活动。
8. 家庭读写包括请家长到孩子的班级观察孩子情况、读书给孩子们听、与孩子们分享手工艺品、业余爱好和职业故事，以及为区域时间提供帮助等。

9. 家庭读写包括请家长来参加学校的研讨会，帮他们了解和明白在家应当如何帮助孩子。

家庭读写：为什么重要

照顾孩子的家长是孩子的第一任老师。他们也是教孩子时间最长的老师。从出生开始，儿童的经历决定着他们是否能成功地学会读写。学校读写课程的成功往往要依靠家里的读写环境。对家庭的研究是引发早期读写新策略的主要因素。因为有些儿童入学时已经开始读写，显然缺乏正规指导，调查者开始研究那些儿童及其家庭的特点。

这一调查有两个观点非常有价值。首先，研究结果发现在学校环境中可能同样成功的家庭做法。第二，他们提供的信息说明了家庭在儿童读写发展中起到的关键作用及其是如何起到作用的。

我可以证明家庭在早期读写发展中起到的关键作用。从我的孙子詹姆斯（4岁半）和孙女娜塔莉（2岁）出生之日起，他们的父母和祖父母就给他们读书。他们每天都有人读书给他们听，有时坐在大人腿上，有时和大人坐在同一把椅子上。他们有机会看着书。大人会谈论书里的图片，读故事给他们听。5个月的时候，詹姆斯和娜塔莉会在我们读书的时候用心听。我们大多选择那种每页只有几个字的纸板图画故事书。他们的眼睛不时地盯着书中颜色鲜艳的图画。他们可能很严肃，也可能笑得很甜。有时，他们会伸出手拍书，或者把书放进嘴里。他们偶尔会发出好听的声音，听起来就像在试着模仿我们读书的声音。因为这一活动很积极，而且每天都进行，他们熟悉了读故事，并且很欢迎。

随着詹姆斯和娜塔莉的长大，他们对读书的反应增强了。在会说话之前，他们指着图片发出声音，好像在叫东西或人物的名字。随着他们对口语词汇的掌握，他们会在读书时给书里的东西起名字。我们总是很开心地回应他们，强化他们对概念的注意力和理解力。我们经常解释字面背后的意思。分享阅读是儿童期待的事，它给人以放松、温暖和愉悦的感觉。

他们两个人都是到14个月的时候开始坐在地板上读书，当然，是以14个月孩子的方式读书。他们知道怎样正着拿书，哪里是书的开始，哪里是书的结尾，还知道怎么翻页。他们看着那些图画，嘴里发出与读书很类似的声音。除了几个词之外，他们的语言很少听得懂，但是隔开一定距离听的话，你会以为他们在读书。事实上，他们的确在读——不是那种对话的腔调，而是表现出自然发生的读写行为。他们也有自己最喜欢的书，总是一遍又一遍地看，希望我们一遍又一遍地读给他们听。

　　他们的家里到处都是书。娜塔莉和詹姆斯每个人的房间里都有一个他们够得着的书架。有一箱书跟玩具一起放在壁橱的底层，他们随时可以自由地使用。厨房、卫生间和玩的地方都有书。他们看见我们的书和他们父母的书，因为家里到处是各种类型的阅读材料：消遣类的，如小说、杂志和报纸；还有与工作相关的读物。孩子们看见父母和祖父母经常读书，也不时会拿起自己的书加入进来。

　　除了书，詹姆斯和娜塔莉还能很容易地拿到铅笔、蜡笔、记号笔和各种纸张。2岁的时候，詹姆斯和娜塔莉很自然地拿起铅笔和一张纸，坐下来画了一张画，而且甚至歪歪扭扭地写了几个字。我认不出他们画了什么，但是他们会谈论自己的画。他们很清楚画画和写字的区别，歪歪扭扭的文字和画里的涂写看起来不一样。虽然还不能规范地画画或写字，但是他们却在尝试着做这两件事，而且能区别对待。

　　在家里以及去超市或邮局的路上，环境中的文字像包围所有孩子一样地包围着他们。我们认识到印刷品对于早期读写能力发展的重要性，如指出街角的"停止"标志，开车的时候让他们把认识的标志都读出来。在家里，他们的父母读出麦片盒上的文字、新玩具的拼装说明书、寄来的信和电子邮件等。这样一来，他们对周围文字及其功能的意识就得到了提高。他们会问标签上的内容，看印刷品上的信息。我们还玩语言游戏，特别是开车的时候。我问他们什么词与"car"押韵，什么词里也有字母"J"，就像詹姆斯的名字那样。

　　詹姆斯3岁开始到现在4岁的时候，在我们读故事时加入了更多的互动。詹姆斯问问题，对图画和故事作出评论。我回答他的问题，发表评论，拓宽讨论。他经常在我读书的时候跟我一起叙述熟悉的故事。有时他会问某个词什么意思，他在注意图画的同时，注意力越来越多地转向了文字。他有本日志，我们每周写几次，记下他当天做的事情。我们会讨论那天他想要写什么事情。他会画一幅图，告诉我想写什么。如果他会写一个字母或一个单词，他就会用上它。

　　一天，在我们从图书馆回家的路上，詹姆斯坐在车子的后座上。他在翻看一本自己选的书，并开始读起来。这是个幽默故事，名字叫《顶上面的十个苹果》（LeSieg，1961）。这本书里文字很少，同样的词汇反复出现，句子还押韵。插图很吸引人，能反映文字的内容。他读的时候，我开始以为这本书我们以前一起读过。后来我突然意识到并非如此。我把车停在路边，满心激动地证实了我的想法确凿无疑。詹姆斯真的在读书，而且是在独立地读书！他已经从一半读、一半叙述故事的方式转变到了逐字逐句地读书。詹姆斯是逐渐达到读写发展的这个阶段的。家庭给了他非正式的教学。因为自出生起不断接触书本和各种印刷品，他积累了大量的常见词汇和一定的阅读技巧。他的阅读能力并不是突然产生的。相反，它是在一个有成人支持、引导、示范和鼓励的读写环境里培养出来的。

如今的家庭是复杂的

上文的故事里所描绘的图画是儿童成长的理想环境。不幸的是,这种环境并不总是正常存在。如今有75%的家庭中,父母二人都有工作。他们很少有时间来考虑孩子的读写发展。很多孩子在单亲家庭里长大,抚养他的父亲或母亲身上责任繁多,阅读、写作、交谈的时间听起来都觉得奢侈。我们国家不同文化的数量在增长,很多父母不讲英语,讲着其他语言。对于在美国如何教育我们的孩子、其他文化如何培养读写方面存在着较大的文化差异,这让那些孩子和他们的父母很难理解我们的教育体系。我们还有相当数量的家庭成员是文盲,根本不知道该如何给孩子创造丰富的读写体验。他们觉得这无关紧要。那些贫困家庭不会考虑买书、去图书馆或者甚至在家里留出放一箱书的空间(Hart & Risley,1995)。在我们这个多元文化社会,贫穷的问题涉及读写发展方面时尤其不容易处理。然而,学校和教师仍然有义务付出努力。我们所能做的就是帮助家长明白他们对学校读写发展的支持有多么重要,他们的孩子掌握读写、有一份工作、过上健康的生活有多么重要。有很多事情是家长可以做的,即使他们自己不认字或者不说英语。如果我们能请到三个家长,我们就帮助到了三个家庭,然后会帮助到更多。必须把每一个小小的成功看得很重,我们就从小小的成功继续前进(Christian,Morrison,& Bryant,1998;Lonigan & Whitehurst,1998)。

家庭里促进读写能力发展的方法

以下内容是一个让家长参与的计划,提示的是一个美国主流家庭如何在家庭读写方面去努力。这些做法适用于所有家庭,但是在那些重视和理解类似学校读写活动的家庭里会得到最佳的理解和实施。这套方案的前提是家庭成员有读写和语言能力,能分享、讨论涉及的活动;但是,对于任何家庭使用的其他语言也是适用的。这个初始讨论为一些基本概念和策略打下基础,在这之后将会展开针对读写能力有限、说不同语言的家庭的更广泛的讨论。我们的最终目的是让所有的家长都能根据这一部分的建议来做。

不同研究者已经对那些没有经过直接教学就能很早读写的家庭进行了研究(Leseman & de Jong,1998;Morrow,1983;Neuman,1996)。研究结果一致表明这些家庭有着一定的共性。读书很早的孩子家里,有人读书给他们听,而且经常帮助他们读和写。这些家庭成员阅读广泛,包括小说、杂志、报纸以及与工作相关的信息。他们买书、借书,既为自己,也为孩子。他们的家里随处可见读写材料。这些家庭里的成员经常带孩子去图书馆和书店(Morrow,1983;Morrow & Young,1997;Neuman,1997)。这些家庭具备充足的书籍和写作材料,读写总是被视为十分重要的活动。书是令人愉快的,读写活动是受到奖励的。这些家庭非常有条理,日常活动有计划性,有着家庭成员必须遵守的纪律和指定的责任。他们创造了一个使成人和孩子之间的互动在社会性、情感和认知发展上都能导向读写兴趣和成长的家庭环境(Anderson,Hiebert,Scott,& Wilkinson,1985)。

那些有利于孩子学会读写的家庭,用图书和写作材料创造出了具备读写环境的家。孩子很早就对读写产生兴趣,在家里喜欢把玩耍时间用于拿蜡笔在纸上写写画画或者拿着书看。这些家庭的家庭成员对看电视的选择和时间有规定。家庭成员经常相互交谈,想了解孩子在学校里做了什么。教师对这些孩子在社会性和情感成熟度、学习习惯和总体学习成绩上的评判要高出一般水平(Faber & Mazlish,1995)。

图10-1 读故事书时,家长与孩子的互动行为包括讨论、传递和建构与文字相关的意思。

下列因素对家庭读写环境的质量有所影响:①客观环境或者家里的读写材料;②读写活动时孩子、家庭成员以及家里其他人之间发生的互动;③对读写积极、支持的态度以及家庭对读写成就的重视(Fin,1998;Leichter,1984)。

学校和其他社区机构需要向家庭传递信息,让他们了解甚至在孩子入学前就应创造读写环境的必要性。这些信息可以在待产家长的特殊集会上、在医院的产科病房、在产科医生和儿科医生办公室里,通过各种途径予以传播。一份题为"在家促进早期读写"(见第335—336页)的传单将是一个有益的开始,应该在你居住的社区用那里发现的所有语言印出来。

在家里读的材料

家里的书应该让儿童随时都能拿得到(Hannon,1995;Soderman,Gregory,& McCarty,2005)。家庭成员可以为孩子创造一个小型的图书角。书可以放在当作书架用的纸盒或者塑料箱里。另外,还可以让家里到处都摆着书。厨房、卧室和浴室很重要,因为孩子在这些地方待的时间比较长。如果家里有一个玩的房间或者放玩具的地方,那里也应该放着书。每个房间都能摆放既看得见又够得着的书。

在孩子会爬会走之前，可以让他们在小床和玩耍的地方接触到书；还可以在浴缸里放一些防水的书。

家里应该选择不同种类的书。对18个月以下的婴儿，硬纸板、塑料或者布做的颜色鲜艳的概念书比较合适。它们必须安全，边缘是圆滑的，而且牢固得经得住咬和其他粗暴行为。孩子开始学步和上幼儿园、学前班的时候，应该为他们提供育儿儿歌、童话故事、民间故事、现实主义文学、知识类图书、图画书、字

图10-2　婴儿的小床和游戏围栏里应该有他们能拿得到的书，浴缸里要有防水的书。

母书、数字书、诗歌、与孩子最喜欢的电视节目有关的书，还有易读书（那些词汇有限、字大、插图与文字联系紧密的书）等。儿童杂志上有诱人的印刷材料，寄来的时候可作为特别的乐趣。除了儿童读物，成人看的读物，包括图书、杂志、报纸和与工作有关的材料，也应该在家里见得到。当然，讲故事和读书给孩子听一样重要。

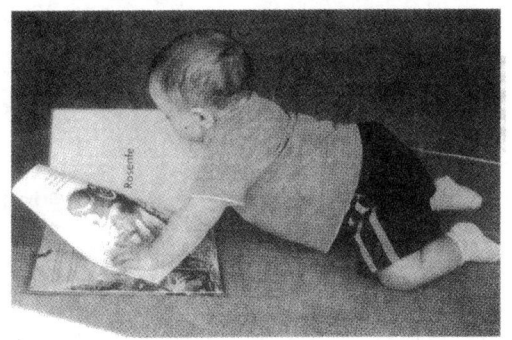

图10-3　婴儿需要对图书进行探索和试验。

作为家庭活动的阅读

研究表明，那些经常有父母、兄弟姐妹或其他人在家里读书给他们听，家庭成员有读书习惯的孩子会较早地开始读书，并对图书表现出自然的兴趣(Bus, Van Ijzendoorn, & Pellegrini, 1995; Educational Research Service, 1997)。这并不奇怪。通过频繁地读故事，儿童对图书的语言比较熟悉，也意识到了书面语言的作用。阅读故事几乎总是令人愉快的，而且体会到的乐趣会激起儿童对阅读的欲望和兴趣(Cullinan, 1992; Huck, 1992)。与图书的持续接触，发展了儿童的词汇量和对故事结构的感觉，而这两点都有助于他们学会阅读。

很显然，阅读故事时成人和儿童的口头交流对读写发展有着重要的影响（Cochran-Smith，1984；Ninio，1980；Vukelich & Christie，2004）。这样的互动给儿童提供了直接的信息渠道，从而促进了他们的读写能力发展（Allison & Watson，1994；Heath，1982；Morrow，1987a）。它能引导儿童提问题、发表评论，对所听的故事有反应。这些反应会随着时间的推移变得更复杂，从而表现出对文字材料更为复杂的思考。关于家庭阅读故事书的研究，已经发现许多能影响朗读活动质量的互动行为。这些行为包括提问、搭鹰架（示范对话和回答）、表扬、提供信息、指导讨论、分享个人反应以及将概念与生活经验相联系（Edwards，1995；King & McMaster，2000；Roser & Maninez，1985）。

以下是一位母亲和她4岁的儿子伊恩在一起读故事刚开始的一段录音文字，这段录音说明了成人可以如何鼓励和提示孩子的回答、回答孩子的问题、给孩子积极的强化以及对孩子的问题和评论给以支持性的回应。这些激励信息和支持的结果就是伊恩积极地问问题，接收到了额外的信息。

妈妈：伊恩，你准备好听故事了吗？这是一本新书。我以前从没读过给你听。它讲的是一个妈妈和她的小鸟宝宝的故事。

伊恩：（指着封面上的书名）哎，这是干什么用的？

妈妈：这叫标题。它说的是——"你是我的妈妈吗？"它是这本书的名字。看，这儿也有一个，"你是我的妈妈吗？"

伊恩：（停了好一会儿，然后指着那些字）"你是我的妈妈吗？"

妈妈：对了，你读得很好。看，你已经知道怎么读书了。

伊恩：它说的是——"你是我的妈妈吗？"（再次用手指了一下）

妈妈：你又读了一遍。哇，你真的会读书了呢！

伊恩：嗯，现在读书吧，我也要读。

（Morrow，1986）

伊恩的妈妈开始读故事。每次他们读到"你是我的妈妈吗？"，她都会停下来，看着伊恩，指着那些字，故意夸张地把这个句子读出来。这样读了两小节之后，伊恩不再需要激励，一到这个地方他就会自动地跟着读。

研究表明，教师应该鼓励家庭成员每天给他们的孩子读书。读书可以在孩子刚出生的那天就开始。但是，婴儿注意听外界声音的能力一般有限，而且每次读的时候都不一样。相对于听，婴儿可能更喜欢咬书或拍打书。然而，自出生就有人读书的婴儿比那些没有读书的孩子更早开始专注于读故事的情境。

我的一个研究生在班级日志里跟大家分享了他和他刚出生的孩子最早体验读写的故事。

我们的第一次读写体验

约翰·T. 谢伊

在妻子剖宫产的前一天晚上,我和她收拾好东西准备去医院。我特意把一样东西放到了包里,那就是我儿时读的一本《真的鹅妈妈》,妈妈知道她快当奶奶的时候把它还给了我。我和凯西的第一次读写体验比我预期的要早得多。

凯西出生之后被带到育婴房,放在一个加温器的旁边,那东西能帮助她的身体适应出生后温度的变化。加温器的旁边放了一些椅子给新爸爸们坐。当我坐在女儿旁边,惊讶于她的美丽时,突然想到可以马上读书给她听。我问护士可不可以带一本书进育婴房读给我的孩子听。护士笑了,说:"我当产科护士20年,你是第一个提出这种要求的爸爸。我想可以吧。"

在凯西生命中的头几个小时我陪着她在育婴房,坐在她的旁边,听着她的呼吸,从《真的鹅妈妈》里选择一些片段读给她听。在我读书之前,她有些躁动,时不时地会哭。当我开始读书时,她变得很安静,很少不安了。

从出生到8岁:在家读书给孩子听

从出生到3个月,孩子对读书的注意力是不稳定的。盯着图画看、显得满足而安静的婴儿可以视为在接受。如果婴儿扭动身体,显得不舒服或者哭,那么成人可能应该停下来,下次再读。

3到6个月的婴儿明显对读书的兴趣浓厚了一些。他们开始关注图画,开始在听。通常,他们会抓到一本书,拍打它,放到嘴里。只要他们看起来很满足,他们可能就是在参与。

6到9个月的孩子可以有目的地参与到读书中来。他们可以想要翻页。他们可能会对读书人语调的改变有反应,发出声音或者做一些动作来表明他们的参与和愉悦。他们有时开始表现出对以前听过的那些书的偏好。

1岁的孩子会表现出很强烈的参与。他们会抢着翻页,或者含糊不清地说话,腔调就像是在读书。他们积极地在书里寻找在别处看过的熟悉的东西。

到15个月的时候,经常听人读书的孩子能分得清书的正面、反面以及书有没有拿倒。他们开始认书里的人物,能叫出他们的名字。他们和成人一起读,频繁地出声(Burns, Snow, & Griffin, 1999)。在这个年龄段读书给他们听的时候,他们表现出对某些书的偏爱。

父亲、母亲、祖父母、保姆和年长些的哥哥姐姐都应该读书给年幼的孩子听。让读书成为一个仪式,每天同一时间在同一地点完成。睡觉前是大家最喜欢的时段,睡前故事是一个好的读书习惯。孩子和家庭成员都期待在一天结束的时候来进行分享。在孩子睡前读书，能起到让孩子安定下来的效果。它为孩子们树立了一个常规，他们最终会在睡觉前自己读书。

即时读书也应该得到鼓励，如果一个家长发现在一天的不同时段读书会容易一些，那么当然这样做比根本不读要好得多。读书给婴儿听的时候应该把婴儿抱在怀里。当孩子能独立坐直之后，家长和孩子应该靠得很近，最好让孩子坐在大人的腿上。书上的图和文字要让孩子看得见。读书时应该将孩子视为积极的参与者。他们的评论和问题应该得到鼓励和认可。家长应该随时将对故事的评论与生活经验联系起来，很轻松地问孩子一些熟悉的事情，鼓励他们的参与。

当孩子开始自己读书时，仍然要坚持读书给他们听。这是继续支持和引导他们阅读的关键时期。当孩子们有能力阅读时，睡前故事的传统可以改为由孩子读给家长听。或者可以读一些难度高于孩子阅读水平的书。6到8岁的孩子往往开始对"章节书"感兴趣，但是还没有能力自己读。家长可以利用这个机会与这些孩子分享更多成人的读物，以鼓励他们的兴趣。另一种重要的做法是确保孩子们有新的、有趣的、方便的材料读。把孩子读过的书记录下来。有时我们必须不断地往他们手里放入新的书，即使他们已经长大而且似乎已经养成了自己的阅读习惯。一定要让他们帮你选择读什么书。不一定总是叙事体的故事。知识类的书籍对孩子来说也很有趣，适宜的报刊文章也是调剂的好办法。

除了读书给孩子听和让孩子自己读书，家庭还应该注意腾出时间来全家一起阅读。围坐在餐桌旁或客厅里，每个家庭成员读着自己的书，这是一种愉快的读写活动。家长之间谈论正在读的书也是很重要的体验。

家里的写作材料

有些研究者认为写作的发展要先于阅读。很多儿童发明了对自己有意义的写作体系。到底读先于写还是写先于读，这个问题没有定论。但是我们知道的是，同时发生的写作体验会加强阅读发展，反之阅读体验也会促进写作的发展（McGee & Richgels, 2000）。

这些发现的一个含义就是家里应该为孩子准备随时可用的写作材料。最好有各种尺寸的白纸，尤其对婴儿来说。当孩子们成为学龄前儿童，家里可以增添一些小一点的纸。快上幼儿园的孩子也可能会喜欢画了线的纸。铅笔、蜡笔、彩色铅笔、黑板和粉笔以及白板和记号笔都是适合家庭的写作工具。可操作性的材料如磁铁、毛毡或木制的字母也很有用。孩子们应尽早接触、自由地使用这些东西。

就像读书一样，孩子需要看到他们的家长也参与到他们的写作活动中。家长应该尽可能地与孩子通过写作来交流。当孩子进入学前阶段时,午餐盒里的便条可以简单地写着:"嗨!爱你,妈妈和爸爸。"枕头上的便条可以写上"晚安"或者"早上好"。

有机会的时候,尽量让写作成为全家的事。全家人可以一起写表达感谢的便条和信件,也可以和孩子们一起填写学校发的表格或者一起列家庭购物单。孩子们会模仿他们会利用写作来交流的家长。

善于回应的家长会鼓励读写

早读书的孩子家长会回答孩子关于图书和印刷品的问题、提供信息、安排能强化读写发展的活动以及夸奖孩子参与读写活动的行为。家庭的这一套支持体系能鼓励儿童的读写能力发展。德金(Durkin,1966)发现,那些努力教育孩子的家庭,没有那些坚持对孩子阅读时的信息要求有反应的家庭来得成功。

家长与孩子之间的相互回应需要尽早开始,而且需要培养。语言为发展反应力提供了机会。善于回应的家长会回答孩子的问题,发起能提高读写意识的活动。给婴儿穿衣服、换尿布、喂食的时候,家长应该对孩子说话、唱歌、背儿歌和讲故事。婴儿会用笑和喁喁的说话声来回应,这样就鼓励了家长继续下去,相互回应就这样得到发展。

环境中的文字包围着儿童,为他们展示意义。这一自然的阅读材料来源提供了儿童对熟悉的物体的阅读体验(Clay,2000;Neuman & Roskos,1993,1997)。儿童开始读环境文字、问关于它们的问题,可能要早于他们对书本中的文字发生兴趣。当家庭意识到了环境文字的重要性之后,他们就会指出麦片盒、洗涤剂瓶子和食品包装上熟悉的标签和信息。儿童很自然地就会对电话本、烹饪书、电视节目表、广告和邮件感兴趣。他们对个人信件、小传单、贺卡、账单、名册和杂志尤其感兴趣。外面的世界展示着丰富的环境文字,比如街道标志、快餐店和加油站的名字。家长要将有意义的环境文字指给孩子看,同时鼓励他们也这么做。你可以指出环境文字中单词里的具体字母,并把字母读出来。重视创造读写环境的家长会为他们的孩子安排多种活动。他们带孩子去图书馆和书店。他们与孩子有很多交谈,这是一个能丰富孩子词汇量的好习惯。去动物园、消防队、机场和公园的路上,如果伴有口语交流和积极的社交互动,就能促进儿童读写能力的发展。应该强调的是,一次出行不仅拓宽了孩子的经验,还在出行之前、当中、之后创造了家长和孩子之间口头交流的机会。这些交流包括向孩子提供关于要去地方的背景信息和要看的东西、回答关于这次活动的问题、介绍信息、给孩子读与这次经历有关的故事,以及能吸收新观点的事后对出行的讨论等。向孩子提议画一幅画记录这次活动,或口述一个故事,让家长写下来,这样将会进一步促进儿童的读写能力发展。

电视是我们生活的一部分。为了最大程度地利用电视,家长应该与他们的孩子一起观看某些节目,问问题,发表评论,将被动观看变成有反应的互动。他们还应该选择有书配套的电视节目,比如《芝麻街》或者《克利福德》。当电视上要播某些故事,比如《格林奇如何偷走了圣诞节》(Seuss,1957a),家长可以到图书馆借回这本书或者买一本。

DVD 是很方便孩子观看的。如果碟片经过仔细挑选,家长与孩子一起观看并谈论所看的内容,那么这项活动可以成为很好的读写体验。还

图 10-4　去动物园、消防站、机场和公园的路上,如果伴有口语交流和积极的社交互动,就能促进儿童的读写能力发展。

可以利用计算机软件,如果挑选得当,有些计算机游戏和大人一起玩的话,也是有价值的。看电视、DVD 和玩计算机游戏都需要加以限制,不能让孩子们在这些活动上花过多的时间。

一系列对那些孩子很早读书的家长的非正式采访表明:有意义的、功能性强的、成为生活主流的一部分的读写,自然融入了他们的日常活动。他们的家里可以看见多种读物。他们在积极的情感氛围下,频繁、互动地使用语言的各种形式。家庭里赞许读写活动,读写充满了愉悦感。当被问及是什么帮助了他们的孩子们那么早开始阅读,这些家长觉得很难回答,因为他们并没有把那些为孩子安排的活动视为对读写的促进。这些活动中大部分都有着其他的作用,比如让家庭生活顺畅进行。许多活动还有着促进人际关系和教孩子责任和举止的社交目的。以下是这些家长讲述的一些观念。

我在孩子们很小的时候就要求他们为收到的礼物写表达感谢的便条。开始时他们口述,我把他们说的记下来。后来他们能写简单的"谢谢你"几个字。对这项任务的一个好的奖励是允许他们自己选信纸来写便条。

——林恩·科恩

我从每个孩子出生那天起就为他们写《育儿日记》,记下他们的重量和身高,还贴上一些照片。我记录下重要的事件,比如说的第一句话、第一次走路,还有其他我觉得有趣的事情。我经常翻看它,我的蹒跚学步的孩子总是会依偎在我身边,表现出很大的兴趣。我一直坚持写育儿日记,现在它们成了孩子自己的日记本,他们

会把发生在他们身上的事记录下来。

——斯蒂法尼·布谢尔

作为祖父,我没办法如我所愿地频繁地去看我的孙儿孙女们。为了保持密切的联系,我经常邮寄东西给他们。我会把报纸儿童版上的游戏剪下来寄给他们,叫他们完成。我寄一些名人的照片给他们,让他们打电话给我说出他们是谁,还会提一些问题让他们来回答。

——米尔顿·曼德尔

在孩子们开始阅读之前,我就已经开始在出其不意的地方给他们留条子。他们总能搞清楚条子上写的什么内容,即使是在学会阅读之前。现在我把条子放在他们的午餐盒里。条子上经常只写着"你好"。有时我会写个谜语或笑话,有时条子上的内容需要他们回答。这已经成为我们家的传统,最近我发现在最想不到的地方会有一些写给我的惊喜便条。

——戴安娜·特蕾西

我们三四岁的孩子们看电视的时间量曾经令我们很恼火。为了让看电视这件事更有意义,我们读电视节目单来决定看什么节目、对一天的选择量加以限制。我们尽量与他们一起看一些节目,问一些关于"谁"、"什么"、"何时"、"何地"的问题来激发他们对事实的回忆。我们还会问一些"为什么"的问题来鼓励更加具有解释性的回答。

——米歇尔·罗森

我总是用写日记的方式来记录每天的经历。一天我4岁的儿子看见我在写东西,就问我在干什么。她也想学着做,于是我们开始写合作日记。我会写下当天发生在我身上的事,而她则会告诉我要为她写些什么。很快她能够自己写了。有时我会问她一些关于她写的东西的问题。我会把问题写在日记里。

——希瑟·凯西

重视读写环境的家庭给儿童提供了很好的机会,让他们很容易地学会读写,而且还很享受读写带来的快乐。

读写课程的家庭参与:教师能为家长做些什么

这里我所说的"家长",指的是在家照看孩子的任何成人或大一些的哥哥姐姐。教师应该把家长看成读写发展方面的合作者。每位教师都有责任定期告知每个家庭孩子在学校干了什么、家长怎样能帮助到孩子。教师应该让家长参与在家和在校的活动,让他们感觉到自己是教师教育孩子的合作伙伴。应该给他们机会说说希望孩子学什么、对孩子在学校里的情况有什么意见,让他们提些建议。以下是关于怎样让家庭成为学校不可或缺的一部分的一些方法。注意要用班里孩子用到的各种语言将材料递给家长。

1. 新学年开始时，让家长知道你所教的孩子在读写发展上要达到什么目标。注意给家长的材料格式要清楚，让所有人都能看懂。

2. 每教到一个新的单元或读写概念，给家长发一份通报，让他们了解你们在研究什么话题，他们可以如何提供帮助。

3. 邀请家长到校参加信息研讨会、商讨课程制定和学校方案的家长会。

4. 邀请家长来班上协助开展读写活动，比如读书给孩子们听、帮着装订图书、记录孩子口述的故事，以及在教师给小组或个别孩子上课时监管其他孩子的独立活动。

5. 发材料给家长，让他们和孩子一起开展一些活动，要求交回活动反馈。这些活动包括一起写日记、共同阅读、去图书馆、记录在周围环境中看到的印刷品、互相写便条、按菜谱做饭、按照说明书拼装玩具或家里用具，以及一起观看并谈论电视节目等。家长参与家庭作业的完成极其重要。

6. 邀请家长到校谈论他们的文化传统、业余爱好、工作等。

7. 孩子表现好的时候给家长便条予以告知。不要只发关于孩子问题的便条。

8. 提供家长可以与孩子们分享阅读的书单。附录A里有建议阅读的书籍。

9. 应邀请家长到校参与孩子的读写活动。比如，在区域时间，家长可以与孩子一起读写，看看学校的读写环境是怎样的，从而让家长成为促进孩子读写能力发展的重要力量。

10. 当家长到校与孩子一起完成任务时，让家长和孩子坐在一起开会。

11. 经常通过电话、信息和开会的形式与家长保持联系。要汇报好消息，不要只汇报坏消息。

12. 请家长参与对孩子进步情况的评估。给家长发表格，了解孩子在家的读写活动以及他们与孩子一起做的事情。请他们在家长会上交流孩子进步的情况。这里有两张可以利用的表格，一张是"在家促进早期读写"，另一张是"观察我孩子的读写能力发展"（见第336页）。

13. 参考S—47和S—48页上关于家长活动和材料的"课堂策略"。

在家促进早期读写

（这个检查表要由家长来填写。）

你孩子的读写能力很大程度上取决于你自他（她）出生之日起在家里做的事情。下面这张表列出了对帮助你孩子学会读写十分重要的材料、活动和态度。请勾出你已经做到的事情。争取做一些表上你以前没做过的事情。

材料

☐ 1. 家里为孩子留出放书和杂志的空间。

☐ 2. 如果可能的话，为你的孩子订阅杂志。

☐ 3. 把你孩子的书和你自己的书、杂志、报纸选一部分放在家里的不同地方。

☐ 4. 提供材料，如木偶、娃娃和故事磁带，鼓励孩子讲述或者创编他们自己的故事。

☐ 5. 提供写作材料，比如蜡笔、记号笔、铅笔和各种型号的纸张等。

活动

☐ 1. 与你的孩子一起阅读或者看书、杂志或报纸。谈论你们看过或读过的内容。

☐ 2. 一起去图书馆，把图书和杂志借回家。

☐ 3. 一起讲关于书、你们的家庭和你们所做的事情的故事。

☐ 4. 阅读和谈论你们的书面材料，比如目录簿、广告、工作方面的材料以及邮件。

☐ 5. 在孩子能看见你的时候，为其示范阅读和写作。

☐ 6. 指出环境中的文字，比如路标和商店名称。

☐ 7. 和你的孩子一起写东西，并谈论写的内容。

☐ 8. 指出家里的印刷文字，比如食物盒或菜谱上的字、药品包装上的服药说明或者需要拼装的物品的步骤说明。

☐ 9. 一起去邮局、超市和动物园。谈论你们看到的和读到的东西。回家后，画出来或者写下来。

☐ 10. 利用文字与孩子交谈。互相留便条。列清单做事，比如列食物清单、家务清单和假期购物清单等。

培养对读写的积极态度

☐ 1. 对孩子读写的努力予以表扬，即使它们并不完美。说一些鼓励的话，比如："你做得真好。""真高兴看到你在读书。""真高兴看到你在写东西，需要帮忙吗？"

☐ 2. 回答孩子关于读写的问题。

☐ 3. 一定让读写活动令孩子感到愉快。

☐ 4. 在家里展示孩子的作品。

☐ 5. 爽快地答应孩子请你去学校的要求。可以报名去学校帮忙，参与孩子正在参加的活动，或参加家长会等。这让孩子知道你关心他（她）的学校。

去学校，与孩子的老师交谈

☐ 1. 如果你想做志愿者或以任何方式帮忙。

☐ 2. 如果你想在上课时间去孩子班里。

☐ 3. 如果你对孩子的读写有所担心。

☐ 4. 如果你感觉孩子在视、听或其他方面有问题。

☐ 5. 如果你因为家里不说英语而需要帮助。

☐ 6. 如果你自己在读写方面需要帮助。

☐ 7. 如果你想了解更多关于在家怎样帮助孩子的信息。

☐ 8. 如果你想了解更多关于孩子在校学些什么的情况。

检测清单　　观察我孩子的读写能力发展

孩子的名字＿＿＿＿＿＿＿＿＿＿＿＿＿＿＿＿＿　日期＿＿＿＿＿＿＿＿＿＿

由家长填写

	总是	有时	从不	评语
1. 我的孩子要求读书给他（她）听。				
2. 我的孩子会独自读书或看书。				
3. 我的孩子理解我们给他（她）读的内容或者他（她）自己读的内容。				
4. 我的孩子能正确对待书，知道怎样翻页，知道文字是从左往右读的。				
5. 我的孩子会假装阅读或读书给我听。				
6. 我的孩子会说出押韵的词和重复的短语，参与读故事。				
7. 我的孩子会与我一起写作。				
8. 我的孩子会独自写东西。				
9. 我的孩子会谈论他（她）写的东西。				
10. 我的孩子会读像标志和标签之类的环境文字。				
11. 我的孩子喜欢幼儿园/学校。				

对你孩子的评价：

关于家庭参与和家庭读写的多元文化问题

本章从家长在家里帮助孩子、支持他们的读写发展和家长参与学校的读写活动这些方面讨论了家庭读写。当我们论及家庭读写,在许多情况下我们需要认识到这是一件两代人之间的事,环境的创造要使成人能够加强自身的读写能力,同时也能提高孩子的读写能力。然而,有证据表明许多低收入、少数族群和移民家庭能够为读写发展创造浓郁的氛围。他们的努力跟我们所习惯的学校模式是不同的。我们必须学习和尊重那些来自不同文化的家庭和孩子们,他们没有很多书,但是也进行读写活动,比如讲故事、唱歌、读《圣经》和其他宗教材料,并一起讨论(Morrow,1995)。

研究表明,有些家庭里读写活动的类型和形式与孩子在学校的经历不同(Auerbach,1989;Heath,1993;Paratore,Melzi, & Krol-Sinclair,2003;Taylor & Dorsey-Gaines,1988)。虽然在大多数家庭中读写活动以这样或那样的形式存在,有些家长或看护人与孩子分享的特别类型的事件对学校教育的成功有着很大的影响。相反,学校里进行的读写活动对有些孩子的校外生活不一定有意义。如前文提到的,低收入、少数族群和移民家庭为读写发展创造了浓郁的氛围,用独特的方式和想象力支持着家庭读写(Auerbach,1989;Bryant & Maxwell,1997)。处理家庭读写的问题必须尽量避免文化偏见,对家庭的干预一定要是支持性的,而不是侵扰性的。

研究家庭中使用读写的方式

研究者对于提升人们对家庭内部读写方式的理解很感兴趣。这些研究的重点放在了人的家庭传统和经历的丰富上,而不是所发现的教育缺陷。有些情况下,研究者会探索多种家庭内部自然发生的读写事件。另一些情况下,研究者会描述家庭读写对孩子的读写发展概念的影响。运用来自这些研究的知识,教育者能更好地理解家庭内部存在的多种读写行为,从而让读写教学对家长和孩子都更有意义。

德尔卡多·盖坦(Delga do-Gaitan,1992)进行了一项研究,来判断墨西哥裔的美国家庭对孩子教育的态度以及这些家庭在教育中所起到的作用。其中的一个主要目标就是观察和描述客观环境、情感和动机以及家长与孩子之间的互动情况。

研究结果表明墨西哥裔的美国家庭虽然家里空间并不大,但家长为孩子们提供了专门的学习区域。家长希望孩子在学校获得成功。在与学校相关的事情上,他们经常向朋友、亲戚和其他人寻求援助。孩子成绩差,家长会惩罚他们,成绩好则予以奖励。家长对孩子在作业上的帮助有时毫无成效,因为他们不理解老师的要求,经常误导孩子。所有的家长都相信一个只经过书本学习的人是不能被认为受过良好教育的,孩子必须学会尊敬他人、举止得体并能对他人有所帮助。家庭里讲述的关于墨西哥生活的故事指导着孩子们的道德修养。

从对这些家庭的研究结果来看,学校需要在课程安排上考虑拉丁美洲人对孩子行为和礼貌方面的要求。学校应该了解这些家庭在辅导孩子时遇到的语言障碍,并予以帮助。他们还应该将口述历史和故事讲述整合到课程教学中,因为这是家长和孩子所熟悉的拉丁美洲文化中的一个重要方面(Paratore et al.,1995)。

家庭读写:正式项目

家庭参与计划

家庭参与计划包括让家庭了解和参与那些能促进孩子在校读写学习活动的项目。这样的项目将家庭变成促进者,支持孩子的读写发展。它们可能出自学校、图书馆或其他社区机构,通常源于这些单位的合作努力。家长参与项目的一个基本前提就是谋求家庭的帮助,以促进孩子的读写成绩。

"开始起跑"(Running Start,简称 RS)是家庭读写计划的一个例子。这个由"读书是基础"(RIF)发起的学校项目,旨在将书交到一年级孩子的手上,鼓励和支持家庭读写。RS 的目标是:①提高一年级学生的阅读主动性,让他们急于到书本中寻找乐趣和信息;②使家庭参与到孩子的读写发展中;③支持学校和老师为帮助孩子成为成功阅读者的努力。参与项目的一线教师被提供资金,为教室图书角选择和购买高质量的故事和知识类书籍。要求儿童在为期 10 周的项目中读(或者是听人读)21 本书。举办阅读集会,使社区参与支持读写发展,鼓励家庭以各种方式跟儿童分享书本和故事,从而支持孩子们接受 21 本书的挑战。儿童达到 21 本书的目标后,他(她)就可以为自己的个人图书馆选一本书。研究表明那些参与项目的家庭中,一年级儿童的阅读主动性提高了,家庭读写活动也明显增多(Gambrell,Almasi,Xie,& Heland,1995)。

"平等起步"(Even Start)家庭读写计划是一个联邦资助项目,家长必须参加会议和到学校学习如何跟孩子玩耍,如何读书给孩子听,如何跟孩子一起写作。家长看到孩子的在校活动,于是对自己怎样以及需要做些什么来帮助孩子就有了新的意识。

"跨代读写"(Intergenerational literacy initiatives)计划特别为同时提高成人和孩子的读写水平而设计。这些项目将家庭成员和孩子看作同学,一般都具有同时为成人和孩子计划系统指导的特点。这种指导是当家人和孩子在合作性或者平行的环境下学习时发生的。针对成人指导的目的在于教会他们如何与孩子共同读写来帮助孩子发展,与此同时自己的读写技能也得以改善(Wasik,Dobbins,&

Herrmann,2001)。

"父母和孩子一起"(Parents and Children Together)是一项全国范围的跨代家庭读写项目,由美国家庭读写中心(NCFL)在肯塔基州的路易斯维尔设立。没有高中文凭的家长和他们3—4岁的孩子们每周一起去上3到5天的学。孩子们有一项早期幼儿项目,而家长则参加成人教育项目学习阅读、数学和亲子技巧。

这个项目的成人教育部分敦促家长提高他们的阅读和数学技能,学习怎样制订目标以及在项目中如何与其他家长合作。"家长时刻"是这个项目的一个组成部分,其间家长们就一系列话题进行讨论,如从纪律到自律等等。该项目的最后一部分是"亲子时刻"。这个时段的活动都是以家庭为单位。活动由孩子来主导。家长们会发现他们既能够跟孩子一起学习,也能够从孩子那里学到东西(National Center for Family Literacy,1993)。

是什么使得家庭参与的读写项目获得成功

因为没有两个集体是完全相同的,所以家庭读写项目需要迎合不同家庭的需求。以下是一些经过检验的,能帮助项目成功实施的指导原则。

家庭读写项目的目的

1. 尊重和了解所服务家庭之间的差异。
2. 以家庭原有的读写行为为基础。尽管这些行为可能跟传统的在校读写模式不同,但是大多数家庭会在日常生活中常规性地使用他们自己的读写方式。在家庭读写项目中,应该对这些行为加以辨别、承认、尊重、保留和使用。
3. 认识群体内的家庭语言,这样就可以翻译并了解材料。
4. 家庭读写项目不应该采取"搞定这个家庭"的态度。相反,应该视家庭为原有互动行为的补充。
5. 选择一天的不同时段和一周的不同日子开会,这样可以适应不同家庭的日程计划。
6. 在方便的地方开会,场地要给人友善、不紧张的感觉。如果没有公共交通或者有些家庭交通不方便的话,则需提供交通便利。会议中要提供儿童的统一看护保障。
7. 会上提供食物和茶点。
8. 坚持适合儿童和成人读写发展的有效教育方式,包括一起写作,一起阅读,分享所有人都觉得好玩、有趣的材料。

9. 可以跟家长们单独活动，也可以跟家长和孩子们一起活动。有必要安排家长和孩子合作学习的分享时段。

10. 项目应为家长安排互助小组活动，让他们讲述帮助孩子的经历，明确他们想要了解的内容。

11. 家庭读写项目不仅追求对读写发展的帮助，而且要改善家长和孩子之间的互动。

12. 项目应该为家长提供在家可以使用的方法和材料。

13. 好的项目能提供家庭认为有用的、简单易行的应用性读写活动，比如谈论和阅读关于育儿、社区生活、住房、求职保职的话题。

14. 项目应该包括让家长在上学时间参加在校活动的机会。

15. 学校和家庭项目的各部分安排应该相互平行。在校活动应该与布置家长和孩子在家完成的活动相一致。如果能做到这一点，家庭成员就能参与孩子的学习。注意第342页的表10-2，即一份告知家长在校学习内容以及他们在家能做的工作的简报。

已经成功的项目和活动

◎ 重视家长参与的项目

家庭读写项目应该促进家长与孩子在读写的广阔领域里的互动。项目看待参与家庭的角度应该是他们经验和传统的丰富程度，而不是他们的缺陷和困境。家庭学校项目要简单易行。带回家的材料应该提前让儿童在学校有所了解。内容不应该令人畏惧，而要具有文化的多样性，活动要有趣。例如，我所负责的一个校区使用了《孩子们的亮点》杂志（Honesdale，PA）作为家校联系的材料。在学校，教师以杂志上的文章为重点，儿童上课时人手一册，另一本则带回家，和家长共同完成与在校活动相似的任务。该项目很成功，因为儿童知道应当怎么使用这些材料。除此之外，这份杂志也显示了任何家校联系材料所必须具备的以下特点：①有多项活动供家庭选择使用；②形式轻松，不像学校里那么令人紧张；③活动适合不同年龄阶段和能力水平的儿童；④内容具有文化多样性；⑤有一些不要求具备阅读能力的活动；⑥活动要有趣，能够吸引家长和孩子共同读写（Morrow，Scoblionko，& Shafer，1995；Morrow & Young，1997）。

教育者已经认识到孩子及其家人在读写上成功发展的关键在于家庭。不同机构的政策制定者需要建立合作伙伴的关系，努力开创和支持有效的家庭读写项目。学校的读写项目如果有家庭的支持就会更加成功，因此家庭读写项目至关重要。

附录 A 是一个可供教师、家长与孩子分享的有关家庭的儿童文学书目。这些书代表了多种文化背景。每一本都阐明了核心家庭或大家庭成员之间的某种特殊关系,可能关于父母,也可能关于祖父母、姨妈、叔叔或兄弟姐妹,或者关于一个虽然没有血缘关系却很像家人的人。

◎ **与家长的密切接触:会议、电话等方式**

经常与家长保持联系,会让他们感觉到自己是学校的一部分,会让你很受欢迎。这一点可以通过多种方式做到。下面对其中的一些方法加以解释。

经常邀请家长到幼儿园或学校来。这样他们就会不再为此而紧张,而且能更好地了解幼儿园或学校进行的活动。组织不同时段的活动,以便上班的家长能安排出时间,一年能有几次来校。(见表 10-1)

表 10-1　请家长来参与英语学习的邀请信

来吧,家长!
来参观您孩子的课堂!

亲爱的家长:

请到班级来,参加我们的读写时光。下表中列出了您来了以后可以做的各种事情。其中一栏专门请您告知我们您来的日期及具体时间。我们的安排是有弹性的,可以调整时间为您提供方便。我们欢迎所有的家庭成员,兄弟姐妹、婴儿、爷爷奶奶,还有当然最应该来的——父母。请您来参与孩子的教育,帮助我们共同建立实质性的家校联系。

阿贝雷老师

请填好下表,让孩子交给老师:

您的姓名＿＿＿＿＿＿＿＿＿＿＿＿＿＿＿＿＿＿＿＿＿＿＿＿＿＿＿
您孩子的姓名＿＿＿＿＿＿＿＿＿＿＿＿＿＿＿＿＿＿＿＿＿＿＿＿＿
我一周内可以来学校的日子＿＿＿＿＿＿＿＿＿＿＿＿＿＿＿＿＿＿
我可以来学校的时间段＿＿＿＿＿＿＿＿＿＿＿＿＿＿＿＿＿＿＿＿
我来学校后想要做的事情:
☐ 1. 看看孩子们在做什么。
☐ 2. 加入到孩子们当中。
☐ 3. 读书给小组的孩子听。
☐ 4. 读书给全班听。

续表

> ☐ 5. 我来自另一个国家,我愿意向孩子们介绍我的国家,给他们看我国家的服装、照片和书籍。
> ☐ 6. 我有一个爱好,愿意与全班孩子分享。
>   我的爱好是:_____
> ☐ 7. 我有一个才艺,愿意与全班孩子分享。
>   我的才艺是:_____
> ☐ 8. 我想跟孩子们谈谈我的工作。
>   我的工作是:_____
> ☐ 9. 您想做的其他事情:_____
> ☐ 10. 为需要的孩子提供特殊帮助。
> ☐ 11. 我愿意帮助教师做计划决策。
> ☐ 12. 我可以定期来帮忙。
> 我能在以下时段来:_____

开始学习某个特殊话题时,一定要发简报给家长,让他们知道新话题的内容,懂得如何帮助孩子。下面以表10-2为例加以说明。

表10-2 向家长介绍"健康的身体、健康的心理"学习单元

> 亲爱的家长:
>
> 　　您的孩子即将参与探索"健康的身体、健康的心理"单元学习。这一单元的内容包括我们为什么要吃健康的食品、五组健康食品、锻炼、休息、卫生以及自尊心的重要性。
>
> 　　这一单元将覆盖所有课程领域——游戏、美术、音乐、社会研究、科学、数学和读写(读、写、听、说),所有课程都将被整合到这个主题的学习中。我们在班级里开展的一些有趣的活动,也许您在家里也可以跟孩子一起做。
>
> **在班上和在家里**
>
> 　　美术:您的孩子将改善手眼协调和视觉辨析的技巧,用不同的美术材料进行探索和试验。在学校,我们将创作食品拼贴画和抽象的马赛克拼花图案。在家里,您可以提供这些或者其他与食品相关的材料进行美术活动,鼓励您的孩子发挥想象力。记住美术是为了探索用不同的材料可以做到什么,而不是照抄成人的示范作品。
>
> 　　科学:我们将制作苹果酱,在这个过程中给孩子提供机会听,按指示做,了解苹果来自哪里、怎么生长的,以及食品被烹制的时候会发生什么变化。在家做健康零食,比如水果或生菜沙拉,用简单的食谱让孩子参与准备,能帮助拓展听的技巧。
>
> 　　读写:请在家给一些健康食品贴上字母标签 h、f 和 b(与健康、食品和身体三个词有关),或者指出含有这些或其他起始音的单词。外出时也记得读标志和指出这些字母。
>
> 　　请给您的孩子读故事、诗歌、科普书、烹饪书、健身杂志或者其他与本单元主题相关的文本。以下是本单元主要涉及的一些书:P. 德穆斯的《阿嚏!》(P. Demuth, 1997),D. 蒙特纳利

续表

的《世界各地的孩子》(D. Montanari, 2001),M. 莎梅特的《格里高利,可怕的食客》(M. Sharmat, 1984),B. 科尔的《不再洗澡》(B. Cole, 1989),以及 F. 阿希的《月饼》(F. Asch, 1983)。

我们需要您的帮助

我们需要您协助本周关于多元文化食品或者您在家最喜欢的食品的教学。如果您哪天能够准备一道零食并且加以讨论,请在附件上签名并告知您愿意准备哪种零食。

如果您能前来向全班学生朗读您孩子最喜欢的睡前故事,请在附件上签名并告知您哪天有空。

如果您家里有任何其他与我们主题相关的材料可供戏剧表演区使用的,比如空的食品容器、种子、坚果、豆子或者健身、瑜伽杂志,请交给孩子带来。

其他能和您孩子一起做的活动

跟孩子一起去超市。提前把需要购买的食品列个清单。当您把东西放进购物车时,让孩子照单子核对。尽量每个食品组都选取食品来购买。

在家种西瓜、鳄梨或者胡萝卜种子。用日志记录它们的生长,并对它们进行比较。

在家制订简单、有营养的菜谱,比如水果沙拉、混合蔬菜沙拉、黄油或花生酱,协助我们将课堂从班级延伸到家里。

抽时间每天跟您孩子一起锻炼。快步走或骑车能帮助孩子懂得锻炼是有趣的,应该经常锻炼。这是全家可以一起享受的活动。

上床后提醒孩子休息对于身体非常重要。每天晚上与孩子分享一个睡前故事。

孩子之家

请您的孩子写出或者画出他(她)在班上所做的与主题相关的事情。

帮助孩子在日志中记录每天吃的食品。记录孩子所进行的任何锻炼。记录孩子的睡眠时间,把数字记录在日志中。把数字列成表格。日志可以记在笔记本上、便笺本上或者订成一本书一样的纸张上。

如果您对本单元或者其他内容还有什么问题,请与我联系。如果您从事的职业与我们的主题有关,比如营养师或者任何与健身有关的职业,请考虑来班上与我们交流。

丽莎·罗扎克

我愿意为"健康的身体、健康的心理"单元准备以下零食:
零食:_____ 家长姓名:_____
我能在下面的时间来班上讲故事:
日期:_____
书名:_____ 家长姓名:_____

给家长打电话。过去如果我们给家长打电话,通常是因为孩子在学校有了什么问题,比如行为不端、生病等。然而,如果家长接到电话听到的不是问题而是好事,教师和家长之间就能建立起一种有益于任何一方的关系。给家长打电话提醒他们学校将要安排的事情,告诉他们老师多么希望能有家长的参与。当孩子在校功课进步明显时,打电话给家长表明老师对此非常欣喜并且希望家长能在家与孩子一道练习。如果你为了好事打电话,那么表达担心也是合宜的。

学校定期安排家长会讨论进展情况。会前请家长填好表格,如第336页上题为"观察我孩子的读写能力发展"的检测清单。这样家长就会对会议内容有所期待,对话也将是双向的;也就是说,教师和家长都对会议有所贡献。另外,教师可以提前发通知给家长,告诉他们将要讨论孩子在社会性、情感、身体和功课上的具体情况。会议开始时务必对每个孩子加以积极评价。谈论孩子在学校发生的一些可爱的轶事,也能很好地调节气氛。让家长提供上文提到的清单上的信息;然后就轮到教师介绍孩子的进步情况。你的介绍可能涉及孩子与班里其他孩子的交往,以及孩子各方面的作业,但重点要放在读写发展上。你要记录对孩子的评价,保存孩子作业的样本。你要对家长提出怎样帮助和支持学校活动的建议。会议结束时,回顾会议内容,给大家提问的机会。

每年开一次以上的会议是很重要的。开学几个月后开一次,学期末再开一次。当然有需要的时候,其他任何时间都可以组织开会。

以零星的通知告知家长孩子的积极行为和进步,让家长了解如何在家帮助孩子,像电话一样,也能促进家长和教师之间重要的互动关系。通知上不用说很多,但是家长会印象深刻并且充满感激(Vukelich,Christie,& Enz,2002)。

了解更多关于家庭读写的信息

关于创建、管理和评估家庭读写项目的方法,可以联系有关机构、协会和组织。可以从以下所列机构开始。

芭芭拉·布什家庭读写基金会(www.barbarabushfoundation.com)
美国教育部"平稳的开始"补充教育项目(www.evenstart.org)
国际阅读协会(www.reading.org)
美国家庭读写中心(www.famlit.org)
阅读是基础(RIF)(www.rif.org)

供家庭参考的资料

Beginning Literacy and Your Child: A Guide to Helping Your Baby or Preschooler Become a Reader

I Can Read and Write! How to Encourage Your School-Aged Child's Literacy Development

Explore the Playground of Books: Tips for Parents of Beginning Readers

Get Ready to Read! Tips for Parents of Young Children

Summer Reading Adventure! Tips for Parents of Young Readers

Library Safari: Tips for Parents of Young Readers and Explorers

Making the Most of Television: Tips for Parents of Young Viewers

See the World on the Internet: Tips for Parents of Young Readers —and Surfers (Booklets and brochures available from the International Reading Association)

Raising a Reader, Raising a Writer: How Parents Can Help (Brochure available from the National Association for the Education of Young Children)

Choosing a Children's Book (Brochure available from the Children's Book Council, Inc.)

Brandt, D. (2001). *Literacy in American Lives*. New York: Cambridge University Press.

Lipson, E. R. (2000). *New York Times Parent's Guide to the Best Books for Children*. New York: Crown Publishing Group.

Stillman, P. R. (1989). *Families Writing* (2nd ed.). Portland, ME: Calendar Islands Publishers.

Swick, K. J. (1994). *A Family Resource Guide for Developing Parent Education and Family Literacy Programs in Early Childhood*. Charleston, South Carolina: School Improvement Council Assistance for South Carolina's School Improvement Councils.

Thomas, A., Fazio, L., & Steifelmeyer, B. L. (1999). *Families at School: A Handbook for Parents*. Newark, DE: International Reading Association.

Trealease, J. (2001). *The Read-Aloud Handbook*. New York: Penguin Books.

教学反思

家庭背包

你需要为这项活动准备一个主题背包，包括以下材料：一份班级日志，5到7本不同体裁、不同水平的书，装有与所学主题相关的游戏、诗歌、歌曲和/或实验的文件夹，以及其他相关物品，比如录像带、磁带和动物玩具。需要时根据儿童的文化背景，在背包内放入些特殊物品，如与所学单元和儿童背景有关的故事或诗歌。儿童每周轮流把背包带回家。让其与他们的家人分享其中的活动和书籍。在"返校夜"向家长们展示一下背包内容，示范一些活动，可能有助于项目的实施。将背包在家长会上展览，也可以使家长们熟悉其中的内容和程序。教师要引导儿童一起回顾背包里的内容，这样家长和孩子在进行活动时就能互相提示。

在家人的指导和教师的帮助下，所有孩子对背包中的班级日志所要求做的事会给予回应。问题可能包括："你最喜欢哪本书？为什么最喜欢？"或者比如学到食物主题时，儿童可能被要求带一份家庭食谱来分享。音乐主题则可能配有录音机和空白磁带，让儿童录一首最喜欢的歌。当背包被带回学校时，儿童与全班同学分享他们一家人对日志的回应。儿童和他们的家人都迫不及待地想得到下一次带背包回家的机会！

香农·科科伦，教育研究生院研究生

重视家庭参与

我们每个月都举办几次家庭参与的活动。这些活动成为儿童与家人和其他家庭交流合作的纽带，还可以让他们与同伴分享各自不同的文化背景。为了强调这类活动的重要性，教师们设立了"重视家庭参与"的展柜。他们将相机放在学校，有家庭参与活动的时候，可以拍些照片放在展柜里。以下是展柜里出现的那些将家庭吸引到学校来的活动。

主题之夜：这些夜晚有着不同的主题，比如"其他国家"，儿童和家人可以一起学习。家庭之间互相分享手工艺品，然后进行与主题有关的阅读、写作和美工活动。

烹饪之夜：各家带来简便易做、最受欢迎的菜谱，大家分享，一起做。最精彩的环节就是做好之后一起大快朵颐。

读书分享之夜：每个人带一本最喜欢的书，给大家朗读或者讲述最喜欢的部分。可以是其他语言的书，必要时安排翻译，保证每个人都能参与。

分享家庭照片:请每个人带来他们想要分享的家庭照片,大家一起谈论照片或者就照片写作。每个家庭准备一本相册,我们鼓励他们不断充实相册的内容。

玛格丽特·优瑟夫,教师

睡衣派对:促成家校合作的活动

睡衣派对要求孩子、教师和家长穿睡衣,带毯子、最爱的毛绒玩具和最喜欢的书。(穿睡衣和带毛绒玩具不是必须的,但是书一定要带。)我们每年为幼儿园和一年级儿童及其家长举办一次睡衣派对,在学校图书馆有着一批只爱室内活动的忠实成员。

儿童在体育馆集合,唱歌、听故事。家长与阅读专家在一起。专家带领家长认识每日给儿童读书的价值,为家长提供朗读的好范例。家长有机会提问并就关心的问题进行交流。

在家长研讨会上,除了示范好的阅读策略,还讨论了以下内容:
- 朗读的重要性。
- 寻找适合朗读的好书。
- 分享高质量的书。

回到体育馆后,家长们与各自的孩子坐在一起,听故事。然后家长跟孩子互相依偎着朗读一本最喜欢的书。派对结束时,大家会享用一点临睡牛奶和饼干。

莱内特·布伦纳,阅读专家

活动和问题

1. 回答本章开始提出的"焦点问题"。

2. 采访你的家人或者已经为人父母的朋友。请他们将与孩子一起做过的、促进读写的活动与日常生活中的自然事件联系起来。从全班所有学生那里收集意见,以简报或小册子的形式汇总,发放给那些幼儿家庭。

3. 回忆你小时候的自己家、朋友家或者家有幼儿的亲戚家,观察环境的特点,记录与孩子共同完成的、促进读写发展的活动。提取能够丰富读写环境的因素。

4. 挑选一个孩子及其家庭,启用一个档案袋,收集贯穿整个学期的评估材料。给孩子专门建立一个档案袋,再给孩子的家庭建立一个档案袋。复印第 335—336

页上的"在家促进早期读写"清单,你自己留一份,给你跟踪研究的家庭一份。请一位家长填写好表格自己保留,并复印一份给你。给家长两份第336页上的检测清单,即"观察我孩子的读写能力发展",请他们分别在学期开始和结束时填写。记住要给你自己的档案袋保留备份。

5. 在一个熟悉的社区创建家庭读写项目。如果该社区的家庭具有读写和英语技能,你可以考虑开发一项家庭参与的项目;如果该社区的家庭说的是其他语言,读写能力也有限,你可能需要致力于一个针对家庭读写技巧开发、训练家长,帮助孩子读写的面向两代人的项目。记住:不管你设计的是哪种项目,家庭和学校的相应活动要相似。

6. **策略**:使用第十章的"课堂策略",为家长提供一份要参与的读写活动的明细,请他们记录下来所进行的活动。给参加校内外帮助孩子读写活动的家长发VIP奖(见S—49页)。为家长和孩子们做书签(见S—50页)。

后 记

> 我们一定要重新点燃我们对文字的激情。
>
> ——史蒂芬·斯皮尔伯格(1987)

这本书呈现了一个建立在理论与研究基础上的儿童早期读写发展方案。它强调丰富的读写环境、社会交往互动、同伴合作以及指导明确、解决问题式的全班、小组和个别学习。书中所建议的活动强调了口语、阅读和写作学习的并存性与融合性。本书侧重的是与实际生活经验相关、对儿童既有意义又有趣味的功能性教育。读写活动被融入活动区的教学，即围绕能激发热情、动力、富有意义的主题所展开的单元学习。本书建议通过形式多样的直接指导和大量评估对儿童的个体发展加以细致的引导，给儿童充足的空间，通过玩耍、操作和探索来学习。照顾到儿童的不同需要和不同背景是贯穿本书的一个重要理念。

有关学习的新信息不断生成，从而也在不断改变着我们帮助儿童学习所使用的策略。教师在接受了正规教育之后，还必须关注不断出现的文献资料，同时需要致力于多种形式的专业发展，从而跟上最新的研究、理论、政策和实践。

除了教师的个人努力，我还鼓励大家开展学校的专业发展计划。计划可以面向全校，也可以面向一个年级。可以是一年期且可延续的计划。教师和学校管理者先要明确在读写发展上需要达到什么目标。

建议使用合作模式，因为事实证明这样的模式效果良好。

1. 合作模式因为不同人的不同视角而为课堂带来新的想法。
2. 合作过程为教师的掌控做好了准备。
3. 合作模式可以带来其他同事、管理人员和/或研究者的支持与指导。

学校里专业发展项目的目标是：

1. 改变课堂常规。
2. 改变教师对于专业发展的态度。
3. 打造一个由学习群体组成的学校。

这一点如何实现？

1. 重视课堂常规的改革。
2. 当教师能够观察到课堂常规改变所带来的儿童学习上的变化时，教师在信念和态度上的改变也就随之而来。

3. 请专家来示范你想要实施的教学实践模式。

构成优秀专业发展模式的因素

优秀的专业发展项目包括：

1. 启动前对项目的行政支持。
2. 组织专业发展研讨会，请知识丰富、鼓动力强的顾问带来关于新策略的信息。
3. 教师设定的奋斗目标。
4. 学校设辅导员协助教师在课堂上实施新的策略。
5. 容易获取的材料。
6. 其他教师、辅导员等听课，判断进展情况。
7. 教师讨论小组，针对提供新想法的阅读材料培养合作和反思的习惯。
8. 改变的时间。

教师对好的专业发展模式的评价

1. 教师甲：专业发展项目帮助我尝试新的想法。有时候区里请你做新的任务，但没有时间来了解它们，也得不到实施它们所需要的帮助。培养教师改革精神的最佳方式就是请一位鼓动力强、实力雄厚的顾问来展示新的策略。我们得到了非常好的支持，帮助我们理解和实施新的想法。我们还获得了很有帮助的课程计划。我还发现去其他教师的课堂上听课，看他们如何实践新策略，是极具价值的做法。重要的是意识到变化不是一朝一夕就能发生的。我们并不急躁。我喜欢讨论小组，因为我们需要互相交流进展情况、交换意见、从顾问那里获得建议。

2. 教师乙：促使我想要改变的是我意识到儿童的需求没有得到满足，他们没有完全发挥出潜力。我尝试改变教学方法之后不久就发现了儿童在行为上的变化。儿童现在能够跟上老师对他们的要求。

3. 教师丙：我觉得对于小组阅读教学的形式，我似乎还有很多需要学习的内容。我从专业发展项目中学到了很多。我打算继续积极参与专业发展，不断学习。我肯定会参加与顾问和同行一起的讨论会。同时我也很乐意帮助那些想要在课堂上尝试指导性阅读的老师们。

教师—研究者

专业发展的另一个领域是教师作为一个研究者来反思自己的教学。这样教师可以发现教学中的长处和短处，明确需要关注的问题。"教师—研究者"意味着教师要对教学策略、儿童发展、教室环境、课程发展或其他能帮助理清思路、促生信息的因素提出具体问题。问题应该来自课堂上的日常经验,同时教师要对此感兴趣。当教师成为研究者时,他们的知识和技能也随之提高。

一旦确定了研究的方向,教师应该集中收集资料,以求回答所提出的问题,理清思路。资料可以通过以下方式收集:观察和记录与问题相关的课堂轶事;对课堂环节进行录像;收集某一段时间内儿童的作业样本;与儿童、教师和家长面谈;进行正式和非正式的考试;以及尝试新的策略等。

作为一个"教师—研究者",你会一直站在最前沿,掌握最恰当的方法。你会发现你的教学总是生动有趣,因为你每天都在吸收新的信息。你会更加喜欢你的工作,因为额外的专业活动使你的角色得以拓展。作为一个"教师—研究者",你同时实践着教学的艺术与科学。科学使你探寻、阅读、观察和收集资料,而艺术则意味着对结果的反思、适当的改变。"教师—研究者"有实力成为决策者,推动学校里的改革。当他们研究那些已掌握确凿资料的问题时,他们所提出的新观点、所推荐的变革就容易为别人所接受。与其让校区外人员或行政管理人员来左右变革,不如自己来研究,承担起变革的责任。每年选择一个不同的领域来研究。适当的时候,与同事合作开展研究项目。与成人的合作,和与儿童的合作一样,会帮助你完成凭一己之力可能无法完成的项目。

本书所描述的方案旨在给教师和儿童以动力。动力使教师工作起来富有活力和热情,动力使儿童认识到读写与愉快、积极、刻意帮助他们成功的学校环境不可分割。学习读写的一个最重要的因素就是有一个能鼓励儿童愿意读写的教师。一旦想要读写,儿童就会愿意学习那些使他们成为熟练读写者的技能。而伴随这些技能的掌握,他们一生都会有兴趣不断修炼和使用那些技能。这个方案的目的就是"重新点燃我们对文字的激情"(Spielberg,1987)。

附录 A

儿童文学

萨拉·斯托菲克,凯瑟琳·明托,海伦·吉格里欧,马格莱纳·扎伦巴

■ 给婴儿看的书

纸板概念书

DK Books. (2002). *Things That Go*. New York. DK.

DK Board Books. (2004). *My First Farm Board Book*. New York. DK.

Dog Artlist. (2005). *The Dog from Arf! Arf! to Zzzzzzz-Book*. New York. HarperFestival.

Huelin, J. (2004). *Harold and the Purple Crayon: Opposites*. New York. HarperFestival.

King, S. (2003). *On the Farm, a Magic Picture Board*. San Francisco. Chronicle.

Kubler, A. (2003). *Ten Little Fingers*. New York. Children's Play International.

Leoni, L. (2004). *A Busy Year*. New York. Knopf.

布质书

Katz, K. (2007). *Baby's Day*. New York. Little Simon.

Potter, B. (2004). *Peter Rabbit Snuggle Time: A Cloth Book*. New York. Warner.

Priddy, R. (2003). *Squishy Turtle and Friends*. New York. Priddy.

Rinaldo, L. (2007). *Sleepy Farm*. Fort Huachuca, AZ. Campbell.

Ward, J. (2005). *Forest Bright, Forest Night*. Nevada City, CA. Dawn.

塑料书

Aigner-Clark, J. (2003). *Baby Einstein: What Floats: A Splash and Giggle Bath Book*. New York. Hyperion.

Crossley, D. (2003). *Bunnies on the Farm*. New York. Backpack Books.

London, J. (2001). *Froggy Takes a Bath*. New York. Grosset & Dunlap.

Priddy, R. (2005). *BabyHugs*. New York. Priddy.

触摸和感觉

Aigner-Clark, J. (2003). *Baby Einstein: Violet's House*. New York. Hyperion.

Brown, M. W. (2005). *Little Fur Family*. New York. HarperCollins.

Hunt, J. (2003). *Shapes*. San Diego, CA. Silver Dolphin.

Watt, F. (2004). *Fish*. DE. Usbourne.

Watt, F. (2006). *That's Not My Kitten*. DE. USbourne.

■ 概念书

Ashe, E. (2004). *Happy Horse—A Children's Book of Horses: A Happy Horse Adventure*. Chevy Chase, MD. Happy House.

Baker, J. (2004). *Home*. New York. Greenwillow.

Fleming, D. (2004). *The Everything Book*. New York. Holt.

Lehman, B. (2004). *The Red Book*. Boston. Houghton Mifflin.

McMullan, J., McMullan, K. (2005). *I Stink*.

New York: HarperFestival.

Seeger, L. V. (2007). *Black? White? Day? Night? A Book of Opposites*. New York: Roaring Press.

字母书

Baltic, S. Goldrich, D. (2005). *I Saw an Ostrich in a Chair*. New York: Star.

Bonder, D. (2007). *Dogabet*. N. Vancouver, BC, Canada: Walrus.

Bruel, N. (2005). *Bad Kitty*. New York: Roaring Brook Press.

Ernest, L. (2004). *The Turn-Around, Upside Down Alphabet Book*. New York: Simon & Schuster.

Floca, B. (2004). *The Race Car Alphabet*. New York: Atheneum.

London, J. (2007). *Do Your ABC's Little Brown Bear*. New York: Puffin.

数字书

Ball, J. (2005). *Go Figure! A Totally Cool Book about Numbers*. New York: DK.

Fromental, J.-L. (2007). *365 Penguins*. New York: Abrams.

Lewis, P. O. (2006). *P. Bear's New Year's Counting Book*. Berkeley, CA: Tricycle Press.

Morales, Y. (2004). *Just a Minute: A Trickster Tale and Counting Book*. San Francisco: Chronicle.

Sayre, A. P., Sayre, J. (2004). *One Is a Snail, Ten Is a Crab: A Counting by Feet Book*. Cambridge, MA: Candlewick.

育婴儿歌

Denton, K. (2004). *A Child's Treasury of Nursery Rhymes*. New York: Kingfisher.

Green, A. (2007). *Mother Goose's Storytime Nursery Rhymes*. New York: Arthur A. Levine.

Grey, M. (2007). *The Adventures of the Dish and the Spoon*. New York: Knopf.

Grodin, E. (2006). *Everyone Counts: A Citizen's Number Book*. Chelsea, MI: Sleeping Bear Press.

Rescek, S. (2006). *Hickory, Dickery Dock: And Other Favorite Nursery Rhymes*. New York: Tiger Tales.

无字故事书

Cleary, B. P. (2007). *Peanut Butter and Jellyfishes: A Very Silly Alphabet Book*. Brookfield, CT: Millbrook.

Crossley, D. (2003). *Bunnies on the Farm*. New York: Backpack Books.

Elting, M., Folsum, M., Kent, J. (2005). *Q Is for Duck: An Alphabet Guessing Game*. New York: Clarion.

Schories, P. (2004). *Breakfast for Jack*. Honesdale, PA: Boyd's Mill Press.

Sis, P. (2006). *Dinosaur*. New York: HarperFestival.

Sobel, J. (2006). *B Is for Bulldozer: A Construction Book*. New York: Voyager.

诗歌书籍

Donaldson, J., Scheffler, A. (2005). *The Gruffalo*. New York: Dial.

Feldman, T. (2003). *First Foil Haikus: Love*. Los Angeles: Piggy Toe Press.

Florian, D. (2005). *Zoo's Who*. San Diego, CA: Harcourt.

Kuskin, K. (2005). *Toots the Cat*. New York:

Holt.

Paschen, E., Raccah, D. (2005). *Poetry Speaks to Children*. Naperville, IL. Sourcebooks Mediafusion.

Pretlutsky, J. (Selector). *The 20th Century Children's Poetry Treasury*. New York, Random House.

Rammell, S. K. (2006). *City Beats: A Hip-Hoppy Pigeon Poem*. Nevada City, CA. Dawn.

■ 传统文学(寓言、神话和民间故事)

Aesop. (2005). *Aesop's Fables, Great Illustrated Classics*. Edino, MN. Abdo.

Gallagher, B. (2007). *Children's Classic Stories: A Timeless Collection of Fairytales, Fables, Folklores*. Essex, England. Bardfield Press.

Harrison, M., Stuart-Clark, C. (Selectors). (1994). *The Oxford Treasury of Children's Stories*. Andover, MA. Oxford.

Magee, W. (2007). *The Three Billy Goats Gruff*. Minnetonka, MN. Franklin Watts.

Mora, P. (2006). *Dona Flor: A Tale about a Giant Woman with a Big Heart*. New York. Random-Knopf.

Pinkney, J. (2007). *The Little Red Hen*. New York. Dial.

■ 有限词汇易读书

Cannon, A. E. (2004). *Let the Good Times Roll with Pirate Pete and Pirate Joe*. New York. Viking.

Capucilli, A. S. (2003). *Biscuit Loves School*. New York. HarperFestival.

Holub, J. (2003). *Why Do Horses Neigh?* New York. Puffin.

Juster, N. (2005). *The Hello, Goodbye Window*. New York. Hyperion.

Rocklin, J. (2003). *This Book Is Haunted*. New York. HarperTrophy.

■ 现实题材的书

Buehner, C., & Buehner, M. (2000). *I Did It, I'm Sorry*. New York. Penguin.

Davies, S. (1997). *Why Did We Have to Move Here?* Minneapolis, MN. Carolrhoda Books.

dePaola, T. (2000). *Nana Upstairs and Nana Downstairs*. New York. Penguin.

Hess, D. (1994). *Wilson Sat Alone*. New York. Simon & Schuster.

Katz, K. (2002). *The Colors of Us*. New York. Holt.

Levins, S., Langdo, B. (2006). *Was It the Chocolate Pudding?: A Story for Little Kids about Divorce*. Washington, DC: American Psychological Association.

Newman, L. (1998). *Too Far Away to Touch*. New York. Clarion.

Padoan, G. (1989). *Remembering Grandad: Facing up to Death*. New York. Child's Play.

Penn, A. (2006). *The Kissing Hand*. Terre Haute, IN: Tanglewood Press.

Richardson, J., Parnell, P. (2005). *And Tango Makes Three*. New York: Simon & Schuster.

Vigna, J., (1995). *My Two Uncles*. Morton Grove, IL: Albert Whitman.

Viorst, J., (1971). *The Tenth Good Thing about Barney*. New York: Simon & Schuster.

■ 科普书(说明性文章,分级列出)

幼儿园

Grogan, J. (2007). *Bad Dog, Marley!* New

York. HarperCollins.

Hewitt, S. (1999). *The Five Senses*. Danbury, CT. Children's Press.

Klingel, C. G., & Noyed, R. B. (2001). *Pumpkins*. Chanhassen, MI. Children's World.

Morris, A. (1998). *Work*. New York. Lothrop, Lee & Shepard.

Segal, G. (2004). *Why Mole Shouted*. New York. Farrar, Straus, & Giroux.

Shulevitz, U. (2003). *One Monday Morning*. New York. Farrar, Straus, & Giroux.

Suen, A. (2004). *Subway*. New York. Viking.

Ziefert, H. (2006). *You Can't Taste a Pickle with Your Ear*! Penticton, BC, Canada. Handprint Books/RaggedBears/BlueApple.

学前班至一年级

Carle, E. (2005). *A House for Hermit Crab*. New York. Aladdin.

Cuyler, M. (2001). *Stop, Drop, and Roll*. New York. Simon & Schuster.

Guiberson, B. Z. (2004). *Rain, Rain, Rain Forests*. New York. Holt.

Hewitt, S. (2000). *Nature for Fun Projects*. Riverside, NJ. Millbrook Press.

Hirschi, R. (2007). *Ocean Seasons*. Mount Pleasant, SC. Sylvan Dell.

Klingel, C., & Noyed, R. B. (2001). *Pigs*. Chanhassen, MI. Child's World.

Lewin, T., & Lewin, B. (2000). *Elephant Quest*. New York. HarperCollins.

Montanari, D. (2001). *Children around the World*. Tonawanda, NY. Kids Can Press.

Piano, M. (2006). *When Flamingos Fly*. New York. Orchard Academy Press.

Rockwell, A. (2001). *Bugs Are Insects*. New York. HarperCollins.

Willems, M. (2005). *Knuffle Bunny: A Cautionary Tale*. New York. Hyperion.

一至二年级

Davies, N. (2004). *Oceans and Seas*. New York. Kingfisher.

Dussling, J. (2003). *Fair Is Fair*! La Jolla, CA. Kane.

Haskins, L. (2004). *Butterfly Fever*. La Jolla, CA. Kane.

Herman, K. (2003). *Buried in the Backyard*. La Jolla, CA. Kane.

Kerley, B. (2006). *You and Me Together: Moms, Dads, and Kids around the World*. Washington, DC. National Geographic.

London, J. (2001). *Crocodile: Disappearing Dragons*. Cambridge, MA. Candlewick.

McLiemans, D. (2006). *Gone Wild*. New York. Walker.

Murphy, S. (2004). *Earth Day—Hooray*! New York. HarperTrophy.

Schaefer, L. (2001). *Who Works Here? Fast-food Restaurant*. Chicago. Heinemann.

Yolen, J., & Stemple, H. (2001). *The Wolf Girls*. New York. Simon & Schuster.

二至三年级

Animal Planet: The Most Extreme Bugs. (2007). New York. Discovery Press.

Dussling, J. (2005). *The 100-Pound Problem*. La Jolla, CA, Kane.

Hickman, P. (2001). *Animals Eating: How Animals Chomp, Chew, Slurp, and Swallow*. Tonawanda, NY. Kids Can Press.

Markle, S. (2001). *Rats and Mice*. New York. Atheneum.

Noyes, D. (2007). *When I Met the Wolf Girls*. Boston. Houghton Mifflin.

Priceman, M. (2006). *The Mostly True Story*

of the First Hot-Air Balloon Ride. New York. Simon & Schuster.

Ripley, C. (2004). *Why! The Best Ever Question and Answer Book about Nature, Science, and the World around You*. Toronto, Canada. Maple Tree Press.

Sansevere-Dreher, D. (2005). *Explorers Who Got Lost*. New York. Tor.

Senisi, E. (2001). *Berry Smudges and Leaf Prints*. New York. Dutton Children's Books.

Wheeler, L. (2007). *Mammoths on the Move*. New York. Knopf.

科普课文系列

Alphabet and Counting Books. Watertown, MA. Charlesbridge.

Time for Kids. New York. HarperCollins.

Wildlife Series for Kids. Tonawanda, NY. Kids Can Press.

■ **传记**

Anderson, W. (2003). *River Boy: The Story of Mark Twain*. New York. HarperCollins.

Bruchac, J. (2004). *Rachel Carson: Preserving a Sense of Wonder*. Golden, CO. Fulcrum.

Carlson, C. (2005). *Dr. Seuss*. New York. Pebble Books.

Delano, M. F. (2004). *Genius: A Photobiography of Albert Einstein*. Washington, DC. National Geographic.

Demi. (2001). *Ghandi*. New York. Simon & Schuster.

Schanzer, R. (2003). *How Ben Franklin Stole the Lightning*. New York. HarperCollins.

Winter, J. (2003). *The Librarian of Basra: A True Story of Iraq*. San Diego, CA. Harcourt.

Worms, P. (2003). *Alexander the Great*. New York. Peter Bedrick.

传记文学

Biographies for Children: The Young Patriot Series. Indianapolis, IN. Patria Press.

Creative Minds. Minneapolis, MN. Carolrhoda.

Kids Who Ruled. New York. Peter Bedrick.

Meet the Author Series. Katonah, NY. Richard C. Owen.

Picture Book Biographies. New York. Holiday House.

Step-Up Biographies. New York. Random House.

■ **可预测的书**

重复的词汇

Elliott, D. (2004). *And Here's to You*. Cambridge, MA. Candlewick.

Henkes, K. (2004). *Kitten's First Full Moon*. New York. Greenwillow.

Page, R. (2004). *What Do You Do With a Tail Like This?* Boston. Houghton Mifflin.

Sherry, K. (2007). *I'm the Biggest Thing in the Ocean*. New York. Dial.

Wilson, K. (2003). *Never, Ever Shout in a Zoo*. New York. Margaret K. McElderry.

儿歌

Berkes, M. C. (2007). *Over in the Jungle: A Rainforest Rhyme*. Nevada City, CA. Dawn.

Brenner, B. (2003). *What the Elephant Told*. New York. Holt.

Deady, K. (2004). *All Year Long*. Minneapolis, Carolrhoda.

Hubbard, W. M. (2003). *For the Love of a*

Dog. New York. Putnam.

Mortensen, D. D. (2006). *Ohio Thunder*. New York. Clarion.

Tillman, N. (2006). *On the Night You Were Born*. New York. Feiwel.

熟悉的序列(星期几、数字、字母、月份等)

Baker, K. (2004). *Quack and Count*. New York. Voyager.

Bauer, M. D. (2003). *Toes, Ears, & Nose*. New York. Little Simon.

Carle, E. (2005). *Pancakes, Pancakes*. New York: Aladdin.

Krause, R. (2005). *Whose Mouse Are You?* New York. Aladdin.

Lewison, W. C. (2004). *Raindrop, Plop!* New York. Viking.

Updike, J. (1999). *A Child's Calendar*. New York. Holiday House.

累积型(随着故事的进展,前一行被重复)

Edwards. P. D. (2005). *The Bus Ride That Changed History: The Story of Rosa Parks*. Boston. Houghton Mifflin.

Ernst, L. C. (2006). *The Gingerbread Girl*. New York. Dutton.

Wilson, K., & Rankin, J. (2003). *A Frog in the Bog*. New York. Margaret K. Elderry.

Wormell, C. (2001). *Blue Rabbit and the Runaway Wheel*. New York. Random House.

对话型故事

Gleitzman, M. (2005). *Worm Story*. London, England. Ladybird Books.

Herman, G. (2003). *Buried in the Backyard*. La Jolla, CA. Kane.

Krull, K. (2003). *M Is for Music*. San Diego, CA. Harcourt.

Woodson, J. (2001). *The Other Side*. New York. Putnam.

培养批判式讨论的书

Edwards, P. D. (2005). *The Bus Ride That Changed History: The Story of Rosa Parks*. Boston. Houghton Mifflin.

Juster, N. (2005). *The Hello, Goodbye Window*. New York. Hyperion.

Mora, P. (2006). *Dona Flor: A Tale about a Giant Woman with a Big Heart*. New York. Random-Knopf.

Smith, L. (2006). *Jon, Paul, George, & Ben*. New York. Hyperion.

加强听力和辨音的书

Krull, K. (2003). *M Is for Music*. San Diego, CA. Harcourt.

Ring, S. (2004). *Safari Sounds: Hear and There*. Norwalk, CT. Innovative Kids.

Seuss, Dr. (2003). *Gerald McBoing Boing*. New York. Random House.

Wilson, K. (2004). *Hilda Must Be Dancing*. New York. Margaret K. McElderry.

Wojtowycz, D. (2001). *Can You Moo?* New York. Scholastic.

最受欢迎的著名图画故事书

Barrett, J. (1988). *Animals Should Definitely Not Wear Clothing*. New York. Simon & Schuster.

Bemelmans, L. (1939). *Madeline*. New York. Viking.

Berenstain, S., & Berenstain, J. (2002). *The Bear's Picnic*. New York. Random House.

Brown, M. W. (1977). *Goodnight Moon*. New York. HarperCollins.

Carle, E. (1969). *The Very Hungry

Caterpillar. New York: Philomel.

dePaola, T. (1975). *Strega Nona: An Old Tale*. Upper Saddle River, NJ: Prentice Hall.

Eastman, P. D. (2005). *Are You My Mother?* New York: Random House.

Flack, M. (1968). *Ask Mr. Bear*. New York: Simon & Schuster.

Galdone, P. (1985). *The Little Red Hen*. Boston: Houghton Mifflin.

Hoban, R. (1976). *Best Friends for Frances*. New York: HarperCollins.

Hughes, S. (1986). *Up and Up*. New York: William Morrow & Co.

Hutchins, P. (1989). *Don's Forget the Bacon*. New York: HarperCollins.

Johnson, C. (1955). *Harold and the Purple Crayon*. New York: Harper.

Keats, E. J. (1998). *The Snowy Day*. New York: Penguin.

Kellogg, S. (1992). *Can I Keep Him?* New York: Penguin.

Kraus, R. (1973). *Leo the Late Bloomer*. New York: HarperCollins.

Lionni, L. (1973). *Swimmy*. New York: Random House.

Lobel, A. (1972). *Frog and Toad Together*. New York: Harper & Row.

Mayer, M. (2001). *One Monster after Another*. Columbus, OH: McGraw-Hill.

McCloskey, R. (1948). *Blueberries for Sal*. New York: Penguin.

Piper, W. (1978). *The Little Engine That Could*. New York: Penguin.

Potter, B. (2006). *The Tale of Peter Rabbit*. New York: Warner.

Rey, H. A. (1973). *Curious George Rides a Bike*. Boston: Houghton Mifflin.

Sendak, M. (1988). *Where the Wild Things Are*. New York: HarperCollins.

Seuss, Dr. (1940). *Horton Hatches the Egg*. New York: Random House.

Shaw, C. (1947). *It Looked Like Spilled Milk*. New York: HarperCollins.

Slobodkina, E. (1947). *Caps for Sale*. Reading, MA: Addison-Wesley.

Steig, W. (2005). *Sylvester and the Magic Pebble*. New York: Simon & Schuster.

Viorst, J. (1972). *Alexander and the Terrible, Horrible, No Good, Very Bad Day*. New York: Atheneum.

Waber, B. (1975). *Ira Sleeps Over*. Boston: Houghton Mifflin.

Wiesner, D. (1988). *FreeFall*. New York: Lothrop, Lee, & Shepard.

Wiesner, D. (1992). *Tuesday*. New York: Clarion Books.

听指令的书

Carle, E. (1993). *Draw Me a Star*. New York: Scholastic.

Cousins, L. (1999). *Dress Maisy*. Cambridge, MA: Candlewick Press.

Gibbons, G. (1996). *How a House Is Built*. New York: Holiday House.

Gold, R. (2006). *Kids Cook 1-2-3: Recipes for Young Chefs Using Only Three Ingredients*. New York: Bloomsbury.

Keller, T. (2007). *What's Cooking? A Cookbook for Kids*. New York: Disney Press.

Robinson, N. (2006). *Origami Adventures: Animals*. Hauppauge, NY: Barron's Educational Series.

Yolen, J., Teague, M. (2003). *How Do Dinosaurs Get Well Soon?* New York. Scholastic.

丛书

Bemelmans, L. (1977). *Madeline.* New York. Puffin Books.

Bourgeois, P. (2000). *Franklin.* New York. Scholastic.

Danziger, P. (2003). *Amber Brown.* New York. Putnam.

McDonald, M. (2002). *Judy Moody.* Cambridge, MA. Candlewick Press.

Parish, P. (1970). *Amelia Bedelia.* New York. Scholastic.

Park, B. (2002). *Junie B. Jones.* New York. Random House.

Rey, M., & Rey, H. A. (1973). *Curious George.* Boston. Houghton Mifflin.

Warner, G. C. (1990). *Boxcar Children Mysteries.* Morton Grove, IL. Albert Whitman.

主题书

关于"我"的书

Cain, J. (2000). *The Way I Feel.* Seattle, WA. Parenting Press.

Carlson, N. L. (1990). *I Like Me!* New York. Penguin.

Curtis, J. L. (2002). *I'm Gonna Like Me.* New York. HarperCollins.

Henkes, K. (1996). *Chrysanthemum.* New York. HarperCollins.

Kingsbury, K. (2004). *Let Me Hold You Longer.* Carol Stream, IL. Tyndale House.

Mitchell, L. (2001). *Different Just Like Me.* Watertown, MA. Charlesbridge.

Parr, T. (1999). *Things That Make You Feel Good, Things That Make You Feel Bad.* London. Little, Brown.

Parr, T. (2001). *It's Okay to Be Different.* London. Little, Brown.

Seuss, Dr. (1996). *My Many Colored Days.* New York. Random House.

Ziefert, H. (1998). *Waiting for Baby.* New York. Holt.

关于动物的书

Bancroft, H., & Van Gelder, R. G. (1997). *Animals in Winter.* New York. HarperCollins.

Driscoll, L. (1997). *The Bravest Cat! The True Story of Scarlett.* New York. Penguin.

Ellwand, D. (1997). *Emma's Favorite Elephant and Other Favorite Animals.* New York. Penguin.

Hawes, J. (2000). *Why Frogs Are Wet.* New York. HarperCollins.

Hickman, P. (2001). *Animals Eating: How Animals Chomp, Chew, Slurp and Swallow.* Tonawanda, NY. Kids Can Press.

Jackson, D. (2002). *The Wildlife Detectives: How Forensic Scientists Fight Crimes Against Nature.* Boston. Houghton Mifflin.

Jenkins, S. (2003). *What Do You Do with a Tail Like This?* Boston. Houghton Mifflin.

Markle, S. (2005). *Outside and Inside Giant Squid.* New York. Walker.

Markle, S. (2006). *A Mother's Journey.* Watertown, MA. Charlesbridge.

Weber, B. (2004). *Animal Disguises.* Boston. Houghton Mifflin.

关于恐龙的书

Carter, D. (2001). *Flapdoodle Dinosaurs*. New York. Simon & Schuster.

Diggory-Shields, C. (2002). *Saturday Night at the Dinosaur Stomp*. Cambridge, MA. Candlewick Press.

Eldredge, N., et al. (2002). *Fossil Factory: A Kid's Guide to Digging Up Dinosaurs, Exploring Evolution and Finding Fossils*. Lanham, MD: Rinehart.

Gibbons, G. (2006). *Dinosaur Discoveries*. New York. Holiday House.

Kudlinski, K. V. (2005). *Boy, Were We Wrong about the Dinosaurs!* New York. Penguin.

Maynard, C. (2005). *The Best Book of Dinosaurs*. Boston. Houghton Mifflin.

Mitton, T. (2003). *Dinosaurumpus!* New York. Scholastic.

Weidner Zoehfeld, K. (2003). *Did Dinosaurs Have Feathers?* New York. HarperCollins.

Weidner Zoehfeld, K. (2001). *Terrible Tyrannosaurus*. New York. HarperCollins.

Willems, M. (2006). *Edwina, the Dinosaur Who Didn't Know She Was Extinct*. New York. Hyperion.

Yolen, J. (2005). *How Do Dinosaurs Eat Their Food?* New York. Scholastic.

生态学

Cherry, L. (2000). *The Great Kapok Tree: A Tale of the Amazon Rainforest*. New York. Harcourt.

Cherry, L. (2002). *River Ran Wild: An Environmental History*. New York. Harcourt.

Cherry, L., & Plotkin, M. J. (2001). *The Shaman's Apprentice: A Tale of the Amazon Rainforest*. New York. Harcourt.

Craighead George, J. (1995). *One Day in the Tropical Rainforest*. New York. HarperCollins.

Fleming, D. (2000). *Where Once There Was Wood*. New York: Holt.

Green, J. (2005). *Why Should I Recycle?* Hauppauge, NY: Barron's Educational Series.

Rauzon, M. J., & Bix, C. O. (1995). *Water, Water, Everywhere*. San Francisco: Sierra Book Clubs for Children.

Seuling, B. (2000). *Drip! Drop!: How Water Gets to Your Tap*. New York. Holiday House.

Wells, R. (2006). *Did a Dinosaur Drink This Water?* Morton Grove, IL. Albert Whitman.

五官

Aliki. (1989). *My Five Senses*. New York. HarperCollins.

Belk-Moncure, J. (1997). *Clang, Boom, Bang: My Five Senses Series*. Mankato, MN. Child's World.

Caviezel, G. (2005). *My Own Five Senses*. Hauppauge, NY. Barron's Educational Series.

Cole, J. (2001). *The Magic School Bus Explores the Senses*. New York. Scholastic.

Collins, B., & Cole, G. E. (1994). *You Can't Smell a Flower with Your Ear! All about Your 5 Senses*. New York. Penguin.

Miller, M. (1998). *My Five Senses*. New York. Simon & Schuster.

Romanek, T. (2004). *Wow! The Most Interesting Book You'll Ever Read about the Five Senses (Mysterious You Series)*. Tonawanda, NY: Kids Can Press.

Scott, J., & Fletcher, M. B. (2003). *Our Senses (Spyglass Books, Life Science*

Series). Mankato, MN: Coughlan.

Tullet, H. (2005). *The Five Senses*. UK: Tate.

万物的奥秘

Berger, M. (2000). *Why I Sneeze, Shiver, Hiccup, and Yawn*. New York: HarperCollins.

Cobb, A. (1996). *Wheels!* New York: Random House.

Jones, C. F. (1994). *Mistakes That Worked*. New York: Bantam Doubleday Dell.

Porter, A., & Davies, E. (2003). *How Things Work (Discoveries Series)*. New York: Barnes and Noble.

Showers, P. (2001). *What Happens to a Hamburger?* New York: HarperCollins.

Voorhees, D. (2000). *Why Does Popcorn Pop? And 201 Other Fascinating Facts About Food*. New York: Carol Publishing.

Woodford, C., et al. (2005). *Cool Stuff and How It Works*. New York: Dorling Kindersley.

昆虫和爬行动物

Baker, K. (1995). *Hide and Snake*. New York: Harcourt.

Berger, M., & Berger, G. (2002). *Snap! A Book about Alligators and Crocodiles*. New York: Scholastic.

Glassberg, J. (2005). *Butterflies of North America*. New York: Barnes and Noble.

Heiligman, D. (1996). *From Caterpillar to Butterfly*. New York: HarperCollins.

Holub, J. (2004). *Why Do Snakes Hiss? And Other Questions about Snakes, Lizards, and Turtles*. New York: Penguin.

Nickle, J. (2006). *The Ant Bully*. New York: Scholastic.

Orloff, K. K. (2004). *I Wanna Iguana*. New York: Penguin.

Simon, S. (2001). *Crocodiles and Alligators*. New York: HarperCollins.

Siy, A. (2005). *Mosquito Bite*. Watertown, MA: Charlesbridge.

Willis, J. (2005). *Tadpole's Promise*. New York: Simon & Schuster.

海洋生物

Andreae, G. (2002). *Commotion in the Ocean*. Wilton, CT: ME Media.

Fuge, C. (2007). *Gilbert in Deep*. New York: Sterling.

Galloway, R. (2006). *Fidgety Fish*. Wilton, CT: ME Media.

Gilpin, D. (2005). *Life-Size Sharks and Other Underwater Creatures*. New York: Sterling.

Gray, S. (2001). *Ocean*. New York: Dorling Kindersley.

Lionni, L. (1973). *Swimmy*. New York: Random House.

Pallotta, J. (1990). *Ocean Alphabet Book*. Watertown, MA: Charlesbridge.

Osborne, M. P., & Boyce, N. p. (2003). *Dolphins and Sharks: A Nonfiction Companion to Dolphins at Daybreak (Magic Treehouse Research Guide Series)*. New York: Random House.

Pratt-Serafini, K. J. (1994). *A Swim Through the Sea*. Nevada City, CA: Dawn Publications.

Savage, S. (2006). *Oceans (Kingfisher Voyager Series)*. Boston: Houghton Mifflin.

■ 季节和节日

一年四季

Branley, F. M. (2005). *Sunshine Makes the

Seasons. New York: HarperCollins.

Gibbons, G. (1996). *Reasons for Seasons*. New York: Holiday House.

秋

Farmer, J. (2004). *Pumpkins*. Watertown, MA: Charlesbridge.

Hunter, A. (1998). *Possum's Harvest Moon*. Boston: Houghton Mifflin.

Maestro, B. (1994). *Why Do Leaves Change Color?* New York: HarperCollins.

Rawlinson, J. (2006). *Fletcher and the Falling Leaves*. New York: HarperCollins.

Robbins, K. (1998). *Autumn Leaves*. New York: Scholastic.

Robbins, K. (2006). *Pumpkins*. New York: Roaring Book Press.

Russell, C. Y. (2003). *Moon Festival*. Honesdale, PA: Boyds Mill Press.

Saunders-Smith, G. (1997). *Autumn Leaves*. Mankato, MN: Coughlan Publishing.

Saunders-Smith, G. (1998). *Autumn*. Mankato, MN: Coughlan Publishing.

Schuette, S. L. (2007). *Let's Look at Fall*. Mankato, MN: Coughlan Publishing.

冬

Ehlert, L. (2000). *Snowballs*. New York: Harcourt.

Florian, D. (1999). *Winter Eyes*. New York, Greenwillow.

Frank, J. (2003). *A Chill in the Air: Poems for Fall and Winter*. New York: Simon & Schuster.

Jacques, B. (2004). *A Redwall Winter's Tale*. New York: Penguin.

Martin, J. B. (1998). *Snowflake Bentley*. Boston: Houghton Mifflin.

Poydar, N. (1997). *Snip, Snip, Snow*. New York: Holiday House.

Prelutsky, J. (2006). *It's Snowing! It's Snowing!: Winter Poems*. New York: HarperCollins.

Schulevitz, U. (2004), *Snow*. New York: Farrar, Straus, and Giroux.

Wilson, K. (2002). *Bear Snores On*. New York: Simon & Schuster.

Yolen, J. (1987). *Owl Moon*. New York: Penguin.

春

Carr, J. (2002). *Splish, Splash, Spring*. New York: Holiday House.

Good, E. W. (1996). *That's What Happens When It's Spring!* Kihei, HI: Good Books.

Preller, J. (1994). *Wake Me in Spring*. New York: Scholastic.

Roca, N. (2004). *Spring*. Hauppauge, NY: Barron's Educational Series.

Rylant, C. (1996). *Henry and Mudge in Puddle Trouble: The Second Book of Their Adventures*. New York: Simon & Schuster.

Spetter, J. H. (1995), *Lily and Trooper's Spring*. Honesdale, PA: Boyds Mill Press.

Thompson, L. (2005). *Mouse's First Spring*. New York: Simon & Schuster.

Wilson, K. (2003). *Bear Wants More*. New York: Simon & Schuster.

Yoon, S. (2006). *Duckling's First Spring*. New York: Penguin.

夏

Hesse, K. (1999). *Come On Rain!* New York: Scholastic.

Perkins, L. R. (2007). *Pictures from Our*

Vacation. New York: HarperCollins.

Polacco, P. (1997). *Thundercake*. New York: Penguin.

Roca, N. (2004). *Summer (The Seasons)*. Hauppauge, NY: Barron's Educational Series.

Rylant, C. (1993). *Relatives Came*. New York: Simon & Schuster.

Teague, M. (1997). *How I Spent My Summer Vacation*. Bethel, CT: Crown.

Wiesner, D. (2006). *Flotsam*. Boston: Houghton Mifflin.

Wing, N. (2002). *Night before Summer Vacation*. New York: Penguin.

Zolotow, C. (1989). *Storm Book*. New York: HarperCollins.

太空

Barton, B. (1992). *I Want to Be an Astronaut*. New York: HarperCollins.

Branley, F. M. (1999). *Is There Life in Outerspace?* New York: HarperCollins.

Davis, K. C. (2001). *Don't Know Much about Space*. New York: HarperCollins.

Gibbons, G. (2005). *The Planets*. New York: Holiday House.

Graham, I. (1998). *The Best Book of Spaceships*. Boston: Houghton Mifflin.

McNulty, F. (2005). *If You Decide to Go to the Moon*. New York: Scholastic.

Osborne, W., & Osborn, M. P. (2002). *Space: A Nonfiction Companion to Midnight on the Moon (Magic Treehouse Research Guide Series)*. New York: Bantam Doubleday Dell.

Simon, S. (1991). *Galaxies*. New York: HarperCollins.

Sims, L. (1995). *Exploring Space*. Orlando, FL: SteckVaughn.

Sparrow, G. (2007). *Space Flight*. New York: Dorling Kindersley.

■ 儿童的特殊需要

交流问题（话语和语言的差异）

Cisneros, S. (1997). *Hair/Pelitos*. New York: Bantam Doubleday Dell.

Lester, H. (2002). *Hooway for Wodney Wat*. New York: Walter Lorraine Books.

Lovell, P. (2001). *Stand Tall, Molly Lou Melon*. New York: Penguin.

Reisser, L. (1996). *Margarety Margarita*. New York: HarperCollins.

身体障碍（视力、听力、身体）

Chillemi, S. (2006). *My Daddy Has Epilepsy*. Lulu.com.

Konigsburg, E. L. (1998). *A View from Saturday*. New York: Simon & Schuster.

Meyer, D. J., (1997). *Views from Our Shoes: Growing Up with a Brother or Sister with Special Needs*. Bethesda, MD: Woodbine House.

Millman, I. (2002). *Moses Goes to a Concert*. New York: Farrar, Straus and Giroux.

Mulder, L. (1992). *Sarah and Puffle: A Story for Children about Diabetes*. Washington, DC: American Psychological Association.

Peterson, J. W., & Ray, D. (1984). *I Have A Sister—My Sister Is Deaf*. New York: HarperCollins.

Thomas, P. (2002). *Don't Call Me Special*. Hauppauge, NY: Barron's Educational Series.

Willis, J., & Ross, T. (2000). *Susan Laughs*. New York: Holt.

学习障碍

Dahl, R. (1994). *Vicar of Nibbleswicke*. New

York: Penguin.

Fleming, V. (1993). *Be Good to Eddie Lee*. New York: Penguin.

Gantos, J. (2000). *Joey Pigza Swallowed the Key*. New York: HarperCollins.

Gehret, J. M. (1996). *Don't-Give-Up-Kid: And Learning Differences*. Fairport, NY: Verbal Images Press.

Janover, C. (2004). *Josh: A Boy with Dyslexia*. Lincoln, NE: iUniverse.

Kraus, R. (1994). *Leo the Late Bloomer*. New York: HarperCollins.

Lears, L. (1998). *Ian's Walk: A Story about Autism*. Morton Grove, IL: Albert Whitman.

Lears, L. (1999). *Waiting for Mr. Goose*. Morton Grove, IL: Albert Whitman.

Lord, C. (2007). *Rules*. New York: Scholastic.

Shriver, M. (2001). *What's Wrong with Timmy?* New York: Little, Brown.

Smith, M. (1997). *Pay Attention, Slosh!* Morton Grove, IL: Albert Whitman.

Thompson, M. (1996). *Andy and His Yellow Frisbee*. Bethesda, MD: Woodbine House.

附录 B
教师可利用的读写网站

葆拉·巴兹彦

www.atozteacherstuff.com

描述：这个由教师创办的网站为教师提供课程计划、主题单元、教师建议、论坛、可下载的教学资料和电子书、可打印的作业单、新兴读本、主题等。

www.songsforteaching.com

描述：该网址含有大量将音乐融入课程教学的内容，有歌词、声音片段和教学建议。其中多种流行艺术家的歌曲以学科话题的形式呈现出来。

www.readwritethink.org

描述：该网站由国际阅读协会主办，为教师提供最新、最高质量的教学方法以及阅读和语言艺术教学的资源。内有课程、IRA/NCTE 标准概览、网络资源和学生材料等。

www.carolhurst.com

描述：该网址提供优秀儿童书籍评论的汇编、如何在课堂上利用图书的建议、针对具体话题的图书和活动、课程领域以及主题和专业话题等。

www.readingrockets.org

描述："阅读火箭"提供大量阅读策略、课程，以及专门设计用来帮助幼儿学会阅读和帮助已经会阅读的孩子提高阅读技能的活动。该网址支持家长、教师和其他教育者照顾那些在基本阅读和理解技能发展上需要特殊帮助的有困难的读者。

www.thereadingnook.com

描述：该网址为教师提供分级书单，以便为独立阅读和教师指导下的阅读进行书目选择。

www.dltk-tech.com/minibooks/index.htm

描述：该网址为教师提供了很多读写材料，但最重要的是可打印出来给孩子们使用的分级书籍。

附录 C

综合性的语言艺术活动
主题单元：世界上的动物

葆拉·巴兹彦

一、有关动物的信息

1. 什么是动物？

除了植物，所有生物都是动物，包括人类。有许多不同种类的动物，例如鸟、鱼、昆虫、家畜、爬虫、两栖动物以及哺乳动物。

2. 动物在哪里生存？

全世界的动物生活在不同的环境之中。某一种动物生活的地方，叫作它的栖息地。动物生活在世界上很多不同的地方。例如，骆驼生活在沙漠里。狮子、猴子、大象和老虎生活在丛林中。熊、鹿、狐狸和金花鼠生活在森林里。美洲狮、鹰以及美洲驼生活在山区。海豚、鲸、鲨鱼和不同种类的鱼生活在水中。海狮、北极熊和企鹅生活在两极地区。猪、羊、鸡和牛生活在农场里。从哺乳动物到两栖类动物，各种各样的动物还可以生活在动物园中。人类和他们的宠物，例如猫、狗、仓鼠以及小鱼等都生活在房子里。

3. 动物吃什么？

不同的动物有不同的营养需求。一些动物，比如兔子、长颈鹿和大象是食草动物，他们吃植物。像狮子、老虎、熊和狼这样的动物是食肉动物，他们吃肉来摄取所需的营养。人类以及猴子这样的杂食动物，既吃植物也吃动物。许多动物都是哺乳动物，胎生且母亲产奶喂养宝宝。

4. 我们如何称呼雌雄和动物幼兽呢？

许多动物幼兽和成年的动物有着不一样的英文名称。例如幼年的猫称为小猫（kitten），幼年的狗是小狗（puppy），而幼年时期的鸭子是鸭宝宝（duckling）。马的幼仔是小马驹（foal）；狮子、老虎和熊幼年时都称为幼兽（cub）；鹅幼年时则是小鹅（fawn）。在英语中甚至雌雄都有不同的称谓。例如公牛（bull）和母牛（cow）的单词就不一样，雄海豹（bull seal）和雌海豹（cow seal）也不一样。英文中"狮子"（lion）一词指的是公狮子，母狮子（lioness）的单词要添加后缀。"鹿"（deer）在英语中指的是一种动物的总称,公鹿(buck)和母鹿(doe)分别有不同的称谓。

5. 动物在世界上起到什么样的作用?

全世界生活着不同的动物,它们在不同的文化中起到了不同的作用。例如,狗作为宠物被人饲养起来,可以协助警察、消防员工作,也存在导盲犬,但是在阿拉斯加等严寒地区它们用于拉人和雪橇。在美国,牛可以产奶,提供肉和皮;但是在印度,牛是深受敬仰的对象,在宗教仪式中也受人尊崇。在美国,我们常可以在动物园以及马戏团表演中看到大象,但是在非洲,它们被用于交通运输,发挥着和骆驼、驴、骡子相似的作用。在美国,昆虫有不同的功用。蜜蜂用于酿蜜,某些特别的昆虫用在园艺中,因为他们可以吃掉其他破坏植物和庄稼的昆虫,儿童在班级里也会养昆虫以便观察学习,等等。在世界其他地方,昆虫有不同的作用。在非洲、亚洲和拉美的很多文化中,昆虫是传统食物。在中国,蚕用来制丝。

6. 有动物过去存在而现在灭绝了吗?

因为猎人的杀戮或由于自然栖息地被毁损,很多动物变得稀有。部分物种现在已经绝种了,例如恐龙、猛犸、美洲狮、美洲豹以及德克萨斯灰狼。这些动物在地球上都已经消失了。很多物种也岌岌可危或者濒临灭绝,例如亚洲象、非洲象、蓝鲸、熊猫和大猩猩。动物园变得十分重要,因为他们试图饲养濒危动物,将它们从濒临灭绝的境地拯救回来。

7. 需要做哪些与动物相关的工作?

有很多与动物相关的重要工作要做。动物园的管理员照看园内的动物。他们给动物喂食、清洁其居住环境并为动物做检查。通常每个动物园管理员只照看一种动物。兽医是动物的医生。他们照看生病的动物、给动物接生并且给动物做健康检查,以保证它们身体健康并得到很好的照顾。驯兽师训练动物与人相处以及表演一些有趣的戏法。他们常在马戏团以及电影中与动物一起工作。动物科学家研究动物。他们的工作就是找出动物在哪里居住,吃什么,以及进食时间、睡眠方式和时间、与其他动物的异同、如何帮助其他的动物等。在宠物商店和动物保护中心的人们有责任照看动物,给它们喂食,清洁笼子,和动物玩耍,并给动物找到好的家庭等。动物权益保护者要确保所有动物都是安全的,他们为保护动物不被猎人杀戮并维护其栖息地而进行着抗争。

二、告家长书:有关"世界上的动物"

亲爱的家长们:

你们的孩子即将参与一个单元,去调查世界上的一种动物。这个单元包括若干课程:不同种类的动物,动物生活在地球上的什么地方,它们的栖息地

（例如丛林、森林、海洋等），它们吃什么，它们的幼兽，以及它们在世界各地的不同作用等。孩子们将会了解濒危动物和已经灭绝的动物，并了解与动物相关的职业。

"世界上的动物"这一单元涵盖了所有的学科领域：游戏、美术、音乐、社会研究、科学、数学和读写（读、写、听、说），这一主题将会是综合性的。很多班级里做的有趣和刺激的活动，也可以在家庭中应用。

(1) 班级里和家中

美术：美术是很好的学习体验，可以培养儿童手眼协调的能力以及视觉的辨别技能。在进行不同种类的美术活动中，儿童可以使用不同的绘画材料进行探索和实验。在美术活动中，通过设计拼贴画和基于动物及其栖息地造型的各种物体，儿童可以获取对创造力以及原创性的欣赏能力。捏橡皮泥也可以用于制作真实的或者幻想中的动物。儿童还可以制作彩色的动物面具或者动物形状的彩罐。提供各种素材和媒介，让儿童受到动物的启发制作相关的小艺术品，你可以促进他们的想象力。鼓励你的孩子使用不同的材料进行探索，而不是简单地给他们成人做好的模型去模仿。

科学：我们将开始调查和了解动物的世界。儿童观察并照顾班级中的宠物。儿童可以用科学活动中的器具养蝌蚪，从而了解冬眠的知识。他们也可以通过蝴蝶了解从蛹变成昆虫的知识。可以使用表格或者日志来记录自己的观察和事物的变化过程。儿童将会了解动物食用的不同种类的食物并创建属于自己的单词卡片，从而帮助他们记忆所学的东西。儿童也可以了解我们称呼动物幼兽的名词，并将动物中的成年个体和幼兽的图片进行分类，将幼仔和相对应的成年个体配对，使用所学的新词汇讨论它们的种类。之后，儿童将会创作班级图书，在里面使用成兽和幼兽的图片以及我们使用的单词。在大自然中散步并讨论你们所见的动物，这样也可以鼓励你的孩子积极参与科学学习。

社会研究：儿童在了解动物的同时可以使用若干种社会研究的技巧。儿童将会学习如何使用地图，并了解濒危动物的相关知识。他们可以挑选一种濒危动物，为其所在的国家制作动物明信片。他们将会探索不同动物群体的既定标签（例如狗爱追逐猫），看看这些标签是否始终正确（例如，我家的狗和猫一起睡）。这种活动可以联系到对特定人群的成见。为孩子提供信息类书籍和杂志例如《国家地理杂志》，和孩子一起阅读并讨论，以此鼓励孩子在家参与社会研究活动。

数学：儿童会使用动物算术书、动物型卡片以及大小不一的动物雕像、模块、直尺等，将对动物的学习和数学的学习综合起来。儿童将会制作他们自己的反映多种文化的动物数字书。我们将使用《五只小青蛙》的口诀来学习如何倒数。儿童会制作青蛙的手指木偶,并回家将口诀背诵给家人听。务必问问你的孩子这件事!儿童将会针对几种特性,对动物进行对比和分类(例如大小、颜色、栖息地、食物、作用等),并分组演示加法和减法。在家里,你可以在临睡前和孩子一起数羊,唱《五只小猴子》这样的歌曲,并每天练习数学概念。

读写:你的孩子将会阅读许多不同体裁的图书并描写世界各地的动物。儿童将被鼓励体验阅读和写作,并有很多机会参与真实语境的读写活动,例如阅读故事以及观看滚动电影、木偶表演和其他的种种。鼓励儿童讲述自己的故事,并每天给他们时间独立阅读和写作。在家里,你可以和你的孩子一起阅读与动物相关的故事、科普书籍和杂志或者诗歌。为你的孩子翻看杂志;讨论并剪下动物图片,让他们带到班级里来。让你的孩子使用书中的插图给你阅读,并让其复述你读过的故事。如需查找优质的与动物相关的书籍的来源,可以找我帮忙。

(2) 我们需要你们的帮助

我们将会十分感谢你们在"世界上的动物"这一主题教学中给我们提供的帮助。如果家中有任何与动物相关的资料(例如小宠物,与动物相关的多元文化的服装或者饰品,动物的图片,与动物相关的书籍或者杂志,动物的填充玩偶,动物雕塑等),而且你愿意借给我们的,请和孩子一起送到班上来。如果你愿意来担任帮手或者某个活动的助手,请和我联系确定一下日期和具体时间。我们的动物园之行以及世界各地的动物展览会也需要帮手。

(3) 其他需要和孩子共同完成的活动

带孩子到公园、湖泊、农场、动物园或者宠物商店。讨论你们看到的东西并对孩子提问。指出环境中的文字比如一些标志("请不要给动物投食"),并和你的孩子一起阅读这些标志。带着孩子拜访家里有宠物的家庭或者友人,并和他们讨论照料动物的事情。和孩子到大自然中散步,拍摄不同动物的照片。倾听动物的声音,并阅读与动物相关的书籍和杂志等。

让你的孩子描写或者画出一种其在班上或者在家时听过、学习过或者阅读过的动物。

帮助你的孩子制作与班级以及家里做的活动相关的个人词汇卡片。

帮助你的孩子制作与动物相关的剪贴本。

如果你有任何有关本单元的疑问或者有任何的想法愿意分享的,请和我联系。如果你是这一专题的专家,请考虑来到课堂和我们一起讨论。

诚挚的,
保拉

三、教室环境创设

为了赋予"世界上的动物"这一单元以动态的感觉,要布置教室,让人一进入教室就一目了然。先用以下一些想法抛砖引玉,然后在本单元进行的过程中继续拓展。展示环境中的标志和标签,要尽可能涵盖各种以及各处的动物。

1. **游戏区**。游戏区可以转化为动物园、农场或者兽医院。作为动物园,要有分区、防护网、靴子、手套、植物、桶、塑料铲子和水舀、干草、动物和动物园管理员的图片、动物填充玩具、塑料动物、书写材料(例如铅笔、钢笔以及记号笔)、海报展板、美术纸、地图、姓名贴、票根以及游戏币。作为农场,应该有鸡蛋包装盒、牛奶盒、毛毡、靴子、手套、提桶、铲子或者水舀、植物、水桶、塑料水果和蔬菜、塑料动物和动物填充玩具、栅栏、围裙、贩卖的摊子、收银机、贴纸以及游戏币。作为兽医院,要有听诊器、白大褂、橡胶手套、玩具注射器、棉球、棉签、冰棒棍、塑料罐子和容器、动物饼干、塑料动物或者动物娃娃、兽医宣传册和杂志、一本预约册、一部电话机、玩具信用卡和游戏币、纸以及铅笔和钢笔。

2. **建构区**。这一区域可以改造成为一个宠物商店或者一个马戏团。加入动物雕像、动物娃娃、球、篮圈、绳子、大塑料容器、撕碎的报纸、人物雕像、小的纸质午餐袋、记号笔、蜡笔、钢笔、铅笔、用于放置标志的海报展板、票根、动物杂志、收银机、收据和游戏币等。

3. **户外游戏区**。可以在室外建立一个马戏团。操场上的器械可以轻易地改造成马戏团的区域。例如,爬竿可以变成秋千架。平衡木可以变成钢丝。跳绳、球和呼啦圈可以用作道具。放置一大袋的动物塑像,并让儿童制作售票处、票和手册。放置一个玩具收银台和游戏币,并播放马戏团音乐。

4. **音乐区**。音乐区可以用上世界各地关于动物的歌曲,也可以用上动物园、农场、宠物商店和马戏团的音乐。所有的磁带和CD应该附上歌词,并在墙上粘贴彩色的说明图片。表现歌曲的小道具也是很好的促进因素。应该鼓励儿童写、唱以及演绎他们自己有关动物的歌曲。(听音乐的时候可以有些点心,给儿童提供一些动物饼干当点心,还有牛奶。)

5. **艺术区**。儿童可以使用报纸、杂志、通心粉、小珠子、记号笔、蜡笔、彩色铅笔、美术纸以及其他各种材料,制作动物栖息地的拼贴画。让每一名儿童从世界上选择一个栖息地,并制作生活在那里的动物的拼贴画。捏橡皮泥可以让儿童塑造真实的动物或者他们想象中的动物,并说明其特点以及它们和其他动物的异同之处。还可以让儿童制作动物形状的彩罐,里面装满动物形状的糖果,例如塑胶熊和巧克力兔子。这些彩罐可以悬挂在教室里,并在单元结束的时候带回家。

6. **科学区**。养一到两只班级宠物,让儿童观察并照料,例如仓鼠、鱼、兔子和乌龟。订购一些科学仪器,例如可以让儿童将蝌蚪或者蝴蝶放置其中的容器。可以使用表格和日志来记录观察和变化过程。

7. **社会研究区**。包含成兽和幼兽的图片、世界地图、一张动物园的地图。可以将图片用图钉钉在地图上。包含书籍以及杂志,可以提供有关世界各地的动物以及与动物相关的职业的信息。

8. **数学区**。包括动物算术书,动物型卡片、大小不一的动物雕像、模块、码尺、直尺以及类似的东西。可以让儿童假装是农民或者动物园管理员并进行计算。可以让儿童根据班级宠物进行预算。儿童还可以制作他们自己的有关多种文化的动物数字书。

9. **读写区**。①写作区:材料包括各种纸张、钢笔、铅笔、记号笔、蜡笔、动物图片、动物相关书籍、用于制作个人词汇的卡片、用于制作"头脑风暴"流程图的纸张、用于图片展示的动态图、动物形状的空白书以及制作一本班级动物字母书的材料。②图书角:包括各种体裁、能够反映多种文化的动物类书籍和杂志,以及动物资料、道具故事、滚动电影、体验性故事、附带动物木偶的录音故事等。

四、活动案例

1. 介绍性活动

目标:提供一篇文章,用于发展词汇以及音形联系能力。

活动:"晨间信息"。在黑板上写一则消息引领儿童进入"世界上的动物"这一单元的学习。信息如下例所示。

"今天,我们要开始学习各种各样的动物。我们将讨论它们在哪儿居住,吃什么,在世界不同地方各有什么作用,以及如何照顾它们。我们将了解动物生活的各种场所,以及与动物相关的职业。"在班上阅读这则信息,可以用教鞭指着文字来读。然后,讨论这则信息的内容、特殊单词、字母和读音。让儿童补充并提出问题。可以进行每日晨间信息的管理,让儿童得到与单元相关的活动信息,并提出与单元相关的问题,引导儿童讨论和思考。

2. 关于印刷文字的一些概念

目标1:通过讨论,即看和写个人词汇,发展口语和即识能力。获得有关动物栖息地的知识。

活动:"个人词汇"。在阅读《魔法校车:一本关于动物栖息地的书》之前,让儿童集体讨论他们认为动物大概生活在什么地方,并把他们的想法写在K-W-L图表上的"已知道的"一栏。你也许可以展示不同的动物栖息地图片,并讨论其在世界上的分布情况。接着让儿童提出有关动物家园的问题,把这些列在"想知道的"一栏。阅读完这本书之后,孩子们将会讨论他们从书中学到的可能令人惊讶的有趣的新知识。将儿童的想法列在"已经学到的知识"一栏。在一张卡片上写出儿童最喜欢的动物,在另一张卡片上写出这种动物的栖息地,并将它们存放在个人词汇库中。

目标2:通过印有功能性的环境文字的图表,增加即识词汇量并提升遵循指示的能力。

活动:"环境文字"。制作辅助图表,为儿童列出要做的工作。图表要放置在可见区域,并且和动物这一单元有直接关联。工作包括班级宠物喂食员,清理动物栖息地的巡逻员,收集班级动物慈善会捐献品的小动物慈善义工,以及动物情况监察员等。

目标3:制作一本依据字母顺序排列的书,复习本单元学习的有关动物的单词。要标明特定的字母和读音,传递字母、元音和辅音以及单词的知识。

活动:"神奇动物字母书"。制作一本依照字母顺序排列的书,并给班上每个儿童一份影印本。每个字母都由一种不同动物代表。例如,A——犰狳(armadillo);B——鸟(bird);C——黑猩猩(chimpanzee);D——狗(dog);E——大象(elephant);F——鱼(fish)……每个字母和动物都要写一个完整的句子,如"犰狳生活在_____"。儿童可以和教师一起互相朗读书中的字母、单词和句子。

3. 口语

目标1:通过说完整句子,提升说的技巧。

活动:"展示和说明"。让儿童将与动物相关并反映不同文化的物品带到班上来展示(如小宠物、书籍、小装饰、饰品、大自然中的小东西以及填充动物玩具),并和同学讨论。还有一个活动,就是让儿童分享他们与动物相关的有趣经历(如一次去动物园、宠物商店或者兽医院的经历,一个有关他们自己的宠物或者朋友的宠物的故事,他们在电视看到的有趣的事等)。

目标2:在复述故事的过程中,恰当地使用熟练掌握的词汇。

活动:"复述故事"。读一个与动物相关的故事,例如《好饿的毛毛虫》(Carle,1969),可以使用道具如教师或者儿童制作的毛毛虫(一个肚子空空,可以"吃"东西的道具)以及故事中可以看到的塑料食物,例如苹果、两个梨子和三个李子。鼓励儿童参与,可以请不同的儿童上来"喂"毛毛虫。讲完故事,让儿童使用道具复述故事,然后将道具放在班级图书角给儿童使用。

目标3:通过形容词的学习发展语言的复杂度。儿童可以获得有关不同动物的知识。

活动:"画出网状图并作诗"。集体讨论两到三种不同的动物,并在黑板上为每一种动物制作网状图(详见下图)。列举每种动物的特点,并写一个形容词来描述。

鼓励儿童帮忙将网状图中的信息汇聚成一首诗,每一种动物都有一首这样的诗。鼓励儿童彼此之间读这些诗。

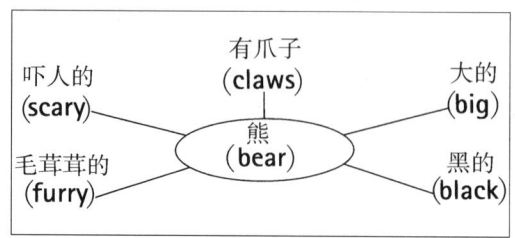

4. 激发读写的兴趣

目标 1:家长阅读故事,可以增进家庭中的读写氛围。结合故事中的上下文,可以预测结果。

活动:"道具故事"。家长可以使用故事中的动物道具,引导儿童阅读一个与动物相关的故事,例如《棕熊,棕熊,你看到了什么?》(Martin & Carle,1992),鼓励儿童使用关于韵律和上下文的知识来参与。将道具放在图书角,供儿童使用。

目标 2:制作图表,激发儿童的兴趣,并帮助儿童理解说明性写作。儿童可以了解、类比以及对比两种不同的水生哺乳动物。

活动:"维恩图"。读《鲸有肚脐吗:关于鲸和海豚的问题与回答》(Berger & Berger,1999),并讨论书中有关动物的事实。让儿童依据书中关于鲸和海豚的信息,在黑板上合作制作维恩图。接着你可以让儿童制作鲸和海豚的木棍玩偶来表现故事中学到的信息。

5. 关于书籍的一些概念

目标 1:学习从图片和对书籍功用的了解中辨识印刷文字。

活动:"大书"。制作班级大书,包含每一个孩子最喜欢的动物的图片和句子。当书籍完成时,全班一起阅读。将大书放在图书角,供儿童反复阅读。

目标 2:了解印刷文字是从左往右读的。

活动:"诗歌阅读"。用一张大的挂图纸展示一首动物诗歌,如使用《丛林中的隆隆声》(Andreae & Wojtowycz,2002)中的诗歌,并让班上儿童跟读。使用教鞭指出正在阅读的文字。让儿童自己演绎或者使用道具来演绎这首诗,然后作一首班级诗歌来呈现,并用相同的方式来阅读。

6. 语音

目标 1:通过唱与动物相关的歌曲,了解词族知识。

活动:"让我们和动物一起押韵"。唱罗恩·布朗所作的歌曲《让我们和动物一起押韵》。询问儿童他们在歌曲中听到了什么词族。每个词族顶端都写下一种动物(狗、猫、猪和牛),把和它押韵的词写在下方,让儿童找出其他属于这个词族的动物,例如鱼、蛇、蜜蜂或者鸭子,然后列出属于相同词族的单词。接下来再次唱这首歌,加入儿童想出来的词族。

目标 2:了解到单词由音节组成。通过听与动物相关的单词以及切分(可以使用拍手方式)音节,获得语音意识。

活动:"根据音节拍手"。和儿童讨论为什么了解音节可以在读写活动中对他们有所帮助。在说与动物相关的单词的时候,让他们和你一起拍手,一定要包含世界各地的动物。以单音节词开始(如狗——dog,蝙蝠——bat,鱼——fish,动物园——zoo,西班牙——Spain),然后过渡到双音节词(如兔子——rabbit,斑马——zebra,马戏团——circus,亚洲——Asia,日本——Japan),三音节词(栖息地——habitat,黑猩猩——chimpanzee,非洲——Africa,墨西哥——Mexico),等等。让班上的儿童一边说一边根据音节拍手。

7. 理解

目标 1:通过识别故事的要素(背景、主题、角色、情节、结局),了解故事的结构。

活动:"故事结构"。以前曾经读过《三只羊》(Brown,1957)。再次给儿童阅读之前,让他们试着回忆故事发生的时间、地点以及里面的角色。再次读完故事之后,让儿童辨识三个要素:时间、地点和角色。让他们辨识其他的故事要素,例如主题、情节以及结局。将班级分成五组,并让每组为班级的滚动电影负责一个不同的部分(背景、主题、角色、情节和结局)。鼓励每个小组为他们负责的那个部分画图,并写出描述。在小组活动完成后,全班汇总,让每组展示他们为滚动电影负责的部分。展示后把几个部分放在一起,第二天和班级儿童回顾。将电影放在图书角,供儿童使用。

目标 2:制作 K-W-L 表(Know——"我们知道的"、Want——"我们想知道的"以及 Learn——"我们已经学会的"。)

活动:"K-W-L 活动"。开始关于冬天、冬天对动物的影响以及动物如何适应冬天的讨论。同时要提到世界上有些地方冬天时不会变冷,并让儿童说出一些四季如春的地方。然后询问儿童他们对于冬天里动物们的事情知道些什么。在挂图上"我们知道的"一栏中列出他们的反应。询问儿童他们想知道关于冬天里动物们的什么事情,并将其反应写入挂图中"我们想知道的"一栏。阅读、讨论有关冬天动物行为的图书,比如《冬天里的动物们》(Bancroft,1997)。阅读完这本书,进行讨论,让儿童分享他们从书中学到了什么,将儿童的反应列入"我们已经学会的"一栏。接下来,让他们抢答"我们想知道的"一栏中没有回答的问题,并找出新的有趣的信息和班上同学分享。让儿童重新集体讨论他们的发现,在你将他们的发现列在 K-W-L 表时,分享新的有趣的信息。将表悬挂在教室里,供儿童查看。

8. 写作

目标 1：了解书籍是由作者写的，而图画是由插画家完成的。儿童将会参与到集思广益、起草、讨论、编辑和修改的活动。作为写作前的准备活动，可以使用"经验挂图"。

活动："宠物书"。阅读《宠物秀》（Keats，1974）以及《完美宠物》（Palatini & Whatley，2003）。在儿童讨论不同种类的宠物以及他们认为好的宠物应该具备的特点的同时，在"经验挂图"中制作一个故事网状图。在活动时，每个孩子都要写一个关于宠物的故事（故事可以是虚构的，也可以是真实的）。书中每个独立的故事前可以用宠物商店的铺面作为封面，儿童可以画出他们所写的动物。这个活动可以拓展到与此主题相关的其他话题，例如马戏团、兽医院或者某个国家的动物。

目标 2：通过描写世界各地的动物，进行交流。练习写一封友好的信。

活动："问笔友"。开始讨论世界各地不同动物的作用。例如，在美国，狗被当作宠物饲养，和警察以及消防员一起工作，可以做导盲犬，但是在世界上一些寒冷的地方，比如阿拉斯加，狗要运送人们以及拉雪橇。让儿童和世界各地的笔友联系（你可以使用 epals.com 这样的网站）。让他们给世界其他地区的孩子写信，告诉其他孩子动物在美国的用处并询问不同动物在其他国家的作用。什么样的动物被当作宠物饲养？什么样的动物要工作？它们做什么工作？当儿童收到笔友的回信的时候，让他们和班里的同学分享他们了解到的新的有趣的信息。

9. 游戏

目标 1：遵循文字指示，在室外游戏活动中依据需要使用文字。

活动：户外游戏"马戏团"。设立一个马戏团，不同的站要用英语以及西班牙语贴上标签，让一部分儿童当马戏团员，其他的儿童则去参观。游乐场的设施可以轻易改造成马戏团的区域。（例如，爬竿可以变成秋千架，平衡木可以变成钢丝。）跳绳、球或呼啦圈和动物雕像可以用作道具。让儿童为他们的马戏团想个名称，并设立一个售票窗口，制作广告、海报、票和宣传手册等。投放玩具收银台和游戏币，并播放马戏团音乐。

目标 2：参与表演游戏，学习倾听、轮流工作并在谈话中不离主题。

活动：戏剧表演"保持动物健康：兽医院"。作为兽医院，表演游戏区应该有听诊器、白大褂、橡胶手套、玩具注射器、棉球、棉签、冰棒棍、塑料罐子和容器、动物饼干、塑料动物或者填充动物玩具、兽医宣传册和杂志、一本预约册、一部电话机、玩具信用卡和游戏币、纸以及铅笔和钢笔。让儿童给医院命名并制作标志。儿童可以扮演不同的角色，如兽医、助手、接待以及顾客。

10. 美术

目标 1：制作动物面具，关注诸如颜色、形状、大小、材质以及面部表情之类的细节。使用动物及其栖息地的相关信息表演一个短剧。

活动:"制作纸板动物面具"。儿童两人一组,把纸板放在一个气球中(需要的话,教师可以课前完成)。当纸板干的时候,把气球切开两半,一半给一个孩子。让每个孩子研究并决定其想扮演的动物。儿童可以在制作他们的面具的时候,参考一幅那种动物的图片。给儿童遮蔽胶带和报纸,这样他们就可以做出眼睛、耳朵、鼻子以及其他部分。让儿童使用纸板遮住他们要制作的零件,然后再晾干。当儿童制作的面具已经干的时候,让他们给面具上色。然后给每个面具加上压舌板后刻出眼睛。这样儿童就可以用面具来表演了。根据儿童制作的动物面具将他们分组,分布在地球上相同地区的动物分成一组。然后让儿童用面具和体现动物栖息地的道具(丛林、森林、农场和其他)来演戏。让儿童在地图上指出他们表演戏剧所发生的地方。

目标2:通过设计拼贴画和基于动物及其栖息地造型的各种装饰品,儿童可以获取对创造力以及原创性的欣赏能力。通过观察和讨论,可以提升儿童视觉的辨别技能,丰富他们的词汇量。

活动:"面团艺术"。让儿童用杂志、报纸、面团、珠子、蜡笔、彩色铅笔、美术纸和其他材料制作栖息地拼贴画。可以用面团和绳子制作装饰品。面团可以放在食物染料和水中3分钟进行染色。给儿童与动物相关的,能反映多种文化装饰品的相关图片、书籍和实物,鼓励儿童设计出类似装饰品。儿童将会观察和仿效彼此的作品,向班上同学介绍他们自己的作品,并在地图或者地球仪上指出他们作品所代表的地区。

11. 音乐

目标1:为了表现一首歌以及即兴创作舞蹈动作,可以让听力技能和粗大动作技能得到锻炼,同时了解家畜。创作歌谣,辨识并使用押韵词。

活动:"农场的某个地方"。听杰克·哈特曼创作的《农场的某个地方》。标注韵脚,在儿童听的时候指着对应的单词。讨论农场并让儿童列出他(她)知道的其他家畜,并为这些动物想一想哪些诗句可以添加到这首歌当中。然后将不同的动物角色分配给儿童,让他们合作为每一种动物创作一支舞,并让他们一边唱一边跳舞。

目标2:通过音乐剧的体验,加强听力技能并表达感受。体验、欣赏不同类型的音乐,并且能辨别出不同的音乐类型。

活动:"动物声音"。阅读一本关于动物声音的书籍,比如《北极熊,北极熊,你听见什么了?》(Martin & Carle,1997)或者《空地和玩笑》(Fleming,2001)。听录有各种不同类型的音乐(摇滚、乡村音乐、说唱、爵士、音乐剧、街舞、民谣、民乐、节奏布鲁斯、古典与拉丁等)的磁带。让儿童描述音乐。他们听到了什么乐器?节奏快还是慢?讨论音乐来自世界上的什么地方,询问儿童对音乐有什么感觉,以及音乐让他们想到了哪种动物,为什么。

12. 社会研究

目标 1:儿童将在地图上正确辨认不同的国家,制作代表这些国家的说明,并造句阐明他们所学过的某个国家的一个特征。

活动:"来自全世界的明信片"。阅读《几乎消失:世上最稀有的动物》(JenKins,2006)。在你朗读的同时,让儿童在世界地图上辨认书中出现的国家。读完之后,让儿童用图钉将事先做好的书中的动物图片钉在对应的国家上。让儿童讨论这些动物并分享他们对动物的认识。接下来,让儿童选择并制作明信片,画上那个国家的濒危动物,并写上他们所学的关于这种动物或者这个国家的信息的句子。

目标 2:理解成见对彼此互动产生的影响,理解自己和他人的感受以及这些感受是如何影响小组内的互动的,探索融洽相处之道。

活动:"对动物的成见"。在白色的卡片中打印上有矛盾的不同动物的名字(例如,狗、猫、鸟、老鼠、大象等)。随机将一张卡片放在每个儿童面前(面朝里),只让拿到卡片的那个儿童看见卡上的名字,并向不知道是什么动物的儿童解释。让儿童模拟动物表演和发声,分辨出后,让儿童分组坐在一起。讨论他们是如何发现彼此的,以及他们是如何知道怎样表演或者发声的,在黑板上记录他们的发言。然后让儿童在教室里移动并与其他组的"动物"互动,就像这些动物在自然界碰见时的样子。(例如,猫会远离狗,会追逐老鼠。)讨论小组是如何建立的,说说和组内动物有关的感觉以及对这些动物的成见。探索对不同动物族群的动物的成见(例如狗追逐猫),看看这些成见是否始终正确(例如,我的狗和猫一起睡觉),在黑板上记录他们的发言。将本次活动和一些人群及对他们的成见联系起来。举例说明对人的成见的例子,并讨论其对人与人相处的影响以及人们是如何看待自己的,记录儿童的反应。拿出空白的动物形状的书,要求儿童使用蜡笔和铅笔,写故事并配插图,反映他们作为动物的体验。

13. 科学

目标 1:理解不同动物有不同的营养需要。为所学的新的词汇制作个人词汇卡片。

活动:"谁吃什么?"让儿童思考他们在电视上或者实际生活中看见的动物,并描述这些动物所吃的食物种类。阅读《谁吃什么?——食物链和食物网》(Lauber & Keller,1995)。讨论书中的动物们吃什么,并制作动物以及有关它们的营养需要的清单。让儿童制作个人词汇卡片,正面写上一种动物的名字,背面写上其所吃的食物,如果需要还可以配上插图。

目标 2:区别成兽和幼兽的单词,增加词汇量。

活动:"幼兽"。阅读《动物宝宝》(Hamsa & Dunnington,1985)。让儿童将成兽

和幼兽的图片分类,将成兽和相应的幼兽配对,使用新学到的单词来讨论他们的分类。之后,让儿童制作班级图书,需包含成兽和幼兽的图片以及称呼它们的单词。

14. **数学**

目标1:在熟练阅读的基础上练习倒数。

活动:"五只小青蛙"。在挂图上写下诗歌《五只小青蛙》,和儿童一起朗读,同时用教鞭指出读到的单词。让儿童扮演青蛙,表现这首诗,每次从蛙群中减去一只青蛙。让儿童制作青蛙的手指木偶,并带回家给家人背诵诗歌。

目标2:将图片和文章联系起来,将图片和相应的文字对照起来。对比并将动物分类,演示加法和减法的运算。

活动:"我属于哪里?"制作分类卡片,卡片一面标注一种动物的名字,背面有相应的动物图片。让儿童根据他们选择的一种特征(如大小、颜色、栖息地、食物、作用等),对比并将动物分类。分类完成后,让儿童发现并记录每种类别中动物的数量。儿童根据各种特征完成分类后,让他们用减法对比不同的组。(例如,吃肉的动物比吃植物的动物少几种?)

15. **终极活动**

目标1:参观儿童在"世界上的动物"这一单元活动中了解到的多种动物。

活动:"动物园之旅"。带儿童去当地的动物园。在参观之前,读《我的动物园之行》(Aliki,1999)、《动物园之行》(Wallace,2003)。让儿童制作他们想在动物园之行中看到的动物清单。带一些家长参加旅行,并一起拍摄动物的照片。之后,让儿童制作关于动物园之行的班级图书,使用拍摄的照片以及他们所学过的相关动物的事实。

目标2:使用有趣的方式,与儿童的家人以及其他班级的儿童分享本单元获得的知识以及成果。

活动:"世界上的动物展览会"。邀请儿童的家人和其他班级的儿童参加儿童所选的一个动物慈善组织募捐的展览会。让儿童制作海报和宣传单为展览会做宣传。让儿童上演木偶表演,或者使用他们在美术活动中制作的道具,演绎他们最喜欢的动物故事。设置一张"关于动物的一切"的小桌,展示本单元中完成的各种项目,比如日志、面具、木偶、服装、艺术作品以及班级的动物书。设立"动物游戏"角,玩诸如钓鱼、扔马蹄铁以及跳蛙的游戏。可以有一张"动物艺术品"的小桌,摆放一些简单的儿童可以完成的美工作品所需要的零件。设立"全世界的动物图书馆"区角,投放不同种类的动物书籍和讲故事用的小道具,并鼓励儿童和他们的家人以及朋友一起使用这些东西。播放与动物相关的歌曲,并设置点心站提供动物型的三明治(可以使用饼干模具)以及类似的东西。还可以使用一个动物形状的彩罐,让儿童在展览会结束时打破。

附录 D

给教育者的建议

《早期儿童读写能力发展：帮助儿童读和写》是写给准教师在学习以读写能力发展为主要内容的早教课程或是早期读写能力发展和小学阅读时使用的。该书也可以给一线幼儿教师用作进修课程的教材。我们建议有几个活动可以跟学生一起完成。以下是在课堂上已经成功使用过的或作为课外任务的几个活动。另外，附录 C 提供了一个教师可以用作学前至三年级的启蒙读写课程范例的综合语言艺术主题单元。

任务和课堂活动

在每一章的开始有通读整章之前应该关注的"焦点问题"。每一章的结尾是一线教师提供的相关活动。

你在使用全书时可参加的活动如下：

1. 第二章，建议学生们挑选一个孩子作为研究对象。这个孩子应该在 2 岁至 8 岁之间。学生要为这个孩子建立档案，定期与他（她）会面，尝试新的策略、评估和描述一定的行为。具体而言，学生应该获取孩子的写、画、口语和故事复述的样本。除此以外，可以使用书中提供的几种方法来为孩子积累资料。比如：

（1）读到关于语言发展的第四章时，收集一份语言样本，分析句子长度和不同词语的数量。为了从孩子们那里引出语言，让他们跟你讲述家庭、宠物、他们喜欢的电视节目或者玩的游戏等。把讨论录制下来，并记录成文字以备分析。

（2）第五章，使用检测清单评估孩子掌握的关于印刷文字的知识。

（3）第六章，让孩子复述听过的故事。把复述录制下来，记录成文字。用表6-5分析它。还可以请孩子们改写故事。改写的故事也可以用同样的工具加以分析。

（4）第七章，从孩子那里收集一个写作样本，判断其所处的写作阶段，分析故事结构、写作技巧等。为了取得写作样本，你可以让孩子画一幅画，然后把画的内容写出来。写之前谈论一下要写的内容。要让初始写作者相信他们无论怎么写都是好的。给他们看课文中的儿童写作样本，让他们明白哪怕一个字母或者随意涂画的写作也是好的。

（5）第八章，用表8-7与孩子面谈，评估读写的动机强度。

（6）研究家庭的时候，用表10-1与孩子的家长面谈，测试家庭读写环境的情况。

书末的"课堂策略"包括一些非正式的测试，可以用来完善档案。

2. 学期中至少有三到四次把班级分成小组来讨论文中提出的特殊话题。比如，第六章里关于教师A、B、C的活动就是很好的小组活动。让大家对提出的问题作出回答，讨论每个人想成为哪一位老师，讨论每位老师的长处和短处。

3. 让学生把阅读中印象深刻的内容以日记形式记载下来。他们也可以记录课堂上特别有趣、好玩和关心的事情。注意给学生日记写评语。

4. 用单词表里的单词对学生进行词汇测试。教师在与同伴谈话、面试找工作和向家长解释事情时，应当对与早期读写相关的技术语言有意识。

5. 让学生带六种体裁的儿童文学作品来班上小组分享，三本非小说或知识类，另外三本为小说或记叙文。这项任务给学生以博览群书、了解体裁种类的机会。把这些书像在教学课堂里那样排放起来，学生可以培养读写区的图书量和种类的意识。

6. 请学生运用学到的理念和策略画一个理想班级环境的平面图。特别注意读写区的设计。确保学生的规划能支持全班、小组和一对一等各种环境的读写教学。

7. 请每个学生完成一个讲故事项目。给学生一个书内"检测清单"上所重点标出的早期读写技能的单子，让他们选择一个想要教的技能。请他们找一本适合教该项技能的图画故事书。比如，如果他们要教的技能是序列，像《我认识一位老太太》这样的故事里就有容易整理的一系列事件。然后从第八章里挑选一种讲故事的技能，让学生设计教师应如何讲故事、如何通过使用原创材料教授技巧的课程计划。材料是设计给孩子们用来训练所教技巧的。第八章里的"教学反思"中讲到《一只名叫奈特的兔子》的故事，就阐明了这种类型的任务。学生应在课堂上将故事讲述出来。

8. 请学生挑选一个小组来做任务。每小组选择一个主题单元的题目。用第九章里对单元的指导，将单元分成几个部分，为2至8岁的幼儿课堂设计一个主题单元。

9. 请学生参加一个教师研究者项目。每个学生挑选一个关于早期读写的话题，先开展自我研究，包括目的陈述、文献综述、对方法和研究程序的描述、对资料分析的讨论、关于资料搜集结果的报告以及对研究结果的讨论。这是一个较大的任务，需要在学期初就布置给学生，以便他们有充足的时间来完成。要求学生在写文献综述时，参考专业期刊上的一些文章。研究题目包括读写和游戏、计算机和早期读写、家庭读写、早期读写的多元文化因素和早期干预计划等。

10．请学生根据第七章里的指导自己装订本子。让他们用这个本子来写日记或者写他们的讲故事课程计划。

11．必须让学生经历的一个重要活动是体验孩子学习阅读时的感受。我们提供了班级体验的材料和计划作为演示。这个活动需要45分钟的课堂实践,应该在学期初教授理论时完成。

词汇表

珍妮弗·凯沃克　葆拉·巴兹彦

顺应（accommodation）：改变现有图式，以适应新的情况。

审美谈话（aesthetic talk）：一种交流方式，儿童围绕叙事文本解读和讨论与他们自身相关的所见所闻。

厌读者（aliterate）：会阅读却不愿意阅读的人。

字母原则（alphabetic principle）：懂得单词是由字母组成的，而且字母与其发音之间有着系统的联系。

对读（antiphonal reading）：由小组分读不同角色的齐声朗读。

同化（assimilation）：将信息整合到现存图式中。

听觉辨识（auditory discrimination）：听、辨、区分熟悉音、相似音、押韵和字母发音的能力。

真实性评估（authentic assessment）：以表现和反映课堂实际教学与学习的活动为依据的评估。

平衡式读写教学法（balanced approach to literacy instruction）：根据儿童不同的学习风格选择相应的理论和策略，同时运用建构式的明确策略。

行为主义教学法（behaviorist approach）：一种学习理论，成人提供示范，儿童通过模仿并得到肯定的鼓励来学习。

大书（Big Books）：超大设计的书，让儿童听成人朗读的时候能够同时看见图片和文字内容。

组合（blend）：读者听到一系列单独的发音后能够识别、说出它们所组合成的完整单词的能力。

一帮一阅读（buddy reading）：将一个高年级孩子和一个低年级孩子配对进行故事书阅读。

齐读（choral reading）：一个小组或全班跟着教师朗读，教师控制速度和表达。

字母块（chunk）：一个单词中可以当成整体来教的任何一组字母。字母块可以是音符组、二合字母和缩合词等。

阅读理解（comprehension）：读者根据已有知识和经验，解读、建构文本意义的积极过程。

会谈（conference）：与教师或一个同伴面谈，讨论手头任务。

辅音组合(consonant blends):两到三个字母,放在一起时合并构成一个音,同时保留着其中每个字母的单独发音(比如 bl 或 str)。

辅音字母(consonants):除 A、E、I、O、U 之外的所有字母。

建构主义理论(constructivist theory):一种学习理论,把学习看作一个积极过程,儿童通过解决问题、猜测和模仿来构建知识。

语境线索(context clues):运用文本的句法和语义来帮助识别单词。

任务单(contracts):根据学习者的个体需要、兴趣和能力水平,给他们布置具体任务的单子。

合作学习(cooperative learning):将儿童集中起来,通过辩论、讨论一起学习的教学方法。

文化差异(cultural diversity):指大的社会群体或者某一间教室内的群体在文化背景、语言、习俗和环境等方面的差异。

拼读(decoding):运用字母发音和结构分析来辨认单词。

描述性写作(descriptive writing):用准确描写事物的语言进行的写作。

方言(dialect):同一种语言在不同文化背景、地域或社会群体中的变体。

区别教学(differentiated instruction):同一间教室里满足儿童不同需要的教学设计。通常情况下,给所有孩子布置的任务一致,但是对有困难的孩子降低要求,比如短一些的故事文本,而对能力强的儿童则提高要求。

二合字母(digraph):辅音二合字母指两个辅音字母放在一起时,发出一个不同于其中任一个字母发音的新音(比如 th 或 ch)。元音二合字母指两个元音字母放在一起时或者发出一个新音,或者发其中任一个字母的原音(比如 ie、ai、oo、ou)。

成人指导下的倾听和思考活动(directed listening and thinking activity)(DLTA)

与阅读和思考活动(directed reading and thinking activity)(DRTA):对儿童自己读或者听成人读的文本信息进行组织、复原时提供指导和策略的框架体系。DLTA 或 DRTA 的步骤包括为听/读准备预先问题和讨论、设定阅读目标、读故事以及基于阅读前所设目标的读后讨论。

放下一切的阅读时间(Drop Everything and Read time):儿童专注于安静阅读的时间。

早期干预(early intervention):针对在早期教育阶段有特殊需求或存在"风险"的儿童的课程,旨在防止读写发展方面的潜在问题。课程的焦点在于利用真实的阅读和写作体验实施有利于儿童发展的教学。

跟读(echo reading):教师朗读一行文本,然后儿童跟着读同一行的内容。每次朗读的行数随着儿童阅读能力的提高而增加。

输出式谈话(efferent talk):一种关于知识性或论说性文章的正式交谈模式。

读写萌发(emergent literacy):玛丽·克莱提出。指儿童早期非正规的读、写、听的尝试。

英语学习者(English language learners,简称 ELL):第一语言不是英语的儿童。这些孩子的英语能力水平从低到高,参差不齐。

环境文字(environmental print):在周围环境中发现的熟悉的印刷文字,比如商标、食品标签和路标。

显性教学(explicit instruction):由教师指导的教学策略,重点在于教授一项任务以及掌握它所需的具体步骤。

说明文(expository text):任何知识性、非小说类的文本。

说明性写作(expository writing):包括多种体验,通常是关于社会研究或科学活动区主题信息的写作。也包括此类写作训练信息的收集和概述。

表达性语言(expressive language):组织语言以形成思想或表达自我。

家庭读写(family literacy):指家庭成员在日常生活中发起、使用读写的各种方式。

流畅(fluency):轻松阅读的能力水平;一个流畅的阅读者能够独立、明白、准确地阅读与自己水平相当或超过自己水平的书籍。

应用性文字(functional print):目的明确的文字,比如信息标志、指南、贺卡、清单、给笔友的信和布告牌上的信息等。

应用性写作(functional writing):满足实际生活中明确目的的写作,包括贺卡和感谢信。

体裁(genre):具体的文学类型,比如图画故事书、信息类书籍或者诗歌。

有天赋的(gifted):表现出超常的能力。

字素(graphemes):构成单独发音的字母。

指导性阅读(guided reading):基于不同读写需求,通常以小组为单位的有明确指导的阅读。

高频词(high-frequency words):在儿童阅读材料中频繁出现的词汇。

全纳(inclusion):在常规课堂上提供特殊帮助和支持措施,由资源教师和常规教师共同规划、教授所有孩子。取代或补充针对特殊群体的课外项目。

独立读写时段(independent reading and writing periods,简称 IRWP):由儿童自选书籍或其他读写材料的自由合作、交流时间。

非正式阅读量表(informal reading inventory):考查儿童阅读的独立性、可教性、挫折程度的非正式测试。

整合式语言教学艺术(integrated language arts):将读、写、听和各种语言技能结合起来的读写教学方式。

跨学科读写教学(interdisciplinary literacy instruction):将活动区学习与读写教学

相结合。

跨代读写(intergenerational literacy initiatives)：专门用来同时改善成人和孩子读写发展的有计划的系统课程。

虚构拼写(invented spelling)：传统拼写中没有的即兴单词拼写，一个字母可以代表整个音节。

日志写作(journal writing)：笔记本中由儿童填写的栏目，包括与教师和同伴分享阅读反应的"对话"栏，记录与儿童生活或特殊兴趣话题相关的个人感想的"私人"栏，写下对文本阅读反应的"阅读反馈"栏，以及记录涉及其他活动区知识的"学习日志"栏。

已知－未知－习得过程(K-W-L)：一种加强理解的认知策略，与儿童一起评估他们所了解的、他们想要了解的、他们已经学过的以及通过阅读学到的知识。

语言经历法(language experience approach，简称 LEA)：一种阅读教学方法，目的在于将口语表达和书面写作相结合，该方法的前提是想得到的就能说出来，说出来的就能写出来，写出来的就能读出来。

学习区域(learning centers)：教室里的区域，摆放着供儿童独立活动、以活动区当前学习话题为中心的材料以及各种读写材料。

学习障碍者(learning disabled)：在读、写、听、说和/或数学技能的习得和使用上表现出有明显困难的孩子。

读写区(literacy center)：由图书角和写作区构成的教室区域。

基于文学作品的教学(literature-based instruction)：阅读教学的一种方法，使用各种体裁的儿童文学作品作为阅读材料的来源。

文学圈(literature circles)：旨在鼓励儿童对文学展开批判性讨论的讨论小组。

图示表格(mapping and webbing)：通过用图示来组织信息、给信息分类的方式理解文本的策略。用地图进行更加细致的再现。

心理意象(mental imagery)：将所读内容在头脑中形象化，增进理解，理清思路。

元认知(metacognition)：对自己头脑中发生的学习过程的意识。

晨间信息(morning message)：教师所写的关于儿童兴趣项目的每日信息，由教师向儿童指出印刷文字的概念。

记叙文(narrative text)：描述一系列事件或叙述一系列事件的文本。

叙事性写作(narrative writing)：写故事。

先天主义理论(nativist theory)：主张语言发展先天性的理论。

神经性缺失(neural shearing)：脑神经损失。

新读写(new literacy)：读写教育研究正在发展中的一个新领域，主要研究全球化、科技的广泛运用以及新媒体对读写发展的影响。新读写领域包含了由计算机越来越广泛的使用而带来的各种新技术的影响。新读写告诉我们读写随时随地都在发生着。

非标准英语(nonstandard English)：在单词、句法和语言模式方面与标准英语不同的英语方言。

一对一教学(one-to-one instruction)：个体化教学。

起始字母(onset)：一个单词中位于第一个元音前的开头字母或字母组合。

结对阅读(paired reading)：同班或另外班的一个能力较强的读者和一个能力较弱的读者一起阅读，并充当其导师的阅读方式。

父母参与课程(parent-involvement programs)：专门设计让父母参与，并使其了解学校促进孩子读写能力发展的各项活动的课程。

同伴阅读(partner reading)：同伴坐在一起或者同时齐声读，或者轮流读给对方听。

论说性写作(persuasive writing)：以让别人接受自己观点为目的的写作类型。

音素(phonemes)：单个字母或字母组合共同发出的一个单音。

音素意识(phonemic awareness)：了解单词由一系列发音组成并能够听辨这些发音的意识。音素意识包括分解和组合单音的能力。音素意识在严格意义上属于口语层面，对符号不产生联想。

语音教学法(phonics)：促使儿童了解语言的字母原则以及字母和发音之间关系的策略。儿童学会将字母与音素或英语的基本发声相联系，这样可以帮助他们突破字母符号的限制，在拼读字母的过程中成为独立的阅读者。

表音符号(phonogram)：以元音开始，常常集体出现的一组字母（比如 ack、ed、ight、ock、ush）。

语音意识(phonological awareness)：辨别和操控单音以及音节和整个单词的能力。儿童能分解和合并单个音素、音节与单词。

诗歌写作(poetry writing)：诗歌可以押韵，也可以符合其他形式，比如日本俳句或离合诗。

档案袋评估(portfolio assessment)：通过收集儿童作业样品并存入文件夹形成档案，来评估儿童进步情况的策略。档案材料包括儿童书面作业或绘画的样品、轶事记录、录音磁带、录像带、备忘录、教师设计或者标准化测试的结果等。

过程写作法(process approach to writing)：针对写作步骤，包括写前准备、打草稿、讨论、修改、编辑和完成等。

课外项目(pull-out programs)：将儿童带出教室，在读写教学或扩展上给予他们特殊帮助的课程。

读者剧场(Reader's Theater)：短剧朗读，儿童分角色朗读练习并表演。

阅读准备(reading readiness)：学习阅读所需的各种前期技能，比如听觉辨析、视觉辨析和运动技能。

阅读恢复(Reading Recovery)：由玛丽·克莱设计的早期干预课程，对经历阅读困难的一年级儿童，通过使用有利其发展的整合语言教学艺术进行高强度的一对一训练。

阅读工作坊(reading workshop)：单独设立出来的，让儿童通过阅读书籍或与教师讨论来训练阅读技能的时段。

接受性语言(receptive language)：处理、理解或者整合口头语言的能力；能够明白别人对你说的话。

重复阅读(repeated reading)：反复阅读同一本书或故事，直到能够重复或者了解。这样的熟悉度能够为流畅阅读提供机会。

反应小组(response groups)：加强理解的一种策略；儿童交流、改进想法，对跟他们所听或所读的内容相关的问题进行批判性思考。

评价量表(rubric)：评价量表是一种评分指南，让儿童和教师清楚他们在写作中应该努力达到的标准。它是一种评价体系，由教师在评价量表中排列要素，比如大写、正确使用标点符号、书写工整、不走题、使用细节和例子、内容顺序合理等。

持续性记录(running record)：对儿童的口头阅读行为加以仔细观察并详细记录的评估策略。

鹰架式教学(scaffolding)：教师向儿童提供示范和支持，帮助他们获得某项技能的教学策略。

分解(segment)：根据单词的发音成分将其分解(如cat可以分解成c-a-t)。

自我调控(self-monitoring)：儿童朗读时能自动修正单词发音的能力。

语义(semantics)：语言所表达的意义。

分享阅读体验(shared book experiences)：通过文学选读进行的全体或小组阅读教学，常常使用大书以便儿童能够看到文字和图片。大书使儿童能够边听边参与实际阅读活动。

即识词汇(sight words)：读者一看到就认识的单词。一旦一个单词成了即识词汇，读者读到的时候便无需运用猜词义的技能。

小组教学(small-group instruction)：教师指导明确，与儿童密切互动，以需要和兴趣为基础，为评估做准备。

标准(standards)：以州或国家范围设定的成绩目标，明确儿童在每个年级结束时应当掌握的内容。

故事复述(story retellings)：儿童用自己的语言书面或口头讲述熟悉的故事，增进或评估他们对故事的理解。

故事结构(story structure)：结构严谨的故事所含的要素，包括背景、主题、情节和结局。

持续默读(sustained silent reading,简称 SSR):分配给儿童默读的一个时段。

突触发生(synaptogenesis):脑细胞的联结或者神经联结的快速发育。

句法(syntax):语言结构,或者决定单词怎样形成词组、从句和句子的规则。

磁带辅助阅读(tape-assisted reading):随着磁带上的流畅朗读来阅读文字。

电报式语言(telegraphic speech):孩子大约 12 个月时使用的一种语言形式,会用诸如名词、动词之类的实义词,比如"妈妈饼干",但如连词、冠词之类的功能词常被省略。

主题单元(thematic unit):通过课程所有领域的探索来进行的一个学习主题。

有声思维(think-aloud):让儿童谈论他们所读内容或者对故事的其他想法的一种阅读理解策略。

思考、结伴、分享(think, pair, share):将思考时间与合作学习相结合的一种讨论策略。针对教师提出的问题,教师首先让儿童思考自己的回答,然后儿童与同伴讨论回答,最后全体孩子在分享时间分享回答。

T 型图(t-chart):一种图表整理法,通过整理列举在人物、事实和观点等方面的相似和不同,来帮助理解说明性和叙事类文本。

T 单位(t-unit):附上所有从句的一个独立分句,帮助检查儿童语言的复杂度。

个人词汇(Very Own Words):由儿童提供的最常用的单词,写在索引卡片上,装在一个容器中,供他们读写。

视觉辨析(visual discrimination):眼睛注意到物体之间的相似与不同的能力,包括识别颜色、形状和字母的能力。

元音(vowels):字母 A、E、I、O、U。

集体教学(whole-group instruction):向全班孩子介绍信息,比如课程、讨论、读故事、唱歌等。

全语言(whole language):一种为读写发展提供策略的理念。其策略包括使用真实文本,在兼具意义、功能性和合作性的上下文中同时指导读、写和口语表达,以激发儿童的读写活动。

单词学习技巧(word-study skills):对印刷文字的了解,包括用声学语境意识和词义来辨认不认识的单词,扩充即识词汇,以及运用单词外形和结构分析的经验。

单词墙(word wall):一种布告板内容或教室里的陈列种类,按字母顺序列出有难度的词或者高频词。

写作机制(writing mechanics):与写作相关的技巧,比如拼写、书写、标点和空格。

写作工作坊(writing workshop):单独设立的,让儿童练习写作技巧、完成写作任务、与教师讨论的一个时段。

最近发展区(zone of proximal development):源于维果斯基的理论,指一个孩子经过成人的指导,不再需要帮助的一个时段。成人退出,让孩子独立作业。

儿童文学参考书目

Aliki. (1974). *Go tell Aunt Rhody*. New York: Macmillan.

Archambault, J., & Martin, Jr., B. (1989). *Chicka chicka boom boom*. New York: Scholastic.

Asch, F. (1983). *Mooncake*. New York: Simon & Schuster.

Avery, K., & McPhail, D. (1993). *The crazy quilt*. Glenview, IL: Scott Foresman.

Bachelet, G. (2006). *My cat the silliest cat in the world*. New York: Abrams Books for Young Readers.

Base, G. (1987). *Animalia*. New York: Harry N. Abrams.

Bemelmans, L. (1939). *Madeline*. New York: Viking.

Bemelmans, L. (1953). *Madeline's rescue*. New York: Viking.

Berenstain, S., & Berenstain, J. (1987). *The Berenstain bears and too much birthday*. New York: Random House.

Branley, F. M. (1985). *Volcanoes*. New York: Harper & Row Junior Books.

Brenner, B. (1972). *The three little pigs*. New York: Random House.

Brett, J. (1989). *The mitten*. New York: Putnam & Grosset.

Brett, J. (1997). *The hat*. New York: Putnam & Grosset.

Brown, M. (1947). *Goodnight moon*. New York: Harper Collins.

Brown, M. (1957). *The three billy goats gruff*. New York: Harcourt Brace.

Brown, M. (1990). *Arthur's pet business*. New York: Little Brown.

Burton, V. L. (1943). *Katy and the big snow*. Boston: Houghton Mifflin.

Carle, E. (1969). *The very hungry caterpillar*. New York: Philomel.

Cohen, M. (1980). *First grade takes a test*. New York: Dell.

Cole, B. (1989). *No more baths*. New York: Farrar, Straus & Giroux.

Cole, J. (1987). *The magic school bus inside the earth*. New York: Scholastic.

Cowley, J., & Fuller, E. (2006). *Mrs. Wishy-Washy's farm*. New York: Penguin Young Readers Group.

Cronin, D. (2000). *Click, clack, moo: Cows that type*. New York: Simon & Schuster.

Daley, A., & Russell, C. (1999). *Goldilocks and the three bears*. Ladybird Books.

DeBeer, H. (1996). *Little polar bear, take me home!* New York: North-South Books.

Demuth, P. (1997). *Achoo!* New York: Sagebrush Educational Resources.

DePaulo, T. (1978). *The popcorn book*. Upper Saddle River, NJ: Prentice Hall.

DePaola, T. (1975). *Strega nona*. New York: Simon & Schuster.

DK Publishing. (2004). *Farm animals*. New York: DK Publishing.

Duvoisin, R. (2002). *Petunia*. New York: Dragonfly.

Eastman, P. D. (1960). *Are you my mother?* New York: Random House.

Fleming, D. (2001). *Barnyard banter*. New York: Henry Holt.

Fowler, A. (1992). *Frogs and toads and tadpoles, too!* Chicago: Children's Press.

Fowler, A. (1993). *Chicken or the egg?* New York: Scholastic.

Fox, M. (2000). *Harriet, you'll drive me wild*, New York: Harcourt.

Fujikawa, A. (1980). *Jenny learns a lesson*. New York: Grosset & Dunlap.

Galdone, P. (1973). *The little red hen*. Boston: Houghton Mifflin.

Galdone, P. (1983). *The gingerbread boy*. Boston: Houghton Mifflin.

Hazen, B. S. (1983). *Tight times*. New York: Picture Puffins.

Hennesey, B. G., & Pearson, T. C. (1989). *The queen of hearts*. New York: Picture Puffins.

Hoban, R. (1964). *Bread and jam for Frances*. New York: Harper & Row.

Hoberman, M. A. (2001). *You read to me, I'll read to you*. New York: Little Brown.

Hurd, E. (1980). *Under the lemon tree*. Boston: Little Brown.

Izawa, T. (1968). *The little red hen*. New York: Grosset & Dunlap.

Johnson, A. (1990). *Do like Kyla*. New York: Scholastic.

Johnson, C. (1981). *Harold and the purple crayon*. New York: Harper & Row.

Keats, E. (1962). *The snowy day*. New York: Viking.

Keats, E. (1966). *Jenny's hat*. New York: Harper & Row.

Keats, E. J. (1974). *Pet show*. New York: Aladdin Books.

Keats, E. J. (1967). *Peter's chair*. New York: Harper

& Row.

Keats, E. J. (1998). *A letter to Amy*. New York: Puffin.

Kellogg, S. (1989). *Is your mama a llama?* New York: Scholastic.

La Reau, K., & Magoon S. (2006). *Ugly fish*. Orlando, FL: Harcourt.

LeSieg, T. (1961). *Ten apples up on top*. New York: Random House.

Lionni, L. (1963). *Swimmy*. New York: Pantheon.

Lobel, A. L. (1979). *Frog and toad are friends*. New York: HarperCollins.

Lum, K., & Johnson, A. (1998). *What cried granny: an almost bedtime story*. New York: Puffin Books.

Maass, R. (1993). *When winter comes*. New York: Scholastic.

McClosky, R. (1948) *Blueberries for Sal*. New York: Viking.

McGovern, A. (1967). *Too much noise*. Boston: Houghton Mifflin.

McNulty, F. (1979). *How to dig a hole to the other side of the world*. New York: Harper & Row.

Montanari, D. (2001). *Children around the world*. New York: Kids Can Press.

Neitzel, S. (1991). *The jacket I wear in the snow*. New York: Greenwillow Books.

Parrish, P. (1970). *Amelia Bedelia*. New York: Avon Books.

Pinkey, J. (2006). *The little red hen*. New York: Dial Books.

Piper, W. (1990). *The little engine that could*. New York: Platt and Munk.

Potter, B. (1902). *The tale of Peter Rabbit*. New York: Scholastic.

Quackenbush, R. (1972). *Old MacDonald had a farm*. New York: Lippincott.

Quackenbush, R. (1973). *Go tell Aunt Rhody*. New York: Lippincott.

Reid, S., & Fernandes, E. (1992). *The wild toboggan ride*. New York: Scholastic.

Rey, H. A. (1941). *Curious George*. Boston: Houghton Mifflin.

Sendak, M. (1962). *Chicken soup with rice*. New York: Harper & Row.

Sendak, M. (1963). *Where the wild things are*. New York: Harper & Row.

Sendak, M. (1991). *Pierre*. New York: HarperCollins.

Seuss, Dr. (1957a). *How the Grinch stole Christmas*. New York: Random House.

Seuss, Dr. (1957b). *The cat in the hat*. New York: Random House.

Seuss, Dr. (1960). *Green eggs and ham*. New York: Random House.

Seuss, Dr. (1998). *Mr. Brown can moo! Can you?* New York: Random House.

Sharmat, M. (1984). *Gregory the terrible eater*. New York: Scholastic.

Slobodkina, E. (1947). *Caps for sale*. Reading, MA: Addison-Wesley.

Tchin (1997). *Rabbits wish for snow: A Native American legend*. New York: Scholastic.

Viorst, J. (1972). *Alexander and the terrible, horrible, no good, very bad day*. New York: Atheneum.

Westcott, N. B. (1980). *I know an old lady*. Boston: Little, Brown.

White, E. B. (1952). *Charlotte's web*. New York: Scholastic.

Willems, M. (2004). *Knuffle bunny*. New York: Hyperion.

Yolen, J., & Teague, M. (2005). *How do dinosaurs eat their food?* New York: Scholastic.

Zemach, M. (1991). *The three little pigs*. New York: Tandem Library.

Zoehfeld, K. W. (1994). *Manatee winter*. Hartford, CT: Trudy Corporation.

Zolotow, C. (1977). *Mr. Rabbit and the lovely present*. New York: Harper & Row.

参考文献

Adams, M. J. (1990). *Beginning to read: Thinking and learning about print*. Urbana: University of Illinois Center for the Study of Reading.

Adams, M. J. (2001). Alphabetic anxiety and explicit, systematic phonics instruction: A cognitive science perspective. In S. B. Neuman & D. K. Dickinson (Eds.), *Handbook of early literacy research* (pp. 66–80). New York: Guilford Press.

Adams, M. J., Bereiter, C., Brown, A., et al. (2002). *Open court reading*. DeSoto, TX: SRA McGraw-Hill.

Akhavan, L. L. (2006). *Help! My kids don't all speak English: How to set up a language workshop in your linguistically diverse classroom*. Portsmouth, NH: Heinemann.

Allen, R. V. (1976). *Language experience in communication*. Boston: Houghton Mifflin.

Allington, R. L., & Cunningham, P. M. (1996). *Schools that work: Where all children read and write*. New York: HarperCollins.

Allison, D. T., & Watson, J. A. (1994). The significance of adult storybook reading styles on the development of young children's emergent reading. *Reading Research and Instruction*, 34(1), 57–72.

Anderson, R. C., & Pearson, P. D. (1984). A schema-theoretic view of basic processing in reading. In P. D. Pearson (Ed.), *Handbook of reading research*, 255–292. New York: Longman.

Anderson, R. C., Hiebert, E. H., Scott, J. A., & Wilkinson, I. A. G. (1985). *Becoming a nation of readers*. Washington, DC: National Institute of Education.

Anderson, R. C., Fielding, L. G., & Wilson, P. T. (1988). Growth in reading and how children spend their time outside of school. *Reading Research Quarterly*, 23, 285–303.

Anthony, J. L., & Lonigan, C. J. (2004). The nature of phonological awareness: Converging evidence from four studies of preschool and early grade school children. *Journal of Educational Psychology*, 96(1), 1–18.

Antonacci, P., & O'Callaghan, C. (2004). *Portraits of literacy development: Instruction and assessment in a well-balanced literacy program, K-3*. Upper Saddle River, NJ: Merrill/Prentice Hall.

Applebee, A. N., & Langer, J. A. (1983). Instructional scaffolding: Reading and writing as natural language activities. *Language Arts*, 60, 168–175.

Applebee, A. N., Langer, J. A., & Mullis, M. (1988). Who reads best? Factors related to reading achievement in grades 3, 7, and 11. Princeton, NJ: Educational Testing Service.

Armstrong, T. (1994). *Multiple intelligences in the classroom*. Alexandria, VA: Association for Supervision and Curriculum Development.

Ashton-Warner, S. (1959). *Spinster*. New York: Simon & Schuster.

Ashton-Warner, S. (1963). *Teacher*. New York: Bantam.

Au, K. H. (1998). Constructivist approaches, phonics, and the literacy learning of students of diverse backgrounds. In T. Shanahan & F. V. Rodriguez-Brown(Eds.), *Forty-seventh yearbook of the National Reading Conference* (pp. 1–21). Chicago: National Reading Conference.

Au, K. (2001). Culturally responsive instruction as a dimension of new literacy. *Reading Online*. Volume 5, Number 1, July-Aug. 2001.

Auerbach, E. (1989). Toward a social-contextual approach to family literacy. *Harvard Educational Review*, 56, 165–181.

Bachelet, G. (2006). *My cat, the silliest cat in the world*. New York: Abrams.

Banks, J., & Banks, C. (1993). *Multicultural education: Issues and perspectives* (2nd ed.). Boston: Allyn and Bacon.

Barone, D. (1998). How do we teach literacy to children who are learning English as a second language. In S. Neuman & K. Roskos (Eds.), *Children achieving: Best practices in early literacy*, 56–76. Newark, DE: International Reading Association.

Barone, D. & Morrow, L. M. (2003). *Literacy and young children: Research based practices*. New York: Guilford Press.

Barone, D. M., Mallette, M. H., & Xu, S. H. (2004). *Teaching early literacy: Development, assessment, and instruction*. New York: Guilford Press.

Baumann, J. F. (1992). Effect of think aloud instruction on elementary students' comprehension monitoring abilities. *Journal of Reading Behavior*, 24(2), 143–172.

Baumann, J. F., Hoffman, J. V., Dufy-Hester, A. M., & Ro, J. M. (2000). The first R: Reading in the early grades. *Reading Teacher*, 54, 84–98.

Bear, D. R., Invernizzi, M., Templeton, S., & Johnston, D. (1996). *Words their way*. Upper Saddle River, NJ: Prentice Hall.

Bear, D., Invernizzi, M., Templeton, S., & Johnston, F. (2008). *Words their way*. Upper Saddle River, NJ:

Pearson Education.

Beck, I. L., & McKeown, M. G. (2001). Text talk: Capturing the benefits of read-aloud experiences for young children. *Reading Teacher*, 55, 10 – 20.

Bergeron, B. (1990). What does the term whole language mean? A definition from the literature. *Journal of Reading Behavior*, 23, 301 – 329.

Berk, L. (1997). *Child development*. Boston: Allyn and Bacon.

Berk, L. E. (2004). *Infants, children, and adolescents*. Upper Saddle River, NJ: Prentice Hall.

Blachowicz, C. L. Z., & Fisher, P. J. (2002). Best practices in vocabulary instruction: What effective teachers do. In L. M. Morrow, L. Gambrell, & M. Pressley (Eds.), *Best practices in literacy instruction* (2nd ed., pp. 87 – 110). New York: Guilford Press.

Bloom, L. (1990). Development in expression: Affect and speech. In N. Stein & T. Trabasso (Eds.), *Psychological and biological approaches to emotion* (pp. 215 – 245). Hillsdale, NJ: Erlbaum.

Boling, E. C. (2007). Linking technology, learning, and stories: Implications from research on hypermedia video-cases. *Teaching and Teacher Education*, 23 (2), pp. 189 – 200.

Bond, G. L., & Dykstra, R. (1967a). The cooperative research program in first-grade reading instruction. *Reading Research Quarterly*, 2, 5 – 142.

Bond, G. L., & Dykstra, R. (1967b). *Coordinating center for first grade reading instruction programs*. (Final Report of Project No. x – 001, Contact No. OES10 – 264). Minneapolis: University of Minnesota.

Bouch, M. (2005). *Comprehension strategies for English language learners*. New York: Scholastic.

Bowman, B. T., Donovan, M. S., & Burns, M. S. (Eds.). (2000). *Eager to learn: Educating our preschoolers*. Washington, DC: National Academy Press.

Brock, C. H., & Raphael, T. E. (2005). *Windows to language, literacy, and culture*. Newark, DE: International Reading Association.

Bromley, K. (2007). Building a sound writing program. In L. M. Morrow, L. B. Gambrell, & M. Pressley (Eds.), *Best practices in literacy instruction* (2nd ed. pp. 243 – 263). New York: Guilford Press.

Brophy, J. (2004). *Motivating students to learn* (2nd ed.). Mahwah, NJ: Erlbaum.

Brown, R., Cazden, C., & Bellugi-Klima, U. (1968). The child's grammar from one to three. In J. P. Hill (Ed.), *Minnesota symposium on child development*. Minneapolis: University of Minnesota Press.

Brownell, R. (Ed.) (2000). *Expressive one-word picture vocabulary test, 2 to 18 years*. Academic Therapy Publications: Novato, CA.

Bryant, D., & Maxwell, K. (1997). The effectiveness of early intervention for disadvantaged children. In M. Guralnick (Ed.), *The effectiveness of early intervention* (pp. 23 – 46). Baltimore: Paul H. Brookes.

Burke, A., & Rowsell, J. (2006) From screen to print: Publishing multiliteracies pedagogy. *International Journal of Learning*. Victoria, BC: Common Ground Publisher.

Burke, A., & Rowsell, J. (2007). Assessing New Literacies: Evaluating Multimodal Practice. *E-Learning Journal, Special Edition*, Oxford, UK: Symposium Journals.

Burns, M. S., Snow, C. E., & Griffin, P. (1998). *Preventing reading difficulties in young children*. Washington, DC: National Academy Press.

Burns, M. S., Snow, C. E., & Griffin, P. (Eds.). (1999). *Starting out right: A guide to success*. Washington, DC: National Academy Press.

Bus, A. G. (2001). Joint caregiver-child storybook reading: A route to literacy development. In S. B. Neuman & D. K. Dickinson (Eds.), *Handbook of early literacy research*. (pp. 179 – 191). New York: Guilford Press.

Bus, A. G., van Ijzendoorn, M. H., & Pellegrini, A. D. (1995). Joint book reading makes for success in learning to read: A meta-analysis in intergenerational transmission of literacy. *Review of Educational Research*, 65, 1 – 21.

Byrne, B., & Fielding-Barnsley, R. (1993). Evaluation of a program to teach phonemic awareness to young children: A one-year follow-up. *Journal of Educational Psychology*, 85, 104 – 111.

Byrne, B., & Fielding-Barnsley, R. (1995). Evaluation of a program to teach phonemic awareness to young children: A two- and three-year follow-up and a new preschool trial. *Journal of Educational Psychology*, 87, 488 – 503.

Calkins, L. M. (1986). *The art of teaching writing*. Exeter, NH: Heinemann.

Calkins, L. M. (1994). *The art of teaching writing*. Portsmouth, NH: Heinemann.

Cappellini, M. (2005). *Balancing reading and language learning: A resource for teaching English language learners, K – 5*. Portland, ME: Stenhouse; Newark, DE: International Reading Association.

Cazden, C. B. (2005). The value of conversations for language development and reading comprehension. *Literacy Teaching and Learning*, 9(1), 1 – 6.

Center for the Improvement of Early Reading Achievement. (2001). *Put reading first: The research building blocks for teaching children to read*. Washington, DC: National Institute for Literacy.

Chomsky, C. (1965). *Aspects of a theory of syntax*. Cambridge, MA: MIT Press.

Christian, F., Morrison, F., & Bryant, F. (1998). Predicting kindergarten academic skills: Interaction among child-care, maternal education, and family literacy environments, *Early Childhood Research*

Quarterly, 13, 501–521.

Clay, M. M. (1966). *Emergent reading behavior.* Doctoral dissertation, University of Auckland, New Zealand.

Clay, M. M. (1979). *The early detection of reading difficulties: A diagnostic survey with recovery procedures.* Auckland, New Zealand: Heinemann Educational Books.

Clay, M. M. (1987). Implementing reading recovery: Systematic adaptations to an educational innovation. *New Zealand Journal of Educational Studies*, 22, 35–38.

Clay, M. M. (1991). *Becoming literate: The construction of inner control.* Portsmouth, NH: Heinemann.

Clay, M. M. (1993a). *An observation survey of early literacy achievement.* Portsmouth, NH: Heinemann.

Clay, M. M. (1993b). *Reading Recovery: A guidebook for teachers in training.* Portsmouth, NH: Heinemann.

Clay, M. M. (2000). *Concepts about print: What have children learned about the way we print language?* Portsmouth, NJ: Heinemann.

Cochran-Smith, M. (1984). *The making of a reader.* Norwood, NH: Ablex.

Cohen, M. (1980). *First grade takes a test.* New York: Dell.

Coiro, J., & Dobler, E. (2007). Exploring the online reading comprehension strategies used by sixth-grade skilled readers to search for and locate information on the Internet. *Reading Research Quarterly*, 42(2), 214–257.

Collins, N. L. D., & Shaeffer, M. B. (1997). Look, listen, and learn to read. *Young Children*, 52(5), 65–67.

Combs, M. (2006). *Readers and writers in primary grades: A balanced literacy approach K–4.* Upper Saddle River, NJ: Pearson Education.

Connell, R. W. (1994). Poverty and education. *Harvard Educational Review*, 64, 125–149.

Cook-Cottone, C. (2004). Constructivism in family literacy practices: Parents as mentors. *Reading Improvement*, 41(4), 208–216.

Cox, C. (2002). *Teaching language arts: A student- and response-centered classroom* (4th ed.). Boston: Allyn and Bacon.

Cullinan, B. E. (1992). *Invitation to read: More children's literature in the reading program.* Newark, DE: International Reading Association.

Cunningham, P. (1995). *Phonics they use.* New York: HarperCollins.

Cunningham, P. (2005). *Phonics they use.* Boston: Pearson.

Cunningham, P. M., and Cunningham, J. W. (1992). Making words: Enhancing the invented spelling-decoding connection. *Reading Teacher*, 46, 106–115.

Daniels, H. (1994). *Literature circles: Voice and choice in the student centered classroom.* Portland, ME: Stenhouse.

Delgado-Gaitan, C. (1992). School matters in the Mexican-American home: Socializing children to education. *American Educational Research Journal*, 29, 459.

Delpit, L. (1995, December). *Other people's children.* Presentation at the National Reading Conference, New Orleans, LA.

Dewey, J. (1966). *Democracy and education.* New York: First Press.

Dickinson, D. K., McCabe, A., & Essex, M. J. (2006). A window of opportunity we must open to all: The case for preschool with high-quality support for language and literacy. *Handbook of Early Literacy Research*, 2, 11–28.

Dickinson, D. K., & Tabors, P. O. (Eds.). (2001). *Beginning literacy with language.* Baltimore: Paul H. Brookes.

Dickinson, D. K., De Temple, J. M., Hirschler, J. A., & Smith, M. W. (1992). Book reading with preschoolers: Coconstruction of text at home and at school. *Early Childhood Research Quarterly*, 7, 323–346.

Donahue, P., Doane, M., & Grigg, W. Educational Testing Service. (2003). Nation's Report Card. National Assessment of Educational Progress. http://nces.ed.gov/nationsreportcard/

Donahue, P. L., Finnegan, R. J., Lutkus, A. D., Allen, N. L., & Campbell, J. R. (2001). *The nation's report card: Reading* 2000. Washington, DC: U.S. Department of Education, Office of Educational Research and Improvement.

Duke, N. (2000). 3.6 minutes per day: The scarcity of information texts in first grade. *Reading Research Quarterly*, 35, 202–224.

Duke, N. K., & Kays, J. (1998). Can I say "Once upon a time?" Kindergarten children developing knowledge of information book language. *Early Childhood Research Quarterly*, 13(2), 295–318.

Dunn, L., Beach, S., & Kontos, S. (1994). Quality of the early literacy environment in day care and children's development. *Journal of Research in Childhood Education*, 9(1), 24–34.

Dunn, L. M., & Dunn, L. M. (1997). *The Peabody picture vocabulary test: 2 years to 18 years.* American Guidance Service: Circle Pines, MN.

Durkin, D. (1966). *Children who read early.* New York: Teachers College Press.

Durkin, D. (1978–79). What classroom observations reveal about reading instruction. *Reading Research Quarterly*, 14, 481–533.

Dyson, A. H. (1985). Individual differences in emerging writing. In M. Farr (Ed.), *Advances in writing research*. Vol. 1: *Children's early writing development*.

Norwood, NJ: Ablex.

Dyson, A. H. (1986). Children's early interpretations of writing: Expanding research perspectives. In D. Yoden & S. Templeton (Eds.), *Metalinguistic awareness and beginning literacy*. Exeter, NH: Heinemann.

Dyson, A. H. (1993). *Social worlds of children learning to write in an urban primary school*. New York: Teachers College Press.

Educational Research Service. (1997). *Promoting early literacy through family involvement* (ERS Information Folio No. C98-F0226). Arlington, VA: Author.

Edwards, P. A. (1995). Combining parents' and teachers' thoughts about storybook reading at home and school. In L. M. Morrow (Ed.), *Family literacy connections in schools and communities* (pp. 54–69). Newark, DE: International Reading Association.

Edwards, S. A., Maloy, R. W., & Verock-O'Loughlin, R. (2003). *Ways of writing with young kids: Teaching creativity and conventions unconventionally*. Boston: Allyn and Bacon.

Ehri, L., & Roberts, T. (2006). The roots of learning to read and write: Acquisition of letters and phonemic awareness. *Handbook of Early Literacy Research*, 2, 113–131.

Englemann, S., & Bruner, E. (1968). *DISTAR: Direct Instruction System for Teaching Arithmetic and Reading*. Chicago: Science Research Associates.

Erickson, K. A., & Koppenhaver, D. A. (1995). Developing a literacy program for children with severe disabilities. *Reading Teacher*, 48, 676–684.

Faber, A., & Mazlish, J. E. (1995). *How to talk so kids can learn at home and at school*. New York: Fireside/Simon & Schuster.

Fields, M. V., Groth, L. A., & Spangler, K. L. (2004). *Let's begin reading right: A developmental approach to emergent literacy* (5th Ed.). Upper Saddle River, NJ: Pearson.

Fingon, J. (2005). The words that surround us. *Teaching PreK-8*, 35, 54–56.

Finn, J. D. (1998). Parental engagement that makes a difference. *Educational Leadership*, 55(8), 20–24.

Fitzpatrick, J. (1997). *Phonemic awareness*. Cypress, CA: Creative Teaching Press.

Fletcher, R., & Portalupi, J. (2001). *Writing workshop: The essential guide*. Portsmouth, NH: Heinemann.

Foster, C. R. (1982). Diffusing the issues in bilingualism and bilingual education. *Phi Delta Kappan*, 63, 338–345.

Fountas, I. C., & Pinnell, G. S. (1996). *Guided reading: Good first teaching for all children*. Portsmouth, NH: Heinemann.

Freeman, D., & Freeman, Y. (1993) Strategies for promoting the primary languages of all students. *Reading Teacher*, 46, 18–25.

Freeman, Y. S., & Freeman, D. E. (2006). *Teaching reading and writing in Spanish and English in bilingual and dual language classrooms* (2nd ed.). Portsmouth, NH: Heinemann.

Frey, N., & Fisher, D. B. (2006). *Language arts workshop: Purposeful reading and writing instruction*. Upper Saddle River, NJ: Pearson.

Froebel, F. (1974). *The education of man*. Clifton, NJ: Augustus M. Kelly.

Fromkin, V., & Rodman, R. (1998). *An introduction to language* (6th ed.). Fort Worth, TX: Harcourt Brace.

Galda, G. (1995). Language change in the history of English: Implications for teachers. In D. Durkin (Ed.), *Language issues: Readings for teachers* (pp. 262–272). White Plains, NY: Longman.

Gambrell, L. B., & Almasi, J. (1994). Fostering comprehension development through discussion. In L. M. Morrow, J. K. Smith, & L. C. Wilkinson (Eds.), *Integrated language arts: Controversy to consensus* (pp. 71–90). Boston: Allyn and Bacon.

Gambrell, L. B., Almasi, J. F., Xie, Q., & Heland, V. (1995). Helping first graders get off to a running start in reading: A home-school-community program that enhances family literacy. In L. Morrow (Ed.), *Family literacy connections at school and home*. 143–154 Newark, DE: International Reading Association.

Gambrell, L. B., & Gillis, V. R. (2007). Assessing children's motivation for reading and writing. In J. R. Paratore & R. L. McCormack (Eds.), *Classroom literacy assessment: Making sense of what students know and do*. New York: Guilford Press.

Gambrell, L. B., & Koskinen, P. S. (2002). Imagery: A strategy for enhancing comprehension. In C. C. Block & M. Pressley (Eds.), *Comprehension instruction: Research-based best practices* (pp. 305–319). New York: Guilford Press.

Gambrell, L., Morrow, L. M., Pressley, M. (2007). *Best practices in literacy instruction*. New York: Guilford Press.

Gambrell, L., Palmer, B., Codling, R., & Mazzoni, S. (1996). Assessing motivation to read. *Reading Teacher*, 49, 518–533.

Gambrell, L., Pfeiffer, W., & Wilson, R. (1985). The effect of retelling upon comprehension and recall of text information. *Journal of Educational Research*, 78, 216–220.

Garcia, E., & McLaughlin, B. (Eds.), with Spodek, B., & Soracho, O. (1995). *Meeting the challenge of linguistic and cultural diversity in early childhood education*. New York: Teachers College Press.

Gardner, H. (Ed.). (1993). *Multiple intelligences: The theory in practice*. New York: Basic Books.

Gaskins, I. W. (2003). A multidimensional approach to beginning literacy. In D. M. Barone & L. M. Morrow (Eds.), *Literacy and young children: Research-based*

practices (pp. 45 – 60). New York: Guilford Press.
Gee, J. P. (2003). *What videogames have to teach us about language and literacy*. New York: Palgrave.
Genishi, C., & Dyson, A. (1984). *Language assessment in the early years*. Norwood, NJ: Ablex.
Gersten, R., Scott, B., Shanahan, T., Linan-Thompson, Collins, P., & Scarcella, R. (2007). *LES practice guide: Effective literacy and English language instruction for English learners elementary grades*. Washington, DC: NCEE 2007 – 401 1 U. S. Department of Education, Institute of Education Sciences: National Center for Education Evaluation and Regional Assistance.
Gesell, A. (1925). *The mental growth of the preschool child*. New York: Macmillan.
Gollnick, D. M., & Chinn, P. C. (2002). *Multicultural education in a pluralistic society*. Upper Saddle River, NJ: Merrill/Prentice Hall.
Goodman, K. S. (1967). Reading: A psycholinguistic guessing game. *Journal of the Reading Specialist*, 4, 126 – 135.
Goodman, Y. (1980). The root of literacy. In M. Douglas (Ed.), *Claremont Reading Conference forty-fourth yearbook*. Claremont, CA: Claremont Reading Conference.
Graves, D. (1994). *A fresh look at writing*. Portsmouth, NH: Heinemann.
Graves, D., & Hansen, J. (1983). The author's chair. *Language Arts*, 60, 176 – 183.
Graves, D. H. (1983). *Writing: Teachers and children at work*. Exeter, NH: Heinemann.
Graves, M. F., Juel, C., & Graves, B. B. (1998). *Teaching reading in the 21st century*. Boston: Allyn and Bacon.
Griffin, M. (2001). Social contexts of beginning reading. *Language Arts*, 78(4), 371 – 378.
Gundlach, R., McLane, J., Scott, F., & McNamee, G. (1985). The social foundations of early writing development. In M. Farr (Ed.), *Advances in writing research*. Vol. 1: *Children's early writing development*. Norwood, NJ: Ablex.
Gunning, T. G. (2003). *Creating literacy instruction for all children* (4th ed.). Boston: Allyn and Bacon.
Guthrie, J. T. (2002). Engagement and motivation in reading instruction. In M. L. Kamil, J. B. Manning, & H. J. Walberg (Eds.), *Successful reading instruction* (pp. 137 – 154). Greenwich, CT: Information Age.
Guthrie, J. T. (2004). Teaching for literacy engagement. *Journal of Literary Research*, 36(1), 1 – 28.
Hadaway, N. L., & Young, T. A. (2006). Changing classrooms: Transforming instruction. In T. A. Young & N. Hadaway (Eds.), *Supporting the literacy development of English language learners: Increasing success in all classrooms* (pp. 6 – 18).

Newark, DE: International Reading Association.
Hall, M. A. (1976). *Teaching reading as a language experience*. Columbus, OH: Merrill.
Halliday, M. A. K. (1975). *Learning how to mean: Exploration in the development of language*. London: Edward Arnold.
Hallinan, M. T., & Sorenson, A. B. (1983). The formation and stability of instructional groups. *American Sociological Review*, 48, 838 – 851.
Hannon, P. (1995). *Literacy, home and school: Research and practice in teaching literacy with parents*. London: Falmer.
Hansen, J. (1987). *When writers read*. Portsmouth, NH: Heinemann.
Harp, W. (2000). Assessing reading and writing in the early years. In S. Strickland & L. M. Morrow (Eds.), *Beginning reading and writing, kindergarten to grade 2*, 154 – 167. New York: Teachers College Press.
Harste, J., Woodward, V., & Burke, C. (1984). *Language stories and literacy lessons*. Exeter, NH: Heinemann.
Hart, B., & Risley, T. (1995). *Meaningful differences in the everyday experiences of young American children*. Baltimore: Paul H. Brookes.
Hart, B., & Risley, T. R. (1999). *The social world of children learning to talk*. Baltimore: Paul H. Brookes.
Hasbrouck, J., & Tindal, G. (2006). Oral reading fluency norms: A valuable assessment tool for reading teachers. *Reading Teacher*, 59, 636 – 644.
Heath, S. B. (1982). What no bedtime story means. *Language in Society*, 11, 49 – 76.
Heath, S. B. (1993). *Ways with words*. New York: Cambridge University Press.
Hiebert, E. H. (1981). Developmental patterns and inter-relationships of preschool children's print awareness. *Reading Research Quarterly*, 16, 236 – 260.
Hiebert, E. H., & Raphael, T. E. (1998). *Early literacy instruction*. Fort Worth, TX: Harcourt Brace.
Hiebert, E. H., & Taylor, B. (1994). *Getting reading right from the start*. Newark, DE: International Reading Association.
Hill, S. (1997). *Reading manipulatives*. Cypress, CA: Creative Teaching Press.
Holdaway, D. (1979). *The foundations of literacy*. Sydney: Ashton Scholastic.
Hoover, J. J., & Patton, J. R. (2005, March). Differentiating curriculum and instruction for English-language learners with special needs. *Intervention in School and Clinic*, 40(4), 231 – 235.
Hresko, W., Reid, D. K. & Hammill, D. (1999). *Test of language development: Primary, 4 through 8 years*. Pro-ed: Austin, TX.
Huck, C. S. (1992). Books for emergent readers. In B.

E. Cullinan (Ed.), *Invitation to read: More children's literature in the reading program*. Newark, DE: International Reading Association.

Hunt, K. W. (1970). *Syntactic maturity in children and adults*. Monograph of the Society for Research in Child Development (vol. 25). Chicago: University of Chicago Press.

International Reading Association. (1998). *Phonemic awareness and the teaching of reading: A position statement of the board of directors of the International Reading Association*. Newark, DE: Author.

International Reading Association. (1999). *Position statement: Using multiple methods of beginning reading instruction*. Newark, DE: Author.

International Reading Association. (2001). Association issues position statement on second-language literacy instruction. *Reading Today*. Retrieved on May 14, 2003, from http://www.findarticles.com

International Reading Association. (2006). *Reading in preschool*. Newark, DE: Author.

International Reading Association & National Association for the Education of Young Children. (1998). *Learning to read and write: Developmentally appropriate practices for young children*. Newark, DE: Author.

International Reading Association & National Council of Teachers of English. (1996). *Standards for the English language arts*. Newark, DE: Author.

Invernizzi, M. (2003). Concepts, sounds, and the ABCs: A diet for a very young reader. In D. M. Barone & L. M. Morrow (Eds.), *Literacy and young children: Research-based practices* (pp. 140 – 157). New York: Guilford Press.

Irving, A. (1980). *Promoting voluntary reading for children and young people*. Paris: UNESCO.

Ivey, G. (2002). Building comprehension when they're still learning to read the words. In C. C. Block & M. Pressley(Eds.), *Comprehension instruction: Research-based best practices* (pp. 234 – 247). New York: Guilford Press.

Jalongo, M. R. (2007). *Early childhood language arts* (4th Ed.). Boston: Allyn and Bacon.

Jewell, M., & Zintz, M. (1986). *Learning to read naturally*. Dubuque, IA: Kendall/Hunt.

Johns, J., & Berglund, R. L. (2002). *Fluency: evidence-based strategies*. Dubuque, IA: Kendall/Hunt.

Johns, J., Lenski, S. D., & Elish-Piper, L. (1999). *Early literacy assessments and teaching strategies*. Dubuque, IA: Kendall/Hunt.

Johnson, D., & Pearson, P. D. (1984). *Teaching reading vocabulary* (2nd ed.). New York: Holt.

Johnston, P., & Costello, P. (2005). Principles of literacy assessment. *Reading Research Quarterly*, 40(2), 256 – 267.

Juel, C. (1989). The role of decoding in early literacy instruction and assessment. In L. Morrow & J. Smith (Eds.), *Assessment for instruction in early literacy* (pp. 135 – 154). Upper Saddle River, NJ: Prentice Hall.

Juel, C. (1994). Teaching phonics in the context of the integrated language arts. In L. Morrow, J. K. Smith, & L. C. Wilkinson (Eds.), *Integrated language arts: Controversy for consensus* (pp. 133 – 154). Boston: Allyn and Bacon.

Karmiloff, M., & Karmiloff-Smith, A. (2001). *Pathways to language: From fetus to adolescent*. Cambridge, MA: Harvard University Press.

Katz, L. G., & Chard, S. C. (2000). *Engaging children's minds: The project approach* (2nd Ed.). Norwood, NJ: Ablex.

Kelly, D. (2004). *1001 best web sites for kids*. New York: Teacher Created Materials.

King, R., & McMaster, J. (2000). *Pathways: A primer for family literacy program and development*. Louisville, KY: National Center for Family Literacy.

Kinzer, C. K., & McKenna, M. C. (1999, May). *Using technology in your classroom literacy program: Current and future possibilities*. Paper presented at the Annual Convention of the International Reading Association, San Diego, CA.

Knobel, M., & Lankshear, C. (2006). Weblogs worlds and constructions of effective and powerful writing: Cross with care, and only where signs permit. In K. Pahl and J. Rowsell's *Travel notes from new literacy studies: Instances of practice*, 72 – 95. Clevedon, UK: Multilingual Matters.

Knobel, M., & Lankshear, C. (2007). *The new literacies sampler*. New York: Peter Lang.

Krashen, S. (2003). *Explorations in language acquisition and use*. Portsmouth, NH: Heinemann.

Kress, G. (1997). *Before writing*. London: Routledge.

Kuhl, P. (1994). Learning and representation in speech and language. *Current Opinion in Neurobiology*, 4, 812 – 822.

Kuhn, M. (2007). Effective oral reading assessment (or why round robin reading doesn't cut it). In J. R. Paratore & R. L. McCormack (Eds.). *Classroom literacy assessment: Making sense of what students know and do* (pp. 101 – 112). New York: Guilford Press.

Kuhn, M., Schwanenflugel, P., Morris, R., Morrow, L. M., Woo, D., Meisinger, E., et al. (2006). Teaching children to become fluent and automatic readers. *Journal of Literacy Research*, 38 (4), 357 – 387.

Kuhn, M. R., & Stahl, S. A. (2003). Fluency: A review of developmental and remedial strategies. *Journal of Educational Psychology*, 95, 3 – 21.

Labbo, L. D., & Ash, G. E. (1998). What is the role of computer related technology in early literacy? In S. B. Neuman & K. A. Roskos (Eds.), *Children achieving: Best practices in early literacy* (pp. 180 – 197). Newark,

DE: International Reading Association.

Labbo, L. D., Reinking, D., & McKenna, M. (1998). The use of technology in literacy programs. In L. Gambrell, L. M. Morrow, S. B. Neuman, & M. Pressley (Eds.), *Best practices in literacy instruction*. New York: Guilford Press.

Lennenberg, E. (1967). *Biological foundations of language*. New York: Wiley.

Lennenberg, E., & Kaplan, E. (1970). Grammatical structures and reading. In H. Levin & J. Williams (Eds.), *Basic studies in reading*. New York: Basic Books.

Leseman, P. P. M., & de Jong, P. F. (1998). Home literacy: opportunity, instruction, cooperation and socialemotional quality predicting early reading achievement. *Reading Research Quarterly*, 33, 294–318.

Leu, D. J., & Kinzer, C. (1991). *Effective reading instruction*, K–8 (2nd ed.). New York: Merrill.

Leu, D. J., & Kinzer, C. K. (2003). *Effective literacy instruction*, K–8. Upper Saddle River, NJ: Merrill/Prentice Hall.

Leu, D. J., Jr., Kinzer, C. K., Coiro, J., & Cammack, D. (2004). Toward a theory of new literacies emerging from the Internet and other information and communication technologies. In R. Ruddell & N. Unrau (Eds.), *Theoretical models and processes of reading* (5th ed.; pp. 1568–1611). Newark: International Reading Association.

Lindfors, J. (1989). The classroom: A good environment for language learning. In P. Rigg & V. Allen (Eds.), *When they don't all speak English: Integrating the ESL student into the regular classroom* (pp. 39–54). Urbana, IL: National Council of Teachers of English.

Lonigan, C. (2006). Conceptualizing phonological processing skills in prereaders. *Handbook of Early Literacy Research*, 2, 77–89.

Lonigan, C., & Whitehurst, G. (1998). Relative efficacy of parent and teacher involvement in a shared-reading intervention for preschool children from low-income backgrounds. *Early Childhood Research Quarterly*, 23(2), 263–290.

Lou, Y., Abrami, P. C., Spence, J. C., Poulsen, C., Chambers, B., & d'Apollonia, S. (1996). Within-class grouping. A meta-analysis. *Review of Educational Research*, 66(4), 423–458.

Loughlin, C. E., & Martin, M. D. (1987). *Supporting literacy: Developing effective learning environments*. New York: Teachers College Press.

Lum, K., & Johnson, A. (1998). *What cried granny: An almost bedtime story*. New York: Puffin Books.

Manning, M., Manning, G., & Long, R. (1994). *Theme immersion: Inquiry-based curriculum in elementary and middle schools*. Portsmouth, NH: Heinemann.

Marriott, D. (1997). *What are the other kids doing?* Cypress, CA: Creative Teaching Press.

Martinez, M., & Teale, W. (1987). The ins and outs of a kindergarten writing program. *Reading Teacher*, 40, 444–451.

Martinez, M., & Teale, W. (1988). Reading in a kindergarten classroom library. *Reading Teacher*, 41(6), 568–572.

Mason, J. (1980). When do children begin to read? An exploration of four-year-old children's letter and word reading competencies. *Reading Research Quarterly*, 15, 203–227.

Mason, J., & McCormick, C. (1981). *An investigation of pre-reading instruction: A developmental perspective* (Technical Report 224). Urbana: University of Illinois, Center for the Study of Reading.

McAfee, O., & Leong, D. (1997). *Assessing and guiding young children's development and learning*. Boston: Allyn and Bacon.

McCarrier, A., Pinnell, G. S., & Fountas, I. C. (2000). *Interactive writing: How language & literacy come together*, K–2. Portsmouth, NH: Heinemann.

McCormick, C., & Mason, J. (1981). What happens to kindergarten children's knowledge about reading after summer vacation? *Reading Teacher*, 35, 164–172.

McGee, L. (2007). Language and literacy assessment in preschool. In J. Paratore & R. McCormack (Eds.), *Classroom literacy assessment: Making sense of what students know and do*, pp. 65–84. New York: Guilford Press.

McGee, L. M., & Morrow, L. M. (2005). *Teaching literacy in kindergarten*. New York: Guilford Press.

McGee, L. M., & Richgels, D. J. (2000). *Literacy's beginnings: Supporting young readers and writers*. Boston: Allyn and Bacon.

McKenna, M. C. (2001). Development of reading attitudes. In L. Verhoeven & C. Snow (Eds.), *Literacy and motivation: Reading engagement in individuals and groups* (pp. 135–158). Mahwah, NJ: Erlbaum.

McLaughlin, M. (2003). *Guided comprehension in the primary grades*. Newark, DE: International Reading Association.

McNaughton, S. (2006). Considering culture in research-based interventions to support early literacy. *Handbook of Early Literacy Research*, 2, 113–131.

McNeil, D. (1970). *The acquisition of language: The study of developmental psycholinguistics*. New York: Harper & Row.

Meers, T. B. (1999). *101 best web sites for kids*. Lincolnwood, IL: Publications International.

Melzi, G., Paratore, J. R., & Krol-Sinclair, B. (2000). Reading and writing in the daily lives of Latino mothers participating in an intergenerational literacy project.

National Reading Conference Yearbook, 49, 178-193.

Miramontes, O. B., Nadeau, A., & Commins, N. L. (1997). *Restructuring schools for linguistic diversity: Linking decision making to effective programs*. New York: Teachers College Press.

Montessori, M. (1965). *Spontaneous activity in education*. New York: Schocken Books.

Moore, G. (1986). Effects of the spatial definition of behavior settings on children's behavior: A quasi-experimental field study. *Journal of Environmental Psychology*, 6(3), 205-231.

Morphett, M. V., & Washburne, C. (1931). When should children begin to read? *Elementary School Journal*, 31, 496-508.

Morris, D., & Slavin, R. (Eds.). (2003). *Every child reading*. Boston: Allyn and Bacon.

Morrison, G. S. (2003). *Fundamentals of early childhood education* (3rd ed.). Upper Saddle River, NJ: Prentice Hall.

Morrison, G. S. (2004). *Early childhood education today* (9th ed.). Upper Saddle River, NJ: Pearson.

Morrow, L. M. (1978). Analysis of syntax in the language of six-, seven-, and eight-year-olds. *Research in the Teaching of English*, 12, 143-148.

Morrow, L. M. (1982). Relationships between literature programs, library corner designs, and children's use of literature. *Journal of Educational Research*, 75, 339-344.

Morrow, L. M. (1983). Home and school correlates of early interest in literature. *Journal of Educational Research*, 76, 221-230.

Morrow, L. M. (1984). Reading stories to young children: Effects of story structure and traditional questioning strategies on comprehension. *Journal of Reading Behavior*, 16, 273-288.

Morrow, L. M. (1985). Retelling stories: A strategy for improving children's comprehension, concept of story structure, and oral language complexity. *Elementary School Journal*, 85, 647-661.

Morrow, L. M. (1986). *Promoting responses to literature: Children's sense of story structure*. Paper presented at the National Reading Conference, Austin, TX.

Morrow, L. M. (1987). Promoting voluntary reading: The effects of an inner city program in summer day care centers. *Reading Teacher*, 41, 266-274.

Morrow, L. M. (1988a). The effects of one-to-one story readings on children's questions and comments. In S. Baldwin & J. Readance (Eds.), *36th yearbook of the National Reading Conference*. Rochester, NY: National Reading Conference.

Morrow, L. M. (1988b). Young children's responses to one-to-one story readings in school settings. *Reading Research Quarterly*, 23(1), 89-107.

Morrow, L. M. (1990). Preparing the classroom environment to promote literacy during play. *Early Childhood Research Quarterly*, 5, 537-554.

Morrow, L. M. (1992). The impact of a literature-based program on literacy achievement, use of literature, and attitudes of children from minority backgrounds. *Reading Research Quarterly*, 27, 250-275.

Morrow, L. M. (1995). *Family literacy connections at school and home*. Newark, DE: International Reading Association.

Morrow, L. M. (1996). Story retelling: A discussion strategy to develop and assess comprehension. In L. B. Gambrell & J. F. Almasi (Eds.), *Lively discussions: Fostering engaged reading* (pp. 265-285). Newark, DE: International Reading Association.

Morrow, L. M. (2002). *The literacy center: Contexts for reading and writing* (2nd ed.). York, ME: Stenhouse.

Morrow, L. M. (2003). *Organizing and managing the language arts block*. New York: Guilford Press.

Morrow, L. M. (2004). *Children's literature in preschool: Comprehending and enjoying books*. Newark, DE: International Reading Association.

Morrow, L. M. (2005). Language and literacy in preschools: Current issues and concerns. *Literacy Teaching and Learning*, 9(1), 7-19.

Morrow, L. M., & Asbury, E. (2003). Best practices for a balanced early literacy program. In L. M. Morrow, L. Gambrell, & M. Pressley (Eds.), *Best practices in literacy instruction* (2nd ed., pp. 49-67). New York: Guilford Press.

Morrow, L. M., & Gambrell, L. B. (2004). *Using children's literature in preschool: Comprehending and enjoying books*. Newark, DE: International Reading Association.

Morrow, L. M., Kuhn, M. R., Schwanenflugel, P. J. (2006). The family fluency program. *Reading Teacher*. 60(4), 322-333.

Morrow, L. M., & O'Connor, E. (1995). Literacy partnerships for change with "at risk" kindergartners. In R. Allington & S. Walmsley (Eds.), *No quick fix: Rethinking literacy programs in America's elementary schools* (pp. 97-115). New York: Teachers College Press.

Morrow, L. M., O'Connor, E. M., & Smith, J. (1990). Effects of a story reading program on the literacy development of at-risk kindergarten children. *Journal of Reading Behavior*, 20(2), 104-141.

Morrow, L. M., Paratore, J. R., & Tracey, D. H. (1994). *Family literacy: New perspectives, new opportunities*. Newark, DE: International Reading Association.

Morrow, L. M., Pressley, M., Smith, J., & Smith, M. (1997). The effects of integrating literature-based instruction into literacy and science programs. *Reading Research Quarterly*, 32, 54-77.

Morrow, L. M., & Rand, M. (1991). Promoting literacy during play by designing early childhood classroom environments. *Reading Teacher*, 44, 396–405.

Morrow, L. M., Scoblionko, J., & Shafer, D. (1995). The family reading and writing appreciation program. In L. M. Morrow (Ed.), *Family literacy connections in schools and communities* (pp. 70–86). Newark, DE: International Reading Association.

Morrow, L. M., Sharkey, E., & Firestone, W. (1994). Collaborative strategies in the integrated language arts. In L. M. Morrow, J. K. Smith, & L. C. Wilkinson (Eds.), *Integrated language arts: Controversy to consensus* (pp. 155–176). Boston: Allyn and Bacon.

Morrow, L. M., & Smith, J. K. (1990). The effect of group setting on interactive storybook reading. *Reading Research Quarterly*, 25, 213–231.

Morrow, L. M., Strickland, D. S., & Woo, D. G. (1998). *Literacy instruction in half- and whole-day kindergarten: Research to practice*. Newark, DE: International Reading Association.

Morrow, L. M., & Tracey, D. (1997). Strategies for phonics instruction in early childhood classrooms. *Reading Teacher*, 50(8), 2–9.

Morrow, L. M., & Tracey, D. H. (1997). Instructional environments for language and learning. Considerations for young children. In J. Flood, S. B. Heath, & D. Lapp (Eds.), *Handbook for literacy educators: Research on teaching the communicative and visual arts*, 475–485. New York: Macmillan.

Morrow, L. M., & Weinstein, C. S. (1986). Encouraging voluntary reading: The impact of a literature program on children's use of library centers. *Reading Research Quarterly*, 21, 330–346.

Morrow, L. M., & Young, J. (1997). A family literacy program connecting school and home: Effects on attitude, motivation, and literacy achievement. *Journal of Educational Psychology*, 89, 736–742.

Moss, B., Leone, S. & Dipillo, M. L. (1997). Exploring the literature of fact: Linking reading and writing through information trade books. *Language Arts*, 74(6), 418–429.

Moustafa, M. (1997). *Beyond traditional phonics: Research discoveries and reading instruction*. Portsmouth, NH: Heinemann.

Nagy, W. (1988). *Teaching vocabulary to improve reading comprehension*. Newark, DE: International Reading Association.

National Center for Family Literacy. (1993). Parents and children together. In *Creating an upward spiral of success* (pp. 6–8). Louisville, KY: Author.

National Center for Family Literacy. (2004). *Report of the National Early Literacy Panel*. Washington, DC: National Institute for Literacy.

National Center on Education and the Economy & Learning Research and Development Center at the University of Pittsburgh. (1999). *Reading and writing grade by grade: Primary literacy standards for kindergarten through third grade*. Washington, DC: National Center on Education and the Economy.

National Reading Panel Report. (2000). *Teaching children to read*. Washington, DC: National Institute of Child Health and Human Development.

Neuman, S. B. (1996). Children engaging in story-book reading: The influence of access to print resources, opportunity, and parental interaction. *Early Childhood Research Quarterly*, 11, 495–513.

Neuman, S. B., & Roskos, K. (1992). Literary objects as cultural tools: Effects on children's literacy behaviors in play. *Reading Research Quarterly*, 27(3), 203–225.

Neuman, S., & Roskos, K. (1993). *Language and literacy learning in the early years: An integrated approach*. Orlando, FL: Harcourt Brace.

Neuman, S., & Roskos, K. (1994). Building home and school with a culturally responsive approach. *Childhood Education*, 70, 210–214.

Neuman, S. B., & Roskos, K. (1997). Knowledge in practice: Contexts of participation for young writers and readers. *Reading Research Quarterly*, 32, 10–32.

Neuman, S. B., & Roskos, K. A. (Eds.). (1998). *Children achieving: Best practices in early literacy*. Newark, DE: International Reading Association.

Newberger, J. J. (1997). New brain development research: A wonderful window of opportunity to build public support for early childhood education. *Young Children*, 52(4), 4–9.

New Jersey State Department of Education. (1998). *Test Specification Booklet*. Trenton, NJ.

Newman, J. (1984). *The craft of children's writing*. Exeter, NH: Heinemann.

Ninio, A. (1980). Picture book reading in mother-infant dyads belonging to two subgroups in Israel. *Child Development*, 51, 587.

O'Connor R. E., Harty, K. R., & Fulmer, D. (2005 Nov./Dec.). Tiers of intervention in kindergarten through third grade. *Journal of Learning Disabilities*, 38(6), 532–538.

O'Flahavan, J., Gambrell, L. B., Guthrie, J., Stahl, S., & Alverman, D. (1992, April). Poll results guide activities of research center. *Reading Today*, p. 12.

Ogle, D. (1986). K-W-L: A teaching model that develops active reading of expository text. *Reading Teacher*, 39, 564–570.

Ollila, L. O., & Mayfield, M. I. (1992). *Emerging literacy: Preschool, kindergarten, and primary grades*. Boston: Allyn and Bacon.

Orellana, M. E., & Hernandez, A. (1999). Talking

with the walk: Children reading urban environmental print. *Reading Teacher*, *51*, 612–619.

Otto, B. (2006). *Language development in early childhood* (2nd Ed.). Upper Saddle River, NJ: Merrill/Prentice Hall.

Pappas, C., Kiefer, B., & Levstik, L. (1995). *An integrated language perspective in the elementary school: Theory into action*. New York: Longman.

Paratore, J. R., Homza, A., Krol-Sinclair, B., Lewis-Barrow, T., Melzi, G., Stergis, R., et al. (1995). Shifting boundaries in home and school responsibilities: Involving immigrant parents in the construction of literacy portfolios. *Research in the Teaching of English*, *29*, 367–389.

Paratore, J. R., Melzi, G., & Krol-Sinclair, B. (2003). Learning about the literate lives of Latino families. In D. M. Barone & L. M. Morrow (Eds.), *Literacy and young children: Research-based practices*, (pp. 101–120). New York: Guilford Press.

Parker, E. L., & Pardini, T. H. (2006). *The words came down: English language learners read, write, and talk across the curriculum, K-2*. Portland, ME: Stenhouse.

Pearson, P. D., Roehler, L. R., Dole, J. A., & Duffy, G. G. (1992). Developing expertise in reading comprehension. In S. J. Samuels & A. E. Farsturp (Eds.), *What research has to say about reading instruction* (2nd ed., pp. 145–199). Newark, DE: International Reading Association.

Pellegrini, A., & Galda, L. (1982). The effects of thematic fantasy play training on the development of children's story comprehension. *American Educational Research Journal*, *19*, 443–452.

Pflaum, S. (1986). *The development of language and literacy in young children* (3rd ed.). Columbus, OH: Merrill.

Piaget, J., & Inhelder, B. (1969). *The psychology of the child*. New York: Basic Books.

Pinker, S. (1994). *The language instinct: How the mind creates language*. New York: Morrow.

Pinnell, G. S., Freid, M. D., & Estice, R. M. (1990). Reading recovery: Learning how to make a difference. *Reading Teacher*, *43*(4), 282–295.

Pittelman, S. D., Heimlich, J. E., Berglund, R. L., & French, M. P. (1991). *Semantic feature analysis: Classroom applications*. Newark, DE: International Reading Association.

Pittelman, S. D., Levin, K. M., & Johnson, D. P. (1985). *An investigation of two instructional settings in the use of semantic mapping with poor readers* (Program Report 85-4). Madison: Wisconsin Center for Educational Research, University of Wisconsin.

Prescott, O. (1965). *A father reads to his child: An anthology of prose and poetry*. New York: Dutton.

Pressley, M. (1998). *Reading instruction that works: The case for balanced teaching*. New York: Guilford Press.

Pressley, M., & Afflerbach, P. (1995). *Verbal protocols of reading: The nature of constructively responsive reading*. Hillsdale, NJ: Erlbaum.

Pressley, M., & Hilden, K. (2002). How can children be taught to comprehend text better? In M. L. Kamil, J. B. Manning, & H. J. Walberg (Eds.), *Successful reading instruction* (pp. 33–53). Greenwich, CT: Information Age.

Pressley, M., Allington, R. L., Wharton-McDonald, R., Block, C. C., & Morrow, L. (2001). *Learning to read: Lessons from exemplary first-grade classrooms*. New York: Guilford Press.

Purcell-Gates, V., Duke, N. K., & Martineau, J. A. (2007). Learning to read and write genre-specific text: Roles of authentic experience and explicit teaching. *Reading Research Quarterly*, *42*(1), 8–45.

Rand, M. (1993). Using thematic instruction to organize an integrated language arts classroom. In L. M. Morrow, J. K. Smith, & L. C. Wilkinson (Eds.), *Integrated language arts: Controversy to consensus* (pp. 177–192). Boston: Allyn and Bacon.

Rand Reading Study Group. (2002). *Reading for understanding: Toward a research and development program in reading comprehension*. Washington, DC: Author/OERI/Department of Education.

Rasinski, T. (1990). Effects of repeated reading and listening while reading on reading fluency. *Journal of Educational Research*, *83*, 147–150.

Report of the National Early Reading Panel. (2004). Washington, DC: National Institute for Literacy.

Reutzel, D. R., & Cooter, R. B. (2004). *Teaching children to read: Putting the pieces together* (4th ed.). Upper Saddle River, NJ: Pearson/Merrill/Prentice Hall.

Ritchie, S., James-Szanton, J., & Howes, C. (2003). Emergent literacy practices in early childhood classrooms. In C. Howes (Ed.), *Teaching 4- to 8-year-olds* (pp. 71–92). Baltimore: Paul H. Brookes.

Rog, L. J. (2007). *Marvelous minilessons for teaching beginning writing, K-3*. Newark, DE: International Reading Association.

Rosenblatt, L. M. (1988). *Writing and reading: Transactional theory* (Report No. 13). University of California, Berkeley: Center for the Study of Writing.

Rosencrans, G. (1998). *The spelling book: Teaching children how to spell, not what to spell*. Newark, DE: International Reading Association.

Roser, N., & Martinez, M. (1985). Roles adults play in preschool responses to literature. *Language Arts*, *62*, 485–490.

Roskos, K. A., & Christie, J. F. (Eds.). (2000). *Play and literacy in early childhood: Research from multiple perspectives*. Mahwah, NJ: Erlbaum.

Roskos, K. A., Christie, J. F., & Richgels, D. J. (2003). The essentials of early literacy instruction. *Young Children*, 58(2), 52–60.

Roskos, K. A., Tabor, P. & Lenhart, L. (2004). *Oral language and early literacy in preschool: Talking, reading and writing*. Newark, DE: International Reading Association.

Rossi, R., & Stringfield, S. (1995). What we must do for students placed at risk. *Phi Delta Kappan*, 77, 73–76.

Rousseau, J. (1962). *Emile* (ed. and trans. William Boyd). New York: Columbia University Teachers College (original work published 1762).

Routman, R., (2005). *Writing essentials: Raising expectations and results while simplifying teaching*. Portsmouth, NH: Heinemann.

Ruddell, R., & Ruddell, M. R. (1995). *Teaching children to read and write: Becoming an influential teacher*. Boston: Allyn and Bacon.

Rusk, R., & Scotland, J. (1979). *Doctrines of the great educators*. New York: St. Martin's Press.

Sampson, M. B. (2002). Confirming K-W-L: Considering the source. *Reading Teacher*, 55(6), 528–532.

Schickedanz, J. A., & Casbergue, R. M. (2004). *Writing in preschool: Learning to orchestrate meaning and marks*. Newark, DE: International Reading Association.

Schickedanz, J. A., York, M. E., Stewart, I. S., & White, A. (1990). *Strategies for teaching young children*. Upper Saddle River, NJ: Prentice Hall.

Schwanenflugel, P., Meisinger, E., Wisenbaker, J., Kuhn, M., Strauss, G., & Morris, R. (2006). Becoming a fluent and automatic reader in the early elementary school years. *Reading Research Quarterly*, 41(4), 496–522.

Seefeldt, C., & Barbour, N. (1986). *Early childhood education: An introduction*. Columbus, OH: Merrill/Prentice Hall.

Shaywitz, S. (2003). *Overcoming dyslexia*. New York: Knopf.

Shore, K. (2001). Success for ESL students: 12 practical tips to help second-language learners. *Instructor*, 1(110), 30–32, 106.

Skinner, B. F. (1954). The science of learning and the art of teaching. *Harvard Educational Review*, 24, 86–97.

Skinner, B. F. (1957). *Verbal behavior*. Boston: Appleton-Century-Crofts.

Slavin, R. (1998). *Success for all*. Baltimore: Success for All Foundation.

Slavin, R. E. (1987). Ability grouping and student achievement in elementary schools: A best-evidence synthesis. *Review of Educational Research*, 57, 292–336.

Slavin, R. E. (1997). *Educational psychology: Theory and practice* (5th ed.). Boston: Allyn and Bacon.

Slavin, R. E., & Madden, N. A. (1989). What works for students at risk: A research synthesis. *Educational Leadership*, 46, 4–13.

Smith, F. (1971). *Understanding reading*. New York: Holt.

Snow, C. E., Burns, M. S., & Griffin, P. (1998). *Preventing reading difficulties in young children*. Washington, DC: National Academy Press.

Soderman, A., & Farrell, P. (2008). *Creating literacy-rich preschools and kindergartens*. Boston: Pearson Education.

Soderman, A. K., Gregory, K. S., & McCarty, L. T. (2005). *Scaffolding emergent literacy: A child-centered approach for preschool through grade 5* (2nd ed). Boston: Allyn and Bacon.

Sorenson, A. B., & Hallinan, M. T. (1986). Effects of ability grouping on growth in academic achievement. *American Educational Research Journal*, 23, 519–542.

Spandel, V. (2001). *Creating writers through six-trait writing assessment and instruction*. New York: Longman.

Spandel, V. (2008). *Creating young writers: Using six traits to enrich writing process in primary classrooms*. Boston: Allyn and Bacon.

Spencer, B. H., & Guillaume, A. M. (2006). Integrating curriculum through the learning cycle: Content-based reading and vocabulary instruction. *Reading Teacher*, 60(3), 206–219.

Spiegel, D. L. (1992). Blending whole language and systematic direct instruction. *Reading Teacher*, 46, 38–44.

Spielberg, S. (1987). Acceptance speech at the Academy Award Ceremonies, Los Angeles.

Spodek, B. (1988). Conceptualizing today's kindergarten curriculum. *Elementary School Journal*, 89, 203–212.

Stahl, S. A. (2003). No more "madfaces": Motivation and fluency development with struggling readers. In D. M. Barone & L. M. Morrow (Eds.), *Literacy and young children: Research-based practices* (pp. 195–209). New York: Guilford Press.

Stahl, S. A., & Heubach, K. M. (2005). Fluency-oriented reading instruction. *Journal of Literacy Research*, 37, 25–60.

Stanovich, K. E. (1986). Mathew effects in reading: Some consequences of individual differences in the acquisition of literacy. *Reading Research Quarterly*, 21, 360–407.

Stauffer, R. G. (1980). *The language-experience approach to the teaching of reading* (2nd ed.). New York: Harper & Row.

Stine, H. A. (1993). *The effects of CD-ROM interactive software in reading skills instructions with second grade Chapter 1 students*. Doctoral dissertation, George Washington University. Ann Arbor, MI: University Microfilms International.

Strickland, D. , & Schickedanz, J. (2004). *Learning about print in preschool: Working with letters, words, and beginning links with phonemic awareness.* Newark, DE: International Reading Association.

Strickland, D. , & Snow, C. (2002). *Preparing our teachers: Opportunities for better reading instruction.* Washington, DC: Joseph Henry Press.

Sullivan, N. W. , & Buchanan, C. D. (1963). *Programmed reading series.* New York: McGraw-Hill.

Sulzby, E. (1985a). Children's emergent reading of favorite storybooks. *Reading Research Quarterly*, 20, 458-481.

Sulzby, E. (1985b). Kindergarteners as writers and readers. In M. Farr (Ed.), *Advances in writing research.* Vol. 1: *Children's early writing*, 127-199. Norwood, NJ: Ablex.

Tabors, P. (1998) What early childhood educators need to know: Developing effective programs for linguistically and culturally diverse children and families. *Young Children*, 53(6), 20-26.

Tafa, E. (1998). *Inclusive education for children with learning and behavioral problems.* Athens, Greece: Ellinika Grammata.

Tafa, E. (2001). *Reading and writing in preschool education.* Athens, Greece: Ellinika Grammata.

Taylor, B. M. , Frye, B. J. , & Maruyama, M. (1990). Time spent reading and reading growth. *American Educational Research Journal*, 27, 351-362.

Taylor, B. M. , Strait, J. , & Medo, M. A. (1994). Early intervention in reading: Supplemental instruction for groups of low-achieving students provided by first-grade teachers. In E. H. Hiebert & B. Taylor (Eds.), *Getting reading right from the start* (pp. 107-123). Newark, DE: International Reading Association.

Taylor, D. (1983). *Family literacy.* Exeter, NH: Heinemann.

Taylor, D. , & Dorsey-Gaines, C. (1988). *Growing up literate.* Portsmouth, NH: Heinemann.

Teale, W. (2003). Questions about early literacy learning and teaching that need asking—and some that don't. In D. M. Barone & L. M. Morrow (Eds.), *Literacy and young children: Research-based practices* (pp. 140-157). New York: Guilford Press.

Teale, W. H. , & Gambrell, L. B. (2007). Raising urban students' literacy achievement by engaging in authentic, challenging work. *Reading Teacher*, 60(8), 728-739.

Temple, C. , Nathan, R. , Burris, N. , & Temple, F. (1988). *The beginnings of writing.* Boston: Allyn and Bacon.

Templeton, S. (1991). *Teaching the integrated language arts.* Boston: Houghton Mifflin.

Tomlinson, C. A. (2003). *How to differentiate instruction in mixed-ability classrooms.* Alexandria, VA: Association for Supervision and Curriculum Development.

Tompkins, G. E. (2007). *Literacy for the 21st century: Teaching reading and writing in prekindergarten through grade* 4. Upper Saddle River, NJ: Pearson Education.

Tompkins, G. E. (2003). *Literacy for the 21st century: Teaching reading and writing in prekindergarten through grade* 4. Upper Saddle River, NJ: Pearson/Merrill Prentice Hall.

Tompkins, G. E. (2000). *Teaching writing: Balancing process and product* (3rd ed.). Upper Saddle River, NJ: Prentice Hall.

Tompkins, G. E. , & Koskisson, I. K. (1995). *Language arts content and teaching strategies.* Upper Saddle River, NJ: Prentice Hall.

Tompkins, G. (2003). *Literacy for the 21st century: Teaching reading and writing in prekindergarten through grade* 4. Upper Saddle River, NJ: Pearson Education.

Turbill, J. , & Bean, W. (2006). *Writing instruction K-6: Understanding process, purpose, audience.* Katonah, NY: Richard C. Owen.

U. S. Department of Education. (2001). *No child left behind legislation*, http://www. nochildleftbehind. gov

Veatch, J. , Sawicki, F. , Elliot, G. , Barnett, E. , & Blackey, J. (1973). *Key words to reading: The language experience approach begins.* Columbus, OH: Merrill.

Vukelich, C. , & Christie, J. (2004). *Building a foundation for preschool literacy: Effective instruction for children's reading and writing development.* Newark, DE: International Reading Association.

Vukelich, C. , Christie, J. , & Enz, B. (2002). *Helping young children learn language and literacy.* Boston: Allyn & Bacon.

Vukelich, C. , Evans, C. , & Albertson, B. (2003). Organizing expository texts: A look at the possibilities. In D. M. Barone & L. M. Morrow (Eds.), *Literacy and young children: Research-based practices* (pp. 261-290). New York: Guilford Press.

Vygotsky, L. S. (1978). *Mind in society: The development of psychological processes.* Cambridge, MA: Harvard University Press.

Walmsley, S. A. (1994). *Children exploring their world: Theme teaching in elementary school.* Portsmouth, NH: Heinemann.

Walpole, S. & McKenna, M. C. (2007). *Differentiated reading instruction strategies for primary grades.* New York: Guilford Press.

Ward, M. , & McCormick, S. (1981). Reading instruction for blind and low vision children in the regular classroom. *Reading Teacher*, 34, 434, 444.

Wasik, B. H. , Dobbins, D. R. , & Herrmann, S. (2001). Intergenerational family literacy: Concepts, research, and practice. In S. B. Neuman & D. K. Dickinson (Eds.), *Handbook of early literacy research* (pp. 444-458). New York: Guilford Press.

Wasik, B. A., & Bond, M. A. (2001). Beyond the pages of a book: Interactive book reading and language development in preschool classrooms. *Journal of Educational Psychology*, 93(2), 243–250.

Weinstein, C. S., & Mignano, A. J., Jr. (2003). *Elementary classroom management* (3rd ed.). Boston: McGraw-Hill.

Weitzman, E., & Greenberg, J. (2002). *Learning language and loving it: A guide to promoting children's social, language, and literacy development in early childhood settings* (2nd Ed.). Toronto: Hanen Centre.

Wepner, S., & Ray, L. (2000). Sign of the times: Technology and early literacy learning. In D. S. Strickland & L. M. Morrow (Eds.), *Beginning reading and writing* (pp. 168–182). New York: Teachers College Press.

Whitehurst, G. J., & Lonigan, C. J. (2001). Emergent literacy: Development from prereaders to readers. In S. B. Neuman & D. K. Dickinson (Eds.), *Handbook of early literacy research* (pp. 11–29). New York: Guilford Press.

Wittrock, M. C. (1986). Students' thought processes. In M. C. Wittrock (Ed.), *Handbook of research on teaching* (pp. 297–314). New York: Macmillan.

Wylie, R., & Durrell, D. D. (1970). Teaching vowels through phonograms. *Elementary English*, 47, 787–791.

Xu, H. (2003). The learner, the teacher, the text, and the context: Sociocultural approaches to early literacy instruction for English language learners. In D. M. Barone & L. M. Morrow (Eds.), *Literacy and young children: Research-based practices* (pp. 61–80). New York: Guilford Press.

Xu, S. H., & Rutledge, A. L. (2003). Chicken starts with ch!: Kindergarteners learn through environmental print. *Young Children*, 58, 44–51.

Yaden, D. (1985). *Preschoolers' spontaneous inquiries about print and books*. Paper presented at the Annual Meeting of the National Reading Conference, San Diego, CA.

Yopp, H. K. (1992). Developing phonemic awareness in young children. *Reading Teacher*, 45, 696–703.

Yopp, H. K., & Yopp, R. H. (2001). Supporting phonemic awareness development in the classroom. *Reading Teacher*, 54, 130–143.

Yopp, R. H., & Yopp, H. K. (2000). Sharing informational text with young children. *Reading Teacher*, 53(5), 410–423.

课堂策略

由伊丽莎白·弗莱塔格、莉莎·法希和莱斯利·莫罗设计

补充活动的使用说明在活动页上。把活动页撕下来,复印,以备再次使用。

目录

- 序
  早期读写教学中优先考虑的问题
- 第一章
  《三只熊》的建构性和显性行为的课程计划
  《三只熊》的序列条
- 第二章
  阅读面谈
  写作面谈
- 第三章
  英语单词
  英语短语
- 第四章
  训练口语发展的木偶棒
- 第五章
  分类板
  拼图片
  字首辅音图片
  元音图片
  字母表卡片
  造词
  给词分类
- 用字轮辨认二合字母
  字轮模板
- 第六章
  阅读日志
  文学圈
  小红母鸡:训练流畅阅读者的剧场
  "小红母鸡"面具
- 第七章
  写作图表构思
  互相评估写作
  作者自查列表
  怎样做小册子
  写作标准
- 第八章
  办一家班级餐馆
  餐馆菜单
- 第九章
  专区卡片
- 第十章
  将读写融入家庭环境
  非常重要的家长(VIP)奖
  家庭书签

序　早期读写教学中优先考虑的问题

姓名：_____　　　日期：_____

1. 列出你认为 3 至 7 岁儿童早期读写教学中最重要的因素。快速完成，简要表述。列出 5 到 8 项。

2. 列完之后排序，也就是给所列项目标上从 1 开始依次往下的数字，1 表示最重要的一项。

3. 学期末，根据提示填完表的下半部分，但是不要参考早先所填的内容。对两个部分进行比较。

学期初：

_____
_____
_____
_____
_____
_____
_____
_____
_____
_____
_____
_____

学期末：　日期_____

_____
_____
_____
_____
_____
_____
_____
_____
_____
_____

第一章 《三只熊》的建构性和显性行为的课程计划

把角色在硬纸上复印、上色、塑封。然后剪下来,在背面贴上毛毡。讲故事时使用毛毡板。让孩子们边听故事边复述。最后让他们再讲一遍故事,但是要编一个新的结尾。

Source:*Literacy Development in the Early Years:Helping Children to Read and Write*,6th ed.,by Lesley M. Morrow.

第一章 《三只熊》的建构性和显性行为的课程计划（续）

把图画在硬纸上复印、上色、塑封。然后剪下来，在背面贴上毛毡。讲故事时使用毛毡板。让孩子们边听故事边复述。最后让他们再讲一遍故事，但是要编一个新的结尾。

第一章 《三只熊》的序列条

提示:剪成纸条,按照事件的正确顺序排列。

从前,有个小女孩在树林里闲逛。

她碰到三只熊的家,就走了进去。

她先看到三碗麦片粥。

她尝了尝第一碗,发现太冷了。

她又尝了第二碗,发现太烫了。

她尝了第三碗,这次不冷不热,正好。

然后她看见三把椅子。

她坐进第一把椅子,但是椅子太小了。

她坐进第二把椅子,但是椅子太大了。

她坐进那把中等大小的椅子,正正好。

《三只熊》的序列条（续）

然后她走进卧室，看见了三张床。	
第一张床太大了。	
第二张床太小了。	
第三张床大小正好，于是她躺在上面睡着了。	
过了一会儿，三只熊回来了。	
他们注意到有人坐过了他们的椅子。	
他们注意到有人吃过了他们的麦片粥。	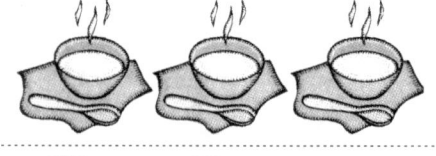
他们注意到有人在他们床上睡过觉。	
小熊发现小女孩在他的床上，尖叫起来！她醒了过来，跑出门去，再也没回来。	

Source：*Literacy Development in the Early Years：Helping Children to Read and Write*，6th ed.，by Lesley M. Morrow.

第二章　阅读面谈

姓名：_____　　　日期：_____

向你正在面谈的孩子提出适合其年龄的问题。

1. 人为什么读书、看书？（把想到的原因都列下来。）
   _____
   _____
   _____

2. 你为什么读书、看书？
   _____
   _____

3. 你不在学校的时候多长时间会读书或看书一次？
   _____

4. 你怎么决定读什么书或看什么书？
   _____
   _____

5. 你在班上读书、看书和在家读书、看书有什么不同感觉？
   _____
   _____

6. 你读过或者听过的故事书中，哪本最好？你为什么喜欢它？
   _____
   _____
   _____

7. 你是怎样学会阅读的？你现在怎么学习阅读？
   _____
   _____

8. 你从读书或看书中学到了什么？
   _____
   _____

9. 你特别想读或听别人读什么书？
   _____

10. 你喜欢哪一类的读物？［问孩子适合他（她）年龄的那些类型］
    ____历史小说　　　　____神话故事/民间传说　　　____诗歌
    ____现实主义小说　　____传记和自传　　　　　　____科幻小说
    ____魔幻故事　　　　____知识类书籍

Source：Adapted with permission from *Guiding Readers and Writers*，© 2001 by Irene C. Fountas and Gay Su Pinnell. (Appendix 46). Published by Heinemann, Portsmouth, NH. All rights reserved.

第二章　写作面谈

姓名：_____　日期：_____

向你正在面谈的孩子提出适合其年龄的问题。

1. 人为什么写作？（把想到的原因都列下来。）
   _____
   _____
   _____

2. 你为什么写作或者画画？
   _____
   _____

3. 你不在学校的时候多长时间会写一次东西或画一幅画？为什么？
   _____
   _____

4. 你怎么决定写什么东西或画什么内容？
   _____
   _____

5. 你写过或者画过的东西里哪一个最好？你为什么喜欢它？
   _____
   _____

6. 你是怎样学会写作的？你现在怎么学习写作？
   _____
   _____
   _____

7. 从别人读给你听的书或你自己读的书当中，你有没有学到关于写作的东西？
   _____
   _____

8. 你特别想写哪一类的题目？
   _____
   _____

9. 你会给这个教室里的儿童提出什么建议，帮助他们提高写作水平？
   _____
   _____
   _____

10. 关于怎样写得更好，你想要了解什么？
    _____
    _____
    _____

Source：Adapted with permission from *Guiding Readers and Writers*，© 2001 by Irene C. Fountas and Gay Su Pinnell. (Appendix 47). Published by Heinemann, Portsmouth, NH. All rights reserved.

第三章　英语单词

这些都是熟悉的校园词汇。把它们放大、上色或者复印在硬彩纸上，塑封，挂在教室墙上。尽量多谈论、提及这些词。（可以用网上的剪贴艺术给列表增加词汇。）

椅子（chair）

书（books）

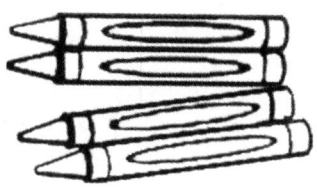

蜡笔（crayons）

卫生间（bathroom）

纸（paper）

剪刀（scissors）

第三章　英语单词(续)

Source：*Literacy Development in the Early Years：Helping Children to Read and Write*，6th ed.，by Lesley M. Morrow.

Source: *Literacy Development in the Early Years: Helping Children to Read and Write*, 6th ed., by Lesley M. Morrow.

第四章 训练口语发展的木偶棒

放大、复印、上色或直接复印角色到硬彩纸上。塑封,然后剪下来。在每个角色的背后贴上一根压舌板,做成一个木偶棒。教师用所给的人物编一个新故事。然后要求孩子们按照教师的示范做同样的事。教师要帮助他们,可以这么说:"你们的故事可以这么开头:'从前有一个女孩和一个男孩。他们决定到森林里散散步,于是……'"教师要提醒孩子们故事有开头、过程和结尾。

Source: *Literacy Development in the Early Years: Helping Children to Read and Write*, 6th ed., by Lesley M. Morrow.

第五章　分类板

这个板可以用来给字母排序,给图画和字母配对,用所给首字母和韵脚造词,根据长元音和短元音给图画和单词分类等。请复印到硬纸上。字母、图片、元音、首字母和韵脚见后面几页。

Source: *Literacy Development in the Early Years: Helping Children to Read and Write*, 6th ed., by Lesley M. Morrow.

第五章　拼图片

用拼图片来配对。给大写字母和小写字母配对，将押韵的单词与开头音配对。复印到硬彩纸上，把技巧写在里面或者把后面几页上的字母、押韵单词的图片和开头音复印下来。塑封，然后剪下来。

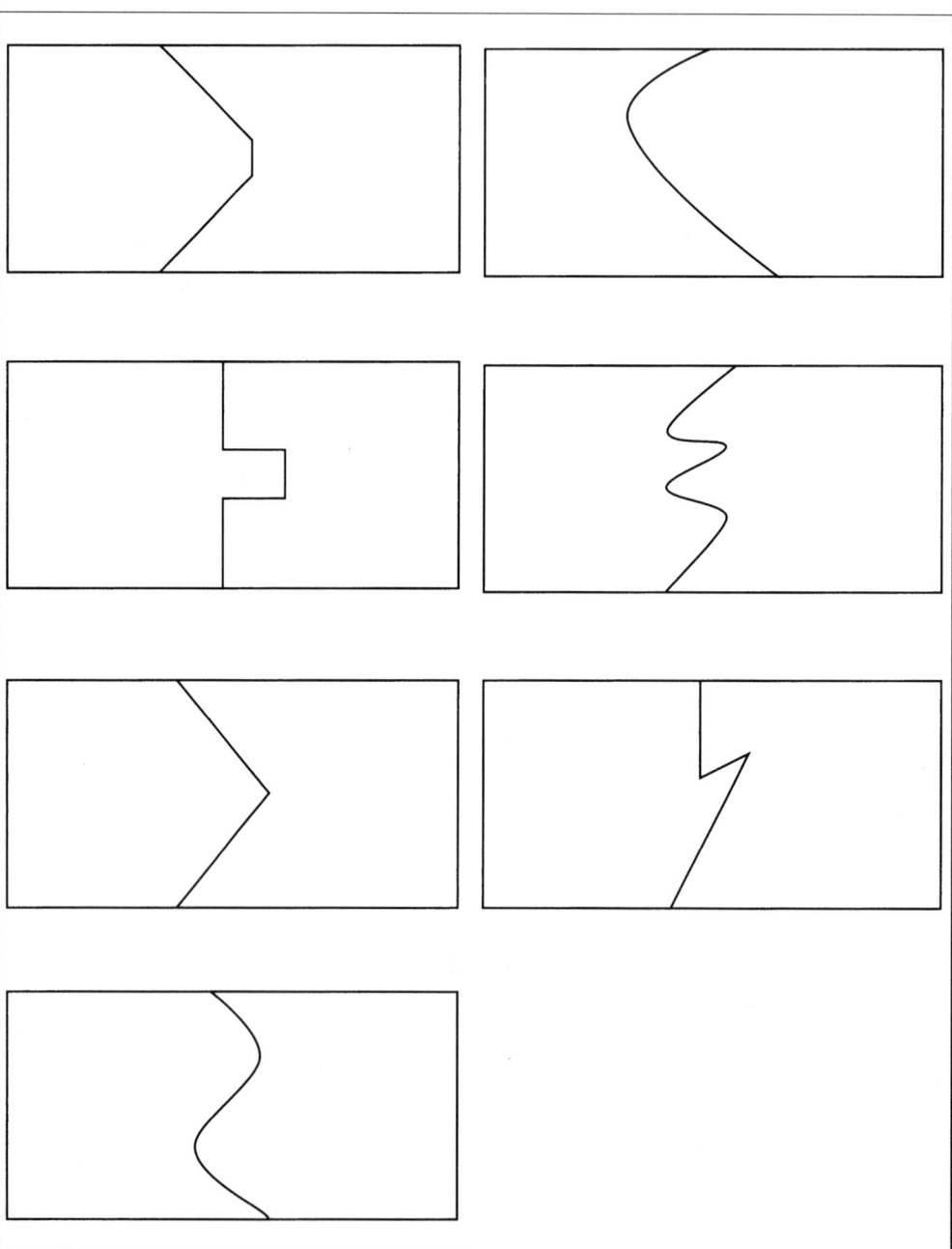

Source：*Literacy Development in the Early Years: Helping Children to Read and Write*，6th ed.，by Lesley M. Morrow.

第五章　字首辅音图片

字首辅音的顺序图片：根据需要放大或缩小，复印到硬彩纸上，塑封。按字母表排序，与字母配对，或者说出每个词里面音的数量。

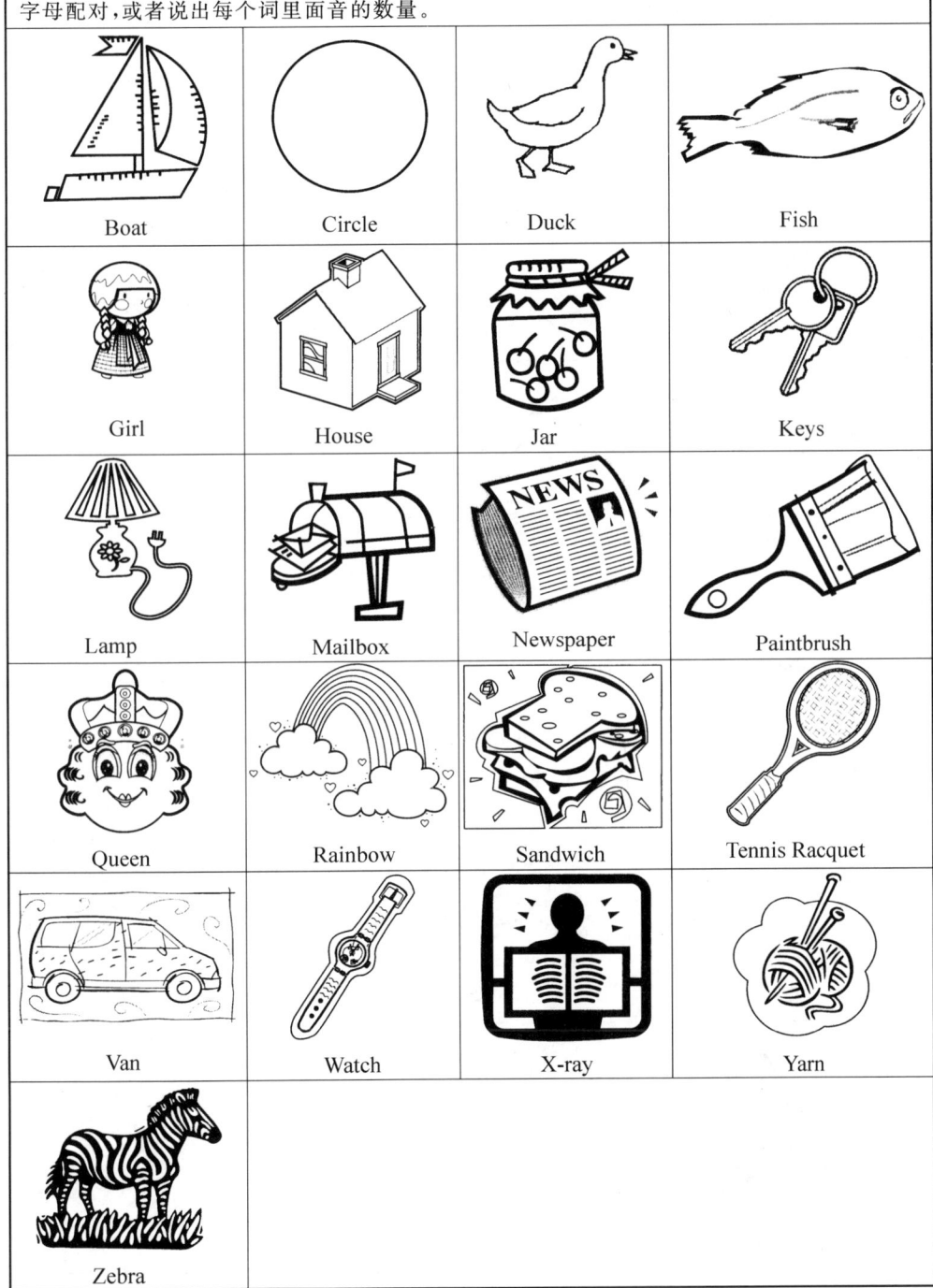

Boat	Circle	Duck	Fish
Girl	House	Jar	Keys
Lamp	Mailbox	Newspaper	Paintbrush
Queen	Rainbow	Sandwich	Tennis Racquet
Van	Watch	X-ray	Yarn
Zebra			

Source: *Literacy Development in the Early Years: Helping Children to Read and Write*, 6th ed., by Lesley M. Morrow.

第五章 元音图片

根据需要放大，上色或者复印到硬彩纸上，塑封。用这些图片来训练语音意识，说出每个词所含音的数量、押韵、分解和合并。用长元音写出新单词，并把它们加到分类板上。

长元音图片

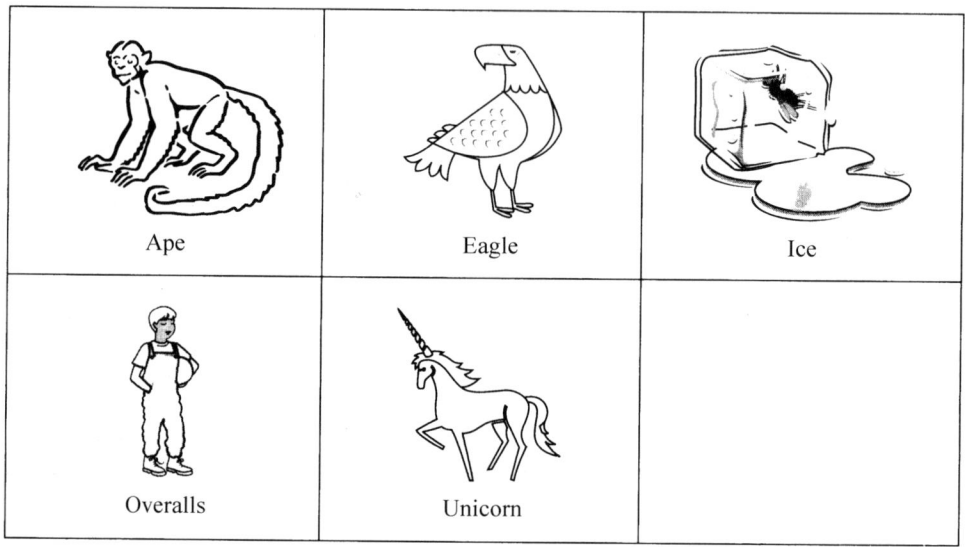

对短元音做与长元音一样的活动。

短元音图片

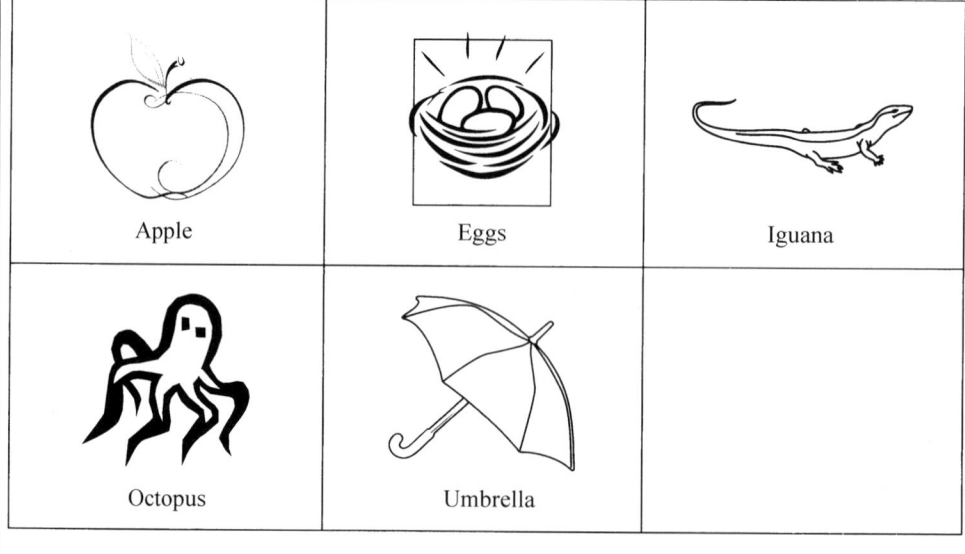

Source: *Literacy Development in the Early Years: Helping Children to Read and Write*, 6th ed., by Lesley M. Morrow.

第五章 字母表卡片

根据需要放大,复印到硬纸上,塑封,然后剪下来。按字母表排序,将大写字母和小写字母配对,将字母和图片配对。

大写字母

A	B	C	D	E	F	G
H	I	J	K	L	M	N
O	P	Q	R	S	T	U
V	W	X	Y	Z		

小写字母

a	b	c	d	e	f	g
h	i	j	k	l	m	n
o	p	q	r	s	t	u
v	w	x	y	z		

Source:*Literacy Development in the Early Years:Helping Children to Read and Write*,6th ed., by Lesley M. Morrow.

第五章 造词

开头字母和韵尾：根据需要放大，复印到硬纸上，塑封。用分类板从开头字母和韵尾中选择造词。

b	c	d	f	g	h	j
k	l	m	n	p	q	r
s	t	v	w	x	y	z

韵尾

are	ate	ake	ame
ave	ase	ain	ap
ail	ang	ear	eat
ell	end	ent	ive
est	ine	ike	ice
ime	it	ink	ing
ip	ile	in	ot
ock	oke	op	un
unk	ump	ug	uck

Source：*Literacy Development in the Early Years: Helping Children to Read and Write*，6th ed., by Lesley M. Morrow.

第五章 给词分类

复印到硬纸上,塑封,剪下来。先将关键词放在分类板的最上面一行,然后将单词分别归入它们所属的行列。星号代表关键词。为更多的分类给出新的关键词。

Pot*	Kit*	Fat*
Cat	Hot	Sit
Bit	Not	Hit
Sat	Lot	Hat
Cot	Wit	Mat
Fit	Rot	Bat

Source: *Literacy Development in the Early Years: Helping Children to Read and Write*, 6th ed., by Lesley M. Morrow.

第五章　用字轮辨认二合字母

根据需要放大，把两个字轮复印到硬纸上，塑封。把字轮的位置摆成开头字母在下，韵脚在上。填入不同的二合字母，缩合词和字块。剪下标出的方块。用铜钉把两个字轮固定在一起。转动字轮，显出新的单词。把造的词写到分类板上。用下一页上的字轮做出新的二合字母、缩合词等。

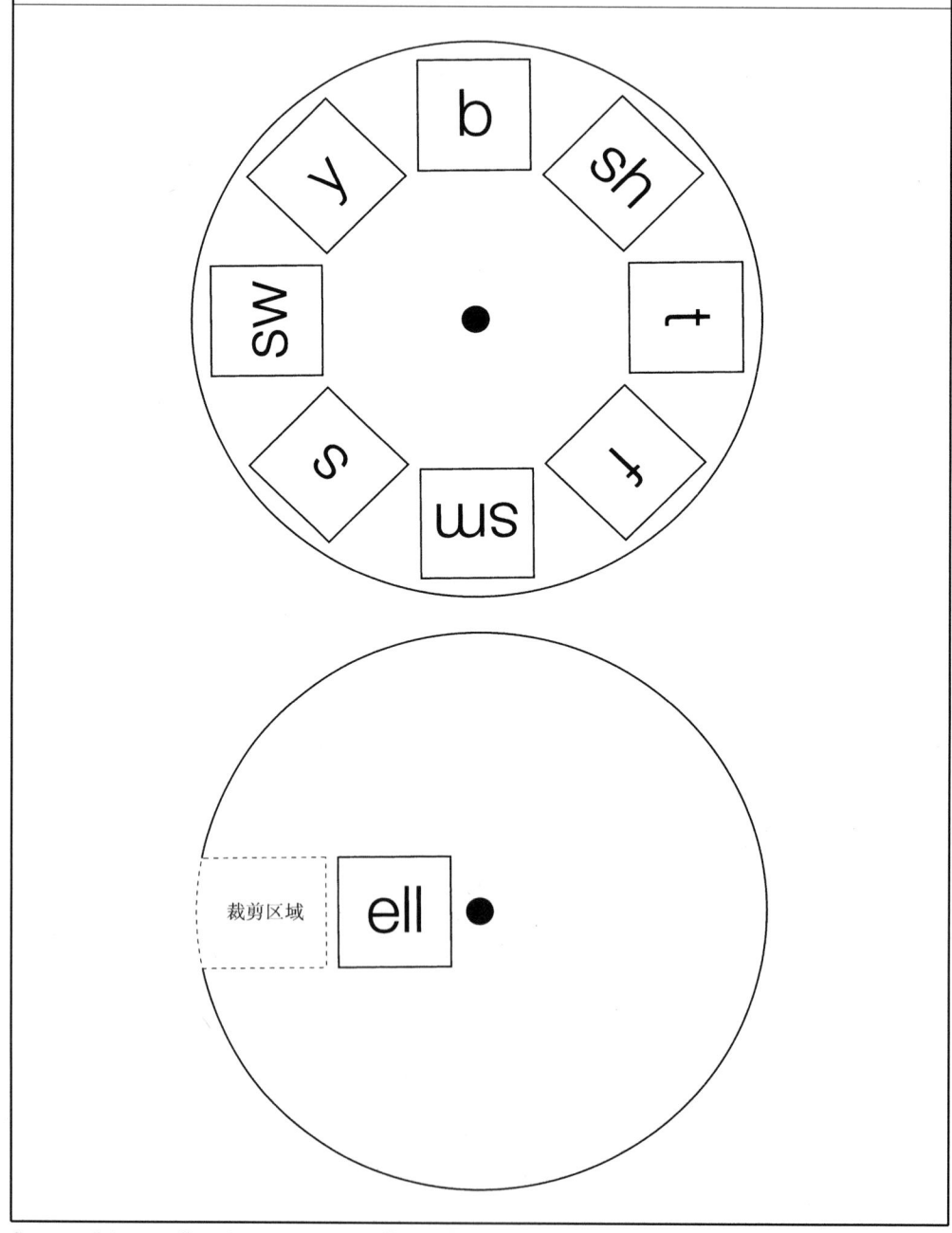

Source：*Literacy Development in the Early Years：Helping Children to Read and Write*，6th ed.，by Lesley M. Morrow.

第五章 字轮模板

　　根据需要放大。在第一个字轮的方块里填入音符和韵尾,在第二个字轮里填入首字母、二合字母、辅音或者缩合词。把两个字轮复印到硬纸上,塑封。把方块剪下来。把该字轮放在上面。用铜钉把两个字轮固定在一起。

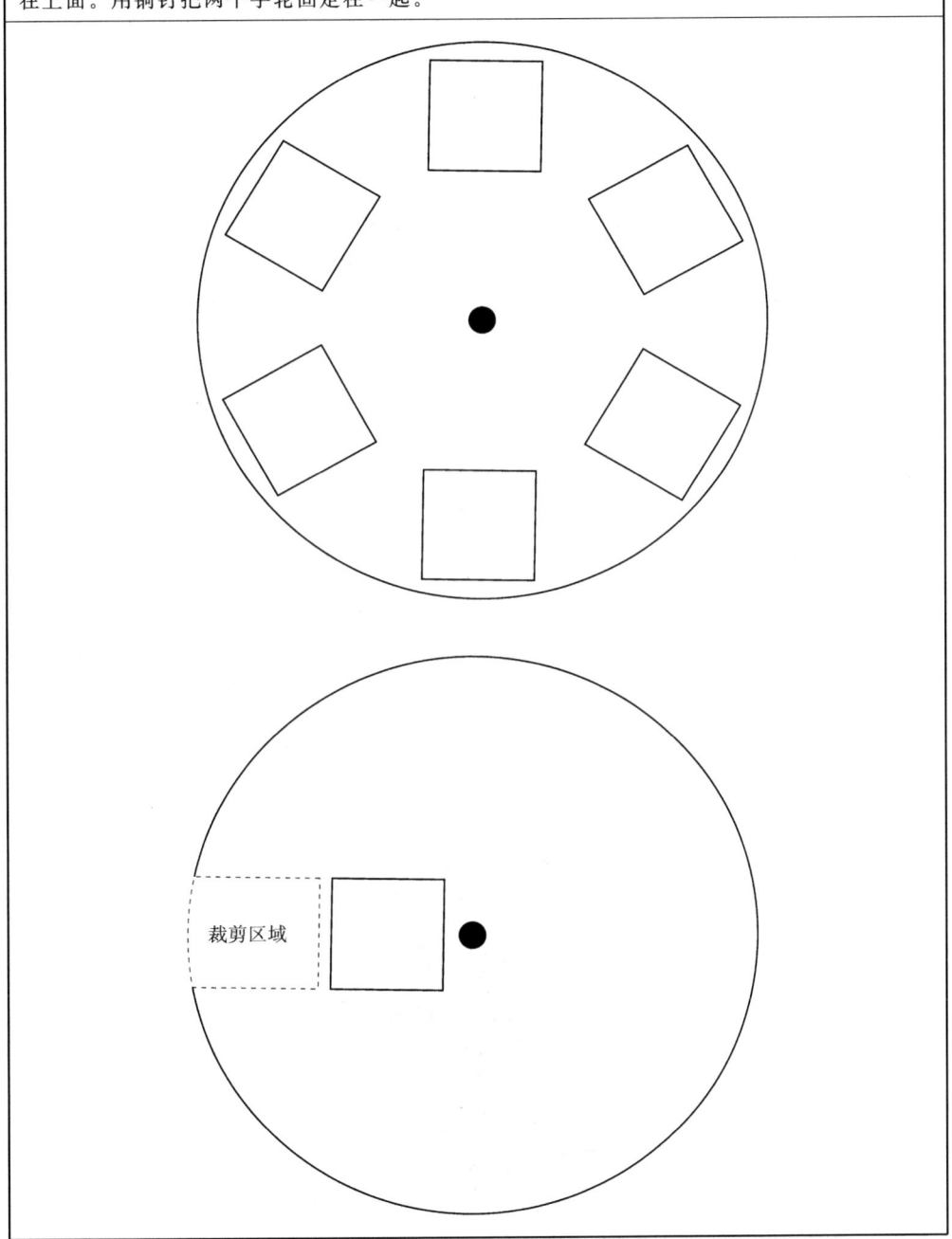

Source：*Literacy Development in the Early Years: Helping Children to Read and Write*, 6th ed., by Lesley M. Morrow.

第六章　阅读日志

根据需要放大，复印，分页剪开。请儿童读书过后填入内容。把左上角的四页订起来，做成儿童日志。

复述故事，把开头、过程和结尾写在下面的方框里。

开头：

过程：

结尾：

2

我的阅读日志

名字：

日期：

第六章 阅读日志(续)

根据需要放大,复印,分页剪开。请儿童读书过后填入内容。把左上角的四页订起来,做成儿童日志。

根据书中你最喜欢的部分画一幅画。

4

联系:思考书里的问题。这个问题与你生活中发生过的什么事情相似?

想想看:有没有与你读过的这本书相似的一本书? 请介绍书的内容。

3

Source: *Literacy Development in the Early Years: Helping Children to Read and Write*, 6th ed., by Lesley M. Morrow.

第六章 文学圈

读过同一本书的四位儿童一起讨论。每个儿童选择一个话题,并负责该话题的讨论。

讨论组长

你要负责组织你的读书俱乐部的讨论。列出你将请谁先发言,谁第二发言,以此类推。准备好介绍每个俱乐部成员所负责的话题。

1. _____

2. _____

3. _____

4. _____

5. _____

6. _____

7. _____

第六章　文学圈（续）

单词发现者

"单词发现者"从课文中选出有趣、有难度的单词，为小组成员给出定义。

单词：_____

释义：_____

_____

_____

单词：_____

释义：_____

_____

_____

单词：_____

释义：_____

_____

_____

单词：_____

释义：_____

_____

_____

第六章 文学圈（续）

插图者

为书中你喜欢的那个部分配上插图。与读书俱乐部的其他成员讨论。然后写几句话描述你画的插图里的内容。

第六章 文学圈(续)

概括者

概括者用简洁的方式复述故事。在每个方框中,填入主要的主题和事件。不要忘记给出结论。

1.	2.
3.	4.

Source：*Literacy Development in the Early Years: Helping Children to Read and Write*，6th ed.，by Lesley M. Morrow.

第六章 小红母鸡:训练流畅阅读者的剧场

教师把读者剧场的角色分配给孩子们练习。在表演短剧时,另外五位孩子戴上面具,扮演动物的角色。

人物:叙事者,小红母鸡,牛,猪,狗。

叙事者:小红母鸡发现了一袋麦种,赶快跑去告诉她的朋友。也许他们会帮她把麦种种到地里。

小红母鸡:小牛,你愿意帮我种麦子吗?

小牛:我不愿意。天太热了,我才不想做这种事呢。

小红母鸡:小猪,你愿意帮我种麦子吗?

小猪:我不愿意。天太热了,我才不想做这种事呢。

小红母鸡:小狗,你愿意帮我种麦子吗?

小狗:我不愿意。天太热了,我才不想做这种事呢。

叙事者:所以小红母鸡全靠自己把麦种种到了地里。几个星期过去了,种子开始发芽长大。小红母鸡决定请她的朋友们来帮她照看园子、除除草。

小红母鸡:小牛,你愿意帮我给园子除除草吗?

小牛:别找我,别找我。树荫下多凉快,我才不想走呢。

小红母鸡:小猪,你愿意帮我给园子除除草吗?

小猪:别找我,别找我。泥地里多凉快,我才不想走呢。

小红母鸡:小狗,你愿意帮我给园子除除草吗?

小狗:别找我,别找我。我的狗窝多凉快,我才不想走呢。

叙事者:于是小红母鸡全靠自己除草、照看园子。几个星期过去了,麦子在阳光的照射下渐渐成熟了。到了收割的时候,小红母鸡决定请她的朋友们来帮她收麦子。

小红母鸡:小牛,你愿意帮我收麦子吗?

小牛:别找我,别找我。今天太热了。

小红母鸡:小猪,你愿意帮我收麦子吗?

小猪:别找我,别找我。今天太热了。

小红母鸡:小狗,你愿意帮我收麦子吗?

小狗:别找我,别找我。今天太热了。

叙事者:小红母鸡再一次全靠自己把工作做完了。她收割了麦子。干完活之后,她请朋友们来帮她把麦子磨成粉。

小红母鸡:小牛,你愿意帮我把麦子磨成粉吗?

小牛:别找我,别找我。快到挤奶的时间了。

小红母鸡:小猪,你愿意帮我把麦子磨成粉吗?

第六章 小红母鸡:训练流畅阅读者的剧场(续)

小猪:别找我,别找我。快要吃晚饭了。
小红母鸡:小狗,你愿意帮我把麦子磨成粉吗?
小狗:别找我,别找我。马上快要吃晚饭了。

叙事者:于是小红母鸡全靠自己把麦子磨成了粉。然后小红母鸡决定用面粉来烤面包。她打算再给朋友们一次帮她的机会。
小红母鸡:小牛,你愿意帮我把面粉烤成面包吗?
小牛:别找我,别找我。烤东西太热了。
小红母鸡:小猪,你愿意帮我把麦子磨成粉吗?
小猪:别找我,别找我。烤东西太热了。
小红母鸡:小狗,你愿意帮我把麦子磨成粉吗?
小狗:别找我,别找我。烤东西太热了。

叙事者:小红母鸡全靠自己把面包烤好了。烤好之后,她把面包凉了凉。很快,到了切面包、吃面包的时间。她向四周看看,没有一个人。
小红母鸡:哎呀,有没有人帮我吃面包啊?
小牛:(冲过来)我来!
小猪:(冲过来)我来!
小狗:(冲过来)我来!
小红母鸡:不。你们没有帮我播种。你们也没有帮我给种子浇水。你们没有帮我锄草、打麦,也没有帮我烤面包。现在你们也不用帮我吃面包了。我会自己吃的。

叙事者:她真的自己吃上了。

Source:*Literacy Development in the Early Years: Helping Children to Read and Write*, 6th ed., by Lesley M. Morrow.

第六章 "小红母鸡"面具

放大或者复印到硬彩纸上。贴上压舌板,以便孩子们使用时可以用手拿着。

Source: *Literacy Development in the Early Years: Helping Children to Read and Write*,6th ed., by Lesley M. Morrow.

第七章 写作图表构思
该图表也可用于阅读理解活动。

姓名：_____ 日期：_____

为一个知识类或叙事类故事进行写作前的图表构思。

(1) 选择一个知识类话题，比如"蜘蛛"，把它填到图表中。在每个箭头顶端，写下一个关于蜘蛛的事实。如果需要更多的事实，读书或者上网搜索。

(2) 想一个虚拟的话题，比如"我在树林里迷路的那个晚上"。把它写在图的中心，在每个箭头的顶端列举发生的事情。

图示和理解：记住故事中读到的信息。把故事的题目写在图里，在每个箭头的顶端列出新单词或你读到的最重要的内容。

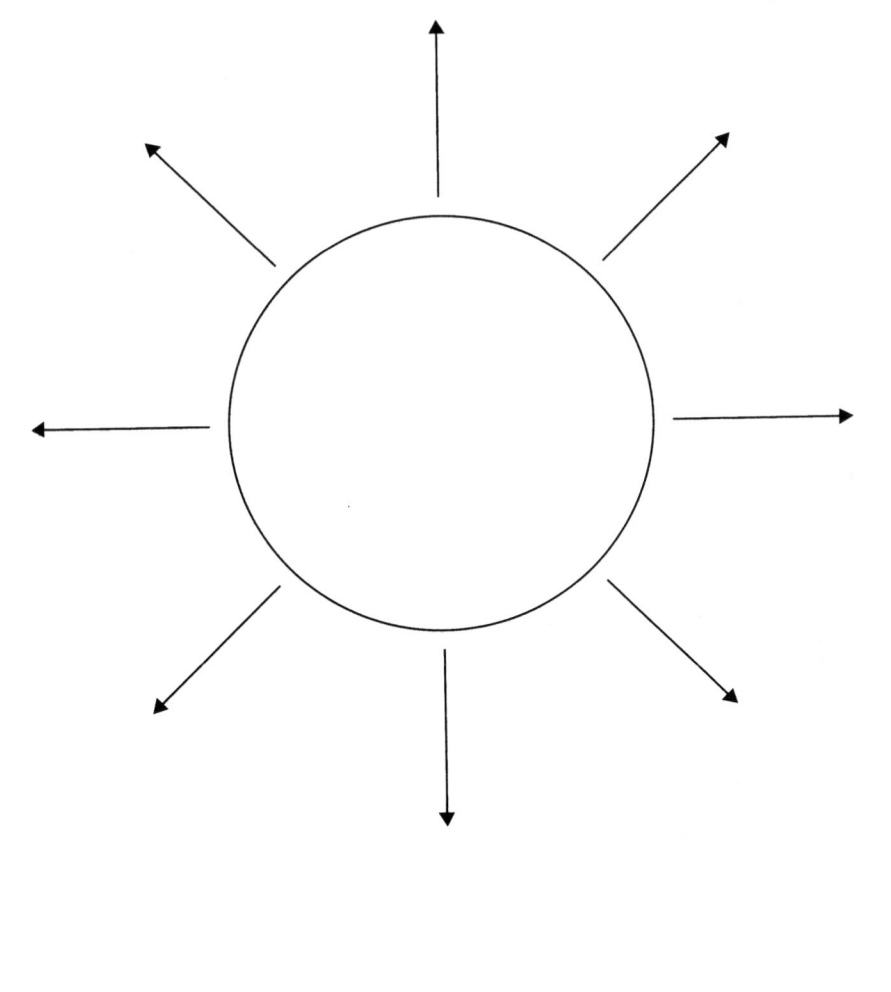

第七章 写作图表构思(续)

这个故事结构构思表也可以用于阅读理解活动。

姓名:_____ 日期:_____

初稿图表构思:

用你想象的图表,构思你作品的主要三个部分:开头,中间和结尾。把每部分的想法写到下面的方框里。

阅读理解: 如果你正用这个构思图表来训练阅读理解,就写下你所读故事的开头、中间和结尾。

开头

中间

结尾

第七章　写作图表构思(续)

这个维恩图也可以用于阅读理解活动。

姓名：_____　日期：_____

维恩图：用交叉的圆圈来显示书中概念和人物之间的关系。

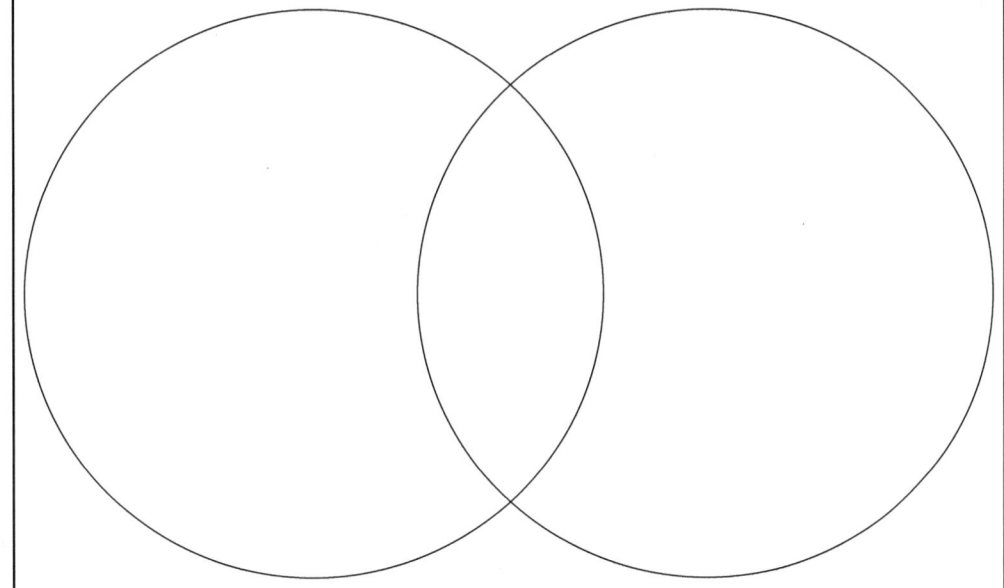

第七章　写作图表构思(续)

这个 K-W-L 表也可以用于阅读理解活动。

姓名：_____　日期：_____

  K-W-L 表：题目选定之后，想想你对该题目所知道的东西，然后把你想要知道的问题列举下来。研究完该题目之后，列举你了解到的内容。

题目：_____

我们知道的(K)	我们想知道的(W)	我们已经知道的(L)

第七章　互相评估写作

作者姓名：_____　日期：_____

编辑姓名：_____　日期：_____

同伴评估

(1) 与另一个儿童交换初稿，互相读对方的作品。读的时候，考虑你喜欢的方面以及建议，列出你可能有的问题。把你的评估记录在这里。

(2) 用这张表练习对故事的阅读理解，回答以下问题："这个故事我的确喜欢的是……""我觉得如果作者能……就更好了……""我读到……这些内容理解得不确定。"

表扬

我真喜欢你作品中_____

_____

_____

_____

_____

建议

我觉得你的作品可以这样改进_____

_____

_____

_____

_____

问题

以下是我读你的故事时理解得不确定的地方。

_____

_____

_____

_____

_____

第七章 作者自查列表

姓名：_____   日期：_____

作者自查列表

1. 每个句子的开头字母我有没有大写？	是	不是
2. 每个句子的结尾我有没有写标点符号？	是	不是
3. 我的作品讲得通吗？	是	不是
4. 我有开头、中间和结尾吗？	是	不是
5. 我用细节了吗？	是	不是
6. 段落有没有首行缩进？	是	不是
7. 我的作品有趣吗？	是	不是
8. 我的拼写有没有做到最好？	是	不是
9. 我的书写有没有做到最好？	是	不是
10. 我有没有请教老师？	是	不是

你最喜欢作品的哪一部分？为什么？
_____
_____
_____

你写这个作品最困难的部分在哪里？为什么？
_____
_____
_____
_____
_____

下次你想要写什么内容？
_____
_____
_____

Source：*Literacy Development in the Early Years: Helping Children to Read and Write*，6th ed.，by Lesley M. Morrow.

第七章 怎样做小册子

写一写如何做某个东西。在第 3 页上列举需要的材料,在第 4 页上写下步骤。在第 5 页上画出你正在做的东西。在第 6 页上写下词汇表。然后回到第 2 页,填写目录。根据需要放大。

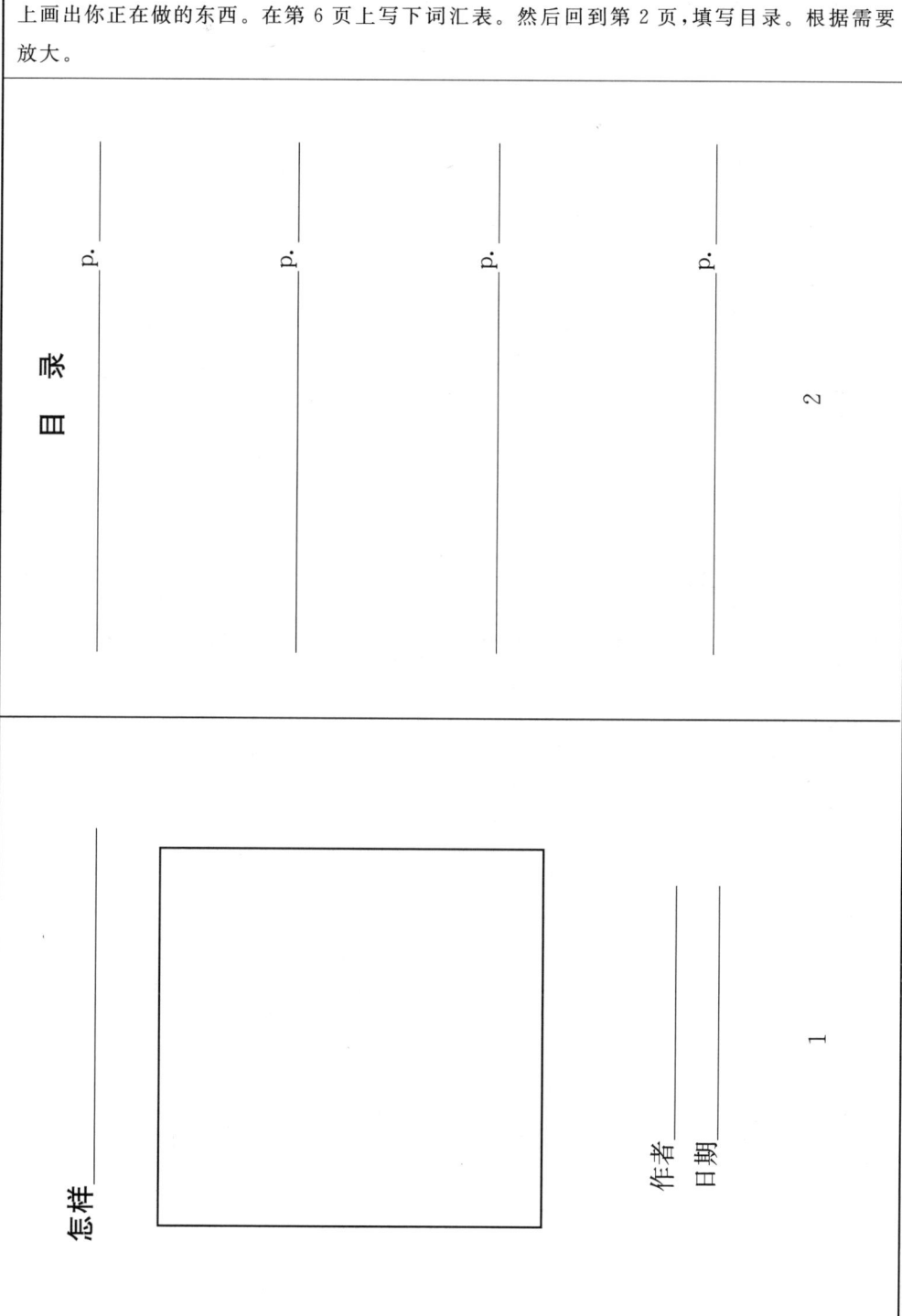

第七章 怎样做小册子(续)

写一写如何做某个东西。在第 3 页上列举需要的材料,在第 4 页上写下步骤。在第 5 页上画出你正在做的东西。在第 6 页上写下词汇表。然后回到第 2 页,填写目录。根据需要放大。

步骤顺序

写下这个"怎样……"活动的步骤和细节。

步骤				
细节				

4

材料

列举你完成这个"怎样……"的活动所需的材料。

3

第七章　怎样做小册子(续)

　　写一写如何做某个东西。在第 3 页上列举需要的材料,在第 4 页上写下步骤。在第 5 页上画出你正在做的东西。在第 6 页上写下词汇表。然后回到第 2 页,填写目录。根据需要放大。

词汇表

单词：_____
释义：_____

单词：_____
释义：_____

单词：_____
释义：_____

单词：_____
释义：_____

单词：_____
释义：_____

单词：_____
释义：_____

6

图片

在下面方框中画出你写的话题。用文字解说你的画。

5

Source:*Literacy Development in the Early Years*:*Helping Children to Read and Write*,6th ed., by Lesley M. Morrow.

第七章　写作标准

找一个孩子的写作样本，用适于其年龄的标准进行评估。勾出孩子需要改进的项目。

学前班的写作标准	二年级的故事写作标准
4　优秀的作者 • 写几个完整的句子或者一个复杂点的句子 • 单词和句子中间能坚持空格 • 一些高频词拼写正确 • 一些元音—辅音—元音结构的词能拼写正确 • 一些句子的开头字母大写 • 一些句子的结尾有句号或其他标点符号	5　• 作品有自创的题目 • 故事表现出个性、幽默感或智慧 • 作者用段落来组织内容 • 作品中几乎没有拼写、大小写或标点的错误 • 作者使用不同的句子结构和词汇 • 作者有听众意识
3　中级作者 • 写完整的句子 • 有些单词之间空格 • 一个或更多的高频词拼写正确 • 大多数单词的首音和尾音会拼写出来 • 使用大写字母和小写字母	4　• 作品有恰当的题目 • 故事有合理发展的开头、中间和结尾 • 故事突显某个问题或目的 • 作品中含有支持情节发展、人物和背景的细节 • 作品被组织成数个段落 • 作品中几乎没有大小写和标点的错误 • 大部分高频词拼写正确，不熟悉的词能按语音拼写
2　初级作者 • 从左往右、从上往下写 • 一个以上单词的首音和尾音用一个或更多字母表示 • 能一对一指着单词重读	3　• 作品可能有一个题目 • 作品至少含有故事三个部分中的两个（开头、中间和结尾） • 作品里有事件的顺序 • 作品没有组织成段落 • 拼写、语法、大小写或者标点错误可能影响到意思的表达
1　起步作者 • 随意使用与发音不匹配的字母 • 用涂写代替写作 • 没有写，却画了一幅画 • 口述单词或句子	2　• 作品至少含有故事三个部分中的一个（开头、中间和结尾） • 部分事件有顺序 • 作品很短，有待拓展 • 作品有拼写、语法、大小写和标点错误，影响到意思的表达
	1　• 作品缺乏故事感 • 一幅插图可以表现出故事 • 作品很短，可与插图匹配 • 一些词可以辨认，但是作品难以读懂

Source: Adapted from Tompkins, G. E., *Literacy for the 21st Century: Teaching Reading and Writing in Pre-Kindergarten Through Grade 4*, 2nd edition, © 2007, p. 82. Reprinted by permission of Pearson Education, Inc., Upper Saddle River, NJ.

第八章　办一家班级餐馆

放大,上色或复印到硬彩纸上,塑封。写下餐馆的名字,比如我们的意大利、墨西哥餐馆,犹太清真熟食店等。

欢迎来到

我们的_____

餐馆

第八章 办一家班级餐馆（续）

欢迎来到 ＿＿＿＿＿ 餐馆

总共：$ ＿＿＿＿＿

欢迎下次光临！

服务员填好"谢谢就餐"表（上）
顾客填好调查表（下）

餐馆调查

你喜欢我们的食物吗？
我们的服务态度怎么样？
我们的服务效率如何？

餐馆：＿＿＿＿＿

餐馆点菜单和 ＿＿＿＿＿ 号桌账单

饮品：＿＿＿＿＿ $＿＿
　　　＿＿＿＿＿ $＿＿
主食：＿＿＿＿＿ $＿＿
　　　＿＿＿＿＿ $＿＿
甜品：＿＿＿＿＿ $＿＿

总共：$＿＿＿

Source：*Literacy Development in the Early Years: Helping Children to Read and Write*, 6th ed., by Lesley M. Morrow.

第八章 餐馆菜单

餐馆活动中要使用的表格。放大并复印。

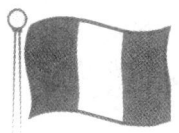 意大利花园

饮品　　　　　　　　**主食**　　　　　　　　**甜品**

牛奶 $1.00　　　　意大利面 $10.00　　　意大利曲奇 $3.00
水免费　　　　　　比萨 $2.00　　　　　奶酪蛋糕 $3.00

 墨西哥餐馆

饮品　　　　　　　　**主食**　　　　　　　　**甜品**

牛奶 $1.00　　　　豆子面卷饼 $5.00　　　冰淇淋 $2.00
果汁 $1.00　　　　鸡肉玉米饼 $5.00　　　米布丁 $2.00

第八章　餐馆菜单(续)

 鲍勃烤肉店

饮料	主食	甜品
果汁 $1.00	汉堡 $3.00	燕麦曲奇 $1.00
水免费	热狗 $2.00	冰淇淋 $1.00

为一家不同的餐馆设计菜单。画图并写下内容。

_____

饮料	主食	甜品

Source: *Literacy Development in the Early Years: Helping Children to Read and Write*, 6th ed., by Lesley M. Morrow.

第九章 专区卡片

上色或者复印到硬彩纸上。根据需要放大。塑封并展示。

独立阅读区

听力站

科学区

数学区

Source: *Literacy Development in the Early Years: Helping Children to Read and Write*, 6th ed., by Lesley M. Morrow.

第十章　将读写融入家庭环境

每周与你的孩子做两到三个以下活动。

在家要与孩子一起做的十大事情

以下是在家促进读写的好玩又简便的方法：

读书给孩子听或与孩子一起读。与孩子谈论书或其他文学作品。

在孩子午餐盒里留字条。

帮助孩子完成家庭作业。

吃饭时谈论你这一天的生活或者分享故事。

讨论或复述电视节目。

坚持记家长和孩子日志。分享写作的作品。

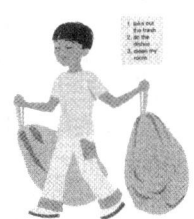

把杂务列成表。坚持列清单，比如购物清单。

建立家庭图书馆。参观一家图书馆。

与家人一起按菜谱做菜。

记录家庭旅行。

第十章　将读写融入家庭环境（续）

在家做的事情：每次在家和孩子一起做的事，在下表中记录下来。每周尝试做两到三个活动。

活　动	日　期

Source：*Literacy Development in the Early Years: Helping Children to Read and Write*，6th ed., by Lesley M. Morrow.

第十章　非常重要的家长（VIP）奖
颁发给帮助和参与学校活动的家长。

V.I.P.

非常重要的家长

Great Job!

该奖颁发给 _____

感谢您对我们班的贡献。是您一直以来的支持，才让我们培养出成功的学生！

日期 _____　　教师签名 _____

Source：*Literacy Development in the Early Years: Helping Children to Read and Write*, 6th ed., by Lesley M. Morrow.

第十章　家庭书签

复印到白色或彩色纸上。将诗歌贴在正面,"选一本合适的书"贴在反面。塑封。送给同伴作为礼物,也为自己做一个。

今夜
在你临睡前
读一本书,
然后
关上灯。

选一本合适的书

1. 看看封面。
2. 读一下标题和作者。
3. 读一下封底上的推荐。
   （你觉得这本书有趣吗？）
4. 翻阅这本书。
5. 读第一页,使用五指法。如果你遇到一个不认识的词,放下一个手指。判断这本书是否适合你：
   0～1 个手指——太简单。
   2～3 个手指——正合适。
   4～5 个手指——太难。

Source：*Literacy Development in the Early Years: Helping Children to Read and Write*, 6th ed., by Lesley M. Morrow.